Karriereplanung für Dummies – Schummelseite

Tipps um den richtigen Job zu finden (und auch eingestellt zu werden)

Die Grundlagen einer erfolgreichen Jobsuche sind heute die gleichen wie schon vor Jahren – allerdings mit einigen Änderungen, die man in Betracht ziehen muss, da sich ja auch das wirtschaftliche Umfeld geändert hat. Hier einige Merksätze:

- ✔ *Anstatt einfach nur einen Job finden zu wollen, sollten Sie eine Chance suchen, die Sie Ihren langfristigen Zielen einen Schritt näher bringt.* Konzentrieren Sie Ihre Bemühungen auf Gelegenheiten, die Sie auf Ihrer Karriereleiter ein Stück voran bringen.
- ✔ *Machen Sie das Beste aus jeder Möglichkeit, einen Job zu finden.* Dazu gehören Jobbörsen, Schwarze Bretter, das Arbeitsamt, Stellenanzeigen und natürlich Ihr eigenes Netzwerk.
- ✔ *Benutzen Sie das Internet und alle anderen Möglichkeiten, um so viel wie nur möglich über Unternehmen herauszufinden, an denen Sie interessiert sind.* Untersuchen Sie das Mission-Statement des Unternehmens und die strategischen Prioritäten. Sprechen Sie auch mit Leuten aus dem Unternehmen, um etwas über die Unternehmenskultur und das Betriebsklima zu erfahren.
- ✔ *Wenn Sie Ihre Bewerbung vorbereiten, dann schreiben Sie mehr als nur Ihre Qualifikationen auf.* Bemühen Sie sich herauszustellen, auf welche Weise Sie zur Mission und den strategischen Zielen des Unternehmens beitragen können.
- ✔ *Stellen Sie sich bei der Vorstellung möglichst gut dar.* Vergessen Sie nicht, dass in vielen Unternehmen positive Energie, Begeisterung und Menschlichkeit ebenso schwer wiegen wie technische Fertigkeiten.

Darauf sollten Sie achten, wenn man Ihnen einen Job anbietet

Wenn Sie ein Stellenangebot bewerten, sollten Sie immer Ihre langfristigen Ziele berücksichtigen. Hier eine Liste von Themen, die Sie in Betracht ziehen sollten:

- ✔ *Gehalt und Sozialleistungen*: Ist die Entlohnung marktüblich oder höher? Können Sie mit der Entlohnung Ihren Lebensstil finanzieren?
- ✔ *Karriere*: Wird eine gute Arbeitsleistung in diesem Job Sie Ihren Karrierezielen näher bringen?
- ✔ *Finanzielle Gesundheit und Konkurrenzfähigkeit des Unternehmens*: Wie gesund ist die Firma? Gewinnt oder verliert sie Marktanteile? Wie stark ist die Firma im Vergleich zur Konkurrenz?
- ✔ *Unternehmenskultur*: Entsprechen Mission, Werte und Geschäftspraxis des Unternehmens Ihren Zielen?
- ✔ *Entwicklungsmöglichkeiten*: Bietet dieser Job die Möglichkeit, sich beruflich weiter zu entwickeln?
- ✔ *Ihr Lebensstil*: Wie wird dieser Job Ihr Privatleben beeinflussen? Ist der Weg zur Arbeit sehr weit? Können Sie einen Ausgleich zwischen Arbeit und Privatleben finden?

Karriereplanung für Dummies – Schummelseite

Strategien um Ihren Bekanntenkreis zu erweitern

Gleich ob Mentoren, mögliche Arbeitgeber oder Informanten – Menschen sind Ihre Verbindung zu beruflichem Erfolg. Hier einige Gedanken, wie Sie ein Netzwerk von Freunden und Bekannten aufbauen und erhalten können:

- ✔ *Ihr Netzwerk sollte für Sie immer wichtig sein*: Setzen Sie sich Monatsziele um den Kreis Ihrer beruflichen Bekannten zu erweitern und pflegen Sie diese Kontakte.
- ✔ *Werden Sie aktives Mitglied eines Berufsverbands*: Besuchen Sie Konferenzen, Seminare und Messen. Dort werden Sie vermutlich Menschen kennenlernen, die Ihnen in Ihrer Karriere helfen können.
- ✔ *Melden Sie sich freiwillig*: Melden Sie sich in Ihrer Firma freiwillig für Projekte, die Sie mit Menschen in Kontakt bringen, die Sie im normalen Arbeitsalltag nicht kennen lernen würden.
- ✔ *Networking ist keine einseitige Angelegenheit*: Seien Sie bereit, anderen Menschen zu helfen, wenn Sie darum gebeten werden.

Tipps zum Erfolg am Arbeitsplatz

Der Schlüssel zum Erfolg ist, jeden Tag sein Bestes zu geben. Hier einige Tipps:

- ✔ *Wenn Sie an einen neuen Arbeitsplatz kommen, sprechen Sie ausführlich mit Ihrem Vorgesetzten über Ihren Verantwortungsbereich und die Leistungsanforderungen*. Versichern Sie sich, dass Sie Ihre Rolle und Ihre Aufgaben klar verstanden haben und auch, was von Ihnen erwartet wird.
- ✔ *Sehen Sie Ihren Job als Ganzes*. Achten Sie auf die Verknüpfungspunkte Ihrer Verantwortungsbereiche und die strategischen Ziele des Unternehmens. Setzen Sie Ihre Prioritäten auf die Grundlage dieser Ziele.
- ✔ *Seien Sie ein Team-Spieler*. Teilen Sie Ihr Fachwissen auch Ihren Kollegen mit, übernehmen Sie wo möglich die Initiative und arbeiten Sie kollegial mit den anderen Mitarbeitern zusammen.
- ✔ *Versuchen Sie, Ihren Vorgesetzten zu entlasten*. Mit jedem neuen Auftrag erweitern Sie Ihr Wissen, bieten Sie an, mehr Verantwortung zu übernehmen und versuchen Sie die Vorgehensweisen in der Firma besser zu verstehen.
- ✔ *Widmen Sie sich beruflichem Weiterkommen*. Setzen Sie sich Ziele, die Ihre Erfahrung und Ihre Fertigkeiten erweitern.
- ✔ *Konzentrieren Sie sich auf Qualität*. Unabhängig davon, wie erfolgreich Sie in der Vergangenheit waren, nutzen Sie jede Gelegenheit, noch produktiver und noch kreativer zu arbeiten.

Karriereplanung für Dummies

Max Messmer

Karriereplanung für Dummies

Übersetzung aus dem Amerikanischen von Carsten Roth

mitp

Die Deutsche Bibliothek –
CIP-Einheitsaufnahme

Ein Titeldatensatz für diese Publikation ist
bei Der Deutschen Bibliothek erhältlich

ISBN 3-8266-2964-7
1. Auflage 2001

Übersetzung der amerikanischen Originalausgabe:
Max Messmer: Managing Your Career For Dummies

Printed in Germany

Lektorat und Korrektorat: Helena Witych
Satz und Layout: Lieselotte und Conrad Neumann, München
Umschlaggestaltung: Sylvia Eifinger, Bornheim
Druck: Media-Print, Paderborn

Cartoons im Überblick

»Das ist ein Dot-com-Unternehmen, Stacey. Risiko ist hier ganz normal. Sollten Sie sich nicht wohl fühlen, wenn Sie mit einer Schere durch die Gegend laufen, mit einer verdammten Nadel in Ihrem Ohr stochern oder nach einem ausgiebigen Essen schwimmen zu gehen, dann ist das vielleicht nicht der richtige Arbeitsplatz für Sie.«

Seite 25

»Uns ist es völlig gleichgültig, wo Sie sich in fünf Jahren sehen, wenn Sie nur sehen können, wo unsere Klienten sein werden.«

Seite 77

»Die Bezahlung ist nicht gerade toll, aber wo sonst bekommen Sie schon eine Rente, die in alle Ewigkeit sicher ist?«

Seite 181

So stellt, sich Robert Selbstständigkeit vor

Seite 275

Mike glaubte, er habe einen Karrieresprung gemacht, als er anfing, andere Zeitschriften zu lesen.

Seite 303

Inhaltsverzeichnis

Einführung 21

Über dieses Buch 21
Wie dieses Buch aufgebaut ist 22
Teil I: Karriereplanung im 21. Jahrhundert 22
Teil II: Erfolgreich in der Firma 22
Teil III: Gute Zusammenarbeit 23
Teil IV: Auf eigenen Füßen 23
Teil V: Der Top-Ten-Teil 23
Icons, die in diesem Buch verwendet werden 23
Und was jetzt? 24

Teil I
Karriere-Management im 21. Jahrhundert 25

Kapitel 1
Sie sind der Chef Ihrer Karriere 27

Die neuen Regeln des Karriere-Managements 27
Sie sind für Ihre Karriere verantwortlich! 28
Die Arbeit ist projektorientiert 29
Die »weichen« Fertigkeiten 29
Teamwork: Zehn Köpfe wissen mehr als einer 30
Fließende Grenzen 31
Bestimmen Sie selbst Ihre Karriere 32

Kapitel 2
Wir erstellen einen strategischen Karriereplan 35

Strategische Karriereplanung: Die Grundlagen 36
Fangen wir an: Was sind Sie wert? 37
Weshalb Werte eine Rolle spielen 37
Nun zu Ihren Werten 38
Lassen Sie sich von Ihren Interessen leiten 40
Werfen wir einen Blick auf Ihre Persönlichkeit 42
Feedback von anderen 43
Führen Sie ein Tagebuch 44
Was macht Sie so talentiert? 45

Test: eins, zwei, drei 46
Wir unterscheiden »harte« und »weiche« Fertigkeiten 47
Und nun alles zusammen 48

Kapitel 3
Untersuchen Sie Ihre Karriere-Möglichkeiten 53

Erkunden Sie den Arbeitsmarkt 55
Informationen von Vater Staat 55
Suchen Sie im Internet 56
Fragen und Antworten: Vereinbaren Sie ein Informationsgespräch 56
Nehmen Sie einen Teilzeit-Job an 58
Schauen Sie bei Stellenangeboten nach 58
Berufsberater: Ja oder nein? 58

Kapitel 4
Sie rüsten sich für die Zukunft 61

Wie gut sind Sie zu vermitteln? 61
Eine selbstständige Macht 62
Zeugnisse und Empfehlungen 62
Frühere Erfahrungen und Lebenslauf 63
Über die Bedeutung von Fertigkeiten 63
Beziehen Sie Ihre Lebensgewohnheiten in Ihre Überlegungen ein 64
Passt der Anzug? 64
Schließen Sie die Lücken 66
Gestalten Sie Ihren jetzigen Arbeitsplatz neu 66
Zeitarbeit oder die Mitarbeit an einem Projekt 68
Zurück auf die Schulbank 68
Fernstudium 73
Rüsten Sie sich für die Zukunft 75

Teil II
Erfolg mit (Unternehmens-)Kultur 77

Kapitel 5
So bekommen Sie den Job, den Sie sich wirklich wünschen 79

Engen Sie die Auswahl ein 79
So finden Sie die Jobs, die Sie haben wollen 80
Ihr Weg ins Unternehmen 80
Ein Crash-Kurs für die Jagd nach einem Job 81
Widmen Sie sich der Arbeitsplatzsuche mit viel Engagement 81

Legen Sie sich einen Spielplan zurecht 81
Gehen Sie systematisch vor 82
Legen Sie sich eine Story zurecht 82
Nutzen Sie Ihr Netzwerk 82
Werfen Sie das Netz weit aus 83
So machen Sie das beste aus Stellenvermittlern 83
Arbeitsplatzsuche im neuen Jahrtausend 84
Was Sie im Web finden können 85
Job-Infos aus dem Internet 86
Hier noch einige Web-Seiten, auf denen Sie etwas über Firmen erfahren können 88
Bewerbungsunterlagen? Ja, sie sind immer noch wichtig 89
Ihre Bewerbung muss gut aussehen 90
Sie stellen sich kurz vor 90
Machen Sie ein gutes Bild 92
Ordnung ist das halbe Leben. 92
Bewerbung Online? 93
Zehn Tipps, um beim Vorstellungsgespräch einen guten Eindruck zu machen 96
Versetzen Sie sich in die Lage des Personalchefs 96
Machen Sie Ihre Hausaufgaben, bevor es los geht! 97
Kleiden Sie sich ordentlich 98
Denken Sie an Ihre guten Manieren 99
Ein guter Anfang ist wichtig 99
Zeigen Sie Begeisterung 100
Achten Sie auf genaue Antworten 101
Benutzen Sie Beispiele, um zu unterstreichen, was Sie meinen 101
Gehen Sie strategisch vor, wenn Sie Fragen stellen 102
Rückmeldung 102
So bewerten Sie ein Angebot 102
Kultur-Schock: Bewerten Sie das, was wirklich wichtig ist 103
Verhandeln um höheres Gehalt 105

Kapitel 6
Machen Sie sich gleich am Anfang einen Namen 109

Hallo! Wer weist wen ein? 109
Stellen Sie sich mental auf Ihren ersten Arbeitstag ein 110
So vermeiden Sie Lampenfieber am ersten Arbeitstag 111
Wir wiederholen die Grundlagen 112
Auch am Arbeitsplatz gilt: Zurück auf die Schulbank! 113
Ihr Verantwortungsbereich 113
Verstehen Sie Ihren Boss 115
Werden Sie ein Team-Arbeiter 115
Krempeln Sie nicht gleich alles um – jedenfalls nicht sofort 115

Bitten Sie um Hilfe 116
Ist man mit Ihnen zufrieden? 117
Konzentrieren Sie sich auf das Umfeld des Unternehmens 118
Arbeitsethik 118
Wer trifft die Entscheidungen? 119
Dokumentieren Sie Ihre Entscheidungen 120
Beachten Sie den Kommunikationsstil 120
Beobachten Sie, wie die Menschen miteinander umgehen 120
Machen Sie Ihren Fehler rückgängig 121
Treffen Sie sich mit Ihrem Chef 122
Sie entscheiden sich zu kündigen 122

Kapitel 7
Diplomatie am Arbeitsplatz: Die neuen Regeln um voranzukommen 125

Ihre Arbeitsumgebung 126
Lernen Sie Ihre Kollegen und Kolleginnen kennen 126
Sie sind Glied einer Befehlskette 126
Beachten Sie das Protokoll 127
Kommentieren Sie nur ganz diskret 127
Suchen Sie Unterstützung für neue Initiativen 128
Schützen Sie Ihre Glaubwürdigkeit 129
Achten Sie auf das, was hinter Ihrem Rücken passiert 129
Teilen Sie Verdienste 130
Konflikte lösen 130
Setzen Sie Grenzen 131
Sie brauchen ein dickes Fell 131
Etikette im Büro 132
Machen Sie das Beste aus drei verfahrenen Situationen 134
Gebieten Sie Geschwätz Einhalt: Wenn ein Kollege Gerüchte in die Welt setzt 134
Der Lieblingsschüler: Wenn Sie glauben, dass Kollegen von Ihrem Chef bevorzugt werden 135
Versteckte Kamera: Wenn die Wahrheit schmerzt 135

Kapitel 8
Nutzen Sie den Vorteil flexibler Arbeitszeiten 137

Was ist hier eigentlich los? 137
Betrachten wir die Optionen 138
Teilzeitarbeit als regulärer Angestellter 138
Job Sharing 139
Gleitzeit 139
Telearbeit 140
Überdenken Sie Ihre Entscheidung 141

Wie wird meine Arbeitsleistung beeinflusst? 141
Wird es die Menschen, mit denen ich arbeite und deren Vorgesetzter ich bin, beeinflussen? 142
Inwieweit werden die Karriere-Aussichten in meiner Firma davon berührt? 142
Inwieweit ist meine Privatsphäre betroffen? 143
Tragen Sie Ihr Anliegen Ihrem Boss vor 144
Betrachten Sie die Situation aus der anderen Perspektive 144
Warten auf Godot? Nein, auf den richtigen Zeitpunkt 144
Und nun alles in eine Reihe! 145
Stellen Sie den Antrag schriftlich 145
Bewerten Sie, wie lang Ihr Hebel ist 145
Geben Sie Ihrem Vorgesetzten Bedenkzeit 146
Haben Sie etwas zu bieten? 146
Gewöhnen Sie sich an die neuen Abläufe 146
Entwickeln Sie eine Übergangsstrategie 146
Verhindern Sie Probleme 147
Bleiben Sie am Ball 147

Kapitel 9
So werden Sie eine Spitzenkraft 149

Der Weg zur Meisterschaft: Was Sie von Spitzenkräften lernen können 149
Entwickeln Sie die Geisteshaltung einer Spitzenkraft 152
Klären Sie Ihre Prioritäten 152
Systematisches Denken 153
Werden Sie Entwicklungen gegenüber sensibler 154
Gutes Zeitmanagement bringt Sie weiter 155
Erfolgsgeheimnisse um das Zeitmanagement 156
Schaffen Sie sich ein Zeitmanagementsystem 156
Erstellen Sie einen Tagesplan 157
Fassen Sie ähnliche Aufgaben zusammen 157
Halten Sie Ablenkungen unter Kontrolle 157
Routineaufgaben vereinheitlichen 158
Kräfte sammeln 159
Lernen Sie »nein« zu sagen 159
Der maßgeschneiderte Stundenplan 160
Aus Erfahrung lernen 160
Akzeptieren Sie Fehler 160
Hören Sie endlich auf zu zaudern 161
Das Streben nach Perfektion 161
Bessere Entscheidungen treffen 163
Gehen Sie beim Sammeln von Informationen sehr vorsichtig vor 163
Werden Sie sich Ihrer Vorurteile bewusst 163
Sprechen Sie mit anderen 164

Vertrauen Sie Ihren Instinkten – manchmal 164
Bewerten Sie den Prozess und das Ergebnis 164
Aus Fehlern lernen 165

Kapitel 10
Missgeschick wegstecken 167

Hüten Sie sich vor Fallen von Anfang an 168
Rückschläge aussitzen 168
Vorsicht: Wachablösung 169
Ein Himmelfahrtskommando überleben 170
Sie verlieren die Begeisterung 171
Meistern Sie das Burnout-Syndrom 172
Ein Stress-Test 173
Bestimmen Sie Ihr Tempo 174
Lassen Sie alles hinter sich 174
Bitten Sie um Hilfe 175
Achten Sie auf Ihre Gesundheit 176
Minimieren Sie weitere Stressfaktoren 176
Wie Sie einen Karriereknick wegstecken 176
Ergreifen Sie die Initiative 177
Vermeiden Sie das Opfer-Syndrom 178
Bringen Sie Ihren Frust zu Papier! 178
Distanzieren Sie sich vom Versagen 179
Suchen Sie das Gute an Ihrem Versagen 179
Suchen Sie Hilfe, wenn Sie sie brauchen 180
Lernen Sie aus Fehlern 180
Bewerten Sie Ihre Ziele neu 180
Zurück auf den richtigen Weg 180

Teil III
Gute Zusammenarbeit mit anderen 181

Kapitel 11
Managen Sie Ihren Chef 183

Stellen Sie sich Ihren idealen Chef vor 184
Darüber haben Sie die Kontrolle 185
Machen Sie einen guten Anfang 186
Kontrollieren Sie die Fortschritte 186
Betrachten Sie das große Bild 187
Die Kommunikation ist entscheidend 188
Passen Sie Ihre Arbeitsweise an 189

Stellen Sie sich auf die Persönlichkeit Ihres Chefs ein 191
Handbuch für den Umgang mit problematischen Chefs 191
»Mein Chef ist zu beherrschend« 192
Mein Chef ist zu »kraftlos« 193
»Mein Boss stellt unangemessene Forderungen« 194
»Mein Boss ist ein Tyrann« 195

Kapitel 12
So managen Sie effektiv 199

Management heute 199
Was ist der Unterschied zwischen Management und Führung? 200
Haben Sie die Qualitäten zur Führungskraft? 201
Das kleine 1 x 1 des effektiven Managements 203
Anpassen 203
Werte aufbauen 203
Kommunikation 203
Delegieren 204
Motivation 204
Die richtige Personalauswahl 204
Denken Sie strategisch 204
Die Arbeitsplatzbeschreibung muss genau sein 205
Werfen Sie das Netz weit aus 205
Richten Sie ein Auswahlsystem ein 205
Machen Sie das Beste aus den Vorstellungsgesprächen 206
Das Charisma der Manager: Acht Wege zu besserer Performance 207
Schaffen Die eine zündende Vision 208
Klären Sie die Verantwortungsbereiche 208
Erweitern Sie die Ziele 209
Coachen Sie Ihr Team 209
Probleme gemeinsam lösen 210
Zeigen Sie Dankbarkeit 210
Entscheidungen treffen 210
Führen Sie ein Mentoren-System ein 211
Arbeiten Sie Ihren Nachfolger ein 211
Hände Weg! Delegieren Sie 213
Brechen Sie mit schlechten Gewohnheiten 213
Geben Sie genaue Anweisungen 213
Vertrauen Sie anderen 214
Bieten Sie Hilfe an 214
Lassen Sie Wachstum zu 214
Konferenz mit Effizienz 214
Lob für gute Leistung 216
Betrachten Sie es als einen Prozess 217

Machen Sie den Mitarbeiter zu Ihrem Partner 217
Erklären Sie den Vorgang 217
Halten Sie Beispiele bereit 217
Bitten Sie um Anregungen 217
Management von leistungsschwachen Mitarbeitern 218
Besprechen Sie, was zu besprechen ist 218
Entwickeln Sie einen Plan 218
Finden Sie einen Mentor 218
Tun Sie etwas gegen Langeweile 218
Entlassungen 219
Die Entscheidung zu handeln 219
Die schlechte Nachricht überbringen 219
Entlassung – ein disziplinierter Vorgang 219

Kapitel 13
Teamarbeit arbeitet für Sie **221**

Welche Arten von Arbeitsgruppen gibt es? 222
So arbeiten leistungsstarke Arbeitsgruppen 223
Vermitteln Sie eine Mission 223
Schaffen Sie eine starke Mannschaftsmoral 223
Fördern Sie den Teamgeist 224
Legen Sie einen »Fahrplan« fest 225
Was macht einen guten Team-Spieler aus? 225
Die Grundregeln der Teamarbeit 226
Erfolg als »Mannschaftskapitän« 228
Verstehen Sie Ihre Rolle richtig 229
Sichern Sie sich die Unterstützung des Managements 229
Suchen Sie die richtigen »Mitspieler« aus 230
Sorgen Sie für die richtigen Rahmenbedingungen 231
Legen Sie einen tollen Start hin 231
Kommunizieren Sie Ihre Vision 232
Malen Sie ein Bild 232
Motivieren Sie Ihr Team 232
Alle machen mit 234
Vermeiden Sie Mikromanagement 234
Bringen Sie Ihr Team wieder auf die Reihe 234

Kapitel 14
Die Kunst der Kommunikation **237**

Definieren Sie: gute Kommunikation 237
Die großen Kommunikatoren 238
Hören Sie zu, dann erfahren Sie etwas 239

Konzentrieren Sie sich auf den Augenblick 240
Warten Sie, bis Sie an der Reihe sind 240
Beteiligen Sie sich am Gespräch 241
Bleiben Sie offen 241
Nehmen Sie sich Zeit für die Antwort 241
Wiederholen Sie, um der Klarheit willen 241
Präsentationen 242
Wie Sie mit der Angst umgehen 242
Bereiten Sie sich auf die Veranstaltung vor 244
Denken Sie strategisch 244
Die maßgeschneiderte Präsentation 245
Legen Sie los! 245
Bauen Sie eine persönliche Beziehung auf 245
Konzentrieren Sie sich auf wenige Schlüsselpunkte 246
Halten Sie die visuellen Hilfsmittel einfach 246
Fassen Sie zusammen 246
Präsentieren Sie stilvoll 247
Schriftliches 248
Die Grundlagen 248
Lassen Sie sich beim Schreiben nicht stören 248
Beginnen Sie mit dem Ziel 249
Ordnen Sie Ihre Gedanken 250
Schreiben Sie für den Leser 250
Schreiben Sie noch einmal, um Klarheit zu erzielen 250
Kommen Sie auf den Punkt 251
Halten Sie die Länge Ihrer Aktennotizen unter Kontrolle 251
Schreiben Sie gutes Deutsch 252
Korrekturlesen – der Qualität willen 252
Management zur Übereinstimmung 252
Überzeugend überzeugen 256
Definieren Sie Ihr Ziel 256
Bereiten Sie Ihre Sache gut vor 257
Erkennen Sie andere Ansichten an 257
Bleiben Sie konzentriert 257
Schützen Sie Ihre Glaubwürdigkeit 258

Kapitel 15
Die Kraft der Menschen: Bauen Sie Ihr persönliches Netzwerk 261

Was ist Networking eigentlich? 262
Betrachten wir den Vorgang etwas genauer 262
Legen sie sich eine Netzwerk-Strategie zurecht 263
Die sechs wichtigsten Regeln des erfolgreichen Networking 264
Networking durch Berufsverbände 270

Teil IV
Wie wäre es außerhalb eines Unternehmens? 275

Kapitel 16
Auf eigenen Füßen 277

Stellen Sie fest, ob Selbstständigkeit das Richtige für Sie ist 277
Untersuchen Sie Ihre Optionen 278
Demaskieren Sie den Mythos Selbstständigkeit 279
Testen Sie Ihren SQ (Selbstständigkeits-Quotient) 280
Legen Sie den Grundstein für eine erfolgreiche Karriere als Selbstständiger 281
Eignen Sie sich einen Geschäftssinn an 281
Richten Sie einen richtigen Betrieb ein 282
Halten Sie die Kosten gering 282
Legen Sie sich ein professionelles Image zu 282
Organisieren Sie sich 283
Vermeiden Sie es, »alle Eier in einen Korb zu legen« 283
Holen Sie Luft 283
Ein Leben in Unabhängigkeit 284
Schaffen Sie sich ein persönliches Mission-Statement 285
Wählen Sie Ihre Projekte strategisch aus 285
Beachten Sie die örtlichen Sitten und Bräuche 285
Die Arbeit als Freiberufler 287
Die Vorteile des Consulting 288
Das Geschäft blüht: Vom Freien Mitarbeiter zum Unternehmer 289
Sicher Sie wollen Ihr eigener Chef sein ... 290
Führen Sie eine Marktuntersuchung durch 291
Entwickeln Sie Ihren Geschäftsplan 292

Kapitel 17
Gehen Sie mit Ihrem Fachwissen an die Öffentlichkeit 295

Werden Sie zur Informationsquelle 295
Medienkontakte 296
Veröffentlichen Sie 298
Wo veröffentlichen? 299
Was wollen Sie schreiben? 300
Ideen und Informationen – maßgeschneidert 300
Das Exposée 301

Teil V
Der Top-Ten-Teil 303

Kapitel 18
Zehn Grundregeln für beruflichen Erfolg 305

Akzeptieren Sie die neue Realität 305
Schaffen Sie sich Ihre persönliche strategische Vision 305
Werte sollen Ihren Weg bestimmen 306
Denken Sie langfristig 306
Schaffen Sie Werte 306
Entwickeln Sie produktive Arbeitsgewohnheiten 307
Suchen Sie den Ausgleich 307
Hören Sie nie auf zu lernen 307
Erweitern Sie Ihren Bekanntenkreis 308
Stecken Sie Rückschläge weg 308

Kapitel 19
Zehn Wege zur besseren Kommunikation 309

Zurück zu den Anfängen 309
Konzentrieren Sie sich auf das gewünschte Ergebnis 310
Werden Sie ein besserer Zuhörer 310
Achten Sie auf Ihre Körpersprache 310
Seien Sie ein guter Führer 311
Schreiben Sie diszipliniert 311
Schreiben Sie ganz natürlich 312
Veranschaulichen Sie 312
Führen Sie eine »Vorbild-Akte« 313
Suchen Sie nach Möglichkeiten, Ihre Fertigkeiten zu verbessern 313

Kapitel 20
Zehn Fragen und Antworten zum Karriere-Management 315

Sollten Sie kündigen? 315
Sollten Sie Ihrem Vorgesetzten in eine andere Firma folgen? 316
Sollten Sie um Gehaltserhöhung bitten? 317
Was können Sie tun, damit Ihr Kollege mehr arbeitet? 317
Wie können Sie zugeben, dass Sie sich übernommen haben? 318
Wie gestehen Sie einen Fehler ein? 319
Wie kommen Sie an bessere Aufträge? 319
Wie kann man am besten mit der Tochter des Chefs arbeiten? 320
Wie kommen Sie an die Ihnen gebührende Anerkennung? 321
Wie managt man frühere Kollegen? 321

Kapitel 21
Zehn Fragen, über die Sie nachdenken sollten, bevor Sie sich selbstständig machen 323

Was sind Ihre Ziele? 323
Haben Sie die innere Einstellung zur Selbstständigkeit? 323
Welchen Weg wollen Sie nehmen? 324
Gibt es einen Markt für Sie? 324
Wie viel wird es kosten? 325
Wie wird Ihr Privatleben beeinflusst? 325
Welche Ausrüstung und welches Personal brauchen Sie? 325
Wie kommen Sie an Aufträge? 325
Wie gestalten Sie den Übergang? 326
Wie messen Sie den Erfolg? 326

Kapitel 22
Zehn Web-Sites, die Ihrer Karriere auf die Beine helfen könnten 327

Handelsblatt.com 327
Monster.de 327
Young.de 328
Jobware.de 328
Der Tagesspiegel 328
Deutschland-Karriere 328
FOCUS Online 328
Campus & Karriere 329
Brigitte.de 329
allstudents.de 329

Stichwortverzeichnis 331

Einführung

Die Arbeitswelt hat sich in den letzten zehn Jahren bemerkenswert verändert, und deshalb ist es nicht überraschend, dass sich die Regeln für gutes berufliches Vorankommen und die Planung der Karriere ebenfalls verändert haben.

Natürlich gelten die Grundprinzipien immer noch. Wenn Sie an Ihrem jetzigen Arbeitsplatz erfolgreich sein wollen – ganz gleich, welches Berufsziel Sie anstreben – müssen Sie das, was Sie tun, gut tun, hart arbeiten, sich selbst jedoch anders organisieren. Doch an den heutigen Arbeitsplätzen könnten sich Ihnen viele Gelegenheiten bieten, Ihren eigenen Weg zu verfolgen, auf dem Sie sowohl Ihre beruflichen als auch Ihre persönlichen Ziele erreichen können. Die Absicht dieses Buchs ist es, kurz gesagt, zu erklären, wie man das Beste aus diesen Gelegenheiten macht.

Über dieses Buch

Karriereplanung für Dummies ist eine wertvolle Quelle für jeden, der eine moderne, realistische Beratung sucht, um nicht nur berufliche, sondern auch persönliche Zufriedenheit zu erlangen. Besonders hilfreich kann dieses Buch für Sie sein, wenn eine der folgenden Aussagen von Ihnen stammen könnte:

- ✔ »Ich habe einige Jahre lang verschiedene Jobs gehabt, aber einen richtigen Plan für meine berufliche Karriere habe ich nicht. Ich möchte ein besseres Verständnis meiner Interessen erlangen und spezielle Karriereziele entwickeln.«
- ✔ »Ich bin mit meinem Job und meiner Firma eigentlich ganz zufrieden, doch suche ich nach Ideen, wie ich in meiner Karriere vorankommen kann.«
- ✔ »Ich arbeite nun schon viele Jahre lang, doch finde ich weder meinen Beruf, noch meine bisherige Karriere besonders aufregend. Ich möchte weiter kommen und eine Karriere planen, die mir wirklich etwas bedeutet.

Das Inhaltsverzeichnis dieses Buchs gibt Ihnen einen Überblick über die wichtigsten Punkte und Themen, die angesprochen werden. Hier ganz kurz, wie Ihnen diese Informationen helfen können:

- ✔ Die Informationen werden Ihnen Ihre Werte, Interessen und beruflichen Hoffnungen verdeutlichen und die Grundlage für Ihre strategische Karriereplanung darstellen.
- ✔ Die Informationen werden Ihnen helfen, berufliche Chancen zu erkennen, mit denen Sie Ihren Karrierezielen näher kommen und Strategien zu beschreiben, den Arbeitsplatz zu bekommen, den Sie sich wünschen.
- ✔ Die Informationen werden Ihnen ein deutliches und realistisches Bild davon zeichnen, was heute an den sich schnell verändernden Arbeitsplätzen geschieht, sie zeigen wichtige Chancen auf und die Strategien, diese Chancen auch zu nutzen.

- ✔ Die Informationen erklären, wie Sie Ihre Karriereziele und Strategien verinnerlichen, damit Sie den sich verändernden Ansprüchen des Marktes und der Arbeitswelt gerecht werden können.
- ✔ Die Informationen bieten Ihnen wertvolle Einblicke in die zuweilen trickreichen und beängstigenden politischen Aspekte der Karriereplanung und erläutern, wie man mit diesen Themen umgeht, ohne die eigenen ethischen Grundsätze zu verletzen.
- ✔ Die Informationen werden Ihnen dabei helfen, das Beste aus jeder beruflichen Situation oder Beratung zu machen.
- ✔ Die Informationen werden Ihnen dabei helfen zu entscheiden, was in Ihrem ureigensten Interesse ist - beruflich und privat – wenn Sie sich selbstständig machen wollen.

Wie dieses Buch aufgebaut ist

Karriereplanung für Dummies besteht aus 23 Kapiteln, die auf fünf große Bereiche verteilt sind. Sehen wir uns die einzelnen Bereiche einmal genauer an.

Teil I: Karriereplanung im 21. Jahrhundert

Die ersten vier Kapitel dieses Buchs sollen Ihnen helfen, die Grundmauern einer erfolgreichen Karriere in der heutigen Welt zu errichten. Kapitel 1 betont die wichtigste Forderung eines modernen Karrieremanagements: Sie bestimmen Ihren eigenen Erfolg. Kapitel 2 hilft Ihnen zu entscheiden (mit der Hilfe anderer) welche Wahlmöglichkeiten unter Berücksichtigung Ihrer Interessen, Ihrer Leidenschaften und Ihrer Fähigkeiten am meisten Sinn machen. Kapitel 3 zeigt Ihnen, wie Sie Ihre Optionen untersuchen. Und Kapitel 4 berät Sie Schritt für Schritt, wenn Sie Ihren eigenen strategischen Karriereplan erstellen.

Teil II: Erfolgreich in der Firma

Der zweite Teil bietet Ihnen praktische Ratschläge, wie Sie sich an Ihrem jetzigen Arbeitsplatz einen Namen machen, ganz gleich, wie groß Ihre Firma ist und in welcher Branche sie ist. Dieser Teil beginnt mit einer Art Crash-Kurs, in dem Sie erfahren, wie Sie den Job bekommen, den Sie haben wollen (und, wie Sie bemerken werden, auch die Regeln für eine erfolgreiche Job-Suche haben sich verändert). Danach folgt ein Kapitel, in dem behandelt wird, wie man einen neuen Job richtig beginnt. Im Kapitel 7 erhalten Sie wertvolle Hinweise darauf, was es heutzutage bedeutet, die Karriereleiter in einem Unternehmen zu erklettern (und auch hier werden Sie feststellen, dass sich die Grundregeln geändert haben). Kapitel 8 handelt von einem der wichtigsten Trends in einem Unternehmen – von alternativen Arbeitsvereinbarungen, von Gleitzeit und von Telearbeit. In Kapitel 9 erforschen wir, was man braucht, um zu den besten seines Fachs aufzurücken. Kapitel 10 bietet anregende und dennoch praktische Ratschläge um wieder auf den richtigen Weg zu kommen, wenn es einmal nicht so gut läuft wie geplant.

Teil III: Gute Zusammenarbeit

Der dritte Teil konzentriert sich auf die »weichen« Fertigkeiten, die »harten« Einfluss auf den Erfolg in Ihrer Karriere nehmen können. In Kapitel 11 entdecken Sie, was in der Zusammenarbeit mit Vorgesetzten »in« und was »out« ist – selbst in unterschiedlichen Situationen. Kapitel 12 informiert Sie über Managementtechniken, die Sie benötigen, um Ihr Team zu festigen, während sich Kapitel 13 auf die andere Seite der Medaille konzentriert: Wie Sie Ihre Fähigkeiten als Team-Player verbessern können. Kapitel 14 handelt von der hohen Kunst der Kommunikation – wie Sie das gesprochene und das geschriebene Wort in allen Bereichen Ihres Tätigkeitsbereichs effektiver einsetzen. Kapitel 15 schließlich gibt Ihnen entscheidende Hinweise darauf, wie Sie ein Netzwerk professioneller Bekanntschaften aufbauen, wenn Sie auf der Karriereleiter nach oben klettern.

Teil IV: Auf eigenen Füßen

Die beiden Kapitel im vierten Teil sind für Leser gedacht, die ihre Karriere eher in einem eigenen Unternehmen machen möchten. Kapitel 16 gibt einen Überblick über die Grundlagen der Selbstständigkeit und verhilft Ihnen zur Bereitschaft, verschiedene Möglichkeiten zu verfolgen. Kapitel 17 befasst sich damit, wie Sie sich vermarkten und für sich werben, sobald Sie auf eigenen Füßen stehen.

Teil V: Der Top-Ten-Teil

In den letzten sechs Kapiteln dieses Buchs erhalten Sie wertvolle Zusatzinformationen, darunter auch Hinweise auf Web-Seiten für Ihre Karriereplanung, Bücher, die Sie lesen sollten und praxiserprobte Möglichkeiten, wie Sie mit den häufigsten im Büro vorkommenden Problemen umgehen. Außerdem finden Sie hier eine Zusammenfassung der wichtigsten Grundregeln des Karriere-Managements und eine Liste von Fragen, die Sie beantworten sollten, bevor Sie den Sprung in die Selbstständigkeit wagen.

Icons, die in diesem Buch verwendet werden

Immer, wenn ich Ihre Aufmerksamkeit auf eine Information oder einen bestimmten Absatz in diesem Buch lenken möchte, setze ich kleine Bildchen, Icons, neben den Text. Und das sollen die Icons bedeuten:

Aktuelle Informationen, die darüber entscheiden können, ob Sie ein Problem lösen oder ein Ziel erreichen können. (Bitte beachten Sie: Vielleicht sollten sie in Ihrem Computer eine Datei anlegen, in der Sie diese Tips speichern, oder Sie könnten sie auch auf Haftnotizzettel schreiben und diese am Computer oder an Ihrem »Schwarzen Brett« anheften.)

Dieser Icon soll Sie auf eine Information aufmerksam machen, die Sie unbedingt beachten sollten, wenn Sie nicht in Probleme geraten wollen.

Tipps, um Missverständnisse mit Menschen und Unternehmen zu vermeiden, die ein anderes Verständnis von der Arbeit haben als Sie.

Geschichten, die das Leben schreibt – von berühmten und weniger berühmten Menschen –, als Anregung und um neue Einsichten zu gewinnen. Diese Personen müssen nicht unbedingt *Ihren* Traum-Job haben, doch durch sorgfältige Karriereplanung haben sie es geschafft, den Arbeitsplatz zu bekommen, der am besten zu ihnen passt.

Aktivitäten und detaillierte Anleitungen, die Sie sofort umsetzen können.

Ideen oder Fakten, die für das Thema, das in diesem Kapitel behandelt wird, für allgemeine Aufgaben oder die Karriereplanung von besonderer Bedeutung sind

Kein Tipp? Wird laufend verwendet.

Und was jetzt?

Auch wenn jedes Kapitel in diesem Buch ein Thema behandelt, das für Ihr Karriere-Management sehr wichtig ist, gibt es einige Kapitel, die für Ihre persönliche Situation besonders wichtig sein könnten. Deshalb brauchen Sie dieses Buch nicht von der ersten bis zur letzten Seite zu lesen, um davon optimal zu profitieren. Meine Empfehlung: Überfliegen Sie das Inhaltsverzeichnis und den Index, und beginnen Sie mit den Kapiteln oder Abschnitten, die Fragen behandeln, die Ihnen im Augenblick durch den Kopf gehen, ganz gleich auf welcher Seite im Buch Sie aufschlagen müssen. Vergessen Sie dabei nie, dass Karriere-Management eine Reise darstellt und der Weg ans Ziel nicht für jeden der selbe ist. Dieses Buch wird Ihnen helfen, den Weg zu finden, der für Sie maßgeschneidert ist.

Ich wünsche Ihnen viel Glück auf diesem Weg!

Teil I

Karriere-Management im 21. Jahrhundert

»Das ist ein Dot-com-Unternehmen, Stacey. Risiko ist hier ganz normal. Sollten Sie sich nicht wohl fühlen, wenn Sie mit einer Schere durch die Gegend laufen, mit einer verdammten Nadel in Ihrem Ohr stochern oder nach einem ausgiebigen Essen schwimmen zu gehen, dann ist das vielleicht nicht der richtige Arbeitsplatz für Sie.«

In diesem Teil ...

... müssen Sie die Richtung herausfinden, die Sie gehen wollen, bevor Sie den Weg zu Ihrem Karriere-Erfolg festlegen. Dieser Teil hilft Ihnen Ihre Ziele und Werte zu definieren und führt Sie danach durch die Karriereplanung.

Sie sind der Chef Ihrer Karriere

1

In diesem Kapitel

- Beobachten wir die Trends am Arbeitsplatz, die mit Ihrer Karriere zu tun haben könnten
- Planen wir Ihre Karriere

Dies ist eine besonders ereignisreiche Zeit für Berufstätige, die Karriere machen wollen. Die von Konkurrenz geprägten Herausforderungen, denen sich Unternehmen aller Größenordnungen und wirklich jeder Branche gegenüber sehen, waren nie anstrengender und noch nie so vielfältig. Diese Herausforderungen schufen neue und unvorhergesehene Möglichkeiten für Menschen, die über Fähigkeiten und Eigenschaften verfügen, nach denen die Firmen suchen. Allerdings gibt es an diesem ansonsten sehr rosigen Szenario einen Haken: sie müssen wissen, wie Sie aus Ihren Fähigkeiten und Eigenschaften das Beste machen.

Dieses Kapitel verschafft Ihnen einen Überblick über das Karriere-Management in der heutigen Arbeitswelt. Wir werfen einen kurzen Blick auf die Veränderungen in den Spielregeln und was das für Sie bedeutet.

Die neuen Regeln des Karriere-Managements

Der ungeschriebene Vertrag in der Arbeitswelt sah bisher so aus, dass man, solange man hart arbeitete und sich aus Problemen heraushielt – und das Unternehmen profitabel wirtschaftete – sich um die Sicherheit des Arbeitsplatzes keine Gedanken zu machen brauchte (siehe Tabelle 1.1). Man wusste auch, dass man, abhängig von der Position und der Dauer der Betriebszugehörigkeit, in regelmäßigen Abständen einen Anspruch auf Beförderung und Gehaltserhöhung hatte. Dieser ungeschriebene Vertrag erlitt in gewisser Weise das gleiche Schicksal wie die Schreibmaschine und die Toilette für leitende Angestellte. Selbst in Ländern wie Japan, wo die Unternehmen bekannt waren für ihre Philosophie der Betriebszugehörigkeit »von der Wiege bis zum Grab«, können die Unternehmen ihren Mitarbeitern keine Unkündbarkeit mehr garantieren, ganz gleich, wie wirtschaftlich erfolgreich das Unternehmen ist. Heute erhält man stattdessen eine Chance, sich selbst zu beweisen, zu lernen und voranzukommen. Außerdem hat man die Möglichkeit, nach Leistung bezahlt zu werden, und nicht nach Position und Betriebszugehörigkeit.

Damals	Heute
Die Sicherheit des Arbeitsplatzes war vom wirtschaftlichen Erfolg des Arbeitgebers abhängig.	Die Sicherheit des Arbeitsplatzes ist vom Arbeitnehmer abhängig – und ob seine Fähigkeiten und Eigenschaften mit den sich verändernden Anforderungen des globalen Marktes Schritt halten können.
Halte den Blick gesenkt	Behalte immer die Karriere im Blick
Nach 25 Jahren Betriebszugehörigkeit eine goldene Armbanduhr	Aktienoptionen, nachdem man sich bewährt hat
Beschäftigung »von der Wiege bis zum Grab«	Das vielseitige Arbeitsleben
Loyalität gegenüber dem Arbeitgeber	Chancen ergreifen, wann immer sie sich bieten
Feste Befehlsstruktur	Selbstbestimmte Teamarbeit
Mach deine Arbeit	Mache alles was notwendig ist, um die Firma konkurrenzfähig zu machen
Leitende Angestellte im »blauen Zwirn«	Freitags wird im Freizeit-Dress gearbeitet
Man musste die Bahn um 6.45 Uhr erreichen	Man geht von der Küche ins Büro im eigenen Heim
Arbeitszeit: 9.00 bis 17.00 Uhr	Flexible Arbeitszeiten
Vorgehen nach »Schema F«	Der Kunde ist König
Zeitarbeit als Lückenfüller zwischen zwei Beschäftigungsverhältnissen	Projektberatung als lohnende und attraktive Karriere-Option
Einmal gelernt, für immer ausgebildet	Stetige und kontinuierliche Weiterbildung
Die Firma weiß, was am besten für dich ist	Du hast deine Zukunft selbst in der Hand
Geh weiter, oder bleibe wo du bist	Untersuche alle Möglichkeiten neue Fertigkeiten zu entwickeln und verbessere deine Verwendungsmöglichkeiten in deinem Beruf oder Branche

Tabelle 1.1: Die Arbeitswelt früher und heute

Im Licht dieses gesamten Paradigmenwechsels finden Sie in den folgenden Abschnitten einige Trends und Themen, die Sie in Ihre Strategien zur Karriereplanung einbeziehen können.

Sie sind für Ihre Karriere verantwortlich!

Mehr als je zuvor ist es nicht der Vorgesetzte oder die Firma, für die Sie arbeiten, die den größten Einfluss haben, wohin Ihre Karriere sich richtet und wie lange es dauert, bis Sie am Ziel angelangt sind. In erster Linie bestimmten Sie das selbst. Der erste – und entscheidende – Schritt zu einem erfolgreichen Karriere-Management ist es, dieses Prinzip anzuerkennen und zu verinnerlichen.

Die alte Vorstellung, sich auf der firmeninternen Karriereleiter emporzuarbeiten, hat sich total verändert. Die Karriereleiter ist keine Folge von stetigen Beförderungen innerhalb einer einzigen Firma mehr. Vielmehr besteht die Karriereleiter aus einer Folge strategischer Wechsel (von einer Firma zur anderen oder von einer Fachausbildung zur nächsten), aus denen Ihr Karriereplan sich zusammmensetzt.

Demjenigen, der darüber entscheidet, ob jemand eingestellt wird oder nicht, macht es heute viel weniger aus, jemanden zu beschäftigen, der zuvor schon häufig den Arbeitgeber gewechselt hat. Heute ist es nicht mehr so wichtig wo Sie wie lange gearbeitet haben, sondern welche Fähigkeiten und Eigenschaften Sie heute mitbringen.

Die Arbeit ist projektorientiert

Einige Experten im Bereich der Unternehmensorganisation behaupten, dass die eigentliche Struktur eines Arbeitsplatzes – so wie dieser Begriff in der Vergangenheit immer verstanden wurde – heute nicht mehr existiert. Dies mag zwar übertrieben klingen, doch hat sich der Charakter von Arbeit in den letzten beiden Jahrzehnten radikal verändert. Die Arbeitsplatzbeschreibungen konzentrieren sich zunehmend auf Verantwortungsbereiche und Ziele, ganz im Gegensatz zu speziellen Aufgaben. Mehr als je zuvor überlappen sich Verantwortungsbereiche über Abteilungen und Mitarbeiter der jeweiligen Abteilungen. Den Abteilungsleitern in progressiven Unternehmen ist es heute gleichgültig, wer was erledigt. Viel wichtiger ist, dass alle, die an einem bestimmten Projekt beteiligt sind, alles tun, um den Kunden zufrieden zu stellen und die Unternehmensziele zu erreichen.

Die »weichen« Fertigkeiten

Es wäre logisch, dass die fortschreitende Technologisierung der Arbeitsplätze die Notwendigkeit, dass Mitarbeiter auch persönlich gut miteinander auskommen, überflüssig machte, und damit auch die Bedeutung der so genannten »weichen Fertigkeiten«. Gemeint sind die Fähigkeiten zu kommunizieren, zuzuhören und gut zusammenzuarbeiten. Doch was ist geschehen? Genau des Gegenteil trifft zu. In einer Studie, die von Robert Half International durchgeführt wurde, sagten 77 Prozent der befragten Unternehmenssprecher, dass die zunehmende Nutzung der Technologie es notwendig mache, dass die Arbeiter in den kommenden Jahren effektiver und genauer miteinander kommunizieren müssten. Der Grund? Weil die Informationstechnologie die Häufigkeit der Kommunikation erhöhe, würden mangelhafte Diplomatie, Verhandlungsgeschick und mündliche sowie schriftliche Ausdrucksfähigkeit anderen wesentlich deutlicher auffallen.

Und was hat das mit Ihnen zu tun? Der Erfolg Ihrer Karriere an Ihrem heutigen Arbeitsplatz – unabhängig von technischem Wissen – hängt von Ihren menschlichen Qualitäten ab. Erkennen Sie diese Prioritäten und verbessern Sie Ihre Kommunikationsfertigkeiten, dann könnte dies Ihre Karriere beschleunigen (siehe auch Kapitel 14).

Ein Balance-Akt: die Lösung des Konflikts Firma - Familie

In einem Teil einer Studie, die von Robert Half International durchgeführt wurde, wurden Arbeiter und Arbeiterinnen gebeten, ihre Sorgen bezüglich ihrer Karriere aufzuschreiben. Die am häufigsten genannte Antwort war weder die Bezahlung noch die Sicherheit des Arbeitsplatzes oder ein besonders gut gelegenes Büro zugewiesen zu bekommen. Am meisten genannt wurde die Sorge, die Verantwortung zuhause und am Arbeitsplatz ausgeglichen verteilen zu können.

Die Antort kommt nicht völlig überraschend. Da immer mehr Eltern außer Haus arbeiten empfinden sie die Verpflichtung, sowohl zuhause als auch am Arbeitsplatz Verantwortung zu übernehmen. Deshalb haben viele Unternehmen Arbeitszeitkonzepte entwickelt (flexible Arbeitszeiten, Job-Sharing, Tele-Arbeit, durch das Unternehmen organisierte Haushaltshilfen und so weiter), die ausdrücklich so gestaltet wurden, damit die Verantwortung zuhause und am Arbeitsplatz gleichmäßig gewährleistet werden kann. Diese Konzepte waren auch für die Unternehmen hilfreich – da sie nun in der Lage waren, hochqualifizierte Arbeitskräfte als Vollzeit-Mitarbeiter oder Projektberater einzustellen und zu halten.

Dieser neue Schwerpunkt, der Familien entgegen kommt, in denen beide Elternteile arbeiten, eröffnete wichtige Möglichkeiten für das Karriere-Management. Zum einen können familienfreundliche Konzepte das Problem von Entscheidungen, die auf ein »Entweder-Oder« hinauslaufen, beseitigen. Wenn man qualifiziert ist und in einer progressiven Firma arbeitet, kann man durch eine geeignete Anpassung der Arbeitszeit die Karriere – oder Karrieren – einschlagen, die man sich schon immer gewünscht hat.

Allerdings gibt es auch die Kehrseite der Medaille: Wenn Sie in dem Unternehmen Manager sind, dann können Sie nicht mehr persönlich alles überprüfen, was die Mitarbeiter tun, weil nicht mehr jeder gleichzeitig im Büro ist. Ihre Effektivität wird möglicherweise nicht nur an den erreichten Zielen gemessen, sondern auch an Ihren Fähigkeiten, die Produktivität und die Zufriedenheit der Ihnen unterstellten Mitarbeiter zu verbessern.

Teamwork: Zehn Köpfe wissen mehr als einer

Teamwork war in den meisten Unternehmen schon immer ein wertvolles Element, doch in letzter Zeit hat dieses System deutlich an operativer Bedeutung gewonnen. Die wichtigste Entwicklung in diesem Trend ist zweifellos das selbstbestimmte Teamwork – Gruppen von Mitarbeitern aus verschiedenen Abteilungen und in verschiedenen Funktionen, die in einem bestimmten Projekt zusammen arbeiten. In einer Studie, die von Robert Half International durchgeführt wurde, sagten 79 Prozent der befragten Manager, dass die selbstbestimmten Teams die Produktivität erhöhten. Diesen Trend weiter zu verfolgen ist für die Unternehmen ein Muss, um in den globalen Märkten wettbewerbsfähig zu sein und schneller und strategisch verbessert auf Veränderungen reagieren zu können. Wenn selbstbestimmte, multifunktionale Teams mit höchster Effektivität arbeiten, beseitigen sie die Engstellen der Kommunikation, die in der Regel in traditionell organisierten Unternehmen die Produktion verlangsamen. Doch selbstbestimmte Arbeitsgruppen sind kein Allheilmittel und viele Unternehmen haben sich bemüht, Arbeitsprozesse zu entwickeln, die bessere Ergebnisse in der Gruppenarbeit zeitigen sollen.

Ein Teil Ihres Karriere-Managements sollte sein, als Teammitglied möglichst effektiv zu arbeiten und dennoch eigene Karriereziele zu verfolgen, Möglichkeiten zu finden, Anerkennung mit anderen zu teilen, ohne dass Ihr Beitrag zum Erfolg übersehen wird, und mit Vorgesetzten auf verschiedenen Ebenen der Unternehmenshierarchie und in verschiedenen Abteilungen gut zu kommunizieren, um gemeinsame Ziele zu erreichen. Sehen Sie doch in Kapitel 13 nach, dort finden Sie noch weiteres über Teamarbeit.

Fließende Grenzen

Die Grenzen der Verantwortungsbereiche und der Funktionen, die früher verschiedene Mitarbeiter in einem Unternehmen von einander trennten, sind heute nicht mehr so scharf gezogen. Als Folge davon ist es in vielen Unternehmen nicht ungewöhnlich, strategisch zusammengestellte Gruppen aus Vollzeitkräften, Teilzeitkräften, Beratern und Freiberuflern, die nur für ein bestimmtes Projekt engagiert wurden. In Kapitel 8 und 16 finden Sie weitere Informationen über verschiedene Arbeitsmodelle.

Dieser Trend erweiterte die Möglichkeiten, die sich nunmehr unabhängigen Projektberatern bieten (siehe auch Kapitel 16). Außerdem schuf es neue Herausforderungen für Manager, die sich bemühen, effektiv mit einer Gruppe zu kommunizieren und sie projekt- und problemorientiert einzustimmen.

Lasst Zahlen sprechen

Die Ergebnisse der Befragung »Büro der Zukunft: 2005«, durchgeführt von Office Team unterstreichen, wie schnell sich die Arbeitsplätze verändern. Hier ein kurzer Blick auf die wichtigsten Ergebnisse:

- ✔ *Persönliche Gespräche*: 77 Prozent der PR-Sprecher glauben, dass es durch die vermehrte Nutzung von Technologie 2005 für Arbeitnehmer wichtiger wird, effektiver und präziser kommunizieren zu können.
- ✔ *Die Post ist da!* 73 Prozent der Manager glauben, dass im Jahr 2005 E-Mail die häufigste Art der beruflichen Kommunikation zwischen Arbeitnehmern sein wird.
- ✔ *Sie sind an der Reihe!* 91 Prozent der Manager aus den 1000 größten Unternehmen der USA glauben, dass Manager den Mitarbeitern schon heute mehr Verantwortung übertragen eigene Entscheidungen zu treffen oder selbst initiativ zu werden, als noch vor fünf Jahren.

- *Ganz locker!* 82 Prozent der Manager sagen, dass ihre Unternehmen Freizeitkleidung am Arbeitsplatz befürworten, um für neue Bewerber interessant zu sein.
- *Balance-Akt*: Inzwischen geben wesentlich mehr Arbeitnehmer an, die Abstimmung der Anforderungen von Beruf und Familie sei ihnen wichtiger, als etwas mehr Geld zu verdienen.

Bestimmen Sie selbst Ihre Karriere

An den sich schnell ändernden Arbeitsplätzen ist nur eine Person ausreichend qualifiziert, wichtige Entscheidungen für Sie zu treffen: Sie selbst. Sie selbst – nicht Ihr Chef, nicht Kollegen, das Management oder die Astrologen – müssen Ihre Ziele festlegen, einen Plan entwickeln, und dann alle erforderlichen Schritte gehen, um Ihre Karriereziele zu erreichen.

Stellen Sie sich das so vor: Sie selbst sind der Big Boss Ihrer Karriere. Wie jeder andere Chef brauchen auch Sie Beratung und müssen sich in vielen Fällen auf die Kenntnisse von Menschen verlassen, die über zusätzliches Wissen und mehr Erfahrung verfügen. Doch letzten Endes sind Sie es, der die wichtigen Entscheidungen treffen muss.

In diesem Buch finden Sie viele Ratschläge, wie Sie erfolgreich der Big Boss Ihrer Karriere werden können. Bis dahin lesen Sie die folgenden Leitlinien, über die Sie einmal nachdenken sollten.

- *Sie sollten wissen, wohin Sie gehen*. Erfolgreiche Chefs haben eine klare Vision oder Richtung, in die sie ihr Unternehmen führen wollen. Als Chef Ihrer Karriere brauchen Sie ebenfalls eine Vision – ein Endziel, das Sie in Ihrer Karriere erreichen wollen. Wenn Sie Ihre Vision formulieren, dann brauchen Sie nicht auf jede kleinste Einzelheit einzugehen, ganz besonders nicht am Beginn Ihrer Karriere, wenn Sie noch verschiedene Möglichkeiten ausprobieren können. Doch sollten Sie schon ganz grob beschreiben können, was für Sie wichtig ist. Sie sollten beschreiben können, wie erfolgreich Sie sein wollen und in welcher Form der Erfolg sich darstellen soll. Wie Sie Ihren Erfolg messen – an Ihrem Einkommen, an Ihrer Position, an der Anerkennung durch Ihre Kollegen oder an Ihrer persönlichen Zufriedenheit – das ist allein Ihre Sache. Wichtig ist jedoch, dass Sie realistisch bleiben, dass Sie also ein Ziel haben, das nicht nur ein Traum ist.
- *Entwickeln Sie einen Plan*. Eine verbreitete Falle beim Karriere-Management (und auch, wenn Sie selbst ein Unternehmen führen) ist, dass Sie sich ablenken lassen – dass Sie von den wichtigen Dingen des Tagesgeschäfts oder einer bestimmten Situation so sehr in Anspruch genommen werden, dass Sie das große Bild aus den Augen verlieren – und Ihr Ziel nicht mehr klar erkennen. Eine Möglichkeit, sich davor zu schützen, ist ein strategischer Plan: eine Skizze der Schritte, die Sie gehen müssen, um an Ihrem Ziel anzukommen. Alle paar Monate sollten Sie sich ein wenig Zeit nehmen – mindestens zwei oder drei Tage – um darüber nachzudenken, wo Sie waren, was Sie getan haben und wohin Sie gehen wer-

den. Stellen Sie sicher, dass Sie Ihre langfristigen Karriereziele im Visier behalten. Falls das nicht der Fall ist, müssen Sie die erforderlichen Korrekturen vornehmen.

✔ *Jeder Job zählt.* Jeder Job, den Sie im Verlauf Ihres Arbeitslebens annehmen, sollte logischerweise auf die von Ihnen definierten Ziele hinführen. So können Sie, wenn Sie neue Möglichkeiten entdecken, davon profitieren und die Jagd nach neuen Jobs erfolgreich aufnehmen (siehe auch Kapitel 5). Als Arbeitnehmer bedeutet das für Sie, dass Sie effektiv innerhalb der arbeiten und umsichtig mit den politischen Bewegungen umgehen, ohne sich zu sehr in den negativen Aspekten der Politik in den Büros zu engagieren.

✔ *Gestalten Sie Ihr Leben ausgewogen.* Dank der heutigen alternativen Arbeitszeitregelungen, treffen Sie wahrscheinlich bessere Bedingungen an als je zuvor, aktiv an einer Karriere zu arbeiten und dennoch Zeit und Energie Ihrer Familie zu widmen, Ihren Hobbys oder ganz allgemein Ihren persönlichen Prioritäten. Probieren Sie alternative Arbeitszeitregelungen wie , , und . Diese Arrangements – wenn sie sich mit Ihren Aufgaben am Arbeitsplatz vereinbaren lassen – ermöglichen Ihnen mehr Kontrolle über Ihre Zeit und helfen Ihnen, den Druck zu mindern, wenn die berufliche Verantwortung und Ihr Privatleben auf Kollisionskurs sind. Vielleicht ermöglicht Ihnen das eine neue Karriere oder gleichzeitig zwei Möglichkeiten zu verfolgen.

✔ *Finden Sie Möglichkeiten zum Selbstmanagement.* Der typische Chef eines großen Unternehmens arbeitet fast immer unter Hochspannung. Nur diejenigen, die wissen, wie man Prioritäten setzt und ihr Leben effektiv managen, sind in der Lage, ihrer Verantwortung gerecht zu werden. Das Karriere-Management ist in vielen Hinsichten ein eigener Job (zugegeben, ein Teilzeitjob), und so treffen viele Grundregeln des Zeitmanagements auch auf das Karriere-Management zu:

- Setzen Sie sich Ziele
- Bewerten Sie immer wieder Ihre Prioritäten
- Achten Sie darauf, dass Sie nicht mehr Aufgaben und Verantwortung übernehmen, als Sie schaffen können.

Hilfsmittel wie Software zum Projektmanagement oder Notebooks zur Tagesplanung können Ihnen helfen. Noch wichtiger: Arbeiten Sie daran, eine Identifikation mit einem Unternehmen und viel Disziplin zu entwickeln   siehe auch Kapitel 9.

✔ *Verbessern Sie Ihre Kommunikation.* Effektive Kommunikation war in Unternehmen schon immer eine wichtige Fertigkeit. Doch ist Kommunikation eine entscheidende Fertigkeit für jeden, der unter den heutigen Arbeitsbedingungen auf sich aufmerksam machen möchte. Der wichtigste Aspekt der Kommunikation ist die Fähigkeit zuzuhören - nicht nur die Worte zu hören, wenn die Menschen sprechen, sondern auch die Sorgen und Motivationen zu verstehen, die hinter den Worten stehen. Außerdem ist es besonders wichtig, in dieser Zeit der E-Mails so klar, präzise und überzeugend auf Papier (oder auf dem Bildschirm) wie nur möglich zu kommunizieren, genauso, als ob man persönlich oder per Telefon miteinander spricht. Beachten Sie dazu, die Kapitel in Teil III.

- *Erweitern Sie Ihr Netzwerk.* Für die meisten - wenn nicht sogar alle - Manager hat ein Netzwerk in ihrer Karriere eine wichtige Rolle gespielt. Es stimmt, mit Menschen in Kontakt zu bleiben kostet Zeit und Energie - zwei wertvolle Güter in der heutigen Arbeitswelt. Wenn Sie jedoch Ihren Zeitplan gut organisieren, dann können Sie normalerweise ein oder zwei Tage pro Monat dafür reservieren, sich mit Kollegen bei einer ihrer Konferenz ihres Berufsverbandes, einer Messe oder einer ähnlichen Veranstaltung treffen. Betrachten Sie es als eine Investition. Ein Netzwerk von Kollegen und Partnern ist nicht nur eine Quelle für Hilfen (das beruht auf Gegenseitigkeit), sondern es bereichert Ihr Leben auch auf einer persönlichen Ebene. Allerdings ist die Pflege eines Netzwerks nicht nur dann etwas für Sie, wenn Sie einen Job suchen; es ist ein stetiges Element in der Entwicklung Ihrer Karriere.

- *Seien Sie wachsam.* Kein Firmenchef kann alles wissen, was in seinem Unternehmen vor sich geht. Es ist auch unrealistisch, wenn Sie glauben, dass Sie Ihren Finger am Puls von allem halten könnten, das möglicherweise mit Ihrer Karriere zu tun hat. Deshalb nur sollten Sie etwas unternehmen, damit Sie über neue Entwicklungen auf Ihrem Fachgebiet auf dem Laufenden bleiben - besonders dann, wenn Sie in einer Branche tätig sind, die sich sehr schnell verändert, beispielsweise im Bereich der Hochtechnologie. Eine Studie von Robert Hall International zeigte, dass 65 Prozent der Männer und Frauen, die befragt wurden, weniger als eine Stunde täglich Zeitungen oder Fachzeitschriften lesen und/oder Webseiten, um Informationen über Trends auf ihrem Gebiet zu erlangen. Das Internet ist ein hervorragendes Hilfsmittel, um an wichtige Informationen zu kommen und mehr über aktuelle Ereignisse herauszufinden. Die meisten großen Organisationen und Publikationen haben ihre eigenen Webseiten, und damit wird es einfacher und bequemer als je zuvor, die Informationen zu sammeln und zu ordnen - vorausgesetzt, Sie wissen, wonach Sie suchen und wo Sie es finden können. Wenn Sie in einem technischen Beruf tätig sind, dann sollten Sie ganz besonders darauf achten, bei neueren Systemen und Software-Anwendungen auf dem Laufenden zu bleiben.

- *Bleiben Sie absolut integer.* Es ist ebenso interessant wie ironisch, dass im Geschäftsleben, wo die Konkurrenz immer härter wurde (viele würden sagen mörderisch), ethische Aspekte unerwartet deutlich an Bedeutung gewonnen haben. Der wichtigste Grund für dieses scheinbare Paradoxon ist, dass Allianzen zwischen Unternehmen, die im heutigen Geschäftsleben unerlässlich sind, unbedingtes Vertrauen erfordern. Integrität ist nichts, was nur ab und zu an den Tag legt, wenn es gerade angebracht ist. Integrität ist ein Grundwert, der Ihre Worte und Taten bestimmt.

- *Bleiben Sie sichtbar.* Ohne dass Sie ständig um Aufmerksamkeit heischen, sollten Sie sicherstellen, dass Ihr Vorgesetzter weiß, wie hart Sie arbeiten und was Sie schaffen. In Konferenzen sollten Sie Ideen und Verbesserungsvorschläge einbringen. Kommen Sie immer rechtzeitig ins Büro. Was noch wichtiger ist: Lernen Sie hinzu und verbessern Sie Ihre Fertigkeiten. Sie sollten zwar keine Aufgaben übernehmen, die Sie nicht lösen können, doch sollten sie durchaus auch Chancen ergreifen, selbst wenn sie außerhalb Ihres Aufgabenbereichs liegen. Das könnte ein Sprungbrett für eine Beförderung sein.

Wir erstellen einen strategischen Karriereplan

2

In diesem Kapitel

- Beschreiben wir die Karriereplanung
- Untersuchen wir Ihre Werte
- Stellen wir Ihre Interessen fest
- Gehen wir auf Ihre Persönlichkeit ein
- Finden wir heraus, was Sie gut können

Karriereplanung hat traditionell die Bedeutung, dass Sie entscheiden, wie Sie Ihren Lebensunterhalt verdienen. Wenn diese Entscheidung einmal getroffen wurde – manchmal schon vor Abschluss der Hochschule – dann bestand die tatsächliche Karriere daraus, bestimmte Meilensteine zu erreichen – genauer gesagt, Beförderungen oder Gehaltserhöhungen. Vorwärts kommen war ein Synonym dafür, sich durch die verschiedenen Ebenen der Unternehmenshierarchie nach oben zu arbeiten.

Dieser traditionelle Karriereweg – festgelegt auf die Laufbahn eines Berufs, in einer Branche oder Firma, immer einen Schritt nach dem anderen nach oben – ist immer noch nicht ganz ausgestorben. Für die meisten Berufstätigen stellt sich der Planungsprozess einer Karriere fließender und dynamischer dar als früher. Ja, es ist immer noch wichtig, in jedem Arbeitsplatz, an dem man arbeitet, gut zu sein, aber der nächste Schritt ist nicht mehr so festgeschrieben wie früher. Die Unternehmen unterstützen die Vorstellung nicht mehr, dass man von der Wiege bis zum Grab beschäftigt werden könnte, und die Arbeitnehmer zwischen 20 und 30 Jahren machen sich keine Sorgen darüber, bei einem Arbeitgeber, in einer Branche oder in einem Beruf längere Zeit zu bleiben. Der Grund dafür ist, dass die Personalchefs der meisten Unternehmen nicht automatisch auf so genannte Job Hopper verzichten (das sind Arbeitnehmer, die maximal zwei Jahre an einem Arbeitsplatz bleiben) – wenn sie in ihren Jobs nicht besonders erfolgreich waren.

Gleichermaßen ist niemand mehr entsetzt, wenn jemand an einem einzigen Arbeitsplatz 20 Jahre lang sehr erfolgreich war, eines Tages aufwacht und beschließt, diese Karriere zu beenden (und alle Nachteile, die damit verbunden sein können), sich ein paar Monate frei nimmt, umschult und danach in einem völlig anderen Bereich arbeitet. Es stimmt zwar, viele der buchstäblich Millionen von Menschen, die ihre Laufbahn innerhalb der letzten 10 Jahren gewechselt haben, taten es weil ihr Unternehmen fusionierte, aufgekauft und umstrukturiert wurde. Doch mehr Berufstätige als je zuvor wechseln ihren Beruf nicht deshalb, weil sie dazu gezwungen wurden, sondern weil sie es so wollen sie wünschen sich neue Chancen für berufliches Wachstum und neue Herausforderungen.

Was bedeuten diese Veränderungen für Sie? Kurz, es gibt mehr Chancen und gleichzeitig müssen Sie mehr Entscheidungen treffen. Der nächste Meilenstein in Ihrer Karriere ist nicht unbedingt eine Beförderung bei Ihrem augenblicklichen Arbeitgeber. Es könnte auch ein Job in einer anderen Firma sein, ein Wechsel in ihrer Tätigkeit, um sich für einen Karrieresprung in ein oder zwei Jahren zu positionieren, der Entschluss sich als Inhaber einer eigenen Firma selbstständig zu machen oder als Berater. Sie könnten aber auch in ein völlig neues Berufsbild wechseln. Das ist der Grund dafür, dass Sie eine Vorstellung entwickeln müssen, wohin Sie überhaupt wollen, und sich davon leiten lassen . Nach einer Studie von Robert Half International glauben 82 Prozent der befragten Männer und Frauen in den USA, dass Menschen, die für Ihre Karriere einen Plan entwickelt haben, erfolgreicher sind, als diejenigen, die keinen solchen Plan haben. Ohne eine bestimmte Richtung können Sie meist nur reagieren, und Ihr Erfolg wird nicht durch Sie bestimmt, sondern durch die Ereignisse und Kräfte um Sie herum. Sie müssen sich selbst um Ihre Karriere kümmern.

Dieses Kapitel gibt Ihnen einen Überblick über die strategische Karriereplanung, die der heutigen veränderten Arbeitswelt entspricht und es konzentriert sich auf die entscheidenden ersten Schritte, die Sie gehen müssen, um etwas über das wichtigste Element Ihrer Karriere herauszufinden: über sich selbst. Sie haben die Gelegenheit, Ihre Werte und Ihre Interessen zu überdenken, um Ihre persönlichen Charaktereigenschaften besser verstehen zu können und wie sie auf die Wahl ihrer Laufbahn Einfluss nehmen können. In diesem Kapitel geht es nicht so sehr um die reale Arbeitswelt – es geht um Ihre eigene Welt.

Strategische Karriereplanung: Die Grundlagen

An der strategischen Karriereplanung ist nichts Kompliziertes oder Exotisches. Karriereplanung ist ein logischer Vorgang, der in drei Teile aufgeteilt werden kann:

- ✔ *Lernen Sie sich selbst kennen*: Versuchen Sie, mehr über sich selbst zu erfahren – Ihre Werte, Interessen und (das ist ganz wichtig) Ihre Leidenschaften.
- ✔ *Beobachten Sie den Arbeitsmarkt*: Finden Sie so viel wie möglich über das heraus, was Sie benötigen, um eine Karriere, einen Job oder in einer Branche anfangen zu können, die Ihnen gefällt.
- ✔ *Rüsten Sie sich*: Erstellen Sie einen vernünftig strukturierten Plan, nach dem Sie die Lücke zwischen Ihrem gegenwärtigen Wissen und Können und dem Wissen und Können, das Sie für bestimmte Karrieren benötigen, schließen können.

Hier noch einige weitere Überlegungen, bevor wir weiter gehen:

- ✔ *Das ist keine Wissenschaft*: Es gibt keine einfach gestrickten Formeln für die strategische Karriereplanung. Man durchläuft nicht einfach eine Testbatterie, um Interessen, Fähigkeiten und Stärken zu identifizieren, sie dann zu vermischen und mit den gerade verfügbaren Karrieremöglichkeiten zu verbinden. Jede Entscheidung, die Sie bei diesem Vorgang treffen, muss verschiedene Faktoren berücksichtigen, nicht zuletzt, welche Fakten erforderlich sind, um den Lebensstil führen zu können, den Sie führen wollen (ob Sie so viel verdienen können, um sich den gewünschten Lebensstil leisten zu können).

- *Es geht nicht nur um Ihre Karriere:* Einer der versteckten Vorteile der strategischen Karriereplanung ist, dass Sie, wenn Sie es richtig machen, nicht nur Erkenntnisse über Ihre Karriere gewinnen, sondern auch, welcher Mensch Sie sind. Wenn Sie entscheiden, was für Sie in einer Karriere wichtig ist, dann untersuchen Sie gleichzeitig, was für Ihr Leben wichtig ist.
- *Drastische Veränderungen in Ihrem Leben sind nicht erforderlich.* Selbst wenn Sie schon am Anfang ihrer strategischen Planung feststellen, dass Sie , angesichts ihrer Werte, Talente und Interessen, im Augenblick einen schlimmen Job haben, verpflichtet Sie die Planung nicht zu radikalen Veränderungen in Ihrem Leben – jedenfalls nicht sofort. Die strategische Karriereplanung, insbesondere am Anfang, ist in erster Linie eine Übung zur Selbsterkenntnis. Sie suchen nach Erkenntnis und Klarheit. Ihr Ziel ist es, sich selbst besser kennen zu lernen und ein Gefühl zu entwickeln, das auf Ihre zukünftigen Entscheidungen Einfluss nimmt. Wenn Sie sich fest vorgenommen haben, etwas zu verändern, dann hilft Ihnen die strategische Karriereplanung dies in logischen kleinen Schritte umzusetzen, und nicht in großen Sprüngen auf ein unbekanntes Gebiet.

Fangen wir an: Was sind Sie wert?

Kurz nachdem Andrea Jung zur Präsidentin und Geschäftsführerin von Avon, der Kosmetikfirma, ernannt wurde, wurde sie von der Zeitschrift *Fortune* gefragt, ob sie erklären könne, weshalb sie verschiedenen Managern des Unternehmens vorgezogen wurde, obwohl diese schon länger im Unternehmen waren. Sie erklärte, es sei weder ihre Ausbildung noch ihre Erfahrung gewesen, sondern ihre Begeisterung. Heute ist Andrea Jung Präsidentin und Vorstandsvorsitzende von Avon.

Genau ins Schwarze getroffen. Wenn Sie von Ihrer Arbeit nicht wirklich begeistert sind, dann werden Sie wahrscheinlich auch nicht 100 Prozent geben und Sie werden Schwierigkeiten haben, auf Ihrem Gebiet hervorragende Leistungen zu erbringen. Sie werden nicht motiviert sein, all die kleinen Dinge zu erledigen – Netzwerke aufzubauen, ihre Fertigkeiten zu verbessern, mit den alltäglichen Frustrationen geduldig und würdevoll umzugehen – was man aber tun muss, um in der heutigen Arbeitswelt gegen starke Konkurrenz erfolgreich zu sein. Und selbst wenn es Ihnen gelingt, auf Ihrem Fachgebiet führend zu sein, werden Sie daran nicht viel Freude haben – nicht, bis Sie wirklich schätzen, was Sie tun. Und woher kommt diese Begeisterung? Sie beginnt mit Ihren Werten.

Weshalb Werte eine Rolle spielen

Werte kann man am besten als etwas beschreiben, das Sie für wichtig halten. Stellen Sie sich Werte als Führer vor, die Ihr Alltagsleben bestimmen, gleich ob am Arbeitsplatz oder zu Hause.

Sie sind die Eckpunkte auf Ihrem moralischen Kompass. Ihre Werte definieren Ihren Charakter: wie ethisch und mitfühlend Sie mit anderen umgehen, und die Kriterien, die Sie anwenden, wenn Sie wichtige Entscheidungen treffen. Werte sind die treibende (und oft verborgenen) Kräfte, die hinter Ihren Prioritäten stehen.

Eines der Grundprinzipien der strategischen Karriereplanung ist, dass die Wahl Ihres Arbeitsplatzes mit Ihren Werten übereinstimmen muss. Wenn Sie dieses Prinzip vernachlässigen, zahlen Sie einen hohen Preis: Schwerwiegende Konflikte zwischen dem, was Sie für wertvoll halten und dem, was sie in Ihrem Beruf wirklich tun, werden Sie unweigerlich daran hindern, eine gute Leistung zu erbringen und sich an Ihrer Arbeit zu erfreuen. Wenn beispielsweise einer Ihrer Werte ist, dass Menschen mit der Natur in Harmonie leben sollen, dann werden Sie wahrscheinlich keine Erfüllung finden, wenn Sie für ein Unternehmen arbeiteten, dessen Produkte die Umwelt verschmutzen – ganz gleich, wie hoch Ihr Gehalt ist und wie hoch Sie in der Unternehmenshierarchie stehen. Wenn Sie sehr ethisch orientiert sind, dann werden Sie sich nicht wohl fühlen, wenn Sie für ein Telemarketing-Unternehmen arbeiten, das ahnungslose Rentner dazu verführt, die Ersparnisse ihres Lebens in ein Loch ohne Boden zu investieren.

Peter Drucker war ein sehr bekannter Wirtschaftswissenschaftler, der die Bedeutung von Werten schon sehr früh in seiner Karriere erkannte, als er Mitte der 30er Jahre als Investmentbanker arbeitete. In einem Artikel den er für die Harvard Business Review schrieb, sagte er, dass es ihm persönlich sehr gut gehe. Allerdings erkannte er, dass er nie glücklich sein würde, wenn er nicht einen wertvollen Beitrag leistete. Und so kündigte er bei der Bank auf dem Höhepunkt der Depression.

Nun zu Ihren Werten

Zahlreiche Methoden sind schon entwickelt worden, um Menschen zu helfen, ihre Berufswahl mit ihren Werten aufeinander abzustimmen. Die meisten dieser Konzepte sind Variationen des gleichen Themas, aber alle helfen, Ihre wichtigsten Werte zu identifizieren, die erkennen lassen, womit Sie Ihr Geld verdienen.

Einige Berufsberater lassen Ihre Klienten beispielsweise ihren eigenen Nachruf schreiben. Dies scheint ein wenig makaber, aber entbehrt dies nicht einer gewissen Logik. Die Idee dabei ist, dass Sie darüber nachdenken und zu Papier bringen, was man nach Ihrem Tod von Ihnen denken sollte. Wenn Sie mit dieser Übung fertig sind, werden Sie in diesem Nachruf nur wenig finden, das etwas damit zu tun hat, womit Sie im Augenblick Ihren Lebensunterhalt verdienen. Es könnte durchaus sein, dass Sie einen Berufsweg eingeschlagen haben, der Sie keinesfalls erfüllt.

Wenn Sie die Idee, Ihren eigenen Nachruf schreiben zu müssen, zu deprimierend finden, dann versuchen Sie doch diese einfache Übung, die Ihnen ähnlich nützliche Einsichten vermitteln sollte. Um von dieser Übung zu profitieren, müssen Sie sehr ehrlich sein. Beurteilen Sie Ihre Antworten nicht. Und versuchen Sie nicht, ihre Antworten auf ihre aktuelle Arbeitssituation abzustimmen. Das würde diese Übung zunichte machen. Folgen Sie Ihren Instinkten.

1. **Gehen Sie zu jeder der folgenden Aussagen und setzen Sie vor jede Aussage die entsprechende Zahl**

- Sehr wichtig = 4
- Einigermaßen wichtig = 3
- Kaum Bedeutung = 2
- Keinerlei Bedeutung = 1

_____ Etwas Vernünftiges für die Gesellschaft tun

_____ Sich um die Familie kümmern

_____ Viel Geld verdienen

_____ Im Beruf schnell vorwärts kommen

_____ Mit Menschen zusammenarbeiten, die ich bewundere

_____ Den Regeln meiner Religion folgen

_____ Berühmt werden

_____ Wertvolle Zeit mit der Familie verbringen

_____ Die Freizeit zusammen mit Freunden genießen

_____ Ich möchte mich künstlerisch verwirklichen

_____ Ich möchte selbst entscheiden

_____ Ich möchte viele Menschen beeinflussen

_____ Ich möchte an etwas Großem teilhaben, an das ich auch glauben kann

_____ Lernen, wachsen und neue Erfahrungen machen

_____ Ich möchte in einem Unternehmen arbeiten, in dem meine Beiträge gewürdigt werden

_____ Anderes ______________________________

2. **Sehen Sie sich in der obigen Liste die Aussagen an, die Sie mit 4 bewertet haben und ordnen Sie diese Aussagen nach ihrer Priorität.**

Konzentrieren Sie sich nun auf die Werte, die auf Ihrer Liste ganz oben stehen und fragen Sie sich, ob Ihre augenblickliche Laufbahn mit diesen Werten übereinstimmt. Falls dies nicht der Fall ist, dann sollten Sie vielleicht überlegen, den Beruf zu wechseln.

Denken sie nun an Projekte oder Ereignisse aus der letzten Zeit (im Beruf oder in Ihrem Privatleben), die Ihnen viel Zufriedenheit gebracht haben. Nehmen Sie sich ein wenig Zeit zum Nachdenken und versuchen Sie dann, die Aspekte des Projekts zu nennen, die zu Ihrer Zufriedenheit am meisten beigetragen haben. (Benutzen Sie dazu die Liste in der vorhergehenden Übung um einige Anregungen zu erhalten.) Beispielsweise könnten Sie schreiben:

- »Ich konnte eigene Entscheidungen treffen.«
- »Ich arbeitete mit Menschen zusammen, die ich bewunderte und respektierte.«
- »Ich habe an etwas Großem mitgearbeitet, an das ich glauben konnte.«

Suchen Sie nach bestimmten Mustern. Stimmen die Antworten in dieser Übung mit den Erkenntnissen aus der vorherigen Übung überein? Wenn Ihre Antworten deutlich voneinander abweichen, dann sollten Sie noch einmal über Ihre Erfahrungen nachdenken und die wichtigsten Aspekte herausarbeiten. Sprechen Sie darüber mit einem Freund, der Ihnen behilflich sein kann, Ihre Gedanken zu ordnen.

Lassen Sie sich von Ihren Interessen leiten

Nehmen wir einmal an, Sie sitzen in einem Flugzeug und der Pilot hat Sie und die anderen Passagiere darüber informiert, dass die Reise zwei Stunden länger dauern wird als erwartet. Sie haben Ihre Arbeit, ganz gleich was es war, beendet, aber Sie haben leider nichts mehr zu lesen. Glücklicherweise jedoch sitzen Sie gerade neben dem Ständer mit den Zeitschriften. Und so stellt sich die Frage: Welche Zeitschrift suchen Sie sich aus? Oder, um noch genauer zu sein, was ist der Schwerpunkt der Zeitschrift die Sie auswählen – Mode, Sport, Religion, Gartenarbeit, Innenarchitektur, Politik, Kapitalanlage, Computer, Paragliding, Show Business, Kunst, Oper oder Catchen? Würde der Inhalt der Zeitschrift, die Sie auswählen, mit dem übereinstimmen, was Sie für Ihren Lebensunterhalt tun?

Das ist eine von vielen Übungen, die Sie erledigen können um herauszufinden, woran Sie wirklich interessiert ist sind. Die meisten Menschen sind so veranlagt, dass sie von ihren Interessen dann sprechen, wenn es um Aktivitäten geht, denen sie nachgehen, wenn sie gerade nicht arbeiten – mit anderen Worten: Hobbys. Aber wer sagt, dass Sie sich nicht auch stark für Dinge interessieren dürfen, die etwas mit Ihrem Beruf zu tun haben? Zugegeben, vielleicht haben Sie nicht die Fertigkeiten und das Talent, das notwendig ist in den Bereichen, für die Sie sich besonders interessieren, einen Meistertitel oder ein Diplom zu erwerben. Immerhin hat nicht jeder das Talent am Broadway aufzutreten oder als Mittelfeldspieler für die New York Yankees aufzulaufen. Im Augenblick aber, brauchen Sie sich keine Gedanken über die praktischen Aspekte zu machen, wenn Sie herausfinden wollen, was Sie wirklich interessiert.

Die folgende Übung bietet eine nachdenklichere Betrachtung Ihrer Interessen.

1. **Mit Stift und Papier, setzen Sie sich in einer ruhigen Stunde an einen ruhigen Ort (vielleicht sollten Sie noch eine Tasse Kaffe oder Ihr Lieblingsgetränk mitnehmen) und denken zurück an das, was Ihnen in Ihrer Kindheit am meisten Spaß gemacht hat.**

   Schreiben Sie beispielsweise ihre Lieblings-Fächer aus ihrer Schulzeit auf – also die Fächer in denen sie keine Mühe hatten nicht einzuschlafen. Welche Aktivitäten außerhalb des Lehrplan haben Ihnen am meisten Freude gemacht (im Gegensatz zu den Fächern, die Ihnen besonders leicht fielen)? Wann waren Sie am glücklichsten? War es draußen in der Natur? Hatten Sie irgendetwas mit Kunst zu tun? Haben Sie gern etwas gebastelt? Sicher, heute sind Sie ein anderer Mensch: Sie sind ein Erwachsener. Doch Interessen können Jahre überdauern. Diese Übung soll Ihnen zeigen, wer Sie waren, bevor man ihnen sagte, wer Sie sein sollten

2. **Denken Sie an die letzten zwei oder drei Jahre zurück und erinnern Sie sich an mindestens zwei Erfahrungen, die etwas mit Schule oder Arbeit zu tun haben und die Ihnen viel Freude machten – unabhängig davon, ob Sie Erfolg hatten oder nicht.**

   Suchen Sie nach einem gemeinsamen Nenner. Sind die Aktivitäten eher abenteuerlich oder intellektuell? Haben sie alle einen Bezug zum selben Interesse? Und nun die große Frage: Wie viele dieser Aktivitäten haben etwas mit dem zu tun, mit dem Sie Ihren Lebensunterhalt verdienen?

3. **Denken Sie über die Umgebung jeder Erfahrung nach.**

   Wie waren die »Arbeits«-Bedingungen in diesen Situationen? Waren Sie in einem Raum, waren Sie im Freien, waren Sie ständig unterwegs oder waren Sie immer an einem Ort? Arbeiteten Sie mit vielen Menschen zusammen oder arbeiteten Sie unabhängig? Ihre Umgebung kann eine entscheidende Rolle dabei spielen, ob etwas für Sie interessant oder zufrieden stellend war.

Diese und ähnliche Übungen sind nicht dazu gedacht, wie im Scheinwerferlicht die einzige und alleinige Beschäftigung oder Karriere zu enthüllen, die ideal zu Ihren Interessen passt. Statt dessen ist die Absicht, wie in den Übungen zu den Werten, Sie in die Richtung der Berufsmöglichkeiten zu bringen, die gut zu Ihren Interessen passen. Viele andere Tests – die von Berufsberatern und Personalberatern benutzt werden – können Ihnen ähnliche Erkenntnisse vermitteln, doch wenn Sie nichts anderes tun, außer an die Dinge zu denken, die sie interessieren, dann brauchen Sie sich diesen Tests nicht zu unterziehen.

Außerdem sollte es Ihnen nicht peinlich sein, wenn Sie Schwierigkeiten haben, sofort Schlüsselereignisse oder damit verbundene Interessen zu erkennen. Nicht viele Menschen haben von Natur aus brennende Interessen. Es kann vielleicht Wochen oder Monate dauern, in denen Sie nachdenken und Ihre Überlegungen zusammentragen.

Werfen wir einen Blick auf Ihre Persönlichkeit

Die Rolle, die persönliche Charakteristika für den Erfolg einer Karriere spielen (und auch welchen Beruf Sie ergreifen sollten) wird im Geschäftsleben heute heiß diskutiert. Die Debatte geht nicht darum, ob Temperament einen Einfluss darauf hat, wie gut oder schlecht ein Job erledigt wird – es ist ganz klar, es gibt einen Einfluss. Das Thema ist, ob es möglich ist, bei der Komplexität der meisten Jobs auf mittlerer und höherer Ebene bestimmte Persönlichkeits-Charakteristika feststellen zu können, die verlässlich darauf hinweisen, ob der Kandidat in einem bestimmten Beruf erfolgreich sein kann. Es gibt Menschen, die glauben, dies sei möglich.

Einer der wichtigsten Trends bei der Einstellung von Mitarbeitern ist heute das Kompetenz-Modelling. Die Unternehmen suchen ihre erfolgreichsten Mitarbeiter, lassen sie eine Reihe von Tests durchlaufen, und auf der Grundlage dieser Ergebnisse erstellen sie ein Kompetenz-Profil, das zum Maßstab für Neueinstellungen wird. Wieder andere Unternehmen haben Testmodelle und Strategien entwickelt, um solche Bewerber zu erkennen, die entsprechend ihrer Persönlichkeitsmerkmale, höchstwahrscheinlich in der Unternehmenskultur besonders erfolgreich sein werden.

Wahrscheinlich haben Sie schon eine ziemlich genaue Vorstellung Ihrer wichtigsten Persönlichkeitsmerkmale. Wahrscheinlich wisse Sie beispielsweise, ob Sie eher extrovertiert oder introvertiert sind, ob Sie tatkräftig sind oder eher nachdenklich, ob Sie auf die Details achten oder eher des große Bild sehen, oder ob Sie unter Stress mehr oder weniger ausdauernd sind.

Mit anderen Worten: Wahrscheinlich wissen Sie so viel über Ihre Persönlichkeit wie notwendig, um verheerende Berufe oder Arbeitsplätze meiden zu können. Wenn Sie im Innersten Ihres Herzens nicht gerade ein Mensch sind der sich anderen Menschen leicht öffnen kann, werden Sie kaum Ansehen und Reichtum (Zufriedenheit in diesem Beruf möchte ich gar nicht nennen) im Bereich des Gesundheitswesens finden können. Wenn Sie Ihre Beherrschung verlieren, falls alle fünf Minuten das Telefon klingelt, dann sollten Sie Ihre Ambitionen Handelsvertreter oder Verhandlungsführer bei Geiselnahmen noch einmal überdenken.

Für den Fall, dass Sie mehr über sich selbst erfahren möchten, haben Sie mehrere Möglichkeiten. Der wahrscheinlich bekannteste und am meisten verwendete Persönlichkeitstest ist der Myers-Briggs Type Indicator (MBTI), den viele Unternehmen bei Personalentscheidungen routinemäßig anwenden. Eigentlich zeigt der Test an, ob ein Mensch in viererlei Hinsicht charakterisiert werden kann: Extrovertiertheit oder Introvertiertheit, Intuition oder Überlegtheit, Ahnung oder Gefühle, Wahrnehmung oder Beurteilung.

Für den Fall, dass Sie mit MBTI nicht vertraut sind, sollten Sie wissen, dass dieser Test Sie nicht zu einem bestimmten Typ abstempelt. Er misst lediglich die Tendenz zu den genannten Richtungen. Als solcher, kann Ihnen dieser Test bei der Karriereplanung sehr hilfreich sein. Wenn der Test beispielsweise zeigt, dass Sie eher handlungsorientiert als ergebnisorientiert sind, dann werden Sie wahrscheinlich nicht Ihre besten Leistungen bringen, wenn Sie kurzfristige Termine einhalten müssen.

Wenn Sie sich diesem Test unterziehen wollen, dann können Sie dies sowohl bei der Berufsberatung im Arbeitsamt tun oder in der Personalabteilung Ihrer Firma. Auch im Internet finden Sie viele Informationen über den MBTI: Unternehmen und Personen, die diesen Test durchführen und interpretieren, führen Bücher und Arktikel an, die Ihnen helfen können, die Ergebnisse zu interpretieren. In machen Fällen finden Sie auch Übungen zu Selbsttests, die dem MBTI sehr ähnlich sind.

Ein weiterer Selbsttest, den Sie online finden können, ist der Keirsey Temperament Sorter (www.keirsey.com). Davon gibt es zwei Versionen: eine Version mit 36 Fragen und eine Version mit 70 Fragen. Jede Version sollte Ihnen eine grobe Beurteilung Ihres Temperaments geben. Der Test, einschließlich der Auswertung ist kostenfrei. Um die Ergebnisse aber richtig verstehen zu können, sollten Sie vielleicht doch Keirseys Buch *Please Understand MeII: Temperament Character Intelligence* (Promethius Nemesis Book Company, in Deutschland über Amazon.com bestellbar) gelesen haben.

Feedback von anderen

Ausprobieren

Nur wenige Menschen kennen sich so gut wie sie glauben – oder so gut wie die Menschen, die ihnen am nächsten stehen. Folglich sollten Sie überlegen, Feedback über ihre Persönlichkeitsstruktur von Freunden, Familienmitgliedern, Kollegen und früheren Partnern zu bekommen. Natürlich müssen Sie vorsichtig sein. Die meisten Menschen (vornehmlich sehr nette Menschen) sind verständlicherweise sehr zurückhaltend, wenn sie auch Ihre negativen Seiten nennen sollen, selbst wenn Sie sie dazu aufgefordert haben, genau das zu tun. Um dieses Problem zu umgehen, sollten Sie sicherstellen, dass diejenigen, die Sie um diesen Gefallen bitten, auch verstehen, weshalb Sie das tun. Stellen Sie auch sicher, dass Sie nicht ärgerlich werden, wenn Menschen, die Ihnen nahe stehen, Dinge sagen, die Sie eigentlich nicht hören wollen. Damit diese Strategie funktioniert, sollten Sie versuchen, die Erkenntnisse von möglichst vielen Menschen zu erhalten – und wenn möglich von solchen, die Sie in unterschiedlichen Situationen kennen gelernt haben. Hier einige Fragen, die Sie stellen sollten:

- ✔ Wie positiv komme ich zur Geltung?
- ✔ Bin ich ein Optimist oder ein Pessimist?
- ✔ Hältst du mich für extrovertiert oder invertiert?
- ✔ Bin ich sensibel für die Gefühle anderer Menschen?
- ✔ Wie würdest du meine Fähigkeit, mit Stress und Frust umzugehen einschätzen?
- ✔ Glaubst du, ich bin flexibel oder nicht kooperativ?
- ✔ Hältst du mich für einen Team-Spieler oder für einen Einzelgänger?
- ✔ Hältst du mich für risikofreudig?

Führen Sie ein Tagebuch

Eines der einfachsten Dinge, die Sie tun können, um Erkenntnisse über Ihre Persönlichkeit als Mitarbeiter in einem Unternehmen zu erlangen ist es, mindestens zwei Wochen lang ein Tagebuch zu führen. Das muss kein Kunstwerk werden. Sie brauchen es auch nicht zu veröffentlichen. Am Ende eines jeden Arbeitstages denken Sie über die verschiedenen Interaktionen mit anderen Menschen nach oder beschreiben anstehende Probleme, und dann, ohne zu urteilen, schreiben Sie nieder, wie Sie reagiert haben. Achten Sie auf die folgenden Fragen:

- ✔ Hat diese Situation Sie ungewohnt verunsichert – falls ja, weshalb? Mit anderen Worten: Um was hat man Sie gebeten oder was sollten Sie akzeptieren, das Sie so verunsicherte?
- ✔ Wenn Sie diese Situation noch einmal erleben könnten, würden Sie dann anders handeln? Würden Sie aufmerksamer zuhören? Würden Sie versuchen, nicht so schnell Schlüsse zu ziehen? Würden Sie Ihre Zweifel bestimmter vorbringen?

Vergessen Sie nicht, dass diese Übungen nicht dazu gedacht sind, Ihre Persönlichkeit umzukrempeln oder sie gar neu zu erfinden. Es geht nur darum, Ihnen einige zusätzliche Erkenntnisse zu Ihren Neigungen zu vermitteln, und Ihnen zu helfen, die Entscheidungen zu Ihrer Karriere besser informiert zu treffen.

Dr. phil. Fred Kirshenman

Dr. Fred Kirshenman verbrachte die ersten sieben Jahre seiner beruflichen Laufbahn als Professor und Institutsleiter der Theologischen Fakultät an einem kleinen College. Nach einigen erfolgreichen Jahren als Akademiker, entschloss er sich zu etwas, das seine Freunde und Kollegen als Karriere-Wechsel ansahen. Er ging nach Hause, übernahm die Farm seiner Familie und stellte sie auf ökologischen Landbau um.

Als Manager der Kirshenman Familienfarm, einem Unternehmen in Nord-Dakota baut er ökologische Produkte an und vermarktet sie. Dabei trifft Kirshenman Menschen aus aller Welt, besucht wichtige Konferenzen in den USA und auch außerhalb des Landes, und schlägt sich mit entscheidenden gesellschaftlichen Fragen herum. Er sagt, er hätte sich nicht vorstellen können – dass dieser Beruf so spannend sein könne. Zwar hat Kirshenman diese Zukunft nie richtig geplant, doch glaubt er, seine Vorbereitung sei es gewesen, Fertigkeiten zu entwickeln, die auf verschiedene Berufe anwendbar seien.

- ✔ *Über Fertigkeiten*: »Die bei weitem wichtigsten Eigenschaften und Fertigkeiten meines Berufs sind Fantasie, Flexibilität und die Fähigkeit zuhören zu können. Mit »Zuhören« meine ich nicht passives Lauschen, sondern engagiertes Zuhören. Für mich bedeutet Zuhören nicht nur Menschen zuzuhören, sondern auch der Natur.«

- ✔ *Über die Bedeutung von Mentoren*: »Meine Ausbildung erhielt ich bei der Arbeit selbst. Ich hatte immer das Glück, mit Kollegen zusammenzuarbeiten, die für mich Mentoren waren.«
- ✔ *Über Karriereplanung*: »Ich rate jedem, der Natur gegenüber offen zu sein. Versteifen Sie sich nicht auf einen Beruf, und ganz besonders nicht, wenn Sie mit ihm nicht glücklich sind. Entwickeln Sie sich weiter – Ihre Persönlichkeit, Ihre geistigen Fähigkeiten, Ihre Kommunikation und Ihr Denken.«
- ✔ *Über die Politik in den Büros*: »Einer der wunderbaren Aspekte, meine eigene Farm zu bewirtschaften ist, dass ich vollkommen frei bin, und tun und lassen kann, was ich will – natürlich innerhalb der Grenzen, die die Natur mir setzt. Natürlich gab es auch in meiner akademischen Tätigkeit viel Politik. In den meisten Fällen versuchte ich die Menschen miteinander ins Gespräch zu bringen, damit sie die Positionen der jeweils anderen besser verstehen konnten. Ich versuchte den Menschen Raum zu schaffen um zu lehren und zu lernen, so wie es ihnen am angenehmsten war während ich das Institut weiter in eine Richtung führte.«

Was macht Sie so talentiert?

Der normale Menschenverstand sagt Ihnen, dass Sie einen Beruf wahrscheinlich mehr lieben – und darin auch erfolgreicher sind – der gut zu Ihren Stärken passt. Hier sind drei von vielen Fragen, die oft von Menschen gestellt werden, die nicht wissen, welchen Beruf sie ausüben sollen:

- ✔ Wie soll man herausfinden, worin man gut ist, wenn man nicht die Gelegenheit hat, verschiedene Dinge auszuprobieren?
- ✔ Wenn man herausgefunden hat, dass man etwas besonders gut kann, wie erhält man eine Chance sich im echten Leben zu beweisen?
- ✔ Wie gut muss man in etwas sein, das auch Spaß macht, um damit einen vernünftigen Lebensunterhalt verdienen zu können (dabei vergessen wir einen Augenblick lang, wie erfolgreich man sein möchte)?

Keine dieser Fragen führt zu einer leichten Antwort. Die meisten Menschen haben das Potenzial, vorausgesetzt, Sie sind ausreichend motiviert, Berufe in mehreren Branchen auszuüben. Und wenn man bereit ist, hart und lange genug zu arbeiten, kann man auch Fähigkeiten erwerben, die einem nicht von der Natur gegeben sind. Man muss nicht mit den Genen eines Einstein geboren sein um in den Naturwissenschaften gute Noten zu erzielen – nicht wenn man bereit ist, einige zusätzliche Stunden für das Studium aufzuwenden. Doch selbst diese zusätzlichen Stunden garantieren nicht, dass man die Relativitätstheorie neu erfindet.

Und deshalb müssen Sie, zusätzlich zu Werten, Interessen und Temperament, auch die Fähigkeiten und Talente einbeziehen, die Ihnen die Natur mitgegeben hat.

Ja, aber ...

Auf zwei Punkte sollte man schnell noch eingehen:

- ✔ Eine Sache gut zu können, heißt nicht gleichzeitig, dass man diese Tätigkeit gern tut, und umgekehrt. Als Michael Jordan 1993 zum ersten Mal den Entschluss fasste, sich aus dem professionellen Basketball zurückzuziehen, und im Baseball eine neue Karriere beginnen wollte, war er immer noch auf der Höhe seines Könnens. Aber an dem Tag, als er seinen Rücktritt erklärte, sagte Jordan, Basketball würde ihn ganz einfach nicht mehr interessieren. Natürlich kehrte Jordan zwei Spielzeiten später zum Basketball zurück, doch erst nachdem er sich davon überzeugt hatte, dass er, so sehr er Baseball liebte, weder das Talent noch die Fähigkeit hatte, in der Profiliga Baseball zu spielen.
- ✔ Etwas gut oder sogar außerordentlich gut zu können, bedeutet nicht notwendigerweise, dass man in der Lage ist, den gewünschten Lebensstil damit auch finanzieren zu können. Wallace Stevens, einer gefeiertsten Dichter Amerikas im 20. Jahrhundert, lebte ein komfortables Leben, obere Mittelklasse, in Hartford – doch nicht, weil er durch seine Bücher reich wurde. Den größten Teil seines Arbeitslebens verbrachte er als Manager bei der Hartford Accident and Indemnity Company.

Test: eins, zwei, drei

Oberflächlich betrachtet, scheinen Tests der Fertigkeit eine sinnvolle Möglichkeit zu sein, objektive Ergebnisse darüber zu erhalten, was Sie bereits gut können, sondern auch, was Sie gut könnten, wenn Sie sich darum bemühten. Das Problem mit den meisten dieser Tests ist jedoch, was sie nicht können. Die Tatsache, dass Sie im Augenblick in einer bestimmten Tätigkeit sehr gut sind, bezieht die Zeit und die Anstrengung, die Sie benötigten, um diese Fertigkeit zu erreichen, nicht in Betracht. Das ist jedoch eine wichtige Überlegung, wenn Sie eine Beschäftigung ausprobieren, die es erforderlich macht, schnell neue Fertigkeiten zu erwerben. Und die Ergebnisse aus Tests, die Ihre Lernfähigkeit für die Fertigkeiten eines bestimmten Berufs messen sollen (das heißt, wie schnell Sie eine bestimmte Fertigkeit erlernen und professionell ausüben können) weist Ihnen nicht notwendigerweise die Richtung in einen bestimmten Beruf.

Und so ist das Beste was man tun kann, das »große Bild« zu betrachten. Nehmen Sie das, was Sie aus diesen Fertigkeitstests erfahren haben und vergleichen Sie es mit Ihrer persönlichen Erfahrung. Beispielsweise kann ein solcher Test aussagen, dass Sie sehr gut schriftlich kommunizieren können. Großartig! Und nun denken Sie zurück ans Gymnasium. Konnten Sie schnell lernen Aufsätze und Essays zu schreiben? Oder war dies ein langsamer und schwieriger Prozess, in dem Sie sich mit der Zeit verbesserten? Vor allem sollten Sie nicht vergessen, dass der Erwerb von Fertigkeiten, Fähigkeiten und Interessen sehr oft mehr Kunst als Wissenschaft ist!

Wir unterscheiden »harte« und »weiche« Fertigkeiten

Die meisten Berufe erfordern nicht nur in einer, sondern in mehreren Fertigkeiten Professionalität. Die Fähigkeit logisch und folgerichtig zu denken, ist beispielsweise eine entscheidende Fertigkeit, wenn Sie als Jurist erfolgreich sein wollen, doch sind es auch grundlegende Fertigkeiten in Bereichen wie Computerprogrammierung, Krankenhausverwaltung und Veranstaltungsorganisation. Gleich welche Strategie Sie verfolgen, um Erkenntnisse über ihre Fähigkeiten zu gewinnen, sollten Sie zwischen »harten« und »weichen« Fähigkeiten unterscheiden.

- ✔ Harte Fähigkeiten sind, ganz allgemein, technische Fähigkeiten. Außerdem sind sie zumeist berufsspezifisch. Die Fähigkeit, in HTML zu schreiben, ist eine harte Fertigkeit – ebenso die Fertigkeit, einen Gabelstapler zu bedienen, ein Soufflé zu kochen, einen Film zu machen und einen Golfball über 200 Meter zu schlagen, ohne ihn zu verlieren.

  Machen Sie keinen Fehler, harte Fertigkeiten spielen eine wichtige Rolle: In den meisten Bereichen sind sie Voraussetzung. Doch das Problem bei vielen harten Fertigkeiten ist, dass sie nicht leicht übertragen werden können. Die Tatsache, dass Sie einen Computer innerhalb von 20 Minuten zerlegen und wieder zusammenbauen können, ist eine solide harte Fertigkeit, doch die Relevanz für die Karriere ist auf genau solche Beschäftigungen begrenzt, die etwas mit mechanischen oder elektronischen Geräten zu tun haben. Wenn Ihre Fertigkeiten zu sehr spezialisiert sind, könnten auch die Wahlmöglichkeiten für Ihre Karriere begrenzt sein

- ✔ Weiche Fertigkeiten, anders als die meisten harten Fertigkeiten, sind leicht übertragbar. Gut, Sie wissen, wie man einen Computer innerhalb von 20 Minuten zerlegt und wieder zusammenbaut. Können Sie aber auch am Telefon erklären, wie man das macht? Diese Fähigkeit – komplizierte Zusammenhänge mit einfachen Worten darzustellen – ist eine Fähigkeit, die Sie in mindestens einem Dutzend Berufen anwenden können.

  Sie haben vielleicht nie darüber nachgedacht, dass das im Beruf auch eine Rolle spielen kann, doch ist es möglich, dass viele Dinge, die Sie im Augenblick gut beherrschen, genau die »weichen« Fähigkeiten sind, nach denen in vielen Berufen dringend gesucht wird. Viele Fertigkeiten fallen in diese Kategorie, doch alle haben irgendwie damit zu tun, wie Sie mit Menschen umgehen und wie sich selbst organisieren, wenn Sie unter Druck stehen.

Vorausgesetzt, Sie verfügen über die harten Fertigkeiten, die für eine bestimmte Position erforderlich sind, dann sind die Optionen, die Sie verfolgen können, aber auch die Fortschritte, die Sie in Ihrer Karriere machen können, mehr als je zuvor von Ihren weichen Fähigkeiten ab. OfficeTeam entwickelte den PEOPLE Skills Index um zu zeigen, dass die weichen Fertigkeiten in den kommenden Jahren von besonderer Bedeutung sein werden. Tabelle 2.1 gibt einen Überblick über diese Fertigkeiten:

Fähigkeiten	Was sie bewirken
Problemlösungsfähigkeit	Wie gut können Sie Logik, Urteilsvermögen und Kreativität bei der Lösung alltäglicher beruflicher Probleme einsetzen – insbesondere bei zwischenmenschlichen Problemen?
Ethik	Ihre Fähigkeit, Ihre Geschäfte und Ihre Verantwortung auf ethische Weise wahrzunehmen, mit festen Werten (die sich nicht von Fall zu Fall ändern), und die Fähigkeit zwischen richtig und falsch unterscheiden zu können.
Offenheit	Sie sind offen für neue Ideen und passen Ihr eigenes Verhalten den veränderten Realitäten des Geschäftslebens an – allerdings ohne Ihre Integrität oder Ihre Werte zu verletzen.
Überzeugungsfähigkeit	Wie gut Sie anderen zuhören und Ihren Standpunkt vertreten können, ohne Ihre Position ins Spiel zu bringen oder laut zu werden.
Führungsqualitäten	Ihre Fähigkeit die Verantwortung zu übernehmen für das, was Sie tun – und andere, mit denen Sie zusammenarbeiten, dazu zu bringen, das Gleiche zu tun. Sie geben Ihren Untergebenen die Unterstützung und die Mittel, die sie brauchen, um ihre Aufgaben erfüllen zu können.
Interesse am Lernen	Sie lernen Ihr Leben lang – wie sehr fühlen Sie sich dem ständigen Wachstum Ihres Wissens und Ihres Könnens verpflichtet?

Tabelle 2.1: Weiche Fertigkeiten für Ihren Erfolg

Und nun alles zusammen

Ob Sie vorhaben, es allein zu schaffen oder zusammen mit einem Coach – das Erstellen eines strategischen Karriereplans bedeutet, dass Sie Dutzende von Fragen beantworten müssen, die etwas mit Ihren Interessen, Werten, Arbeitsgewohnheiten, persönlichen Charaktereigenschaften und Ihren Fertigkeiten zu tun haben. Abbildung 2.1 spricht diese wichtigen Bereiche an, und die sollten Sie unbedingt bearbeiten. Es ist zwar noch nicht der eigentliche Planungsprozess, doch kann es hilfreich sein, Ihre Karriereziele zu umreißen. Wenn Sie wollen, können Sie noch persönliche Anmerkungen oder Beobachtungen in der rechten Spalte hinzufügen, um dieses Hilfsmittel ganz auf Sie abzustimmen.

Wenn sie mit der Abbildung 2.1 fertig sind, können Sie Abbildung 2.2 für Ihren maßgeschneiderten Plan verwenden.

Ihre Leidenschaften und Interessen: Nutzen Sie den Platz auf der rechten Seite und skizzieren Sie alle Aktivitäten und Bereiche die Ihnen einfallen, die Sie interessant und spannend finden und die Ihnen Spaß machen. Beispiele könnten sein: klassische Musik, Laufen, Kochen, Radfahren und sich in der Zeitung über aktelle Ereignisse zu informieren. **Anmerkung:** Viele dieser Aktivitäten könnten Hobbys oder Nebenbeschäftigungen sein, doch die Tatsache, dass sie Ihnen Spaß machen, kann eine Hilfe sein, dass sie einen Beruf finden, der Ihnen ebenfalls Spaß macht.	____________________ ____________________ ____________________ ____________________ ____________________ ____________________ ____________________ ____________________ ____________________ ____________________ ____________________ ____________________
Ihre Werte: Auf einer Skala von eins bis fünf (fünf = sehr wichtig), bewerten Sie jedes persönliche Ziel, das auf der rechten Seite aufgeführt ist. Wenn Sie damit fertig sind, ordnen Sie diese Liste entsprechend der jeweiligen Bewertung. Beginnen sie mit dem Ihnen wichtigsten Ziel.	___ **Materielle Wünsche:** Ich möchte viel Geld verdienen. ___ **Kreative Ziele:** Ich möchte mich künstlerisch ausdrücken. ___ **Entwicklung:** Ich möchte immer etwas hinzulernen und mein Wissen vermehren ___ **Unabhängigkeit:** Ich möchte frei sein – selbst langfristige strategische Entscheidungen treffen, aber auch kurzfristige Entscheidungen ___ **Spiritualität:** Ich möchte entsprechend meiner religiösen oder moralischen Überzeugungen leben. ___ **Gesellschaft:** Ich möchte in einer Gruppe mit gemeinsamen Interessen integrierend wirken. ___ **Altruismus:** Ich möchte einen gesellschaftlichen Beitrag leisten. ___ **Ausgeglichenheit:** Ich möchte auch während der Woche ausreichend Zeit für meine Familie und meine persönlichen Interessen haben.

Abbildung 2.1: Hilfsmittel zur strategischen Karriereplanung

Ihr Arbeitsstil: Legen Sie auf einer Skala von eins bis fünf (fünf = sehr wichtig) die Bedeutung der Qualitäten in Ihrem Arbeitsalltag fest, die Sie in der rechten Spalte finden.	___ **Abwechslung:** Ich möchte viele verschiedene Aufgaben erledigen und dabei viele Fertigkeiten einsetzen (zwischenmenschlich, analytisch, kreativ usw.) ___ **Herausforderung und Spannung:** Ich möchte, dass mein Job mich oft fordert (körperlich oder geistig). Ich möchte immer geprüft, aber auch entsprechend meiner Leistung bezahlt werden. ___ **Kreativität:** Ich möchte, dass die Arbeit viele Möglichkeiten bietet Probleme zu lösen und innovative Ideen zu entwickeln. ___ **Stabilität:** Ich möchte, dass die Aufgaben überschaubar und einfach zu erledigen sind. Ich möchte nicht unter einem Leistungsdruck stehen, der meinen Verdienst oder die Sicherheit des Arbeitsplatzes in Frage stellt.
Ihre Stärken und Schwächen: Auf der Basis dessen, was Sie auf Grund Ihrer bisherigen Leistungen über sich selbst wissen, bewerten Sie auf einer Skala von eins bis fünf (fünf = beste Leistung) wie gut Sie unter den angegebenen Bedingungen sein können. Wenn Sie fertig sind, ordnen Sie die Listen entsprechend Ihrer Beurteilung, wobei Sie mit Ihrer besten Leistung beginnen.	___ Das Projekt erfordert viel Organisationstalent und viel Aufmerksamkeit für Details. ___ Ich koordiniere die Arbeit vieler Menschen. ___ Ich arbeite sehr unabhängig, entwickle langfristige Strategien und treffe schnelle Entscheidungen. ___ Ich bin Mitglied eines Teams, das eng zusammenarbeitet. ___ Ich bearbeite verschiedene Projekte gleichzeitig. ___ Ich arbeite von Anfang bis Ende an einem einzigen Projekt. ___ Ich bin gern in einer Situation, in der andere die Entscheidungen treffen. ___ Ich habe gern mit Menschen zu tun, die einen anderen Arbeitsstil pflegen. ___ Ich arbeite gern unter Druck und benötige dazu ein ruhiges Verhalten.

Abbildung 2.1: Hilfsmittel zur strategischen Karriereplanung (Fortsetzung)

<table>
<tr>
<td>
Ziel: ____________________ bis: ________
Objekt: ____________________ bis: ________
Aktionen:
____________________ bis: ________
____________________ bis: ________
____________________ bis: ________
____________________ bis: ________

Objekt: ____________________ bis: ________
Aktionen:
____________________ bis: ________
____________________ bis: ________
____________________ bis: ________
____________________ bis: ________

Objekt: ____________________ bis: ________
Aktionen:
____________________ bis: ________
____________________ bis: ________
____________________ bis: ________
____________________ bis: ________
</td>
<td>
Interessen:
____
____
____

Werte:
____
____
____

Arbeitsstil:
____
____
____

Stärken:
____
____
____

Schwächen:
____
____
____
</td>
</tr>
</table>

Abbildung 2.2: Arbeitsblatt zur Karriereplanung

Untersuchen Sie Ihre Karriere-Möglichkeiten

3

In diesem Kapitel

- Untersuchen wir ganz einfach, welche Karrieren Ihnen offen stehen
- Benutzen wir das Handbuch der Berufsberatung
- Benutzen wir das Internet als Quelle für Informationen
- Bitten wir um Informationen
- Verbreitern wir unsere Perspektiven anhand anderer Quellen
- Denken wir über einen Personalberater nach: Ja oder nein?

In einer perfekten Welt (oder besser noch, wenn Sie Prinz oder Prinzessin in einer absoluten Monarchie wären) wäre ein strategischer Karriereplan eine Kleinigkeit. Die größte Aufgabe wäre, zu entscheiden, welchen Beruf Sie ergreifen wollen. Natürlich käme es darauf an, was Ihnen am meisten Spaß macht. Ob Sie für den ausgewählten Beruf besonders begabt sind, würde keine Rolle spielen. Ihr Können wäre die Richtschnur für außerordentliche Leistungen im ganzen Königreich. Ob Sie in Ihrem Beruf einen komfortablen (oder bescheidenen) Lebensunterhalt verdienen, würde keine Rolle spielen, denn dann, wenn sich die Rechnungen auftürmten, könnten Sie ganz einfach in die königliche Schatztruhe greifen. Und das letzte worum Sie sich kümmern müssten, wären andere Leute – Adelige oder gemeines Volk – die um den selben Job konkurrieren. Sie würden Ihre Mutter oder Ihren Vater dazu bringen, einen königlichen Erlass zu schreiben und die möglichen Konkurrenten ins Exil schicken.

Gut, doch in der realen Welt der Karriereplanung reicht es einfach nicht aus, sich selbst zu kennen. Sie brauchen auch eine allgemeine Vorstellung von Ihren Möglichkeiten und den Stellenangeboten in diesen Branchen. Sie müssen auch über die praktischen Aspekte dieses Bereichs nachdenken, ganz besonders, wenn es um Ihren Lebensunterhalt geht (das Geld, das Sie benötigen um sich Ihren Lebensstil leisten zu können) und die Konkurrenz (die Menschen, die den gleichen Job haben wollen, den Sie sich ausgesucht haben).

In diesem Kapitel möchte ich Ihnen zeigen, wie es in der realen Welt der strategischen Karriereplanung aussieht. Sie werden herausfinden, was Sie können (das könnte schwieriger werden, als Sie glauben). Ich biete Ihnen eine Einführung in die Stellensuche, wobei Sie Insiderwissen erhalten, wie es in den Bereichen oder Berufen aussieht, die Ihnen interessant erscheinen. Außerdem bekommen Sie die Möglichkeit festzustellen, wie gut Sie als Bewerber in diesen Bereichen zu vermitteln sind.

Dr. phil. Albert Wertheim

Obwohl Albert Wertheim mehr als 35 Jahre im selben Bereich arbeitete, wuchs seine Karriere in Richtungen, die er nie erwartet hatte. Als Assistent für Englisch an der Universität von Princeton wurde er von einem Freund überredet, ein Jahr lang an der Universität von Indiana zu unterrichten – und bliebt dort drei Jahrzehnte lang. 10 Jahre nach seinem Wechsel entschloss sich Wertheim, einen neuen und progressiven Kurs für internationale Englische Literatur anzubieten – einfach nur so. Schließlich wurde der Kurs so erfolgreich, dass er zu seiner Spezialisierung führte und Wertheim ein anerkannter Experte auf diesem Gebiet wurde. Ein paar Jahre später ging er in ein andere Richtung. Er wurde gebeten, das Amt des stellvertretenden Dekans zu übernehmen. Obwohl er zugibt, bis dahin keine Verwaltungserfahrung gehabt zu haben, akzeptierte er die Herausforderung und stellte fest, dass er auch für das Management Talent hatte.

Zur Zeit hat Wertheim drei Positionen an der Universität von Indiana inne: Er ist Professor für Englisch, Professor für Theater und Schauspiel und stellvertretender Dekan für die Forschung. Aus Erfahrung empfiehlt er Berufstätigen, für neue Berufe offen zu sein und sich darum zu kümmern, dass die Arbeit auch Freude bereitet.

- ✔ *Über Verhalten am Arbeitsplatz*: »Ich kann dazu sagen, dass die meisten Menschen lieber mehr Grußkarten am Valentinstag bekommen als eine Gehaltserhöhung. Mit anderen Worten: Sie brauchen jemanden, der ihnen sagt, er habe seinen Essay gelesen und ihn gut gefunden. Oder: Vielen Dank, dass du dich darum gekümmert hast – ich weiß nicht, wie ich das ohne dich geschafft hätte.« Er ist der Auffassung, dass ein kleines Geschenk oder ein nettes Wort sehr dazu beiträgt, dass Menschen sich anerkannt fühlen und es zu einem guten Klima am Arbeitsplatz kommt.

- ✔ *Über Management*: Wertheim sagt, es sei sehr wichtig zu erkennen, dass jeder Mensch anders ist. »Wenn man seine Kunden, Klienten, Patienten oder Studenten nur als Monolith sieht, dann kann man ihnen nicht richtig helfen, und auch nicht erfolgreich sein. Wenn man ihre Einzigartigkeit erkennt und sie als individuelle Person behandelt, dann liegt man immer richtig.

- ✔ *Über Erfolg im Beruf*: »Meine Eltern sagten richtigerweise, es spiele keine Rolle, wieviel Geld man verdient. Wichtig sei, dass man Freude an seinem Beruf habe. In Amerika verdienen Lehrer nicht viel. Ich hatte das Zeug dazu, einen Beruf zu ergreifen, in dem ich sicher sehr viel Geld verdient hätte. Statt dessen wählte ich einen Beruf, an dem ich viel Freude habe und der mich wirklich erfüllt. Und das ist für mich mehr wert, als ein Aktienportfolio im Wert von mehreren Millionen, ein riesiges Haus oder ein Zweitwohnsitz in Hilton Head.«

Erkunden Sie den Arbeitsmarkt

Höchstwahrscheinlich wissen Sie ein wenig über sehr viele verschiedene Berufe. Dieses Wissen kann aus allen möglichen Quellen stammen: aus Ihrer eigenen Erfahrung, von Freunden oder Familienmitgliedern, aus Filmen, aus Fernsehsendungen, die Menschen in verschiedenen Berufen zeigen (oder weiß irgendjemand nicht, wie die Arbeit eines Kriminalkommissars aussieht?), von Job-Börsen, die Sie vielleicht besucht haben oder aus Unterhaltungen mit Leuten aus der Personalabteilung, wenn Sie sich schon einmal vorgestellt haben. Mit anderen Worten: Sie haben schon eine grobe Vorstellung davon, wie ein typischer Arbeitstag aussehen würde, wären Sie Forstarbeiter, Grafikdesigner, Software-Programmierer oder Hotelmanager. Es wäre allerdings ideal, hätten Sie schon ein paar Wochen lang ein Praktikum im Forst, in einer Werbeagentur, in einer IT-Abteilung oder in einem Hotel gemacht hätten. Dies ist auch der Grund dafür, dass Praktika für Studenten eine so wertvolle Erfahrung sein können.

Leider gibt es nicht sehr viele Berufe, die man vor einer Berufswahl ausprobieren kann. Deshalb sind die Chancen, tatsächlich in jedem Beruf zur Probe arbeiten zu können, in dem man glaubt, glücklich werden zu können, sehr begrenzt. Doch gibt es glücklicherweise noch andere Informationsquellen. Sie sollten sie einfach nutzen.

Informationen von Vater Staat

Am besten sollten Sie mit einem Handbuch beginnen, das Sie bei jedem Arbeitsamt erhalten können. Es heißt: Beruf aktuell. Dieses Buch erscheint jährlich neu und wird an allen Haupt- und Realschulen kostenlos verteilt. Herausgegeben wird es von der Bundesanstalt für Arbeit in Nürnberg.

Was diesen Führer durch alle Berufsbilder so wertvoll macht, sind die Einzelheiten, die Sie zu jedem Beruf erfahren.

- ✔ Kurzbeschreibung der Tätigkeit
- ✔ Ausbildungsdauer
- ✔ Anzahl der derzeit in der Ausbildung stehenden Personen
- ✔ Hinweise auf weitere Informationen (Blätter zur Berufskunde, in denen die einzelnen Berufe ausführlich beschrieben werden, auch mit Zugangsvoraussetzungen.

Das Buch gibt einen Überblick über alle anerkannten Ausbildungsberufe, die durch das Berufsbildungsgesetz geregelt sind, über die Berufe mit geregelten Ausbildungsgängen an beruflichen Schulen, in Betrieben und Verwaltungen sowie Berufe nach einem Studium an Fachhochschulen. Die vorgestellten Berufsbilder reichen von A wie Abfalltechniker/in bis Z wie Zytologieassistent/in. Sie werden staunen, wie viele verschiedene Ausbildungsberufe es in Deutschland gibt.

Außerdem werden Fragen zur Zukunft der Berufe beantwortet, also Beschäftigungschancen und Beschäftigungsrisiken aufgeführt. Wertvoll sind auch die Tipps zur finanziellen Förderung. Ebenfalls sehr wichtig kann für Sie das Kapitel über die Aufstiegsweiterbildung sein, denn ganz sicher wollen Sie in Ihrem Beruf auch einmal in eine leitende Position kommen.

Im Anhang finden Sie das Kapitel »Medien zur Berufsorientierung«. Hier können Sie reichhaltiges Informationsmaterial finden und es auch beim Arbeitsamt bestellen. Meist genügt ein kurzer Anruf bei dem für Sie zuständigen Arbeitsamt.

Im Arbeitsamt selbst stehen Ihnen sachkundige Mitarbeiter zur Verfügung, mit denen Sie ein persönliches Beratungsgespräch vereinbaren können.

Suchen Sie im Internet

Haben Sie einen Internet-Anschluss, so können Sie auch unter `www.arbeitsamt.de` nachsehen. Für Abiturienten dürfte das »abi Berufswahl-Magazin« sein, das Sie auch im Internet unter `www.abi-magazin.de` aufrufen können.

Fragen und Antworten: Vereinbaren Sie ein Informationsgespräch

Eine der besten – und oftmals verlässlichsten – Möglichkeiten, eine Vorstellung zu bekommen, wie es in der Realität in einem Beruf oder einer Branche aussieht, ist es, wenn Sie Informationen aus erster Hand bekommen – von jemandem, der im Augenblick auf diesem Gebiet arbeitet. Diese Art von Unterhaltung nennt man Informationsgespräch – im Gegensatz zu einem Vorstellungsgespräch.

Wenn Sie sich mit einem Gesprächspartner in einem Unternehmen verabreden, dann betonen Sie, dass Sie sich über einen Beruf informieren wollen. Ansonsten könnte es zu Missverständnissen kommen, weil man annehmen könnte, Sie wollten zu einem Vorstellungsgespräch kommen.

Hier einige Ratschläge, wie Sie Informationsgespräche am besten für sich nutzen.

- ✔ *Suchen Sie Kontakte zu Menschen, die sich auskennen.* Wenn Sie sich nach möglichen Gesprächspartnern umsehen, dann sollten Sie nach solchen Personen suchen, die schon mindestens drei oder vier Jahre in diesem Beruf sind, den Sie gerade erkunden wollen. Am besten wäre es (allerdings ist dies nicht unbedingt notwendig), dass diese Person in Ihrem Alter ist oder jemand, mit dem Sie sich identifizieren können. Wenn Sie niemanden kennen, auf den dies zutrifft, dann fragen Sie bei Freunden, Bekannten, Studienkollegen oder sogar in ihrer Studentenverbindung nach.
- ✔ *Fragen Sie und Sie werden Antworten bekommen.* Vorausgesetzt, der Zeitplan ermöglicht es und Sie wenden sich in aller Form an ein Unternehmen, dann

werden die meisten Ansprechpartner aus dem Personalbüro damit einverstanden sein, Sie zu empfangen. Sie werden angenehm überrascht sein wie viele Menschen – sogar Fremde – bereit sind, Ihnen zu helfen, wenn Sie sich freimütig nach ihren Erfahrungen erkundigen. Gelegentlich könnten Sie auf jemanden treffen, der wenig auskunftsfreudig ist, doch die meisten Menschen, die ihren Beruf lieben, erzählen anderen gern darüber.

✔ *Bereiten Sie sich vor.* Je besser Sie sich vor einem solchen Treffen vorbereiten und schon aus anderen Quellen informieren, umso mehr werden Ihnen die Gespräche nützen. Machen Sie sich – durch Bücher, Zeitschriften oder im Internet – schon mit den Grundlagen vertraut. Auf diese Weise sind Sie besser gerüstet, intelligente Fragen zu stellen. Es ist keine schlechte Idee, mit einem Fragenkatalog in ein solches Gespräch zu gehen. Sie könnten vielleicht einige der folgenden Fragen stellen:

- Weshalb haben Sie sich für diesen Beruf entschieden?
- Wie haben Sie Ihre erste Anstellung bekommen?
- Können Sie mir einen typischen Arbeitstag beschreiben?
- Wie viele Stunden arbeiten Sie durchschnittlich in der Woche?
- Würden sie sich noch einmal für diese Tätigkeit entscheiden?
- Welchem Stress sind Sie in dieser Tätigkeit ausgesetzt?
- Was gefällt Ihnen an Ihrer Tätigkeit am besten?
- Was mögen Sie am wenigsten?
- Welche Talente und Fähigkeiten braucht man, um in diesem Beruf erfolgreich zu sein?

✔ *Kleiden Sie sich angemessen und achten Sie auf gutes Benehmen.* Informationsgespräche kann man ebenso leicht am Telefon führen wie persönlich. Besser jedoch sind Gespräche, die man persönlich führt, vorausgesetzt Sie brauchen keine lange Reise zu unternehmen, um sich mit dem Gesprächspartner zu treffen. Wenn Sie persönlich mit jemandem sprechen, dann sollten Sie gut aussehen, besonders, wenn Sie sich im Unternehmen vorstellen. (Ziehen Sie sich so an, als ob Sie sich tatsächlich für einen Arbeitsplatz bewerben wollten.) Auch wenn Sie im Augenblick keine Anstellung suchen, könnte Ihnen der Gesprächspartner dabei helfen, später einmal einen Job zu bekommen. Und deshalb sollten Sie einen möglichst guten Eindruck machen.

✔ *Bedanken Sie sich.* Nehmen Sie sich unbedingt die Zeit – höchstens bis zum nächsten Tag – um sich mit einem kurzen Brief (auch ein E-Mail ist in Ordnung) bei ihrem Gesprächspartner für die Informationen und die Zeit, die er Ihnen zur Verfügung gestellt hat, zu bedanken.

Nehmen Sie einen Teilzeit-Job an

Vorausgesetzt, Sie können es ermöglichen (mit anderen Worten, Sie sind nicht gerade als Vollzeitkraft beschäftigt), dann ist die Arbeit als Teilzeitkraft oder als Praktikant eine der besten Möglichkeiten, umfassende Erkenntnisse in verschiedenen Berufen zu erlangen. Sicherlich, kein Zeitarbeitsunternehmen wird Sie in einen Job vermitteln, mit dem Sie nicht zurechtkommen. Doch als Praktikant könnten Sie die Möglichkeit haben, in verschiedenen Tätigkeiten, Unternehmen und Branchen Erfahrungen zu sammeln. Dann haben Sie die Chance, Profis zu treffen, mit ihnen zu arbeiten und sie näher kennenzulernen, was sonst nicht möglich wäre.

Die beste Chance als Teilzeitarbeiter eine Beschäftigung zu finden, ist eine Zeitarbeitsagentur oder eine Personalberatung, die sich auf dem Gebiet spezialisiert hat, an dem Sie interessiert sind. Gute Personalberatungen oder Zeitarbeitsagenturen – besonders diejenigen, die sich auf eine bestimmte Branche spezialisieren – wissen genau, welche Fertigkeiten und Qualitäten die Arbeitgeber in verschiedenen Bereichen suchen, wenn Sie Einstellungsgespräche führen. Mitarbeiter der Personalberatungen können Ihnen sehr gute Auskünfte darüber geben, wie gut Sie zu vermitteln sind und Ihnen Ratschläge geben, wie Sie Ihre Chancen verbessern können.

Schauen Sie bei Stellenangeboten nach

Stellenanzeigen in den Tageszeitungen, Fachzeitschriften und Online-Jobbörsen richten sich in erster Linie an Leute, die einen Job suchen. Doch wenn die Anzeigen sehr ausführlich und gut verfasst sind, können Sie daraus sehr fruchtbare Informationen darüber erhalten, welche Ansprüche die Arbeitgeber heutzutage in den verschiedenen Bereichen stellen. Wenn Sie einige Dutzend Anzeigen gelesen haben, die sich auf eine bestimmte Tätigkeit beziehen, sollten Sie eigentlich bemerkt haben, dass bestimmte Formulierungen (beispielsweise »gute Kommunikationsfertigkeiten«) immer wieder vorkommen – ein zuverlässiges Anzeichen dafür, dass Sie selbst diese Eigenschaft haben müssen, wenn Sie überhaupt eine Chance in dieser Branche haben wollen.

Berufsberater: Ja oder nein?

Bevor sie sich entschließen, einen Berufsberater oder einen Personalberater (oft nennt er sich auch Karriere-Coach) zu konsultieren, sollten Sie darüber nachdenken, ob Sie nicht die Zeit und Geld sparen sollten, und sich eine ganz einfache Frage stellen sollten: Wie gut kommen Sie selbst mit Ihrer Berufsfindung zurecht? Wenn Sie einigermaßen wissen, wer Sie sind, welche Werte für Sie wichtig sind, welche Talente Sie haben und welche Art von Tätigkeit Sie ausüben wollen, und wenn Sie schon damit begonnen haben, bestimmte Berufsbilder zu untersuchen, dann kann Ihnen der durchschnittliche Berufsberater wahrscheinlich auch nicht mehr viel Neues erzählen. Haben Sie allerdings Schwierigkeiten, Ihre Ziele und Interessen zu definieren, dann kann Ihnen ein erfahrener Berufsberater behilflich sein, Sie logisch und analytisch durch eine Berufswahl zu führen. Noch wichtiger ist, dass ein Berufsberater Ihnen helfen kann, sich ein objektiveres Bild von sich selbst zu machen. Dann reicht es nicht zu sagen, dass eine Ihrer Stärken ist, beispielsweise in Krisensituationen cool bleiben zu können. Der Berufsberater will auch wissen, in welchen Situationen in Ihrem bisherigen Leben Sie das schon unter Beweis stellen konnten.

Denken Sie aber auch daran, was Berufsberater nicht sind. Sie sind keine Therapeuten (obgleich viele Berufsberater ein Psychologiestudium abgeschlossen haben). Außerdem können sie (jedenfalls am Arbeitsamt) immer nur Stellen anbieten, die bei ihnen gemeldet sind. Dafür erhalten Sie den Service auch kostenlos. Personalberater hingegen werden aktiv für Sie tätig, nutzen ihre Kontakte in die Personalbüros großer Unternehmen, verlangen dafür aber auch ein saftiges Honorar.

Die meisten Berufsberater bieten in etwa den gleichen Service.

- ✔ Sie bieten Ihnen Eignungstests und werten diese aus.
- ✔ Sie versuchen, sich von Ihnen, Ihren Zielen und Hoffnungen ein klareres Bild zu machen.
- ✔ Sie zeigen Ihnen eine Reihe von Berufen, die zu Ihren Interessen passen.
- ✔ Sie helfen Ihnen, einen kurzfristigen und/oder langfristigen Karriereplan zu erstellen

Sollte das Vorhaben von Erfolg gekrönt sein, dann werden Sie Ihre Ziele und Werte besser verstehen, eine grobe Strategie für Ihr Karrieremanagement haben, und vielleicht haben Sie auch etwas hinzu gelernt, beispielsweise, wie man bei einer Bewerbung ein gutes Anschreiben verfasst, was sich bei Ihrer Jobsuche als sehr nützlich erweisen wird.

Für den Fall, dass Sie eine Personalberatung ansprechen wollen, werden Sie bei der Suche nach einem Ausbildungsplatz wahrscheinlich belächelt. In der Regel arbeiten Personalberatungen für Unternehmen, die hoch qualifiziertes und hoch dotiertes Personal suchen. Eine Personalberatung nimmt den Unternehmen die Personalsuche ab und trifft schon eine gewisse Vorauswahl. Zuweilen betätigen sich Personalberatungen auch als »Headhunter«, wenn sie Top-Manager aus anderen Unternehmen abwerben.

Normalerweise sollten Sie Ihre Ansprechpartner im Arbeitsamt finden. Und der Vorteil: Der Service ist für Sie kostenlos.

Sie rüsten sich für die Zukunft

4

In diesem Kapitel

- Stellen wir fest, wie gut Sie zu vermitteln sind
- Rüsten Sie sich für den nächsten Schritt
- Prüfen wir Ihren jetzigen Arbeitsplatz
- Gehen Sie vielleicht zurück zur Schule
- Denken wir über Projektarbeit nach

Zwar können Sie eine ziemlich gute Vorstellung davon haben, wie Ihr Leben aussehen soll, und welche Berufe am besten geeignet sind, Ihre Ziele zu erreichen. Doch das alles in die Realität umzusetzen, ist eine ganz andere Sache. Nun benötigen Sie einen Angriffsplan – einen Plan, nach dem Sie vorgehen können.

Der Zeitplan und die Schritte, die Sie dann unternehmen müssen, werden hauptsächlich von zwei Faktoren bestimmt: was getan werden muss und wie viel Zeit dafür voraussichtlich benötigt wird (und das unter dem Aspekt Ihrer anderen Verantwortlichkeiten und Ihrer finanziellen Bedürfnisse). Sie könnten vielleicht schon gut positioniert sein um einen Job in dem Beruf zu bekommen, der Ihnen zusagt oder aber, Sie müssen vorher noch etwas unternehmen. Vielleicht benötigen Sie noch einige Fortbildungen oder in bestimmten Tätigkeiten noch ein wenig mehr Erfahrung. Doch bei der strategischen Karriereplanung gibt es keinen Anzug, der allen passt, und keinen Plan der für alle gelten kann. Welchen Plan Sie auch zusammenstellen, er muss genau auf Sie abgestellt sein, das heißt, dass er nicht nur Ihren beruflichen Zielen, sondern auch Ihren persönlichen Lebenszielen entsprechen muss.

In diesem Kapitel finden Sie erprobte Tipps, Techniken und Strategien. Sie werden feststellen, wie gut Sie, je nach Tätigkeit, zu vermitteln sind. Ebenfalls sehr wichtig: Sie stoßen auf Lücken zwischen Ihrer bisherigen Ausbildung, Ihren Erfahrungen und Ihren Fertigkeiten, die Sie füllen müssen, bis Sie in eine neue Tätigkeit wechseln können. Vielleicht haben Sie eine Zeitlang nachgedacht oder sogar geträumt. Jetzt ist es aber an der Zeit, zur Tat zu schreiten.

Wie gut sind Sie zu vermitteln?

Bevor Sie sich auf den Weg in eine neue Karriere machen, benötigen Sie ein bestimmtes Maß an Vermittelbarkeit. Mit Vermittelbarkeit meine ich in etwa das, was man in der Wirtschaft Vermarktbarkeit nennt. Es beschreibt im übertragenen Sinn die Anzahl der möglichen Käufer, die das kaufen möchten, was Sie anzubieten haben. Allerdings ist zu berücksichtigen, dass es, gerade auf dem Arbeitsmarkt, noch viele andere Anbieter gibt. Und was genau haben Sie zu bieten? Kurz gesagt: Ihr Angebot besteht aus einer Mischung von Fertigkeiten, Eigenschaften, Erfahrungen und Empfehlungen. Ihre Marktfähigkeit ist ein Maß, das angibt, wie viel Sie von dem haben, was ein Arbeitgeber sucht. Betrachten Sie Ihre Marktfähigkeit oder Vermittelbarkeit (also Herkunft, schulische und akademische Ausbildung und Begabungen, die Sie für eine bestimmte Tätigkeit besonders geeignet erscheinen lassen) als Ihr Vermögen oder Kapital und das, was gegen Sie sprechen könnte (so lange, bis Sie es ausgeräumt haben) als Schulden.

Eine selbstständige Macht

Der Arbeitsmarkt ist eine Macht, die ihren eigenen Weg geht. Die Bedingungen auf dem Arbeitsmarkt ändern sich von Jahr zu Jahr und können sich auf den verschiedenen Gebieten unterscheiden, aber auch von einer Region zur anderen. Obwohl die Bedingungen von Kräften und Trends regiert werden, die man nicht kontrollieren kann, kann man sie verstehen und sich ihnen anpassen. Die folgenden Abschnitte geben Ihnen einen kurzen Überblick über einige Faktoren, die Ihre Vermittelbarkeit auf bestimmten Gebieten beeinflussen können. (Sein Sie darauf gefasst, danach werden wir einen Test durchführen!

Zeugnisse und Empfehlungen

Wenn ich von Zeugnissen und Empfehlungen spreche, dann meine ich Diplome, Lizenzen, Zertifikate, Bescheinigungen und Testate, die dokumentieren, dass Sie an Kursen, Lehrgängen oder Tests erfolgreich teilgenommen haben, oder dass Sie auf einem Arbeitsgebiet besondere Erfahrungen gesammelt haben. Auf bestimmten Gebieten haben diese Bestätigungen mehr Gewicht als auf anderen. Sie müssen beispielsweise nicht unbedingt Diplomkaufmann sein oder einen Doktortitel haben, um in Hollywood Filme zu produzieren, eine eigene Firma aufzumachen oder Trainer zu werden. Wenn Sie allerdings als Jurist arbeiten wollen, dann reicht es nicht, sich einen Armani-Anzug zu kaufen, eine Anzeige in den Gelben Seiten zu schalten und Visitenkarten drucken zu lassen und sich darauf Jurist zu nennen. Dazu brauchen Sie ein Studium an der juristischen Fakultät einer Universität, Sie müssen ein Referendariat hinter sich bringen und eine Staatsprüfung erfolgreich abschließen. Außerdem benötigen Sie noch die Zulassung für bestimmte Gerichtsbezirke. Es reicht beileibe nicht aus, im Fernsehen regelmäßig das »Fernsehgericht« oder »Ehen vor Gericht« gesehen zu haben.

Weil diese Bestätigungen die Zugangsberechtigung zu vielen Berufen und Karrieren sind, sollten Sie schon ziemlich bald wissen, welche Qualifikationen erforderlich sind um anfangen zu können. Außerdem sollten Sie die Voraussetzungen kennen, unter denen Sie in dem gewählten Beruf aufsteigen können. Hier einige Fragen, die Sie stellen sollten, wenn Sie Ihre Karriereziele erarbeiten:

- ✔ Sind die Anforderungen für den Abschluss in allen Bundesländern gleich?
- ✔ Wie lang dauert es in der Regel, bis man alle Voraussetzungen erfüllt hat?
- ✔ Welche Kosten entstehen?

Wenn Sie diese Informationen haben, könnten Sie entscheiden, dass die Gräben, die Sie überspringen müssten, die Sache nicht wert sind. Oder, wenn Sie weiterhin daran interessiert sind, einen Berufsweg einschlagen zu wollen, der bestimmte Voraussetzungen verlangt, müssen Sie einen realistischen Zeitplan erstellen, innerhalb dessen Sie die Voraussetzungen erfüllen.

Frühere Erfahrungen und Lebenslauf

Ihr Lebenslauf ist eine Zusammenstellung Ihrer Erfahrungen und von dem, was Sie schon erreicht haben: Er umfasst die Unternehmen, für die Sie schon gearbeitet haben, die Position, die sie bekleidet haben, die Tätigkeiten, die Sie dort ausgeübt haben und welche Erfolge Sie vorzuweisen haben.

Der Lebenslauf – also das was Sie in der Vergangenheit gemacht haben – ist heute bei einigen Anstellungen kein so entscheidender Faktor mehr, wie er es früher einmal war. Das trifft jedenfalls auf bestimmte Gebiete zu – beispielsweise auf den IT-Bereich, also die Informationstechnologie – in denen die Entwicklung so schnell voran schreitet, dass viele Arbeitgeber nicht interessiert, was Sie früher gemacht und welchen Rang Sie bekleidet haben, sondern viel mehr daran interessiert sind, was Sie heute können. Wenn man aber davon ausgeht, dass Sie über die notwendigen Fertigkeiten verfügen, dann beweist der Lebenslauf (zusammen mit den Arbeitszeugnissen), dass Sie wirklich können, was der Arbeitgeber verlangt. In dieser Hinsicht haben Sie mit einer eindrucksvollen Liste Ihrer bisherigen Leistungen natürlich einen Vorteil gegenüber Bewerbern mit weniger Erfahrung. Zusammengefasst kann man sagen, dass Sie umso besser vermittelbar sind, je mehr Ihr Lebenslauf und Ihre Zeugnisse dem potenziellen Arbeitgeber nahe legen, dass Sie dem Anforderungsprofil entsprechen.

Doch selbst dann, wenn Ihre früheren Leistungen nicht so beeindruckend sind, wie Sie es gern hätten, können Sie jetzt und im kommenden halben Jahr etwas tun – vielleicht sogar an Ihrem jetzigen Arbeitsplatz – damit Sie die Fertigkeiten erwerben, die Ihnen noch fehlen, um in der Zukunft bessere Chancen bei Bewerbungen zu haben.

Über die Bedeutung von Fertigkeiten

Fertigkeiten spielen eine große Rolle, wenn es darum geht, wie gut Sie zu vermitteln sind, ganz gleich welchen Beruf Sie ausüben. Sie müssen dem Anforderungsprofil unbedingt entsprechen. Allerdings sollten Sie wissen, dass heute in den meisten Berufen Ihre Vermittelbarkeit nicht allein durch Ihre technischen Fertigkeiten bestimmt wird – wie schnell Sie ein Computerprogramm schreiben könnten oder eine Gewinn- und Verlustrechnung aufstellen können. Die »weichen Fertigkeiten« zählen heute mehr als je zuvor – und könnten in den Tätigkeiten, die Sie anstreben, wichtiger sein, als in Ihren bisherigen Tätigkeiten.

Haben Sie sich beispielsweise auf den IT-Bereich spezialisiert und wollen ins Beratungsgeschäft, dann müssen Sie eine Consulting-Firma (durch Erfolge) davon überzeugen, dass Sie Kommunikationsfertigkeiten, Führungsstärke und Problemlösungstechniken haben, die so hoch geschätzt werden. Sie sollten auch wissen, dass immer mehr Unternehmen sehr ausgeklügelte Tests und andere Methoden einsetzen um herauszufinden, welcher Bewerber über die erforderlichen menschlichen Qualitäten verfügt. In einem Vorstellungsgespräch wortgewaltig über das zu berichten, was Sie bisher schon alles erreicht haben, wird wahrscheinlich nicht reichen, um die erste Runde zu überstehen.

Beziehen Sie Ihre Lebensgewohnheiten in Ihre Überlegungen ein

Wenn Sie sich fragen, was Ihre Lebensgewohnheiten mit Ihrer Vermittelbarkeit zu tun haben, dann ist hier die Antwort: Mehr als Sie vielleicht annehmen werden. Wenn Ihre Berufswünsche in eine eher glamouröse Richtung gehen – beispielsweise Film, Fernsehen, Unterhaltung oder Musik – dann werden Sie wahrscheinlich Schwierigkeiten haben, sich mit den geringen anfänglichen Verdienstmöglichkeiten abzufinden, die in diesen Branchen üblich sind. Kommen Sie mit wenig Geld aus oder haben noch andere Einkommensquellen (großzügige Eltern oder Großeltern), dann sind Sie denjenigen gegenüber im Vorteil, die mit den bescheidenen Verdiensten auskommen müssen.

Das gleiche gilt für andere spezielle Bedingungen, die Sie stellen. Wenn Sie aus familiären Gründen darauf angewiesen sind, in einer bestimmten Region zu wohnen, dann haben Sie weniger Chancen als jemand, der mit wenig Umständen schnell in eine andere Gegend umziehen kann. Andere Lebensgewohnheiten, die beeinflussen, wie leicht Sie zu »vermarkten« sind könnten Ihre Freizeitbeschäftigungen sein. Trainieren Sie beispielsweise für einen Marathon, so gibt es Konflikte zwischen dem wöchentlichen 20-Stunden-Training und einem Job, der Sie wöchentlich 60 oder 70 Stunden in Anspruch nimmt (für Freiberufler sind solche Arbeitszeiten keine Seltenheit).

Stehen Ihre Lebensgewohnheiten den Anforderungen eines bestimmten Berufs entgegen, dann sind Sie als Kandidat nicht automatisch ganz aus dem Rennen. Doch je mehr Leute sich um einen Job bewerben – und je mehr Druck Sie haben die Miete aufbringen zu können – einen um so flexibleren Lebensstil müssen Sie pflegen. Vielleicht sollten Sie in einer solchen Situation noch einmal über Ihre Prioritäten nachdenken und Ihre ursprünglichen Ziele dann verfolgen, wenn Sie mehr Möglichkeit dafür haben.

Passt der Anzug?

Wenn Sie alle Vorbereitungen getroffen haben und nun einen bestimmten Beruf ergreifen wollen, können Sie anhand des folgenden Tests feststellen, wie groß die Lücken zwischen den Erfordernissen des Arbeitsmarkts und Ihrem Angebot noch sind.

Die Tabelle 4.1 hilft Ihnen dabei, die Pluspunkte und Minuspunkte hinsichtlich Ihrer Karriere zu sortieren und sie mit den Ansprüchen zu vergleichen, die am Arbeitsmarkt gestellt werden. Das folgende Formular können Sie auf jeden Beruf, jede Beschäftigung anwenden. Haben Sie Schwierigkeiten, an irgendeiner Stelle die Fragen zu beantworten, so ist das nicht weiter schlimm – Sie brauchen nur noch ein wenig heftiger nachzudenken.

Was der Job verlangt	Was Sie haben oder können
Notieren Sie die Voraussetzungen (Zeugnisse, Diplome ...), die erforderlich sind, um in ein bestimmtes Berufsfeld einzusteigen oder darin Karriere zu machen.	Schreiben Sie auf, welche Voraussetzungen Sie schon erfüllen.
Beschreiben Sie die Erfahrungen oder die Stationen, die entscheidende Einstellungskriterien für den Job sind, den Sie haben möchten.	Beschreiben Sie Ihre eigenen Erfahrungen.
Notieren Sie mindestens vier technische Fertigkeiten, die Sie benötigen, um die nächste Sprosse auf Ihrer Karriereleiter zu erklimmen.	Beurteilen Sie Ihre eigenen Fertigkeiten aus der Liste auf der linken Seite mit 1 bis 10 (10 ist die beste Wertung).
Schreiben Sie mindestens fünf »weiche Fertigkeiten« auf, die Sie benötigen, wenn Sie in den Jobs, die Sie sich wunschen, erfolgreich sein wollen.	Beurteilen Sie Ihre eigenen Fertigkeiten aus der Liste auf der linken Seite mit 1 bis 10 (10 ist die beste Wertung).
Wie hoch ist der Verdienst in dem Job, den Sie anstreben?	Wieviel Geld brauchen Sie augenblicklich für Ihren Lebensunterhalt?

Was der Job verlangt	Was Sie haben oder können
Wie hoch ist der durchschnittliche Verdienst in dem Job, den Sie anstreben, nach fünf Jahren?	Wieviel wollen oder müssen Sie in fünf Jahren verdienen?
Wieviel Stunden pro Woche arbeitet man in diesem Beruf, wenn man wirklich erfolgreich sein möchte?	Wie viele Wochenstunden sind Sie zu arbeiten bereit (oder in der Lage), um in diesem Job Erfolg zu haben?
In welchen Städten Ihrer Region, im Land oder auf der Welt könnten Sie Ihre beruflichen Ziele am besten verwirklichen?	Wie leicht wäre es für Sie, in die links genannten Städte umzuziehen?
Gibt es außergewöhnliche Anforderungen (beispielsweise unter Stress arbeiten zu können), die diese Branche von den meisten anderen unterscheiden?	Wie leicht fällt es Ihnen, den links aufgeführten Anforderungen gerecht zu werden, wenn Sie an die Verantwortung für außerhalb der Arbeit liegende Angelegenheiten bedenken?

Tabelle 4.1: Bewerten Sie Ihre Stärken und Schwächen

Schließen Sie die Lücken

Eine sorgfältige Analyse der Tabelle 4.1 sollte Ihnen ausreichende Erkenntnisse darüber vermitteln, dass Sie entscheiden können, ob Sie eine realistische Chance haben, einen der gewünschten Jobs zu bekommen. Gibt es zwischen den Antworten kaum Unterschiede, haben Sie keinen Grund zu zögern – dann sollten Sie zur Tat schreiten und sich bewerben. Wenn es jedoch maßgebliche Lücken gibt, dann sollten Sie noch einmal über Ihre beruflichen Ziele nachdenken oder zumindest den Zeitplan ein wenig dehnen, um diese Defizite zu beseitigen. Sind die Diskrepanzen jedoch nicht so gravierend, müssen Sie Möglichkeiten finden, diese Lücken zu überbrücken. Wie schnell das geschehen soll, liegt bei Ihnen. Es kann ein Jahr dauern – oder auch drei Jahre. Sie bestimmen, was für Sie richtig ist.

Gestalten Sie Ihren jetzigen Arbeitsplatz neu

Die erste – und beste – Möglichkeit, Ihre Chancen zu verbessern, ist dort, wo Sie gerade sind. Ihr augenblicklicher Job kann anstrengend sein und nur wenige Aufstiegschancen bieten. Dennoch können Sie nach Auswegen suchen. Wenn Sie Ihren jetzigen Job behalten und sich für den nächsten Schritt nach oben rüsten, vermeiden Sie Unterbrechungen in Ihrem Lebenslauf und auch den Druck, der entstehen könnte, wenn sie einfach kündigen und versuchen, einen anderen Job zu bekommen.

Ich möchte Ihnen einige Ratschläge geben, was Sie noch an Ihrem augenblicklichen Arbeitsplatz unternehmen können, um Ihre Situation zu verbessern:

- ✔ Bitten Sie Ihren Vorgesetzten um ein Gespräch und erkundigen Sie sich nach den Möglichkeiten, Ihren jetzigen Verantwortungsbereich zu vergrößern, um mehr Erfahrungen zu sammeln.
- ✔ Nutzen Sie die Fortbildungsmöglichkeiten, die Ihnen Ihr jetziger Arbeitgeber bietet – Seminare, Kurse, Audio-Kassetten und so weiter – um Ihre Fertigkeiten zu verbessern.
- ✔ Melden Sie sich freiwillig zu speziellen Projekten oder Arbeitsgruppen, bei denen Sie die Möglichkeit haben, Ihre »weichen« Fertigkeiten zu verbessern. Wenn Sie beispielsweise noch nie an einer selbstbestimmten Gruppenarbeit teilgenommen haben – in der heutigen Arbeitswelt ein entscheidender Faktor –, kann sich diese Mitarbeit als außerordentlich wertvoll erweisen.

Suchen Sie sich einen Mentor

Mentoren waren schon immer Mitarbeiter, die Ihnen dabei behilflich sind, ein Unternehmen oder eine Branche genauer kennen zu lernen. Doch ebenso leicht können Sie sich einen Mentor suchen, der Ihnen hilft, Ihre Mängel bei den »weichen« Fertigkeiten zu beseitigen. Haben Sie guten Grund anzunehmen, dass Sie mit Ihren Kollegen nicht so gut zurechtkommen wie Sie es eigentlich sollten (beispielsweise, wenn Sie der einzige in Ihrer Abteilung sind, der an seinem Geburtstag keine Glückwünsche erhält), dann sollten Sie sich jemanden suchen, der Sie einigermaßen gut kennt und mit anderen Menschen gut zurechtkommt. Sie brauchen keinen, der Ihnen beibringt, wie Sie mit anderen Menschen besser auskommen. Doch sollten Sie jemanden finden, den Sie bei seiner Zusammenarbeit mit anderen beobachten können, und mit dem Sie sich von Zeit zu Zeit zusammensetzen, um Ihre Probleme zu besprechen. Letztlich jedoch, mussen Sie sich alles selbst beibringen.

Sollten Sie Ihre Absichten bekannt machen?

Wie laut Sie Ihre Absicht, Ihre Laufbahn zu verändern, äußern sollten, kann eine schwierige Frage sein, insbesondere dann, wenn Sie es sich nicht leisten können, Ihren Job zu verlieren. Sie gehen ein gewisses Risiko ein, dass Sie, wenn Sie Ihre Absichten bekannt geben, vom Unternehmen gekündigt werden. Sie müssen wissen, wie Ihr Arbeitgeber darauf reagieren würde. Erklären Sie Ihrem Vorgesetzten, welche Verantwortung Sie übernehmen wollen und welche Fertigkeiten Sie sich aneignen wollen und fragen Sie, ob es eine Möglichkeit gibt, diese Veränderungen in Ihrer jetzigen Position vorzunehmen. Es könnte durchaus sein, sobald Sie die Initiative ergriffen haben, Ihren augenblicklichen Job umzugestalten, dass die neuen Verantwortungsbereiche Ihre Freude an Ihrem Arbeitsplatz wieder geweckt haben. Es ist möglich, dass der beste Weg ist, dorthin zu kommen, wo Sie in fünf Jahren sein wollen, dort zu bleiben, wo Sie sind.

Zeitarbeit oder die Mitarbeit an einem Projekt

Sind Sie an einem Arbeitsplatz, den Sie nicht mögen, an dem Sie nicht viel verdienen, oder der mit Ihren beruflichen Zielen nichts zu tun hat, dann kann es vernünftig sein, sich als Zeitarbeiter zu verdingen und so die Chancen auf dem Arbeitsmarkt zu verbessern. Es stimmt zwar, dass man als Aushilfe nicht sehr viele Gelegenheiten erhält, neue Fertigkeiten zu entwickeln, weil man davon ausgeht, dass Sie die erforderlichen Qualifikationen mitbringen. Doch werden Sie wahrscheinlich mehr Freiraum als jetzt haben, mehr Zeit dafür, sich weiter zu bilden und an den Fertigkeiten zu arbeiten, die Sie entwickeln wollen. Ein Vorschlag: Solange Sie für ein Zeitarbeitsunternehmen arbeiten, sollten Sie nach Einsätzen in Unternehmen suchen, die in Ihrem Karriereplan eine Rolle spielen. Es wäre günstig, wenn Sie die Suche nach diesen Jobs bei einem Personal-Dienstleister beginnen, der sich auf die Bereiche spezialisiert hat, für die Sie sich interessieren.

Zurück auf die Schulbank

Um in Ihrer beruflichen Laufbahn wirklich voranzukommen, muss Ausbildung und Weiterbildung für Sie oberste Priorität haben. Training-on-the-Job ist kein Ersatz für intensive Verbesserung der formalen Qualifikation. Hier einige Möglichkeiten, über die Sie nachdenken sollten, wenn Sie eine Qualifikation, beispielsweise ein Diplom, berufsbegleitend schaffen wollen.

Seminare

Seminare sind ein- oder mehrtägige Kurse, die sich in der Regel auf ein besonderes Thema konzentrieren, beispielsweise auf das Verfassen von Geschäftskorrespondenz, Beurteilung, Kundendienst oder Zeitmanagement. Bestätigungen für die Teilnahme an einem Seminar wiegen nicht besonders schwer, doch erhalten Sie die Möglichkeit, innerhalb von kurzer Zeit neue Kenntnisse oder neue Fertigkeiten zu erwerben. In einem guten Seminar werden Ihnen auch Kenntnisse vermittelt, was Sie tun müssen, um weiter an sich zu arbeiten.

Viele Seminaranbieter machen ihr Angebot über Direktwerbung bekannt (wahrscheinlich haben Sie in letzter Zeit einige solcher Ankündigungen erhalten) und die Kosten dafür reichen von fast nichts bis zu horrenden Summen. Lassen Sie sich das Seminarprogramm schicken, prüfen Sie das Angebot genau, ob es Ihnen auch wirklich von Nutzen sein kann. Auf alle Fälle sollten Sie sich vom Seminaranbieter mindestens fünf Teilnehmer an früheren Seminaren nennen lassen, bei denen Sie sich nach der Qualität der Veranstaltung erkundigen können.

Erwachsenenbildung

Ganz gleich, wo Sie wohnen, irgendwo in Ihrer Nähe gibt es eine Volkshochschule. Dort können Sie, wenn Ihnen Schulabschlüsse fehlen, diese nachmachen (beispielsweise den Hauptschulabschluss). In Zusammenarbeit mit den Rundfunkanstalten (Telekolleg) haben Sie die

Möglichkeit, an der VHS die Fachhochschulreife zu erwerben und Sie können an Abendgymnasien selbst die allgemeine Hochschulreife (Abitur) nachholen.

Volkshochschulen bieten aber auch andere, für Ihre berufliche Laufbahn nützliche Kurse an (beispielsweise Computerkurse, Rhethorikkurse und dergleichen). Die Kosten sind gering, auch sind Teilnahmebescheinigungen an diesen Kursen keine Schwergewichte. Doch kommt es Arbeitgebern oft mehr auf das Können als auf Nachweise über die Teilnahme an Kursen an.

Bildungsurlaub

Unter Bildungsurlaub versteht man das 1976 von der Bundesregierung verabschiedete Recht auf bezahlte Bildungsfreistellung. Die Bundesregierung hat sich verpflichtet, dafür zu sorgen, dass alle Arbeitnehmer eine bestimmte Anzahl an bezahlten Arbeitstagen im Jahr für individuelle Fort- und Weiterbildung vom Arbeitgeber freigestellt werden. Bildung liegt aber in der Zuständigkeit der Ländergesetzgebung, und so gibt es in jedem Bundesland unterschiedliche Regelungen und Handhabungen. In nur 11 der 16 Bundesländer haben Arbeitnehmer tatsächlich das Recht, jährlich mehrere Tage bezahlten Bildungsurlaub zu nehmen: in Baden-Württemberg, Bayern, Mecklenburg-Vorpommern, Sachsen und Thüringen sind dem Bildungsurlaub gleichende Regelungen nur für den öffentlichen Dienst vorgesehen, wenn nicht in Tarif- oder Arbeitsverträgen das Recht auf Bildungsurlaub festgeschrieben wurde. Erkundigen Sie sich am besten bei der für Sie zuständigen Gewerkschaft (oder dem Betriebsrat in Ihrer Firma), wie und wo Sie Bildungsurlaub beantragen können. Lassen Sie sich dort auch die Träger zugelassener Bildungseinrichtungen nennen und fordern Sie entsprechende Informationen über die Kursinhalte an.

Leider sind viele Arbeitgeber der Idee des Bildungsurlaubs nicht besonders aufgeschlossen. Wenn Sie noch länger in Ihrer jetzigen Firma bleiben wollen, dann sollten Sie sich mit Ihrem Vorgesetzten oder der Personalabteilung zusammensetzen und das Problem besprechen. Trägt der Bildungsurlaub zur Verbesserung Ihrer Qualifikation bei, und profitiert auch das Unternehmen davon, so signalisieren Sie damit auch Ihre Ambitionen, es noch weit bringen zu wollen. Auch der Arbeitgeber hat seinen Vorteil: Würde er Sie zur Fortbildung schicken, müsste er ebenfalls das Gehalt weiterzahlen, zusätzlich aber noch die Kursgebühr für Sie entrichten.

Umschulung

Umschulung ist eine Form der beruflichen Weiterbildung. Wenn sie nach abgeschlossener Berufsausbildung einen neuen Beruf erlernen, spricht man von Umschulung. Lernen Sie in Ihrem schon erlernten Beruf dazu, spricht man von Fortbildung. Für eine Umschulung gibt es eine Reihe von Gründen:

- ✔ Oft erlernen Arbeitslose einen neuen Beruf, weil ihr bisheriger Beruf auf dem Arbeitsmarkt nicht mehr nachgefragt wird. Das kann auch mit dem Alter des Arbeitslosen zusammenhängen.

- Auch wenn Sie noch eine Beschäftigung haben, aber die Berufschancen im ausgeübten Beruf schlechter werden und Arbeitslosigkeit droht, sollten Sie über eine Umschulung nachdenken.
- Oft führen gesundheitliche Probleme oder Behinderungen (beispielsweise eine Allergie oder ein Wirbelsäulenschaden) dazu, dass Sie Ihren bisherigen Beruf nicht mehr ausüben können.

Informationen über das Angebot an Umschulungen bekommen Sie bei allen Arbeitsämtern. Dort erhalten Sie auch fachkundige Auskünfte über die Zukunftsaussichten des angestrebten neuen Berufs. Finanzielle Hilfen durch das Arbeitsamt sind in vielen Fällen ebenfalls möglich.

Weiter auf die Uni?

Es gibt nur wenige, die bestreiten, dass ein akademischer Grad auf jedem Feld Vorteile bringt. Auf alle Fälle bringt ein akademischer Titel Sie auf der Einkommensskala schneller nach oben. Je wertvoller der Titel, um so besser die Bezahlung. Wir kennen die Unterschiede aus dem medizinischen Bereich, wo zwischen dem Einkommen eines Stationsarztes und dem eines Chefarztes, zumal wenn er Prof. Dr. med. vor seinem Namen stehen hat, ganze Welten liegen.

Sechs miserable Gründe, Studiosus zu werden

Sie werden es wahrscheinlich nicht glauben oder es für einen Witz halten, aber die folgenden Begründungen für den Besuch einer Universität habe ich tatsächlich schon gehört:

- Für mich ist die Uni ein Heiratsmarkt. Dort treffe ich vielleicht jemanden, den ich später heirate.
- Das macht Eindruck auf die Lehrer am Gymnasium, die mir immer prophezeit haben, aus mir würde nie etwas werden.
- Das hilft mir zu entscheiden, was ich machen will, wenn ich erwachsen bin.
- Damit schiebe ich den Zeitpunkt, an dem ich einen Vollzeitjob ausfüllen muss, um mindestens drei Jahre hinaus. Wenn ich promoviere, dann sogar noch länger.
- Wenn ich nicht zur Uni gehe, dann bin ich seit Generationen der erste Nicht-Akademiker in meiner Familie. Das will ich meinen Eltern nicht antun.
- Ich kenne schon alle Nachmittagsprogramme im Fernsehen. Was sollte ich nachmittags sonst tun?

Die Frage ist jedoch: Lohnt es sich für Sie, einen akademischen Titel anzustreben? Denken Sie einmal nach, wo Sie in Ihrer Karriere ankommen wollen, und vergessen Sie dabei nicht, wie hart ein Studium sein kann, besonders dann, wenn man es als »Spätberufener« aufnimmt. Begehen Sie nicht den Fehler, sich erst an der Uni einzuschreiben (wobei Sie um einen Studienplatz schon hart kämpfen müssen), um nach zwei Jahren zu erkennen, dass Sie den falschen Studiengang gewählt haben. Sie sollten, wenn Sie Medizin studieren wollen, nicht erst im Anatomiekurs feststellen müssen, dass Sie kein Blut sehen können. Die Universität ist ein Mittel, um ein Berufsziel zu erreichen, und kein Versuchsballon um herauszufinden, für welchen Beruf man sich eignet.

Es kann sehr gut sein, dass Sie unbedingt an der Universität studieren müssen, weil Sie ansonsten bestimmte Berufe nicht ausüben können oder dürfen. Es gibt aber auch Bereiche, in denen die Trennlinie nicht so scharf gezogen wird und in denen es kaum eine Rolle spielt, ob man ein Diplom oder einen Doktortitel hat oder nicht. Selbst beim Gehalt sind die Unterschiede nicht so groß, als dass man sich Jahre lang einem akademischen Studium unterziehen müsste. Selbst die Fürsprecher einer universitären Ausbildung müssen eingestehen, dass das, was man an der Uni lernt, nicht automatisch mehr Erfolg im Beruf bringt. Beispielsweise wird man an einer Universität kaum lernen, wie man ein erfolgreicher Manager wird. An der Universität erwirbt man nicht unbedingt mentale Stärke, Flexibilität, Ausdauer und die vielen anderen »weichen« Fertigkeiten, die heute Voraussetzung für eine erfolgreiche Karriere sind.

Bevor Sie die wichtige Entscheidung treffen, ob Sie ein Studium aufnehmen sollten oder nicht, sollten Sie zumindest über die folgenden Fragen nachdenken:

- ✔ *Nützt Ihnen ein akademischer Grad?* Akademische Titel sind in bestimmten Firmen oder Branchen sicherlich von Vorteil. Um herauszufinden, wie wertvoll ein akademischer Titel hinsichtlich Ihrer beruflichen Ziele ist, sollten Sie einmal auf die Menschen in den Positionen und Firmen sehen, die Sie anstreben. Wieviel Prozent davon tragen einen Titel? Finden Sie auch heraus, wohin der Trend geht. Ist es eher wahrscheinlich oder unwahrscheinlich, dass die erfolgreichsten Profis auf diesem Gebiet unbedingt Akademiker sein müssen?

- ✔ *Können Sie sich die Uni leisten?* Der Besuch einer Universität ist heutzutage nicht gerade billig. Dabei sind die Studiengebühren nicht unbedingt die schwerste Belastung. Studieren Sie nicht an Ihrem Heimatort, müssen Sie eine Wohnung haben und sich selbst versorgen. Außerdem gehen die für das Studium notwendigen Bücher schwer ins Geld. Ja, Sie können auch in die Bibliothek gehen und versuchen, die Bücher zu entleihen, aber die Wahrscheinlichkeit ist groß, dass andere Studenten schneller waren und die wichtigsten Studienunterlagen schon entliehen sind. Glück haben Sie, wenn Sie BAFÖG-berechtigt sind und großzügige Eltern haben, die die Finanzierung übernehmen. Für Jobs nebenher bleibt Ihnen bei intensivem Studium wenig Zeit oder das Studium leidet darunter und Sie schaffen den Abschluss nicht in der Regelstudienzeit. Einige Bundesländer planen, bei Überschreitung der Regelstudienzeit die zwangsweise Exmatrikulation. Rechnen Sie auch nach, ob Sie durch einen höheren Verdienst später die verdienstlosen Jahre während des Studiums überhaupt aufholen können.

- ✔ *Haben Sie den Numerus clausus für Ihr Studienfach geschafft?* Für viele Studiengänge bestehen Zulassungsbeschränkungen, das heißt, Sie müssen Ihr Abi schon sehr gut abgelegt haben, um keine Zeit zu verlieren. Die ZVS (Zentrale Studienplatz-Vermittlung) in Dortmund könnte Ihnen bei einem mäßigen Abitur einen Platz auf der Wartebank zuweisen. Informieren Sie sich schon während der Zeit auf dem Gymnasium über die Zulassungsbedingungen.

- ✔ *Ist jetzt die beste Zeit für das Studium?* Die Antwort hängt davon ab, was Sie unter »jetzt« verstehen. Viele Studenten nutzen bei mäßigem Abitur die Wartezeit, um Praxiserfahrungen zu sammeln. Andere erlernen beispielsweise den Beruf eines Werkzeugmachers, wenn Sie später Maschinenbau studieren wollen. Verschieben Sie den Studienbeginn mindern Sie das Risiko, eine falsche Entscheidung zu treffen, wenn Sie zuvor die Realität der Arbeitswelt kennenlernen. Eine angenehme Begleiterscheinung könnte sein, dass Sie nach Ihrem Studium in dem Betrieb, in dem Sie eine Lehre oder ein Praktikum gemacht haben, eine leitende Position angeboten bekommen können.
- ✔ *Welche Universität sollten Sie besuchen?* Möglicherweise haben Sie keine großen Auswahlmöglichkeiten. Doch mit einem blendenden Abi können Sie sich Ihre Universität auch aussuchen, weil die Universitäten eine gewisse Anzahl der Studienplätze selbst vergeben können, und Sie dann nicht auf die »Gnade« der ZVS angewiesen sind. Die verschiedenen Fakultäten der Universitäten in Deutschland haben einen unterschiedlich guten Ruf, und das kann bei einer Bewerbung eine wichtige Rolle spielen. Die großen Wochenzeitschriften (beispielsweise SPIEGEL oder FOCUS) veröffentlichen regelmäßig Informationen dazu und erstellen Ranglisten für die verschiedenen Studiengänge. Suchen Sie in einer Bibliothek nach einer aktuellen Ausgabe oder nehmen Sie Kontakt zum Service der Zeitschriften auf. Meist können Sie die entsprechenden Ausgaben nachbestellen.

Vorteile	Nachteile
In vielen Berufen verbessern Sie Ihre Chancen auf dem Arbeitsmarkt und auch die Verdienstmöglichkeiten, in anderen Berufen ist ein Universitätsabschluss notwendig	Kosten. Es kann bis zu zehn Jahre dauern, bis Sie die lange Studienzeit durch besseren Verdienst ausgeglichen haben.
Wenn sonst alles andere gleich ist, haben Sie bei der Suche nach einem Arbeitsplatz mit einem akademischen Abschluss einen Vorteil gegenüber anderen Bewerbern.	Viel Zeitaufwand, selbst wenn Sie nur den Minimalplan studieren.
Sie schließen viele Bekanntschaften, die Ihnen später im Berufsleben nützlich sein können.	Oft sind Sie verpflichtet, Bereiche zu studieren, die Sie weder interessieren, noch im Beruf besonders nützlich sind.
Sie verbreitern die Möglichkeiten, Berufe zu ergreifen, an die Sie zuvor überhaupt nicht gedacht haben.	

Tabelle 4.2: Studium an der Universität: Für und wider

Fernstudium

Fernstudium scheint eine hervorragende Lösung für alle zu sein, die schon berufstätig sind und nur mit einem Studium ihre beruflichen Ziele erreichen können. Allerdings ist hier zwischen privaten »Fern-Akademien« und der Fernuniversität (in Hagen) zu unterscheiden.

Die Fernuniversität in Hagen

Das Studium an der Fernuniversität wird mit den üblichen Hochschulexamina abgeschlossen. Außerdem ist das Fernstudium aber auch hervorragend zur Weiterbildung geeignet, wenn Sie keinen Abschluss erzielen wollen.

Die Fernuniversität bietet eine Alternative zum normalen Präsenzstudium: Sie ermöglicht – bei weitgehend freier Zeiteinteilung und an jedem Ort – neben dem Beruf oder anderen Verpflichtungen zu studieren.

Studienvoraussetzungen: *Mit ihrem Zulassungsantrag müssen Sie die erforderlichen Zugangsvoraussetzungen nachweisen. Als Gast können Sie aus dem gesamten Angebot der Fernuniversität Kurse studieren ohne Qualifikationen nachzuweisen. Einen Studienabschluss können Sie allerdings nicht erwerben.*

Diplom-Studiengänge: *Ein Diplom in den Bereichen Mathematik, Informatik, Elektrotechnik oder Wirtschaftswissenschaft können Sie erwerben, wenn Sie die Fachhochschulreife oder die Allgemeine Hochschulreife besitzen.*

Magister-Artium-Studiengänge: Für den Magister- oder Bachelor-Abschluss müssen Sie die Allgemeine Hochschulreife nachweisen.

Weiterbildungsstudium: Unabhängig von Ihrem Schulabschluss können Sie sich an der Fernuni als Gast weiterbilden. Ihr Studium können Sie durch Zertifikate nachweisen. Allerdings können Sie als Gast keinen akademischen Studienabschluss erwerben.

Auch ohne Abitur oder Fachhochschulreife können Sie ein Studium mit Abschluss aufnehmen, wenn Sie eine Einstufungsprüfung ablegen. Zu dieser Prüfung werden Sie zugelassen, wenn Sie

- ✔ das 24. Lebensjahr vollendet haben und
- ✔ eine Berufsausbildung abgeschlossen haben und
- ✔ eine mindestens fünfjährige berufliche Tätigkeit nachweisen, die im Zusammenhang mit Ihrem gewünschten Studienfach steht.

Ausschlaggebend für die Zulassung ist, dass Sie einschlägige Kenntnisse nachweisen, die vermuten lassen, daß Sie das angestrebte Studium erfolgreich beenden können. Nach bestandener Prüfung werden Sie in ein entsprechendes Semester eingestuft und verlieren somit keine Studienzeit.

Studienunterlagen via gelbe Post und Internet: Wenn Sie an der Fernuniversität studieren, erhalten Sie alle Studienunterlagen per Post, einige Unterlagen auch wahlweise per Post, CD oder Internet. Wann Sie diese Unterlagen durcharbeiten, liegt im Rahmen der durch die jeweilige Prüfungs- und Studienordnung gemachten Vorgaben bei Ihnen.

Leistungsnachweise: Die Studien- und Prüfungsordnungen der einzelnen Studiengänge sehen Leistungsnachweise als Teilnahmevoraussetzung an Abschlussprüfungen vor. In den erziehungs-, geistes-, und sozialwissenschaftlichen Studiengängen erfolgen Leistungsnachweise in der Regel über Semesterabschlussklausuren und Seminar-Hausarbeiten. So sind Sie in diesen Studiengängen bei der Bearbeitung Ihrer Unterlagen während des Semesters weitgehend unabhängig.

Einsendearbeiten: In den Diplomstudiengängen sind zu bestimmten Terminen so genannte Einsendearbeiten zur Korrektur nach Hagen zu senden. Sie müssen eine vorher festgelegte Punktzahl erreichen, um für die Klausuren zugelassen zu werden. Sie sind in diesen Studiengängen an vorgegebene Termine gebunden, wenn Sie zum Abschluss des Semesters eine Klausur schreiben wollen.

Studiendauer und Arbeitsbelastung: Die Regelstudiendauer im Vollzeitstudium liegt je nach Studiengang bei 6 bis 9 Semestern. Bei einem Vollzeitstudium müssen Sie mit etwa 40 Wochenstunden rechnen. Sie können Ihr Studium allerdings auch mit geringerer Arbeitsbelastung durchführen. Die Dauer wird sich allerdings bei geringerer Arbeitsintensität entsprechend verlängern. Ein wöchentlicher Aufwand von 20 Stunden wird zu einer Verdoppelung der Studiendauer führen.

Gebühren: Sie zahlen in jedem Fall eine Grundgebühr. Darüber hinaus richtet sich die Höhe der Gebühr nach dem Umfang der von Ihnen bestellten Kurse.

Mindestbetrag pro Semester	ca. 90 Euro
Etwa 40 Stunden Arbeitsaufwand/Woche (Vollzeit)	ca. 270 Euro
Etwa 20 Stunden Arbeitsaufwand/Woche (Teilzeit)	ca. 150 Euro

Für Fragen der Studienvorbereitung und des Studiums an der Fernuniversität wenden Sie sich an die

Arbeitsstelle für wissenschaftliche Weiterbildung
Fernstudienzentrum
Dr. Michaela Tzankoff
Vogt-Kölln-Str. 30, Haus E
22527 Hamburg
Tel.: 040/42883 – 2473
Fax.: 040/42883 – 2652
e-Mail: aww@aww.uni-hamburg.de

Fernlehrgänge

Die Staatliche Zentralstelle für Fernunterricht (ZFU, Peter-Welter-Platz 2 * 50676 Köln * Tel.: 0221/92 12 07-0 * Fax.: -20, Auskünfte Mo – Fr von 9 – 12 Uhr telefonisch oder schriftlich per Fax oder »Gelber Post«) nennt auf ihrer Homepage (`http://www.zfu.de/Ratgeber/index.htm`) 249 Institute, die Lehrgänge anbieten. Das Angebot umfasst nahezu alle Berufsbereiche und möglicherweise finden Sie darunter auch Weiterbildungsmöglichkeiten, die Ihnen in Ihrer Laufbahn weiterhelfen. Alle Institute und Einrichtungen zu nennen, würde den Rahmen dieses Buches sprengen. Nehmen Sie deshalb bei Interesse Kontakt zur Zentralstelle für Fernunterricht auf und lassen Sie sich beraten.

Rüsten Sie sich für die Zukunft

Sind Sie bereit loszulegen und Ihre beruflichen Ziele in Angriff zu nehmen? Herzlichen Glückwunsch! Doch auch wenn Sie sich schon auf Ihre speziellen Ziele konzentrieren, dürfen Sie einige Leitlinien nicht vergessen:

- *Setzen Sie sich realistische Ziele.* Wie erfolgreich Sie dabei sind, das Endziel auf Ihrem Karriereplan zu erreichen – einen Beruf, der Sie wirklich ausfüllt – hängt zum großen Teil von Ihrer Disziplin ab. Konzentration und Durchhaltevermögen sind die Schlüssel für das Erreichen Ihres Endziels. Fangen Sie klein an – später können Sie Größeres in Angriff nehmen. Zerlegen Sie ein Ziel, beispielsweise »Ich möchte besser reden können« in mehrere, ganz konkrete Teilziele. Ein Teilziel könnte sein »Ich suche Anbieter von Rhethorik-Kursen« oder »Ich suche im Internet nach Rhethorik-Kursen«. Legen Sie für alle Teilziele einen Zeitplan fest. Beginnen Sie jede Woche mit etwa fünf Zielen und kontrollieren Sie am Wochenende, ob Sie auch alles geschafft haben.
- *Bauen Sie sich ein Netzwerk auf.* Auch wenn Sie jetzt noch nicht aktiv in dem Bereich arbeiten, den Sie anstreben, sollten Sie schon Kontakte in diese Branche aufnehmen. Fragen Sie Freunde, Verwandte und Geschäftspartner nach Leuten, die das tun, was Sie noch tun wollen. Nehmen Sie Kontakt zu Berufsverbänden auf, um über Veranstaltungen unterrichtet zu werden, bei denen Sie Gelegenheit haben, sich mit Profis aus der Branche zu unterhalten. Legen Sie sich ein Adressbuch mit Name, Firma, Adresse und E-Mail-Adresse an und wo Sie diese Person kennengelernt haben. Wenn es an der Zeit ist, sich um einen Job zu kümmern, haben Sie schon einen großen Vorsprung.

Verbessern Sie ständig die wichtigsten Fertigkeiten. Ganz gleich, was Sie sonst noch tun, um Ihre Chancen auf dem Arbeitsmarkt zu verbessern: Vergessen Sie nicht die grundlegenden Fertigkeiten. Stellen Sie sicher, dass Sie die folgenden grundlegenden Fertigkeiten sicher beherrschen:

- Lesen: Der berufliche Erfolg hängt in den meisten Bereichen davon ab, wie schnell Sie lernen können. Das bedeutet, dass Sie ziemlich schnell und dennoch gründlich lesen können müssen. Ist das nicht der Fall, sollten Sie nach Möglichkeiten suchen, die Lesegeschwindigkeit und die Leseeffizienz zu verbessern. Suchen Sie in Ihrem Buchladen nach Anleitungen zum Schnelllesen. Und versuchen Sie immer auch sinnentnehmend zu lesen.

- Schreiben: Die Tatsache, dass heute ein sehr großer Teil des Schriftwechsels per E-Mail stattfindet, entbindet Sie nicht davon, die Sprache perfekt zu beherrschen. Es gibt eine ganze Reihe von Hilfsmitteln: Bücher, Audio-Kassetten, Online-Kurse und Weiterbildung beispielsweise an der Volkshochschule. Im übrigen: Auch wenn Sie viel lesen, verbessern Sie Ihre sprachlichen Möglichkeiten.
- Rechnen: Auch wenn Sie keinen kaufmännischen oder technischen Beruf ausüben, ist es sehr wichtig, mit Zahlen umgehen zu können. Es könnte beispielsweise sein, dass Sie einfache Statistiken kritisch durchsehen müssen, wenn Sie ein wichtiges Thema recherchieren oder dass Sie Angebote von Verkäufern oder Dienstleistern vergleichen müssen. Um Ihre mathematischen Fertigkeiten zu trainieren, sollten Sie eine Zeitlang auf den Taschenrechner verzichten und statt dessen im Kopf rechnen.
- Computerwissen: Die Technologie dringt inzwischen in nahezu alle Arbeitsplätze vor, von der elektronischen Datenerfassung bis hin zu Video-Konferenzen. Vielleicht benutzen Sie noch nicht jedes High-Tech-Gerät, das auf dem Markt erhältlich ist, doch je vertrauter Sie mit der Technologie sind, um so besser werden Sie die Technik in der Zukunft nutzen können. Nutzen Sie alle Möglichkeiten auf dem »Stand der Technik« zu bleiben.

Teil II

Erfolg mit (Unternehmens-)Kultur

»Uns ist es völlig gleichgültig, wo Sie sich in fünf Jahren sehen, wenn Sie nur sehen können, wo unsere Klienten sein werden.«

In diesem Teil ...

Sie wissen, welchen Weg Sie in Ihrer Karriere nehmen wollen, doch müssen Sie auch die Regeln kennen, die auf der Straße zum Ziel gelten. Beginnend damit, sich für die »Unternehmens-Diplomatie« richtig zu positionieren, bis hin zur Abwehr von Feindseligkeiten, bringt dieser Teil alles was man tun und lassen muss, um im Beruf wirklich erfolgreich zu sein. Außerdem erfahren sie etwas über die besonderen Eigenschaften der Spitzenleute und etwas über neue Arbeitsweisen.

So bekommen Sie den Job, den Sie sich wirklich wünschen

5

In diesem Kapitel

- Auf der Jobsuche auf dem Arbeitsmarkt
- Die besten Bewerbungsschreiben und Lebensläufe
- Die Online-Jagd nach einem Job
- Im Vorstellungsgespräch brillieren
- Das Angebot bewerten

Unabhängig davon, wo Ihre beruflichen Ambitionen liegen mögen, und welchen zeitlichen Rahmen Sie sich gesetzt haben: Sie teilen Ihr Los mit allen, die arbeiten müssen, um sich ihren Lebensunterhalt zu verdienen. Gelegentlich hören Sie von einer guten Möglichkeit einen Job zu bekommen, der Ihnen gefallen würde, und Sie tun alles, um diese Position zu bekommen. Doch hier liegt der Hase im Pfeffer: Ob Sie den Job bekommen, hängt nicht nur von Ihren Qualifikationen ab, sondern auch davon, wie geschickt Sie sich auf der Jagd nach dem Job anstellen.

In diesem Kapitel erhalten Sie einen Crash-Kurs in der Kunst der erfolgreichen Jagd nach einem Arbeitsplatz, allerdings mit einem Augenzwinkern. Ich gehe allerdings davon aus, dass Sie die Voraussetzungen für eine erfolgreiche Arbeitsplatzsuche schon geschaffen haben. Sie haben eine ziemlich klare Vorstellung, wie Ihr Beruf aussehen sollte – oder muss – um Ihr Karriereziel zu erreichen. Sie wollen mehr, als nur einen guten Job. Es geht darum einen Job zu finden, der zur Ihrem Ziel führt, oder der Sie Ihrem Karriereziel näher bringt.

Unter diesem Gesichtspunkt spielt die Suche eine sehr wichtige Rolle und Sie müssen so gründlich und konzentriert wie möglich an der Spitze der Meute sein und rechtzeitig die Firmen ausmachen, nach denen Sie suchen. Haben Sie die richtige Firma gefunden, können Sie sich nicht hinsetzen und warten, bis eine Stelle ausgeschrieben wird – Sie müssen aktiv werden und strategisch vorgehen. Dieses Kapitel soll zeigen, wie Sie das am besten angehen.

Engen Sie die Auswahl ein

Es ist völlig gleichgültig, welche Art von Arbeitsplatz Sie suchen: Sie müssen die Auswahlkriterien festlegen, bevor Sie sich auf die Suche machen. Ansonsten würden Sie von der Vielzahl der Möglichkeiten überwältigt. Ganz besonders wichtig ist die Eingrenzung, wenn der Job etwas mit Ihrem Karriereplan zu tun hat. Was für einen anderen ein toller Job sein mag, kann für Sie völlig ungeeignet sein, weil er nicht Ihren Auswahlkriterien entspricht. Mit anderen Worten: Er bringt Sie auf Ihrem Weg nicht weiter und verbessert auch nicht Ihre Chancen auf dem Arbeitsmarkt.

So finden Sie die Jobs, die Sie haben wollen

Natürlich können Sie stundenlang die Kleinanzeigen nach einem Job durchsuchen. Das ist nicht unbedingt falsch, doch selbst wenn Sie auf eine Anzeige stoßen, die Ihr Interesse findet, sind Sie einer von vielen, die sich um diese Stelle bemühen.

Gibt es denn eine bessere Möglichkeit? Ja, aber das erfordert etwas Arbeit. Der größte Teil der Arbeit besteht darin, die Unternehmen herauszusuchen, in denen Sie auf der Grundlage Ihrer Auswahlkriterien gern arbeiten würden. Möglicherweise müssen Sie Ihre Kriterien ausweiten oder einengen, um sich eine Liste von Unternehmen zurechtzulegen – etwa 30 bis 40 Unternehmen. Eigentlich sollten Sie sich eine Art von Datenbank über diese Unternehmen anlegen und immer eintragen, was Sie darüber herausfinden können. Sie können in Ihrer Datenbank so viele Rubriken anlegen, wie Sie möchten. Auf alle Fälle sollten Sie ein wenig Platz lassen, für Kontaktpersonen aus der Firma, die Sie kennengelernt haben. Mit der Zeit fügen Sie Namen von Leuten ein, die entweder in der Firma arbeiten, etwas über das Unternehmen wissen oder jemanden kennen, der in dieser Firma arbeitet.

Wenn Sie branchenspezifisch suchen – wenn Sie beispielsweise genau wissen, dass Sie im Finanzbereich arbeiten wollen – dann haben Sie die Möglichkeiten schon eingeengt. Suchen Sie nicht in einer bestimmten Branche – vielleicht, wenn Sie im Marketing arbeiten wollen, wobei die Branche nicht so wichtig ist – dann müssen Sie eine Handvoll Branchen auswählen, die Ihnen am liebsten wären. Die Unternehmensgröße oder der Standort könnte die Liste der in Frage kommenden Firmen auch verkürzen.

Ihr Ziel sollte es sein, ein auf Sie zugeschnittenes Profil jedes Unternehmens zu erstellen. Diese Informationen helfen Ihnen zu entscheiden, wie Sie an das Unternehmen herantreten, was Sie sagen und was Sie tun wollen. So sind Sie der Konkurrenz um mindestens zehn Schritte voraus.

Ihr Weg ins Unternehmen

Haben Sie eine Reihe von Unternehmen gefunden, die für Sie realistische Möglichkeiten sehen (entweder jetzt oder in der Zukunft), dann ist Ihre nächste Aufgabe herauszufinden, wer im Unternehmen für Personaleinstellungen zuständig ist. Es ist zwar keine schlechte Strategie, unaufgefordert einen Bewerbungsbrief mit einem Lebenslauf einfach an die Personalabteilung zu schicken, doch besser ist es, Ihr Netzwerk zu benutzen. Wenn Sie niemanden kennen, der in dem Unternehmen arbeitet, rufen Sie Ihre Kontakte an und fragen, ob diese jemanden in der Firma kennen. Haben Sie die Möglichkeit, mit einem Insider zu sprechen, dann werden Sie ein besseres Gefühl für die Möglichkeiten einer Einstellung bekommen.

Ein Crash-Kurs für die Jagd nach einem Job

Für die Jagd nach einem Job gibt es bewährte Grundregeln, ganz gleich, nach welchem Job Sie suchen oder wie technisch Sie an die Sache herangehen. Dieser Rat mag Ihnen zwar bekannt vorkommen, doch werden Sie erstaunt sein, wie viele Arbeitsuchende ihre Bemühungen sabotieren, weil sie diese Grundregeln nicht berücksichtigen.

Widmen Sie sich der Arbeitsplatzsuche mit viel Engagement

Wahrscheinlich haben Sie es schon oft gehört, doch es lohnt sich, es zu wiederholen: Die Arbeitsplatzsuche selbst ist eine große Aufgabe. Wie bei jedem Job können Sie diese Arbeit gut verrichten, wenn Sie sich ihr voll und ganz widmen. Sind Sie bereit, jede Woche einige Zeit nichts anderes zu tun, sondern sich nur auf die Suche nach einem Arbeitsplatz zu konzentrieren? Falls nicht, dann sind Sie vielleicht noch nicht so weit, mit der Suche beginnen zu sollen. Wie viel Zeit Sie brauchen, hängt von der Dringlichkeit Ihrer Suche und Ihren anderen Verpflichtungen ab. Wenn Sie im Augenblick noch einen Vollzeit-Job haben, dann können Sie für die Arbeitsplatzsuche möglicherweise nicht mehr als ein paar Stunden pro Woche aufbringen. Aber das ist in Ordnung. Es ist nicht so wichtig, wie viele Stunden Sie mit der Suche verbringen, sondern es kommt auf die Regelmäßigkeit an. Sie dürfen nicht passiv werden. Bei einer gut organisierten Suche nach einem Arbeitsplatz haben Sie sehr viel zu tun.

Legen Sie sich einen Spielplan zurecht

Die Arbeitsplatzsuche ist im Grunde genommen und ein logischer Prozess, der in viele kleine Schritte aufgeteilt werden kann. Bevor Sie einen Personalchef besuchen und ihre außerordentlichen professionellen Qualitäten präsentieren, müssen Sie zuerst herausfinden, ob überhaupt eine Stelle frei ist und dann ein Vorstellungsgespräch vereinbaren.

Wenn Sie diese Logik berücksichtigen, dann wird Ihre Stellensuche wesentlich produktiver sein. Zerlegen wir diesen Vorgang in drei getrennte, aber sich überschneidende Schritte:

1. **Entdecken Sie neue Spuren.**
2. **Verfolgen Sie die Möglichkeiten, die Sie entdeckt haben.**
3. **Bereiten Sie sich darauf vor, denjenigen, der das Vorstellungsgespräch mit Ihnen führen wird, zu überraschen.**

Wenn Sie dies tun, haben Sie immer klar definierte Aufgaben, an denen Sie arbeiten müssen und sind in der Lage, sich wöchentlich Teilziele zu setzen. In einer Woche versuchen Sie zumindest drei Unternehmen herauszufinden, die in der Lage wären, Ihnen den Arbeitsplatz anzubieten, nach dem Sie suchen. In den folgenden Wochen konzentrieren Sie sich darauf, eines dieser Unternehmen genauer zu untersuchen. Vielleicht können Sie sich aber auch darauf konzentrieren, zwei oder drei Leute kennenzulernen, die Sie jemandem aus diesem Unternehmen vorstellen können. Wichtig ist dabei, sich Ziele zu setzen, die Sie erreichen können und die folgerichtig geplant sind – das bedeutet, dass diese Ziele Sie immer einen Schritt näher dorthin bringen, wo Sie einmal ankommen wollen.

Gehen Sie systematisch vor

Fehlende Information ist heute eines der Risiken bei der Stellensuche. Leider müssen Sie vielleicht alles mögliche durchwühlen, bevor Sie mit Ihren Recherchen beginnen können. Die einzige Möglichkeit, sich vor dieser nicht seltenen Falle zu schützen, ist es, die gesammelten Informationen systematisch zu ordnen. Es spielt keine Rolle, ob Sie es auf die altmodische Weise tun (mit Aktenordnern) oder ob Sie sich für die verschiedenen Arten von Informationen, die Sie sammeln, eine Datenbank anlegen. Darin sammeln Sie Informationen über Unternehmen, Informationen über die Branche, interessante Artikel aus Zeitungen und Zeitschriften und die Namen von Leuten, die Sie in diesem Zusammenhang kennengelernt haben. Wichtig ist, dass Sie nicht einfach große Mengen an Informationen in ein Fass ohne Boden werfen. Recherchen sind nur in dem Umfang sinnvoll, wie Sie diese als Grundlage für überlegte Handlungen nutzen können und sie auch finden, wenn Sie sie brauchen.

Legen Sie sich eine Story zurecht

Schon lange, bevor Sie Ihren ersten Anruf tätigen oder Ihren ersten Brief schreiben, müssen Sie sich die Zeit nehmen, um eine kurze Selbstdarstellung zu formulieren, die nicht länger als 15 bis 20 Sekunden dauern sollte. Mit zwei oder drei Sätzen sollten Sie sich vorstellen, Ihre augenblickliche Beschäftigung beschreiben und der Person, mit der Sie gerade sprechen, erklären können, was Sie eigentlich wollen. Zum Beispiel:

»Ich bin Alexander der Große, König von Mazedonien. In den letzten Jahren habe ich die Welt erobert, zuletzt Kleinasien, und hatte dadurch die Möglichkeit, mehrere Fremdsprachen zu erlernen. Nun möchte ich gern Dolmetscher bei den Vereinten Nationen werden. Vielleicht können Sie mir ein paar Leute nennen, mit denen ich Kontakt aufnehmen kann?«

Das ist mehr oder weniger eine Zusammenfassung, die Sie immer wieder verwenden, wenn Sie jemanden aus Ihrem Netzwerk anrufen. Schreiben Sie sich diesen Text auf, bevor Sie anfangen zu telefonieren. Sie können sich auch eine erweiterte Version ausdenken, die Sie dann verwenden, wenn Ihnen jemand die unausweichliche Frage stellt: »Was können Sie mir über sich selbst sagen?«

Nutzen Sie Ihr Netzwerk

Bei der Stellensuche können Sie nie zu viele Leute kennen. Je mehr Menschen Sie kennen – um es genauer zu sagen: je mehr Leute Sie für Ihre Stellensuche einspannen – um so mehr Hinweise werden Sie erhalten. Außerdem sind Sie besser vorbereitet, wenn Sie einem dieser Hinweise nachgehen und verbessern damit Ihre Chancen, ein Vorstellungsgespräch zu bekommen.

Um ein erfolgreiches Netzwerk gibt es keine Geheimnisse. Hauptsächlich ist es ein Spiel mit Zahlen. Und das Wichtigste, was Sie für ein erfolgreiches Netzwerk brauchen, ist nicht einmal besonders schwierig; es geht einfach darum, Leute um Hilfe zu bitten. Wenn Sie Scheu haben, Leute um etwas zu bitten, die Sie nicht kennen, dann rufen Sie zuerst die Leute an, die Sie kennen: Angehörige, gute Freunde und frühere Klassenkameraden. Nun ja, Onkel Franz, der immer schon beim Abendessen einschläft, ist wahrscheinlich keine besonders ergiebige Quelle, wenn Sie Informationen zur Karriereplanung brauchen, aber vielleicht kennt er jemanden, der jemanden kennt, der ... Sie haben schon verstanden, was ich meine. Sie werden überrascht sein, wie viele Menschen bereit sind, Ihnen zu helfen, wenn Sie nur darum bitten.

Werfen Sie das Netz weit aus

Hinweise auf freie Stellen können aus vielen verschiedenen Quellen stammen, einige sind ergiebig, andere nicht. Und eine der einfachsten Möglichkeiten, einen Streit unter den Experten für Berufswahl und Karriereplanung zu entzünden, ist es, nach der *besten* Quelle zu fragen. Die *beste* Quelle für Hinweise auf offene Stellen gibt es nämlich nicht – jedenfalls nicht für jeden, der einen Job sucht. Internet-Postings, Empfehlungen von Freunden, Kleinanzeigen, Stellenmarkt – jede dieser Quellen kann einen Hinweis ergeben, der vielleicht hilfreich ist, den Job zu bekommen, den Sie sich wünschen. Am besten ist es, alle Quellen zu nutzen.

So machen Sie das beste aus Stellenvermittlern

Stellenvermittler – man findet sie im Arbeitsamt, in privaten Stellenvermittlungen, die es seit einigen Jahren auch in Deutschland gibt, und in Personalberatungen, wenn es um Spitzenpositionen geht – spielen am Arbeitsmarkt eine wichtige Rolle und wenn Sie einen Arbeitsplatz in einer bestimmten Branche suchen, dann können sie besonders wertvoll sein. Die Aufgabe der Stellenvermittler ist es, einen die Fähigkeiten und Fertigkeiten eines Arbeit suchenden, mit den Bedürfnissen und Chancen eines Arbeitgebers zusammen zu bringen.

Und so machen Sie das beste aus dieser Quelle:

- ✔ Arbeiten Sie mit Stellenvermittlern zusammen, die sich auf ein Gebiet spezialisiert haben, in dem Sie einen Job suchen.
- ✔ Stellen Sie sich bei den Stellenvermittlern persönlich vor, und arbeiten Sie nur mit solchen zusammen, denen Sie vertrauen.
- ✔ Nutzen Sie die Kenntnisse der Stellenvermittler und bitten Sie um ein Feedback bezüglich Ihrer Vermittelbarkeit.
- ✔ Seien Sie ehrlich. Wenn Sie sich nicht richtig präsentieren, kommt dieser Fehler unweigerlich auf Sie zurück und wird Sie lange verfolgen.

- ✔ Arbeiten Sie nie mit einem Stellenvermittler zusammen, der von Ihnen ein Honorar verlangt, oder von Ihnen verlangt, einen Vertrag zu unterzeichnen.

Arbeitsplatzsuche im neuen Jahrtausend

Trotz der einschneidenden Veränderungen, die es an den Arbeitsplätzen in Deutschland in den letzten Jahren gegeben hat, sind die Grundsätze der Arbeitsplatzsuche die gleichen, wie vor vielen Jahren. Sie sollten in der Lage sein, das Folgende zu tun:

- ✔ Hinweise auf freie Stellen entdecken.
- ✔ Entscheiden, welche Chancen es wert sind, sie weiter zu verfolgen, und wie man diese Hinweise am besten in Vorstellungsgespräche umsetzen kann.
- ✔ Diejenigen, die für die Personaleinstellung verantwortlich sind, zu überzeugen, dass Sie der Richtige sind, den es lohnt einzustellen.

Was sich jedoch grundlegend verändert hat, ist, wie Sie diese grundlegenden Schritte ausführen. Denken Sie beispielsweise darüber nach, welche Rolle das Internet bei der Arbeitsplatzsuche spielt, und wie es noch vor ein paar Jahren aussah. Im Jahr 1995 (also in der Steinzeit des Internet) erschien die Arbeitsplatzsuche im Internet wie eine esoterische Kunst, die nur von sehr wenigen technischen Profis ausgeübt wurde. Zur Jahrtausendwende jedoch gab es Zehntausende von Sites, die Arbeitsplätze anboten. Wenn Sie sich dazu entschließen, nichts anderes zu tun, als jeden Tag mindestens 25 Web-Sites zu erforschen, einschließlich der Wochenenden (und dies sagt nichts über ihre Lebensqualität aus!), dann brauchen Sie mehr als drei Jahre, um sich durch diese Liste durchzuarbeiten. Doch dann wird es wahrscheinlich mindestens 50.000 weitere Web-Sites mit Job-Angeboten geben. Das Internet wurde zu einer so reichhaltigen Informationsquelle für Arbeitsplatzsuchende, dass ein Arbeitsplatzsuchender ohne die Vorteile, die das Internet bietet, mit der Teilnahme am Indianapolis-Rennen mit einem Pferd und einer Kutsche verglichen werden könnte. Wahrscheinlich würde er nur Staub schlucken.

Das Internet ist jedoch nicht der einzige Faktor, der die Art und Weise der Arbeitsplatzsuche in der heutigen Zeit verändert hat. Auch die Möglichkeit, das E-Mail zu nutzen, brachte ein unvorhergesehenes Maß an Effizienz in diesen Vorgang. Heute können Sie Ihre Bewerbung in nur wenigen Sekunden an Hunderte von möglichen Arbeitgebern schicken (obwohl ich diese Taktik nicht unbedingt empfehlen möchte). Dabei brauchen Sie nicht einmal Briefumschläge zu füllen und Briefmarken aufzukleben. Auch in der Art und Weise, wie viele Personalchefs Kandidaten bewerten, sind in letzter Zeit große Veränderungen eingetreten. Ihre Chancen, einen Job zu bekommen, hängen zwar immer noch in erster Linie davon ab, wie viel Erfahrung Sie in diesem Beruf schon haben, und ob Ihre Fertigkeiten den Anforderungen entsprechen. Ihr Lebenslauf und Ihre technischen Fähigkeiten haben in den meisten Jobs immer noch ein hohes Gewicht, doch heutzutage wollen die Personalchefs immer häufiger wissen, wer Sie als Person sind. Insbesondere wollen sie wissen, wie genau Ihre »harten« und »weichen« Fertigkeiten zu den Anforderungen bestimmter Aufgaben in einem bestimmten Umfeld passen.

Was Sie im Web finden können

Wenn Sie ein routinierter Internet-Surfer sind, dann haben Sie schon eine Vorstellung davon, was Sie erwartet, wenn Sie sich in eine typische Job-Seite einloggen. Wenn Sie allerdings in der sich ständig ändernden Welt der Jagd nach einem Job im Cyberspace nicht zuhause sind, dann lesen Sie die folgende, kurze Zusammenfassung der verschiedenen Möglichkeiten:

- ✔ **Stellenvermittler und Job-Boards**: Die meisten freien Stellen auf diesen Web-Seiten kommen aus zwei Quellen:

  - direkt von Unternehmen (meist bieten sie diese Jobs auch auf den eigenen Seiten an).
  - aus den Kleinanzeigen aus den Zeitungen und Anzeigenblättern des ganzen Landes (manche Job-Boards erhalten diese Listen von den Zeitungen und stellen sie dann ins Netz).

  Jede Web-Site organisiert die Darstellung der Daten anders. In den meisten Fällen kann man aber die Vielzahl der Möglichkeiten durch Angabe der Berufsrichtung und der Region einengen. Einige Seiten verlangen von Ihnen die Beantwortung einiger Fragen: Ausbildung, Gehaltswunsch und so weiter, damit man möglichst genau suchen kann. Sehr oft geht Ihre Reaktion direkt an das Unternehmen, das den Job anbietet.

- ✔ **Posten Sie Ihre Bewerbung**: Viele Seiten bieten Ihnen die Möglichkeit, Ihre Job-Suche in eine Datenbank aufzunehmen, in denen dann Unternehmen, die Mitarbeiter suchen, nach Kandidaten Ausschau halten können. Die meisten Seiten haben einigermaßen effiziente Protokolle ausgearbeitet, die Ihre Daten an ein Online-Forum weiterleiten, und einige Seiten bieten sogar Hilfen an, mit denen Sie Ihre Bewerbung erstellen können. Die Seiten unterscheiden sich oft in der Datensicherheit, wie lange sie Ihre Bewerbung ins Netz stellen und ob sie die Listen auch mit anderen Seiten austauschen.

- ✔ **Listen suchender Unternehmen**: Die Listen suchender Unternehmen bestehen hauptsächlich aus Links zur Homepage der Unternehmen, doch einige haben inzwischen ihre eigenen Profile entwickelt. Sie wählen einen Beruf und eine Stadt oder Region aus, und erhalten eine Liste von Unternehmen, auf die Ihre Suchkriterien zutreffen.

- ✔ **Ratschläge zur Berufswahl**: Viele Seiten, die freie Stellen anbieten oder ermöglichen, Bewerbungen ins Netz zu stellen, haben auch Verweise auf Hilfen zur Berufswahl. Einige Informationen wurden selbst zusammengestellt, andere sind lediglich Links zu anderen Seiten. Die Qualität der Informationen ist recht unterschiedlich.

- ✔ **Chatrooms**: In Chatrooms haben Sie die Möglichkeit, mit anderen Jobsuchenden zusammenzuarbeiten und von Berufsberatern Tipps zur Arbeitsplatzsuche zu erhalten.

Die einzige Möglichkeit, herauszufinden, welche die besten sind, besteht darin, ein wenig Zeit zu opfern und die in Frage kommenden Seiten zu erforschen. Es sollte eigentlich nicht länger als eine halbe Stunde dauern, bis Sie das Gefühl für eine Web-Seite haben: Wie leicht kann man darin navigieren, wie sind die Job-Angebote organisiert, wie steht es um die Qualität der Informationen, werden sie gepflegt, sind sie aktuell und so weiter. Wenn Sie das Internet regelmäßig nutzen, dann werden Sie schnell drei oder vier Seiten finden, die für Sie in Frage kommen. Setzen Sie für diese Seiten ein Bookmark, damit Sie später nicht lange suchen müssen und surfen Sie mindestens einmal monatlich, damit Ihnen keine neue Seite entgeht.

Job-Infos aus dem Internet

Hier einige Seiten, bei denen es sich meiner Meinung nach lohnt, einmal vorbeizuschauen:

Arbeitsamt Online – sis

`http://195.145.119.72/cgi-bin/aoWebCGI?sis`

Mit rund 375.000 Stellenangeboten ist der Stellen-Informationsservice (SIS) des Arbeitsamtes die größte Online-Jobbörse in Deutschland und damit eine der wichtigsten Anlaufstellen für Jobsuchende im Netz, auch und gerade wenn es um Jobangebote geht, die in den übrigen Online-Jobbörsen noch eher selten vertreten sind. Über eine recht gut dokumentierte Suchmaske können Angebote nach Beruf bzw. entsprechender Berufskennziffer des Arbeitsamtes (BKZ, eine Liste kann heruntergeladen werden), nach Wirtschaftsraum und/oder PLZ, nach Zeitpunkt der Veröffentlichung und nach Arbeitszeit abgefragt werden.

Jobs & Adverts

`http://www.jobpilot.de/`

Einer der ersten und immer noch besten deutschen Stellenmärkte im Internet, der inzwischen auch eine Reihe von Filialen im Ausland unterhält. Nach eigenen Angaben derzeit rund 30.000 ständig aktualisierte nationale und internationale Stellenangebote. Sehr benutzerfreundlich mit hervorragenden Suchmöglichkeiten. Deutlicher Schwerpunkt bei EDV-Berufen, aber auch kaufmännische und technische Angebote sind gut vertreten. Überwiegend werden Führungspositionen angeboten. Im kostenlosen Premium-Service können sich Bewerber eine persönliche Startseite mit bis zu drei eigenen Suchprofilen einrichten, die bei jedem Besuch passende Stellenangebote sofort anzeigt. Auf Wunsch werden die Angebote auch per E-Mail zugeschickt. Auch ein Stellengesuch läßt sich über den Premium-Service kostenlos aufgeben und pflegen.

Karriere direkt

`http://www.karrieredirekt.de/`

Sehr gut aufgemachter Online-Stellenmarkt der Verlagsgruppe Handelsblatt für Fach- und Führungskräfte, der Stellenangebote aus führenden Tageszeitungen und Fachzeitschriften auswertet. Ungefähr 1.000 Angebote. Gezielte Suche nach Funktion, Region, Branche und Stichwort möglich. Zusätzlich läßt sich ein individuelles Suchprofil einrichten, mit dem sich passende Jobangebote jederzeit abrufen lassen.

IQ Anzeigen: Stellenmarkt

http://www.iqanzeigen.de/IQ/search.hbs?AGRUPPE=Stellenmarkt

Übersichtlich strukturierte Jobbörse mit guten Suchmöglichkeiten (Branche, PLZ-Gebiet, Zeitraum, Suchbegriffe). Die Angebote lassen sich nach Datum oder in alphabetischer Folge anzeigen und enthalten auch Email- und ggfs. WWW-Links zum jeweiligen Anbieter.

Business Channel – Stellenmarkt

http://www.bch.de/bch/job/index.html

Größerer Stellenmarkt für Fach- und Führungskräfte mit deutlichem Schwerpunkt im EDV-Bereich. Neben der Stichwortsuche gibt es Suchmöglichkeiten nach Position, Funktion und Branche jeweils mit Spezialisierungen sowie nach PLZ-Gebiet. Individuelle Suchprofile kann man registrieren lassen und bekommt dann bei jeder Einwahl passende Angebote auf den Bildschirm serviert.

Stepstone (früher Careernet)

http://www.stepstone.de

Aus Careernet wurde Stepstone, der deutsche Ableger einer europaweit agierenden norwegischen Online-Jobbörse. Stepstone bietet rund 17.500 Jobs, davon knapp 7.000 in Deutschland, die sehr komfortabel mit verschiedenen Abfragemöglichkeiten durchsucht werden können. Die Suche läßt sich nach Unternehmen, Branche, Funktionsbereich, Region, Anstellungsart, Studienrichtung und EDV-Kenntnissen eingrenzen, auch eine Stichwortsuche ist möglich. Außerdem gibt es einen »Job-Agenten«, der nach Eingabe eines persönlichen Qualifikationsprofils passende Angebote aus dem Stellenpool heraussucht und per Email zuschickt. Stellengesuche können kostenlos geschaltet und auch selbst gepflegt werden.

Karriereguide

http://karriereguide.com

Übersichtlich strukturierte Online Jobbörse mit Schwerpunkt im IT-/Telekommunikations-Bereich, leider etwas langsam und unflexibel in der Bedienung: Ähnlich wie bei einem Web-Katalog muß man sich über Auswahlmenüs durch eine vorgegebene Hierarchie von Suchkriterien – Berufsfeld, Branche, PLZ-Bereich – hindurchklicken, um zu passenden Jobangeboten zu gelangen.

www.stellenanzeigen.de

http://www.stellenanzeigen.de

Kleinere, aber interessante Jobbörse mit rund 200 aktuellen Angeboten. Das Abfrageformular erlaubt eine detaillierte Suche nach Tätigkeitsbereich, Branche, Region, Position und Art der Anstellung, zusätzlich kann die Suche per Stichworteingabe verfeinert werden. Passende Stellenangebote werden auf Wunsch auch per Email zugeschickt.

Die Job- und Lehrstellenbörse des WDR

http://www.wdr.de/jobs/bin/index.cgi

Gemischte Jobbörse mit einigen hundert Angeboten. Nicht so »fein« wie manch anderer Online-Stellenmarkt: Hier gibt's auch mal Stellenangebote für Köchinnen oder Bauarbeiter.

Stellenboerse

http://www.stellenboerse.de/

Umfangreicher und benutzerfreundlich strukturierter Stellenmarkt für alle Branchen. Per Formular kann man auch kostenlos eine Online-Bewerbung abgeben.

Job-Suche.de

http://www.job-suche.de/

Noch recht junge Online-Jobbörse mit rund 400 Angeboten überwiegend aus dem EDV-Bereich, über verschiedene Suchkriterien abfragbar. Stellengesuche kostenlos.

Hier noch einige Web-Seiten, auf denen Sie etwas über Firmen erfahren können

Jobware-Lexikon: Who is Who?

http://www.jobware.de/fa/fa.htm

Umfassende Datenbank mit Kurzinfos zu deutschen Unternehmen, nach Sektor/Branche, Größe, räumlicher Zuordnung oder alphabetisch abrufbar. Zum Teil gibt es auch bereits Links zu Unternehmens-Homepages.

Jobware-Firmenportraits

`http://www.jobware.de/ca/firmen.htm`

Namhafte Unternehmen wie Allianz, Audi, BASF, IBM, Lufthansa oder die WestLB präsentieren sich als Arbeitgeber: Sehr nützliche Informationen vor allem für Absolventen.

Unternehmensprofile bei Jobs & Adverts

`http://www.jobpilot.de`

Auch Jobs & Adverts bietet eine kleine Auswahl von Unternehmenspräsentationen, die sich in erster Linie an Absolventen und andere höher qualifizierte Berufsstarter wenden. Hier stellen sich auch verschiedene Personalberatungen vor.

Es ist 10.00 Uhr. Wissen Sie, wo Ihre Bewerbung ist?

Auf den ersten Blick erscheint eine Online-Bewerbung als ganz tolle Idee. Sie kostet in den meisten Fällen nichts, und wenn Ihre Fähigkeiten gesucht sind, dann werden sich wahrscheinlich mehrere Unternehmen um Sie reißen. Doch sollten Sie vorsichtig sein. Wenn Sie Ihre Berwerbung auf irgend einer Web-Site posten, dann verlieren Sie völlig die Kontrolle darüber, wohin sie geht, wer sie liest und was die Leute damit anstellen. Es wurde schon oft berichtet, dass die Adressen von Unternehmen durchsucht werden, die Telemarketing betreiben. Sie sollten überlegen, ob Sie Ihre Adresse und Telefonnummer nicht löschen sollten und statt dessen nur ein Postfach und die E-Mail-Adresse angeben.

Wesentlich bedenklicher ist die Möglichkeit, dass Ihre Bewerbung letztlich dort landet, wo Sie sie am wenigsten haben wollen: In den Händen Ihres derzeitigen Chefs. Doch gibt es auch die Möglichkeit, bestimmten Unternehmen, beispielsweise Ihrem aktuellen Arbeitgeber, den Zugriff auf Ihre Bewerbung zu versagen. Doch diese Vorsichtsmaßnahmen bieten keinen sicheren Schutz. Unternehmen, die unbedingt herausfinden wollen, ob ihre Angestellten auf Arbeitsplatzsuche sind, können die Sperre umgehen, wenn sie einen anderen Namen eingeben.

Vergessen Sie nicht: Ihre Bewerbung kann von allen gesehen werden. Überlegen Sie genau!

Bewerbungsunterlagen? Ja, sie sind immer noch wichtig

Schnell noch eine Frage: Gibt es über Bewerbungen und Lebensläufe noch etwas zu sagen, was nicht schon in Abertausenden von Veröffentlichungen (Bücher, Zeitschriftenbeiträge, Zeitungsartikel, Audiokassetten, Web Sites und Software-Pakete) gesagt oder geschrieben wurde?

Wahrscheinlich nicht. Und dennoch ist das Zusammenstellen von Bewerbungsunterlagen für viele, die einen Arbeitsplatz suchen, immer noch eine schwierige Aufgabe.

Wenn Sie glauben, dass Sie noch Hilfe brauchen, dann empfehle ich Ihnen, das Internet aufzusuchen, eine Suchmaschine aufzurufen (`www.google.de`, `www.altavista.de`, `www.yahoo.de`, `www.infoseek.de`, oder andere) und dort die entsprechenden Suchwörter einzugeben (Bewerbung, Stellensuche, Lebenslauf, Vorstellungsgespräch ...). Sie werden auf reichhaltige Informationen treffen. Ein besonders heißer Tipp ist die CD ROM des Arbeitsamts. Das Arbeitsamt hat eine CD-ROM mit Tipps für eine erfolgreiche Bewerbung zusammengestellt. Für Euro 7,50 ist sie beim Zentralamt der Bundesanstalt für Arbeit, Geschäftsstelle für Veröffentlichungen unter Telefon 0911-179 11 47 erhältlich. Außerdem lohnt sich wahrscheinlich ein Besuch in Ihrer Buchhandlung, denn dort gibt es eine Reihe von leicht verständlichen Publikationen, die sich ausschließlich mit Bewerbung beschäftigen, während eine sehr ausführliche Behandlung dieses Themas den Rahmen dieses Buches sprengen würde.

Ich möchte Ihnen an dieser Stelle eigentlich nur einige zusätzliche Tipps und Informationen geben, die Ihre Bewerbungsunterlagen noch verbessern können.

Ihre Bewerbung muss gut aussehen

Damit Ihre Bewerbung wirklich gut aussieht, sollten Sie viel Luft reinlassen. Damit meine ich, Sie sollten auf den Seiten des Anschreibens und des Lebenslaufs auf Leerräume achten. Ihre Unterlagen sollen nicht wie eine Buchstabenwüste aussehen. Klar gegliedert, die einzelnen Absätze durch Leerzeilen getrennt, hell und freundlich – da kommt beim Leser Freude auf und sie haben beim Personalchef schon den ersten Pluspunkt eingestrichen.

Machen Sie Ihr Anschreiben und den Lebenslauf möglichst leicht lesbar. Deshalb sollten Sie, wenn nicht ausdrücklich verlangt, keine handschriftliche Bewerbungsunterlagen abgeben. Vermeiden Sie auch, dem Computer exotische Schmuckschriften zu entlocken. Das kommt nicht so gut an. Besser ist eine Schrift ohne Serifen, also Avantgarde, Helvetica oder Ähnliches.

Sie stellen sich kurz vor

Das Anschreiben, also Ihre Vorstellung. wird nicht in die Mappe geheftet, sondern sie liegt lose oben auf. Zweck des Anschreibens ist, kurz und prägnant (maximal eine Seite) zu erläutern, weshalb Sie der Richtige für das Unternehmen sind. Diese Form der Selbstdarstellung fällt vielen schwer, weil sie sich zu wenig Gedanken über Ihre »besten Seiten« machen. Wenn Sie gründlich über Ihre Stärken und Qualifikationen nachgedacht haben, wird es Ihnen leicht fallen, im Anschreiben überzeugend für sich zu werben.

Vergessen Sie nicht, dass Sie die Neugier des Lesers wecken müssen – schließlich gibt es noch die Konkurrenz. Sie müssen sich positiv abheben. Dabei kann schon der erste Satz Ihres Anschreibens entscheidend sein. Wer wie mindestens jeder zweite Kandidat mit »hiermit bewerbe ich mich« beginnt, erntet keine Lorbeeren. Lassen Sie sich unbedingt etwas Anderes einfallen. Haben Sie vorher telefoniert oder anderweitig Kontakt hergestellt, können Sie sich im Einstieg für das Gespräch bedanken. Oder Sie beginnen so: »Ihre Anzeige ist mir aufgefallen...« »Sie suchen... Und ich bin ...« »Ich möchte mich Ihnen vorstellen ...« usw.

Wichtig ist, dass Sie schon hier verdeutlichen, dass Sie sich mit dem Unternehmen beschäftigt haben und weshalb Sie gerade dort arbeiten wollen – beispielsweise, weil Sie bereits ein Praktikum absolviert haben, weil Sie wissen, dass das Unternehmen einen besonderen Schwerpunkt hat, der Sie interessiert oder weil Sie das Unternehmen bereits als Kunde kennen usw. Sie müssen dem Leser Ihrer Unterlagen darstellen, weshalb Sie so gut zu der Firma passen.

Ob Sie einen chronologischen oder einen funktionalen Lebenslauf schreiben wollen, sollten Sie gut überlegen. Im chronologischen Lebenslauf gehen Sie von heute in die Vergangenheit zurück (das kommt aus den USA und ist zur Zeit »in«). Der Vorteil dabei ist, dass der Personalchef sich nicht durch die Grundschulzeit, das Gymnasium und so weiter wühlen muss, sondern sofort erkennt, welche Funktionen der Bewerber zuletzt ausübte. Und darauf kommt es ihm an.

Beim Lesen des Lebenslaufs interessiert den Arbeitgeber Ihre Zielstrebigkeit. Wenn Sie studiert haben, wird man nachrechnen, wie viele Semester Sie an der Uni waren und ob Sie das Fach – vielleicht sogar mehrfach – gewechselt haben. Wer schon im Berufsleben steht, wird u.a. auf Ausdauer und Beständigkeit untersucht. Ein paar Jahre sollte man es in einem Unternehmen schon ausgehalten haben, sonst wird man als »Jobhopper« angesehen. Gehen Sie noch zur Schule bzw. haben Sie sie gerade beendet, schaut man auf Leistungs- und Lieblingsfächer, Freizeitaktivitäten, Praktika und Jobs. Haben Sie in dieser Hinsicht etwas zu bieten, das in die beruflich angestrebte Richtung geht?

Vergessen Sie nicht, Ihre Hobbys, Interessen und eventuell. ein Ehrenamt anzugeben. Das sagt etwas über Ihre Persönlichkeit aus. Und die interessiert Personalchefs besonders. Sie wollen wissen, mit wem sie es zu tun haben. Der Lebenslauf wird in der Regel tabellarisch verlangt – es sei denn, man besteht auf der handschriftlichen Version. Das ist aber die Ausnahme. Wichtig sind Übersichtlichkeit und ein roter Faden, damit die Stationen Ihres Lebens ohne langes Suchen leicht nachvollziehbar sind.

Der Lebenslauf darf schon etwas ausführlicher ausfallen. Bei Führungskräften geht er sogar häufig nicht selten über mehrere Seiten. Folgende Angaben gehören in den Lebenslauf:

- ✔ Persönliche Daten: Name, Anschrift mit Telefonnummer, Geburtsdatum und -ort,
- ✔ Familienstand
- ✔ Wehr- bzw. Zivildienst
- ✔ Hochschulstudium: Fächer, Schwerpunkte, Examensarbeits-Thema

- ✔ Berufstätigkeit/Ausbildung (berufliche Stationen; Name des Unternehmens mit Orts- und Zeitangabe)
- ✔ Praktika (Name des Unternehmens mit Orts- und Zeitangabe)
- ✔ Weiterbildung (Kurse, Lehrgänge etc.)
- ✔ Besondere Kenntnisse (Fremdsprachen, Qualifikationen usw.)
- ✔ Hobbys und Interessen
- ✔ Datum, Ort und Unterschrift

Dies ist die klassische und in Deutschland gängige Reihenfolge.

Machen Sie ein gutes Bild

Den nächsten Pluspunkt können Sie kassieren, wenn Sie ein Foto wählen, das wirklich ansprechend wirkt. In der Regel nimmt man heute Farbfotos. Suchen Sie nicht in Ihren Urlaubsfotos und nehmen Sie auch nicht das Foto, das Sie bei der Siegerehrung des letzten Tennisturniers zeigt (»der in der Mitte, auf dem ersten Platz, das bin ich«). Oder wollen Sie sich als Tennisprofi bewerben? Wichtig ist, dass Sie Ihr Foto am besten rechts oben auf dem ersten Blatt des Lebenslaufs (oder auch schon auf dem Deckblatt) mit zwei Klebepunkten befestigen. Dort findet es die meiste Beachtung. Lassen Sie sich bei einem guten Fotografen eine Serie von Portraitaufnahmen machen. Darauf sollten Sie so aussehen, wie man sich jemanden vorstellt, der die Position, für die Sie sich bewerben, schon hat. Kreative Berufe – etwas extravagant, Banker – etwas konservativ, Handwerksberuf – nicht unbedingt im blauen Nadelstreifen.

Ordnung ist das halbe Leben.

Ja, das kennen Sie schon zur Genüge. Trotzdem sollten Sie Ihre Unterlagen ordentlich in eine Bewerbungsmappe packen. Äußerlichkeiten sind hier wichtig. Bereits bei der ersten Durchsicht werden Ihre Unterlagen formal eingeschätzt. Wählen Sie deshalb hochwertiges Papier aus, damit der Empfänger sofort erkennt, dass Ihre Bewerbung etwas Besonderes ist. Es muss nicht unbedingt weiß sein. Vielleicht mit einer leichten Tönung (nicht unbedingt rosa)? Bei der Mappe gilt vor allem: möglichst wenig Plastik. Also keine Klarsichthüllen oder Plastikschnellhefter. Besser sind selbst zusammengestellte Hefter. Man nehme:

1. **eine Klemmschiene,**
2. **verstärktes Papier oder Pappe für den hinteren Teil und**
3. **eine Overheadfolie, die den Blick auf die erste Seite, z.B. das Deckblatt Ihrer Mappe, freigibt.**

Bevor Sie alles abschicken, sollten Sie unbedingt noch einen Blick auf Ihre Unterlagen werfen. Am besten ist es, wenn außer Ihnen noch jemand nach Fehlern sucht, damit auch ja alles 100-

prozentig richtig ist und Ihre Mappe nicht schon in der ersten Runde »durch das Sieb fällt«. Das ist der letzte, vielleicht aber auch der entscheidende Pluspunkt, den sie sammeln können.

Bewerbung Online?

Die Möglichkeit, Bewerbungen auch online zu versenden, hat in den letzten Jahren zugenommen, ist aber noch weit entfernt, die schriftliche Bewerbung an Bedeutung zu ersetzen. Die Angabe einer E-Mail-Adresse in der Stellenanzeige ist noch lange kein Hinweis, dass Sie Ihre Bewerbung elektronisch verschicken sollten. Es ist nicht selbstverständlich, dass alle Personalchefs einen Internet-Anschluss haben. Firmen, die eine Online-Bewerbung ausdrücklich fordern, stellen dafür auf ihren Homepages meist eigene Formulare zur Verfügung. Oft sind das jedoch nur Kurzbewerbungen, die Unterlagen müssen gegebenenfalls nachgereicht werden.

Für die Online-Bewerbung gelten grundsätzlich die selben Regeln, die auch für die schriftliche Bewerbung gelten – für die Form im Wesentlichen auch. Die Scans Ihrer Zeugnisse sollten so hochwertig sein wie die Kopien der Print-Version. Übertreiben Sie aber nicht, indem Sie eine DIN-A4-Seite mit 1.200 dpi scannen. Das Laden Ihrer Bewerbung sollte möglichst wenig Zeit in Anspruch nehmen. Gegebenenfalls fragen Sie nach, welche Datenkomprimierung Sie anwenden können.

Ein Verweis auf eine eigene Homepage ist nur dann zu empfehlen, wenn diese auch Hinweise auf Ihre beruflichen Qualifikationen und eventuelle Arbeitsproben enthält. Wenn Ihr künftiger Arbeitgeber sich jedoch durch eine Flut von privaten Fotos klicken muss oder Ihre Seite einen nicht sehr seriös klingenden Namen hat (`www.schaetzchen.de` oder `www.zorro.de` hinterlassen keinen seriösen Eindruck) sollten Sie auf diese Möglichkeit besser verzichten.

Hier noch einige weitere Tipps zur Online-Bewerbung:

- ✔ Achten Sie genau auf die Schlüsselwörter, die in der Anzeige benutzt wurden. Wenn es möglich ist, sollte der Leser diese Wörter in Ihrer Bewerbung wiederfinden.
- ✔ Speichern Sie Ihre Texte in ASCII oder Plain Text ab (diese Möglichkeit bieten die meisten Textverarbeitungen). Diese Formate können von nahezu jedem Computer gelesen werden, gleich ob IBM (-kompatibel) oder Apple Macintosh.
- ✔ Entfernen Sie alle Spalten, Bullets und Bit-Map-Grafiken.
- ✔ Benutzen Sie einen Font mit fester Laufweite (z.B. Courier) und benutzen Sie die Zeilenschaltung.
- ✔ Die Zeilenlänge sollte bei 12 Punkt nicht mehr als 60 und bei 10 Punkt nicht mehr als 80 Zeichen ausmachen.

Beispiele

Eigentlich sollte es überflüssig sein, noch Beispiele für Anschreiben oder Lebenslauf anzuführen. Doch macht es sich sehr schön (und in den anderen Büchern sind auch Beispiele enthalten) und deshalb finden Sie folgend ein Muster für ein Anschreiben und eines für einen Lebenslauf. Machen Sie aber nicht den Fehler, diese Beispiele Wort für Wort zu übernehmen (Sie haben keine Ahnung, wie viele Exemplare dieses Buchs schon verkauft wurden), sondern geben Sie den Schriftstücken Ihre ganz persönliche Note. Sie wissen schon: Unterscheiden Sie sich positiv von der Konkurrenz!

Herbert Mustermann
Musterstraße 123
123456 Musterstadt

Firma
Firmamann & Co.
z.Hd. Herrn Firmamann
Firmenstraße 456
456789 Firmenstadt

Ort, Datum

Ihre Stellenanzeige in der Zeitung vom XX.XX.2001

Sehr geehrte Damen und Herren,

(wenn Name bekannt: »Sehr geehrte(r) Herr/Frau XXX«)

- augenblicklicher Stand der Ausbildung oder derzeitigen Tätigkeit
- besondere Neigungen und Fachausbildungen, die zur Ausübung der ausgeschriebenen Tätigkeit befähigen
- Hinweis zur Kontaktbereitschaft/persönliche Vorstellung
- Aufforderung zur unverbindlichen Rückmeldung

Mit freundlichen Grüßen

Unterschrift

Anlagen:

Lebenslauf
Zeugniskopien ...
Tätigkeitsbericht

Lebenslauf

Persönliche Angaben	
Name:	Vorname Nachname (eventuell geb. Nachname)
Anschrift:	Straße, PLZ Ort Telefon
Geburtsdatum	XX. Monat 19..
Geburtsort:	Ort
Familienstand:	
Schulbildung	
19.. – 19..	Schule in
19.. – 19..	Schule in
Monat 19..	Schulabschluss
Studium	
19.. – 19..	Studienfach Name und Ort der Hochschule (eventuell besondere Studienschwerpunkte und Praktika)
Monat 19..	Abschlussprüfung (eventuell mit Note)
Berufsausbildung	
19.. – 19 ..	Ausbildung zum/r .... Ausbildungsbetrieb
Monat 19..	Abschlussprüfung (eventuell mit Note)
Berufserfahrung	
19.. – 19.. möglichst mit Monatsangabe	(Art der Tätigkeit/Arbeitgeber/Standort Aufgaben und speziell erworbene Kenntnisse)
Weiterbildung	
Dauer möglichst mit Monatsangabe	Art der Weiterbildung, Träger, Ort (bei EDV mit Angabe der Programme)
Sprachkenntnisse	(Sprachen mit Niveauangaben)

Ort , Datum

....

(Unterschrift)

(Vor- und Nachnamen mit Tinte)

Gespaltene Persönlichkeit? Schreiben Sie verschiedenen Lebensläufe

Es scheint hinterlistig zu sein, verschiedene Lebensläufe zu verfassen, die jeweils auf einen bestimmten Job »getrimmt« sind. Es wäre auch unehrlich, würde man den Inhalt erfinden. Doch ein maßgeschneiderter Lebenslauf betont lediglich die relevanten Erfahrungen auf verschiedenen Gebieten. Wenn es für einen Job unerlässlich ist, Verantwortung in mehreren Bereichen zu übernehmen, dann sollten Sie sicherstellen, wenn Sie diese Fertigkeit haben, dies auch ins richtige Licht zu stellen. Der einzige Nachteil bei verschiedenen Versionen von Lebensläufen ist, dass man immer wieder an den Computer muss, um die notwendigen Änderungen vorzunehmen. Dabei sollten Sie höllisch aufpassen, dass Ihnen nicht der eine oder andere Tippfehler unterläuft. Deshalb ist beim Korrekturlesen besondere Sorgfalt angebracht.

Zehn Tipps, um beim Vorstellungsgespräch einen guten Eindruck zu machen

Tests, Gruppengespräche und Probezeiten gehören heute zu den Einstellungsstrategien vieler Unternehmen. Es ist richtig, dass ein gutes Vorstellungsgespräch allein nicht ausreicht, um heutzutage den gewünschten Job zu bekommen. Es ist allerdings auch richtig, dass ein mittelmäßiges Vorstellungsgespräch Sie vorzeitig aus dem Rennen werfen kann. Deshalb sollten Sie, auch wenn sich die Zeiten geändert haben, sehr darauf achten, dass Sie beim Vorstellungsgespräch den bestmöglichen Eindruck hinterlassen.

In Büchern, Zeitschriften und im Internet findet man zu diesem Thema erstaunlich viele Ratschläge und Tipps. Außerdem bieten die Arbeitsämter in Seminaren Trainingsmöglichkeiten an. Auch Gewerkschaften und andere gemeinnützige Einrichtungen können hilfreich sein. Fragen Sie nach, fragen kostet nichts. In Wahrheit aber ist die Erfahrung der beste Lehrer, wenn Sie die grundlegenden Fertigkeiten für Vorstellungsgespräche schon beherrschen. Die folgenden Abschnitte sollten Ihnen weiterhelfen.

Versetzen Sie sich in die Lage des Personalchefs

Es ist ganz normal, dass man in einem Vorstellungsgespräch viel mit sich selbst zu tun hat: Wer bin ich? Was will ich? Weshalb bin ich etwas Besonderes? Doch tun Sie sich selbst einen großen Gefallen, wenn Sie sich nicht nur auf Ihre Bedürfnisse konzentrieren, sondern sich in die Situation des Personalchefs versetzen, der Ihnen beim Gespräch gegenüber sitzt. Dieses mentale Rollenspiel ist gar nicht so schwierig, wie Sie vielleicht glauben mögen. Immerhin können Sie sich sehr gut vorstellen, welche Gedanken hinter der Stirn Ihres Gesprächspartners ablaufen.

Wie auch immer, letztlich soll das Interview die Antworten auf die folgenden Fragen geben:

- ✔ Haben Sie die Fertigkeiten und das Engagement, das für diesen Job erforderlich ist?
- ✔ Wie lange brauchen Sie, um sich in den Job einzuarbeiten? (Mit anderen Worten: Können Sie sofort loslegen?)
- ✔ Passen Sie in die Unternehmenskultur des Unternehmens?
- ✔ Wie wertvoll sind Sie für das Unternehmen?
- ✔ Wie motiviert sind Sie?

Wie gut Sie auch zur Vorbereitung tun, behalten Sie diese Fragen im Gedächtnis. Und wenn Sie die Antworten auf die typischen Fragen bei solchen Interviews suchen, dann sollten Sie Ihre Überlegungen von diesen Fragen leiten lassen.

Machen Sie Ihre Hausaufgaben, bevor es los geht!

Einiges, das im Rahmen eines Vorstellungsgesprächs geschieht, liegt außerhalb Ihrer Kontrolle. Sie haben keinen Einfluss auf die Ablenkungen, denen der Personalchef während des Interviews ausgesetzt ist – auch der fünfjährige Sohn könnte anrufen, der gerade versehentlich einen Groschen verschluckt hat. Doch eines können Sie – und das sollten Sie unbedingt tun – Sie können bestimmen, wie gut Sie sich auf das Vorstellungsgespräch vorbereiten. Vorbereitet zu sein bedeutet vor allem, dass Sie so viel wie möglich über Ihren möglichen Arbeitgeber wissen. Dieses Wissen trägt nicht nur dazu bei, während des Gesprächs zu einem produktiven Dialog beizutragen, sondern es vermittelt dem Gesprächspartner auch, dass Sie viel wissen und Informationen zusammentragen können.

Ausprobieren

Nun folgt eine Liste von Fragen, die Sie beantworten können sollten, bevor Sie in ein Vorstellungsgespräch gehen. Diese Fragen müssen Sie ein wenig abändern, wenn Sie sich bei einer gemeinnützigen Einrichtung bewerben:

- ✔ Wie verdient das Unternehmen sein Geld? (Welche Produkte und Dienstleistungen?)
- ✔ In welcher Branche ist das Unternehmen tätig?
- ✔ Wer sind die wichtigsten Kunden?
- ✔ Seit wann besteht das Unternehmen?
- ✔ Wie groß ist das Unternehmen? (Wie viele Mitarbeiter beschäftigt es?)
- ✔ Wie profitabel arbeitet das Unternehmen? (Umsatz, Gewinn und so weiter)
- ✔ Welchen Marktanteil hat das Unternehmen in etwa?
- ✔ Wer sind die wichtigsten Konkurrenten?

- Wer ist der Chef und wie lange ist er schon in dieser Position?
- Welche wichtigen Ereignisse gab es im Unternehmen im letzten Jahr (neue Produkte, Akquisitionen, wichtige Veränderungen beim Personal und so weiter)?

Alle Informationen, die Sie über diese grundlegenden Fragen hinaus erlangen können, gereichen Ihnen nur zum Vorteil. Es wäre vielleicht ganz nützlich zu wissen, ob das Unternehmen gerade die Unternehmensphilosophie ändert, ob es in seiner Branche an Marktanteilen hinzugewinnt oder ob es im Vorstandsbereich zuletzt größere Veränderungen gegeben hat. Einen großen Teil dieser Informationen erlangen Sie aus Zeitungsberichten oder Werbematerial, das Sie möglicherweise auch auf der Homepage des Unternehmens im Internet finden. Auf alle Fälle jedoch müssen Sie sich auf Ihr Netzwerk verlassen können, das Sie mit den letzten Informationen versorgt.

Checkliste für das Interview

Hier einige Vorschläge, wie Sie sich auf das Interview vorbereiten können:

- Schlafen Sie in der Nacht zuvor ausreichend.
- Wiederholen Sie Ihre kurze Selbstdarstellung (Sie wissen schon, die kurze Story, die Sie auch schon am Telefon benutzten).
- Kommen Sie rechtzeitig.
- Bringen Sie Kopien Ihres Bewerbungsschreibens und Ihrer Arbeitsproben mit.
- Bringen Sie Papier und einen Füllhalter (wirkt besser als ein Kugelschreiber) mit, um sich Notizen machen zu können.
- Grüßen Sie die Menschen, die Ihnen im Unternehmen begegnen, mit einem Lächeln.
- Wiederholen Sie noch einmal die drei oder vier wichtigsten Punkte, die Sie im Interview vortragen wollen.

Kleiden Sie sich ordentlich

Auch wenn die formelle Kleiderordnung in den meisten Unternehmen ebenso ausgestorben ist wie Durchschlagpapier und Schreibmaschine, verlangt die Etikette des Vorstellungsgesprächs immer noch, dass Sie zum Interview ordentlich angezogen sind. Ein dunkler Anzug mit hellem Hemd (Kostüm und Bluse) wirkt für Bewerbungen um einen Büro-Job immer professionell. Ansonsten sollten Sie alles vermeiden, was auffällig ist und provozierend wirken könnte. Ziehen Sie nichts an, was jemanden irgendwie überraschen könnte. Die Schuhe sollten sauber geputzt sein und die Sohlen keine Löscher aufweisen. Vermeiden Sie aufdringliches Parfüm oder Rasierwasser. Auch mit Schmuck sollten Sie sparsam umgehen.

Denken Sie an Ihre guten Manieren

Ohne dass Sie es überhaupt bemerken, könnten Sie sich schon ins Knie geschossen haben, bevor Sie dem Personalchef überhaupt die Hand zur Begrüßung gereicht haben. Wie? Indem Sie sich unabsichtlich geziert oder unhöflich verhalten. Machen Sie sich klar, dass Ihre Vorstellung in dem Augenblick beginnt, in dem Sie das Firmengelände betreten. Behandeln Sie die Empfangsdame und den Sicherheitsmenschen wie den Big Boss des Unternehmens. Lassen Sie sich nicht zu auffälligem Verhalten hinreißen – telefonieren Sie beispielsweise während Sie auf das Gespräch warten nicht mit Ihrem Handy; am besten, Sie schalten es vorher schon aus. Wesentlich häufiger, als Sie es sich vorstellen können, bittet der Personalchef Mitarbeiter, die Sie bereits beobachtet haben, um ihre Meinung über Sie – eine Untersuchung, die Robert Half International durchführte, besagt, dass 91 Prozent der leitenden Angestellten die Meinung ihrer Assistenten als wichtigen Faktor im Auswahlverfahren bei Einstellungen betrachten. Vor fünf Jahren waren es noch 60 Prozent.

Ein guter Anfang ist wichtig

Die ersten Augenblicke in einem Vorstellungsgespräch sind immer besonders kritisch – für Sie ebenso wie für den Personalchef. Wenn Sie mit der Zeit mit Vorstellungsgesprächen besser vertraut werden (ich hoffe, die Zeit wird nicht zu lange sein), wird die Unsicherheit schwinden. Doch bis dahin sollten Sie folgende Tipps beachten:

- ✔ *Der Händedruck bei der Begrüßung*: Wenn der Personalchef nicht die Hand reicht, sollten Sie die Initiative ergreifen. Ein fester Händedruck (zerquetschen Sie nicht seine Hand, die braucht er noch, um Ihren Arbeitsvertrag zu unterschreiben), und danken Sie, dass man sich die Zeit für dieses Vorstellungsgespräch genommen hat.
- ✔ *Einführender Small-Talk*: Die meisten Personalchefs beginnen das Vorstellungsgespräch mit ein wenig Small-Talk, Sie wissen schon: ein paar Worte, um sich zu beschnuppern. Machen Sie mit, aber lassen Sie sich nicht zu Monologen hinreißen, die mit dem Job nichts zu tun haben. Nutzen Sie die Gelegenheit, sich »aufzuwärmen«, mit dem Gesprächspartner auf eine Wellenlänge zu kommen. Stellen Sie sich auf seine Ausstrahlung ein, versuchen Sie das richtige Feeling für Ihren Gesprächspartner zu bekommen (er versucht das auch bei Ihnen).

Zeigen Sie Begeisterung

Ein Vorstellungsgespräch ist kein Pokerspiel. Man kann nur wenig gewinnen, aber viel verlieren, wenn man nicht zeigen kann, dass man sich um einen Job bewirbt, für den man seine Seele verkaufen würde. Die meisten Arbeitgeber suchen heute Leute, die sehr viel Energie mitbringen und begeisterungsfähig sind. Sicher, Sie sollten nicht versuchen, etwas zu erzwingen. Wenn Sie von Natur aus zurückhaltend sind, ist es auch in Ordnung. Achten Sie aber darauf, dass Ihre Zurückhaltung nicht als Gleichgültigkeit missverstanden wird.

Einige interessante Situationen während Vorstellungsgesprächen

Robert Half International bat seine Manager, die ungewöhnlichsten Situationen zu beschreiben, die sie von ihren Klienten und Kollegen gehört hatten. Die folgenden Situationen waren sicherlich sehr eindrucksvoll, jedoch bestimmt nicht im Sinn der Bewerber.

- ✔ Als ein Bewerber nach seiner schulischen Ausbildung gefragt wurde, antwortete er: »Die brauche ich nicht. Ich bin durch die Schule des Lebens gegangen.«
- ✔ Der Lebenslauf eines Bewerbers führte eine Person auf, die er »Dad« nannte. Als er gefragt wurde, ob dies sein Vater sei, antwortete er: »Nein, aber ein Vater ist er.«
- ✔ Als eine Bewerberin nach ihren Software-Kenntnissen gefragt wurde, zog sie ein Foto hervor, das sie neben einem Computer zeigte: »Dieses Foto zeigt ganz eindeutig, dass ich mit Computern vertraut bin.«
- ✔ Aus dem Aktenkoffer eines Kandidaten ertönte während des Interviews plötzlich ein lautes Beep-beep-Beep. Der Kandidat öffnete den Koffer, stellte den Kurzzeitwecker ab und sagte: »So, für eine Frage habe ich noch Zeit. Aber dann muss ich wirklich gehen, sonst komme ich zu meinem nächsten Vorstellungstermin zu spät.«
- ✔ Ein Bewerber wurde vom Personalchef nach seinem Ideal-Job gefragt. »Den ganzen Tag im Bett liegen, Schokolade essen und dafür auch noch bezahlt werden.«
- ✔ Die Kandidatin betrat das Büro des Personalchefs mit einer großen braunen Tüte, zog daraus ein Butterbrot und Obst hervor und begann während des Vorstellungsgesprächs zu essen. Sie erklärte, während eines langen Tages mit vielen Vorstellungsgesprächen, sei Multi-Tasking eine absolute Notwendigkeit.
- ✔ Als man darüber sprach, weshalb der Kandidat aus mehreren Jobs gefeuert wurde, gab er zur Antwort, die Chefs hätten sich gegen ihn verschworen und ihn mit einem Fluch belegt. Er sei nun dabei, seine eigenen Untersuchungen anzustellen, um die Verschwörung aufzudecken.
- ✔ Als der Personalchef in die Empfangshalle kam, um die Bewerberin zu begrüßen, »fütterte« sie gerade ihr Tamagochi und bat ihn um einen Augenblick Geduld.

Achten Sie auf genaue Antworten

Routinierte Personalchefs interessieren sich oft weniger dafür was Sie antworten (sie können sich ohnehin vorstellen, dass Sie die meisten Fragen erahnen), sondern für die Art und Weise, wie Sie die Antwort rüberbringen: Wie präzise und prägnant Sie sich ausdrücken und wie logisch Sie Ihre Gedanken miteinander verbinden. Bevor Sie eine Frage beantworten, sollten Sie zweierlei tun:

- ✔ Stellen Sie sicher, dass Sie die Fragen auch richtig verstanden haben. Falls das nicht der Fall ist, fragen Sie noch einmal nach. (Habe ich richtig verstanden, dass ... ?)
- ✔ Lassen Sie sich ein bis zwei Sekunden Zeit, bevor Sie antworten und überlegen sie genau, was Sie sagen wollen.

Benutzen Sie Beispiele, um zu unterstreichen, was Sie meinen

Immer dann, wenn Sie vorhersehbare Fragen beantworten sollen, beispielsweise »Was sind Ihre Stärken?«, dann sollten Sie Ihre Antwort auch nachprüfbar belegen können. Wenn Sie sagen »Ich bin im Projektmanagement ziemlich gut«, dann sollten Sie diese Behauptung auch mit einem Beispiel belegen können. »In meinem letzten Job habe ich innerhalb von sechs Monaten mehr als zwanzig Projekte koordiniert, wobei die einzelnen Fristen sich überschnitten. Es ging dabei um einzelne Events, deren Planung, Durchführung und Nachbereitung.« Wenn Sie betonen wollen, dass Sie auch unter Stress arbeiten können – das ist heutzutage sehr wichtig – dann sollten Sie auch ein oder zwei Beispiele anführen können, die das belegen.

Die Nachbereitung eines Vorstellungsgesprächs

Ganz gleich, wie gut oder schlecht Sie glauben, sich in einem Interview geschlagen zu haben: Versuchen Sie, so bald wie möglich, zumindest eine Viertelstunde lang über das Vorstellungsgespräch nachzudenken. Machen Sie Notizen. Schreiben Sie die Fragen auf, die Ihnen möglicherweise Schwierigkeiten bereitet haben und überlegen Sie, wie Sie antworten würden, könnten Sie die Uhr noch einmal zurückdrehen. Machen Sie sich keine Vorwürfe, sondern denken Sie daran, dass man immer besser werden kann. Allerdings sollten Sie einige Punkte besonders beachten.

- ✔ *Ihr Erscheinungsbild*: Waren Sie angemessen gekleidet?
- ✔ *Ihre Vorbereitung*: Wussten Sie so viel, wie Sie hätten wissen sollen?
- ✔ *Ihr mentaler Zustand*: Waren Sie so entspannt, wie Sie es sein wollten? Falls nicht, weshalb nicht?
- ✔ *Zuhören*: Waren Sie ausreichend konzentriert? Wenn Sie Schwierigkeiten hatten sich zu konzentrieren, weshalb?

Gehen Sie strategisch vor, wenn Sie Fragen stellen

Die meisten Personalchefs, insbesondere diejenigen, die sich in die Kunst der Interviews vertieft haben, bieten Ihnen am Ende des Gesprächs die Möglichkeit, Fragen zu stellen. Haben Sie gut aufgepasst und sorgfältig zugehört, dann kommen die Fragen ganz von allein und sie sollten zeigen, dass Sie sich zumindest mit dem Unternehmen befasst und sich informiert haben.

Wenn Ihnen aber nichts einfällt – und vorausgesetzt, darüber wurde nicht schon im Interview gesprochen – könnten Sie einige der folgenden Fragen stellen:

- ✔ Über welche Fähigkeiten und Fertigkeiten muss man verfügen, um in diesem Job besonders erfolgreich zu sein?
- ✔ Sollte ich eingestellt werden, was wären dann meine wichtigsten Aufgaben?
- ✔ Wie sehen Sie die Zukunft des Unternehmens?

Das Gute an diesen Fragen ist, dass Ihr Gesprächspartner sich bei der Beantwortung vorstellen muss, Sie hätten den Job. Außerdem verraten die Antworten etwas darüber, wie Ihre Chancen stehen.

Rückmeldung

Vergessen Sie nicht, jedem, mit dem Sie gesprochen haben, so bald wie möglich, ein kurzes Wort des Dankes zu schicken. In Ihrem Brief sollten Sie Dankbarkeit ausdrücken, Ihr Interesse an dem ausgeschriebenen Job und noch einmal zwei oder drei Punkte wiederholen, die zu Ihren Gunsten sprechen. Vergessen Sie nicht, dass Robert Half International feststellte, 76 Prozent der Personalchefs hielten es für sehr hilfreich, wenn aussichtsreiche Bewerber im Anschluss an ein Vorstellungsgespräch einen kleinen Danke-Brief schickten.

Wenn Sie nach einigen Wochen noch nichts aus der Personalabteilung gehört haben, können Sie ruhig einmal anrufen. Erinnern Sie an Ihren Namen und fragen sie, ob für den Job, für den Sie sich beworben haben, schon eine Entscheidung gefallen ist. Wurde noch keine Entscheidung getroffen, fragen Sie, wann damit zu rechnen sei – in ein paar Tagen, ein zwei Wochen? Wurde die Stelle inzwischen anderweitig vergeben, sollten Sie sich dennoch für den Vorstellungstermin bedanken.

So bewerten Sie ein Angebot

Haben Sie Ihre Jagd nach einem Job genau auf Ihr Ziel ausgerichtet, Informationen über das Unternehmen eingeholt, bei dem Sie sich vorgestellt haben, dann ist es ein Grund zum Feiern, wenn Sie den Job auch angeboten bekommen – und kein Grund für Konflikte. Da Sie schon die grundlegende Arbeit geleistet haben, haben Sie guten Grund anzunehmen, dass dies der richtige Job beim richtigen Unternehmen zur richtigen Zeit ist.

Manchmal jedoch, ganz gleich, wie sorgfältig Sie recherchiert haben, tauchen während des Vorstellungsgesprächs noch Themen auf, die bei Ihnen Zweifel aufkommen lassen, ob Sie den Job wirklich annehmen sollten, wenn er Ihnen angeboten wird. Dabei handelt es sich meist um die Bezahlung, die Art des Jobs, das Unternehmen selbst oder irgend etwas Anderes.

In solchen Situationen sind Sie es sich selbst schuldig, das Angebot sehr gründlich zu überdenken. Dass Sie bereits viel Zeit und Kraft investiert haben, ist kein Grund, Ihr Denken zu beeinflussen. Niemand hat etwas davon, wenn Sie einen Job annehmen, der nicht zu Ihnen passt. Sie jedoch sind der Einzige, dies zu entscheiden. Die folgende Tabelle 5.1 soll Ihnen behilflich sein, die Situation zu bewerten, und, noch wichtiger, welche Aspekte noch intensiveres Nachdenken erfordern. Bewerten Sie mit null bis fünf (fünf ist die größte Übereinstimmung), ob Sie den jeweiligen Aussagen zustimmen können. Bewerten Sie jede Aussage entsprechend Ihrer augenblicklichen Einstellung.

__________	Wenn ich in diesem Job erfolgreich bin, bringt mich das meinem Ziel näher.
__________	Mit dem angebotenen Gehalt und den Sozialleistungen kann ich leben.
__________	Wahrscheinlich macht mir die alltägliche Arbeit Spaß.
__________	Der Job entspricht genau meinen Stärken.
__________	Die Umstellung macht mir nicht viel aus.
__________	Die Arbeitszeit und die Fahrzeit zum Arbeitsplatz sind akzeptabel.
__________	Es scheint, dass es mir Spaß machen wird, mit den Leuten in der Firma zusammen zu arbeiten.
__________	Die allgemeine Unternehmenskultur entspricht meinen Werten und meiner Persönlichkeit.
__________	Das Unternehmen ist finanziell stabil. Ich brauche mir keine Sorgen zu machen, am nächsten Ersten mein Gehalt überwiesen zu bekommen.

Tabelle 5.1: Ist das der richtige Job für Sie?

Wenn Ihre gesamte Punktzahl zwischen 35 und 45 liegt, dann passt der Job wahrscheinlich gut zu Ihnen. Liegt Ihre Zahl zwischen 25 und 34, dann sollten Sie die Aspekte, die nur mittel bis niedrig bewertet wurden, noch einmal genauer untersuchen und dann entscheiden, wie wichtig sie für Sie sind, damit Sie mit diesen Job zufrieden sein können. Wenn Sie jedoch weniger als 24 Punkte erzielten, dann sollten Sie wahrscheinlich nach anderen Möglichkeiten suchen.

Kultur-Schock: Bewerten Sie das, was wirklich wichtig ist

Es ist nicht immer leicht, nur auf der Grundlage dessen, was Ihre Nachforschungen ergeben haben, oder was Sie während des Vorstellungsgesprächs erfahren haben, sich ein genaues Bild von der Unternehmenskultur einer Firma zu machen. Zuweilen müssen Sie Ihren Instinkten vertrauen. Die folgende Liste jedoch spricht einige Schlüsselelemente an, die eine Unternehmenskultur von der nächsten unterscheiden.

Sie können die folgende Liste – und die entsprechenden Empfehlungen – nutzen, um zu überprüfen, ob Sie und die Unternehmenskultur der Firma, in die Sie eintreten wollen, gut zusammenpassen.

✔ *Managementstil*: Werden die Anordnungen immer von oben nach unten erteilt, geht es sehr bürokratisch vor sich oder eher kollegial und unter Einbeziehung der Mitarbeiter in die Entscheidungsprozesse? Werden die Entscheidungen einsam von nur einer Person oder nur sehr wenigen Mitarbeitern getroffen oder sind die Manager bereit zu delegieren? Zu den möglichen Indikatoren zählen:

- Wie sind die Büroräume angeordnet (hat das Management beispielsweise eine eigene Etage)?
- Wie oft sucht das Management den Rat der Mitarbeiter zur Entscheidungsfindung?
- Wie verbreitet (wenn überhaupt vorhanden) ist selbstverantwortliche Teamarbeit?

✔ *Ausgleich zwischen Arbeit und Familie*: Wie hoch ist die Bereitschaft des Unternehmens, den Mitarbeitern behilflich zu sein, den Stress vom Arbeitsplatz mit den Verantwortlichkeiten der Familie gegenüber auszugleichen? Mögliche Indikatoren:

- flexible Arbeitszeiten
- Optionen bei geeigneten Tätigkeiten auf Telearbeit umzusteigen
- Breit gefächerte Sozialleistungen

✔ *Ethische Gesichtspunkte am Arbeitsplatz*: Sind 60- bis 70-Stunden-Wochen für leitende Angestellte die Regel oder eher die Ausnahme? Wie oft verbringen leitende Angestellte ihre Wochenenden am Arbeitsplatz?

✔ *Qualität des Arbeitsalltags*: In welchem Maß wird die Alltagsarbeit im Unternehmen durch Verhaltensregeln beeinflusst (ohne die Verantwortung für die eigene Arbeit)? Mögliche Indikatoren:

- das allgemeine Betriebsklima
- Gehen die Mitarbeiter entspannt oder sehr formell miteinander um?
- Wie persönlich sind die einzelnen Arbeitsplätze gestaltet?

✔ *Bezug zur Kommune*: Ist es für das Unternehmen wichtig, auch für die Kommune da zu sein? Mögliche Indikatoren:

- Das Unternehmen unterstützt gemeinnützige Einrichtungen.
- In welchem Umfang werden Mitarbeiter ermutigt, am Gemeindeleben teilzunehmen?

- Die Unternehmenspolitik berücksichtigt auch Themen wie Recycling, die Umwelt schonende Verfahren und so weiter.

✔ *Wie man miteinander umgeht*: Arbeiten die verschiedenen Abteilungen zusammen oder herrscht ständiger »Kriegszustand«? Ist die Unternehmenspolitik darauf abgestellt, Teamarbeit zu fördern oder ist Teamarbeit lediglich ein Slogan? Mögliche Indikatoren:

- Teams können Entscheidungen fällen.
- Die Tagesordnung bei Konferenzen ist allen bekannt.

Verhandeln um höheres Gehalt

Wenn es sich herausstellt, dass der einzige negative Aspekt des angebotenen Jobs eine zu niedrige Bezahlung ist, dann ist es leicht möglich, dass sich die Lücke zwischen dem was das Unternehmen bietet und dem was Sie sich wünschen, geschlossen werden kann.

Denken Sie über die folgenden Vorschläge nach, wenn es an der Zeit für Verhandlungen ist:

✔ Sprechen Sie nie über ein Gehalt oder Sozialleistungen, bevor man Ihnen nicht tatsächlich einen Job angeboten hat.

✔ Stellen Sie sicher, dass Sie den Marktwert der Position, die Ihnen angeboten wird, genau kennen. Gehen Sie dabei von den Gehältern aus, die Mitarbeiter beziehen, die vergleichbare Ausbildung und Erfahrung haben. (Die üblicherweise gezahlten Gehälter können Sie bei Personalberatungen, Zeitarbeitsunternehmen oder im Internet in den Karriere-Seiten herausfinden.)

✔ Achten Sie darauf, wie viel – oder wie wenig – Kompetenz Ihr Gesprächspartner bezüglich Ihrer Entlohnung hat.

✔ Machen Sie sich klar, ob Sie am längeren Hebel sitzen – das heißt, wie dringend das Unternehmen Sie braucht, und ob Sie es sich leisten können, auf den Job zu verzichten, wenn Sie nicht das bekommen, was Sie haben wollen.

✔ Betrachten Sie das ganze Paket, das man Ihnen anbietet, und nicht nur das Gehalt als solches. Beziehen Sie auch die Sozialleistungen und die freiwilligen Leistungen ein, den Urlaub, die Unterhaltskosten in der Region in der Sie arbeiten. Die Lücke zwischen dem Angebot des Unternehmens und Ihren Ansprüchen ist vielleicht gar nicht so groß, wie Sie glauben.

✔ Wenn Sie ein Angebot akzeptieren, hat dies zur Folge, dass sie und Ihre Familie umziehen müssen. Das hat unter Umständen enorme Kosten zur Folge. Wenn sie darüber verhandeln, wer die Umzugskosten trägt, sollten Sie konkrete Zahlen vorweisen und diese, am besten schriftlich, belegen können.

- Halten Sie das Klima freundlich. Es ist nicht Ihr Ziel zu gewinnen, sondern zu einer Lösung zu kommen, mit der beide Seiten zufrieden sein können.
- Wer sollte den ersten Schritt tun? Experten für Verhandlungen sind unterschiedlicher Meinung darüber, wer bei Gehaltsgesprächen den ersten Schritt tun solle. Vergessen Sie alle Spielchen. Sie sollten eine Zahl im Kopf haben. Beispielsweise sollten Sie sagen: »Im Augenblick verdiene ich 30.000 Euro im Jahr, und ich hoffte, von Ihnen etwas mehr zu bekommen oder zumindest das Gleiche.« Oder: »Ich benötige für meinen Lebensunterhalt mindestens 30.000 Euro pro Jahr, doch eigentlich wünschte ich mir 33.000 Euro.« Seien Sie nicht zu zurückhaltend, wenn es ums Geld geht. Es ist schließlich Ihr Geld und Ihre Leistung.
- Seien Sie zu Kompromissen bereit, wenn es um Dinge geht, die Ihnen nicht so wichtig sind. (»Also gut, dann bringe ich mein Pferd eben nicht mit zur Arbeit – außer an Freitagen, wenn es ohnehin etwas lockerer zugeht.«)
- Haben Sie sich auf die Bedingungen geeinigt, dann sollten Sie unbedingt auf einem schriftlichen Arbeitsvertrag bestehen, der alle besprochenen Punkte enthält, insbesondere die Arbeitsplatzbeschreibung, die Aufgabenfelder, die Verantwortungsbereiche, das Gehalt und alle Nebenabreden. Es gibt zwar »Handschlag-Verträge«, die auch gültig sind, doch was Sie schriftlich haben, können Sie mit nachhause nehmen. In großen Unternehmen geht ohnehin nichts ohne schriftlichen Arbeitsvertrag.

Sehen Sie in Ihrer Zukunft ein Dot-Com-Unternehmen?

Einige Job-Angebote halten die Möglichkeit offen (na ja, das ist ein Traum), dass, wenn alles gut läuft, man mehr Geld verdienen kann, als man je zu träumen wagte. Mit Aktienoptionen und der Möglichkeit, ganz unten beim Ausgabekurs einer Erstemission einzusteigen, dieses Angebot scheint zu schön, um wahr zu sein.

Sie wären kein Mensch mit all seinen Vorzügen und Fehlern, gerieten Sie bei solchen Aussichten nicht in Versuchung. Einige Unternehmen, die immer noch keine Gewinne nachweisen können, haben dennoch schon Mitarbeiter, die von Anfang an dabei waren, zu Millionären gemacht (zumindest auf dem Papier). Doch für jede Erfolgsgeschichte, in der jemand über Nacht zum Millionär wurde, gibt es mindestens ein Dutzend Geschichten, in denen die Sache in die Hosen ging. Bevor Sie sich also an ein Start-up binden und das Angebot eines etablierten Unternehmens sausen lassen, sollten Sie sehr sicher sein, worauf Sie sich einlassen. Hier einige Fragen, die Sie immer im Hinterköpfchen behalten sollten:

- *Beachten Sie den Gegenwert.* Wenn Sie vorhaben, sich in einem Start-up zu engagieren, dann sollten Sie sich darauf gefasst machen, viele Stunden am Tag (und in der Nacht) hart zu arbeiten. Ein Unternehmen auf die Beine zu stellen und es ans Laufen zu bringen, erfordert von jedem Mitarbeiter viel Zeit und Kraft. (Wenn Sie also darauf bedacht sind, mit dem ersten Gehalt Ihren dreiwöchigen Urlaub auf den Bahamas bezahlen zu können, dann sollten Sie doch noch einmal heftig überlegen.)

✔ *Analysieren Sie das Geschäftsvorhaben.* Wenn ein Unternehmen erst kurze Zeit auf dem Markt ist, sollten Sie die Unternehmensziele und die Entwicklungsaussichten untersuchen, bevor Sie ein Stellenangebot annehmen. Nur weil ein Unternehmen lauthals ankündigt, es wolle an die Börse gehen, ist das noch lange keine Erfolgsgarantie. Stellen Sie sicher, dass das Unternehmen tatsächlich ein wertvolles Produkt hat oder eine gesuchte Dienstleistung erbringt und einen gut durchdachten Plan hat, sich ein kräftiges Stück vom Kuchen der Marktanteile abzuschneiden. Finden Sie heraus, ob dem Unternehmen genügend Kapital zur Verfügung steht, um die Ziele zu erreichen – auch wenn das Unternehmen nicht vor hat, an die Börse zu gehen – und achten Sie besonders auf die Vergangenheit der Vorstände und leitenden Angestellten. Haben sie das erforderliche Wissen und die Erfahrung um das Unternehmen nicht nur auf die Beine zu stellen, sondern es auch in Schwung zu halten?

✔ *Achten Sie auf die Unternehmenskultur.* Arbeiten Sie lieber in einem Unternehmen, mit einigermaßen etablierten Geschäftsgebaren und bewährten Grundsätzen oder wollen Sie zu einem Team gehören, das alles neu erfindet? Sind Sie an einer traditionellen Geschäftsumgebung interessiert oder arbeiten sie gern nach neuen und alternativen Vorstellungen? Viele Start-ups erproben neue Managementtechniken und innovative Unternehmenskulturen. Nicht jeder entwickelt seine Fähigkeiten in der gleichen Umgebung optimal. Deshalb sollten Sie genau wissen, was für sie am besten ist.

✔ *Halten sie Ausschau nach traditionellen Unternehmen, die online gehen wollen.* Fühlen Sie sich vom Glanz der Dot-Com-Branche fasziniert und bevorzugen dennoch das Geschäftsgebaren eines Fortune 500-Unternehmens? Dann sollten Sie überlegen, ob sie sich nicht einem progressiven traditionellen Unternehmen anschließen sollten, das Internet-Strategien in die traditionellen Vertriebswege einbinden will. Vielleicht finden Sie hier das Beste aus zwei Welten.

6 Machen Sie sich gleich am Anfang einen Namen

In diesem Kapitel

- Starten Sie auf dem richtigen Bein
- Erkennen Sie die Unternehmenskultur
- Achten Sie auf Anzeichen dafür, dass es Schwierigkeiten geben könnte

Wie oft haben Sie schon gehört, dass ein Sportler, ein Trainer oder ein Vorstandsvorsitzender sagte: »Wir hatten einen großartigen Plan, doch den führten wir nicht aus«? Nun, wenn Sie nicht aufpassen, könnte diese sehr vertraute Beobachtung auch bei Ihrer Karriereplanung vorkommen. Sie haben einen tollen Karriereplan, einen, der auf dem Papier strategisch und logisch gut aussieht. Wenn Sie jedoch die einzelnen Bausteine des Plans nicht erfolgreich bewältigen – das heißt, wenn Sie nicht in jedem Job Ihr Bestes geben – ist die Wahrscheinlichkeit, dass Sie Ihre beruflichen Fernziele erreichen, nicht besonders groß.

In diesem Kapitel konzentrieren wir uns auf einen der wichtigsten und dennoch einen der am häufigsten übersehenen Aspekte der Leistung am Arbeitsplatz: Wie Sie es schaffen, die ersten Tage und Wochen am neuen Arbeitsplatz zu meistern. Sie erhalten einige allgemeine Ratschläge, wie Sie von Anfang an den bestmöglichen Eindruck machen können. Außerdem sage ich Ihnen, wie Sie einen ersten Eindruck von der Unternehmenskultur erhalten, und falls notwendig, wie man sich an die neue Umgebung anpassen kann. Schließlich will ich Ihnen einige Erkenntnisse darüber vermitteln, welche Strategie Sie anwenden sollten, wenn Sie feststellen, dass Sie einen schrecklichen Fehler begangen haben, indem Sie diesen Job angenommen haben.

Hallo! Wer weist wen ein?

Was mit Ihnen in den ersten Tagen am neuen Arbeitsplatz geschieht, hängt weitgehend davon ab, ob es in Ihrem neuen Betrieb sehr formell zugeht, ein gut durchdachtes Einführungsprogramm entwickelt hat oder ob Sie sich selbst überlassen werden und Sie zusehen müssen, wie Sie am besten zurecht kommen. Es ist nicht unwahrscheinlich, dass die Eingewöhnungszeit in Ihrer neue Firma irgendwo zwischen dieses Extremen liegt.

Die Philosophien über ein Einführungsprogramm sind bei den verschiedenen Unternehmen sehr unterschiedlich. Einige Unternehmen – beispielsweise Disney – nehmen diese Einführungsprogramme sehr ernst und führen Neulinge (insbesondere Berufsanfänger) durch ein ausgedehntes gut strukturiertes Programm. Diese

Orientierungsstufe enthält typischerweise Präsentationen, Führungen, Begrüßungsabendessen, Ansprachen von leitenden Angestellten, Parties und events zum gegenseitigen Kennenlernen – alles was man sich nur vorstellen kann. In anderen Unternehmen – darunter erstaunlich viele Fortune 1000-Unternehmen – wirkt diese Orientierungsphase eher improvisiert, wobei der Schwerpunkt dann auf der Erläuterung der besonderen Vorzüge des Unternehmens und der Sozialleistungen liegt. In wieder anderen Unternehmen, in denen es keine Personalabteilungen gibt, besteht die Einführung lediglich aus einer Führung durch Ihren unmittelbaren Vorgesetzten durch die verschiedenen Abteilungen, werden anderen Mitarbeitern vorgestellt und danach erwartet man, dass Sie die Hemdsärmel hochkrempeln und mit Ihrer Arbeit beginnen.

Stellen Sie sich mental auf Ihren ersten Arbeitstag ein

Zuerst die gute Nachricht: Wenn das Unternehmen, in das Sie eintreten, nicht von direkten Nachkommen des Dschingis Khan geleitet wird, können Sie in den ersten Tagen und Wochen geradezu Flitterwochen erwarten. Niemand wird von Ihnen das freiwillige Ausscheiden erwarten, falls Sie versehentlich Ihre Rostlaube auf dem Parkplatz des Vorstandsvorsitzenden abstellen, unwissentlich das Alarmsystem auslösen oder nicht erkennen, dass die Stimme am anderen Ende der Telefonleitung zur Ehefrau Ihres Vorgesetzten gehört.

Dennoch: Menschen sind Menschen und auch menschlich. Das heißt, dass selbst, wenn Ihr Arbeitgeber Ihre Arbeitsleistung in den ersten Tagen nicht allzu streng bewertet, so sind es trotzdem Eindrücke, die Ihre Einstellung eher berechtigt erscheinen lassen oder sie in Frage stellen. Diese Eindrücke beruhen auf einer Reihe von Faktoren, zu denen auch die folgenden zählen:

- ✔ Auftreten (insbesondere gepflegte Kleidung)
- ✔ Arbeitsgewohnheiten
- ✔ Persönlichkeit
- ✔ Intellektuelle Neugierde (oder das Fehlen davon)
- ✔ Die Fähigkeit, sich am Arbeitsplatz anzupassen

Letztlich werden Sie auch danach beurteilt, wie effektiv Sie Ihre Aufgaben erledigen. Doch die ersten Beobachtungen benötigen lange Zeit, um den Gesamteindruck zu beeinflussen. Je besser der erste Gesamteindruck, um so mehr Geduld wird Ihr Arbeitgeber aufbringen, wenn Sie Ihren Verantwortungsbereich ausweiten. Andererseits, schaffen schlechte Eindrücke Zweifel und setzen eine negative Dynamik in Gang, die oft nur schwierig zu überwinden ist.

So vermeiden Sie Lampenfieber am ersten Arbeitstag

An Ihrem ersten Arbeitstag können Sie damit rechnen, dass Sie mehr als nur eine kleine nervöse Anspannung beschleicht. (Falls das nicht der Fall ist, könnte es sein, dass der Erfolg in diesem Job für Sie nicht so wichtig ist). Die folgenden allgemeinen Ratschläge behandeln einige grundsätzliche Themen, die Ihnen dabei helfen sollen Ihr seelisches Gleichgewicht zu finden, locker zu werden, wenn nicht gar das Lampenfieber völlig zu beseitigen, das fast jeder in einer solchen Situation durchlebt. Vergessen Sie nicht, dass es gerade die kleinen Dinge sind, die an den ersten Arbeitstagen das größte Gewicht haben.

- ✔ *Werden Sie zum Frühaufsteher.* Lassen Sie sich am Morgen des ersten Arbeitstages besonders viel Zeit, um sicher zu stellen, dass Sie entspannt und mit viel Zeit zur Arbeit kommen. Wenn Sie nicht die Agonie einholen soll, die dann entsteht, wenn Sie im Wettlauf mit der Zeit, in einem Verkehrsstau stecken, der Ihnen so lang erscheint wie der Rhein. Planen Sie so, dass Sie mindestens 30 Minuten zu früh in der Firma ankommen, selbst wenn Sie riskieren, 30 Minuten am Empfang herumzusitzen, bis Ihr neuer Chef Sie abholt. Die Tatsache, dass Sie schon anwesend sind, wenn Ihr Chef ankommt, ist kein Fehler. Kommen Sie aber an Ihrem ersten Arbeitstag zu spät, dann ist das keine Möglichkeit, einen guten Eindruck zu machen, selbst wenn Sie nur innerhalb der Firma die Abteilung wechseln. An Ihrem ersten Tag ist das eine unverzeihliche Todsünde.

- ✔ *Kleiden Sie sich ordentlich.* Es ist völlig gleichgültig, wie lässig man sich im Allgemeinen in der Firma kleidet, achten Sie besonders auf Ihre Kleidung und achten Sie besonders auf Ihre Frisur. Auch wenn Sie sich ganz sicher sind, dass die Kleiderordnung locker ist, sollten Sie sich feiner kleiden. Sollten Sie irgendwelche Zweifel beschleichen, dann ziehen Sie das an, was Sie im Vorstellungsgespräch trugen. Sie werden an diesem Tag viele Leute kennen lernen, und Sie haben nur eine Gelegenheit, einen guten Eindruck zu machen. Dieser Eindruck sollte gut sein. Ihre Kleiderordnung können Sie immer noch anpassen, wenn Sie eine Zeitlang im Job sind.

- ✔ *Seien Sie gedanklich flexibel.* Selbst wenn Sie in einer Firma arbeiten, die sich auf jeden Ihrer Wünsche gründlich vorbereitet hat, sollten Sie sich darauf gefasst sein, Hindernisse, die sich Ihnen in den Weg stellen, selbst zu überwinden. Wer weiß, was alles geschehen könnte? Vielleicht wurde der Sicherheitsdienst nicht über Ihre Ankunft informiert. Vielleicht wurde Ihr Arbeitsplatz noch nicht eingerichtet oder Ihr Computer kann nicht konfiguriert werden? Es könnte auch sein, dass der Manager, mit dem Sie gern zusammengearbeitet hätten, zwei Tage zuvor in der Lotterie gewonnen hat und inzwischen nach Tahiti abgereist ist. Machen Sie sich nicht selbst verrückt und seien Sie auf alles gefasst und halten Sie sich bereit, auf alles adäquat zu reagieren. So sind Sie, wenn alles klappt, positiv überrascht. Wenn sich Ihnen allerdings Probleme in den Weg stellen, dann haben Sie eine hervorragende Gelegenheit Ihrem neuen Arbeitgeber zu demonstrieren, dass Sie flexibel und anpassungsfähig sind – das sind zwei der wichtigsten Eigenschaften in der heutigen Arbeitswelt.

Wir wiederholen die Grundlagen

Selbst wenn Sie Ihre Mittagspause opfern müssen, oder am Morgen eine Stunde früher kommen und nach dem Feierabend eine Stunde länger bleiben müssen, versuchen Sie sich so schnell wie möglich mit den Usancen des Unternehmens vertraut zu machen. Das gleiche sollten Sie tun, wenn es um die praktischen und logischen Dinge geht, die mit Ihrem Job und Ihrer derzeitigen unmittelbaren Arbeitsumgebung zu tun haben. Wenn niemand dafür abgestellt wurde, die Aufgabe zu übernehmen, Sie in diese Angelegenheiten einzuführen, dann bitten Sie Ihren Vorgesetzten, Ihnen jemanden in der Firma zu empfehlen, der Ihnen in zwei oder drei Sitzungen eine Einführung in die Arbeitsumgebung geben kann. Gibt es in der Firma ein Handbuch, dann sollten Sie es mit nach Hause nehmen und es von Anfang bis Ende durchlesen, und sich alle Fragen notieren, die bei Ihnen aufkommen.

Ausprobieren

Falls es kein Firmenhandbuch gibt, sollten Sie eine eigene Liste aufstellen, die alle Gewohnheiten und üblichen Vorgehensweisen in der Firma umfasst, eine Besprechung mit Ihrem Vorgesetzten oder einem anderen Mitarbeiter vereinbaren, um alles zu klären. Die folgende Liste kann Ihnen als Richtschnur dienen:

- ✔ *Grundlegende Regeln*: Fragen Sie nach dem üblichen Verhalten im Arbeitsalltag, beispielsweise, welcher Sicherheitsvorkehrungen es gibt.
- ✔ *Die normale Arbeitszeit*: Finden Sie heraus, welche Arbeitszeiten, über die vertraglich vereinbarten Stunden hinaus, in der Firma üblich sind. Das betrifft Überstunden, »Heimarbeit« oder Arbeit an den Wochenenden.
- ✔ *Freizeit*: Wie ist es mit Feiertagen, Urlaub, Hausarbeitstagen oder im Fall einer Krankheit?
- ✔ *Sozialleistungen*: Lassen Sie sich die Einzelheiten zu den Sozialleistungen, die über die tarifvertraglich vereinbarten Leistungen hinausgehen. Gibt es eine Direktversicherung? Kann man Aktienoptionen erhalten? Wie ist es mit der internen und externen Fortbildung?
- ✔ *Das Firmengebäude und die wichtigsten Büros und Abteilungen:* Erkundigen Sie sich nach Pausenraum, Toiletten, Kantine, Mailservice und anderen für Sie wichtigen Stellen.
- ✔ *Bürobedarf:* Erkundigen Sie sich, ob es eine Ausgabestelle für Büromaterialien gibt oder wo und wann man das bestellen muss.
- ✔ *Computer-Sicherheit:* Fragen sie nach Passwords, bestehenden Macros, technischem Support und wie man in der Firma E-Mails und Internet-Surfing handhabt.

- *Wer ist wer?*: Fragen Sie nach den Namen aller Angestellten, die wichtige Funktionen ausüben, nach den wichtigsten Lieferanten und Abnehmern.

Haben Sie diese Informationen erhalten, so speichern Sie diese in Ihrem Computer, fertigen einen Ausdruck und halten diese Liste in den ersten Wochen immer innerhalb Ihrer Reichweite. Sie werden erstaunt sein, wie oft Sie darauf zurückgreifen müssen – und wie viel Zeit Sie sparen können, wenn Sie diese Informationen immer bei der Hand haben.

Auch am Arbeitsplatz gilt: Zurück auf die Schulbank!

Ein sehr großer Teil der Einführungsprogramme beinhaltet das Wissen um das Unternehmen: die Firmengeschichte, das Mission-Statement (Unternehmensgrundsätze, Unternehmensphilosophie) und Werte. Diese Information kann für Sie außerordentlich wichtig sein, wenn Sie sich im Unternehmen einen guten Namen machen wollen. (Wenn Sie sich natürlich ordentlich vorbereitet haben (siehe Kapitel 5), dann haben Sie dieses Spiel fast schon gewonnen.) Nehmen Sie sich vor, während Ihrer ersten Wochen am neuen Arbeitsplatz besonders aufmerksam und hellwach zu sein, lernen Sie in jeder Hinsicht so viel, wie nur möglich.

Wenn Sie an diesem Punkt eine kleine Anregung brauchen, dann denken Sie an Michael R. Quinlan, den ehemaligen Vorstandsvorsitzenden von McDonald's: Er begann im Alter von 18 Jahren im Mailservice des Unternehmens, und er berichtet, dass er allein dadurch, dass er seine Ohren offen hielt, seine Kenntnisse über Hamburger, Geschäftsführung, Immobilienentwicklung und den Einkauf vertiefen konnte.

Ihr Verantwortungsbereich

Es spielt keine Rolle, wie oft Sie im Vorstellungsgespräch über Ihren Verantwortungsbereich und Ihre Aufgaben gesprochen haben, es ist immer noch wichtig, dass Sie sich mit Ihrem Vorgesetzten schon in den ersten Tagen zusammensetzen und dieses Thema besprechen. Ihr Ziel muss es sein herauszufinden, ob Ihre Auffassung über den Job, die Umsetzung der Aufgaben und die Erwartungen an die Ergebnisse richtig sind. Grundlage dieses Gesprächs sollte eine schriftliche Arbeitsplatzbeschreibung sein, wobei sowohl Ihr Chef als auch Sie eine Kopie vorliegen haben sollten, so dass Sie diese Punkt für Punkt durchgehen können. Liegt keine schriftliche Arbeitsplatzbeschreibung vor, so entwerfen Sie diese selbst auf der Grundlage dessen, was Sie schon über den grundlegenden Verantwortungsbereich wissen. Auf alle Fälle sollten Sie, wenn Sie mit Ihrem Vorgesetzten darüber sprechen, betonen, dass dies Ihr augenblickliches Verständnis der Position darstellt und daran natürlich Änderungen vorgenommen werden können.

Ist Ihr Chef ein guter Manager, dann wird er wahrscheinlich die Initiative ergreifen und Ihnen seine Vorstellungen erläutern. Doch darauf können Sie nicht vertrauen. Der Vorgesetzte könnte auch unerfahren oder so von anderen Dingen in Anspruch genommen sein, dass er nicht darüber nachgedacht hat, was er eigentlich von Ihnen erwartet. Wenn dies der Fall ist, ergreifen Sie selbst die Initiative und übernehmen die Verantwortung, indem Sie die entsprechenden Fragen stellen.

Sie wollen nach dieser ersten Besprechung die Antworten auf die folgenden Fragen kennen:

- *Wie ist mein Verantwortungsbereich definiert?* Versuchen Sie eine Liste der Aufgaben zu bekommen, die Sie zu erfüllen haben.
- *Welches sind die Prioritäten?* Fragen Sie nach, welcher Anteil Ihrer Zeit an einem ganz normalen Arbeitstag den jeweiligen Aufgabenbereichen gewidmet werden soll.
- *Wer sind meine Kollegen?* Finden Sie heraus, mit wem Sie am häufigsten zusammenarbeiten werden. Für den Fall, dass Sie mit anderen an einem Projekt arbeiten, sollten Sie unbedingt die Grenzen der Verantwortungsbereiche abstecken.
- *Wie oft erwarten Sie, auf den neuesten Stand der Dinge gebracht zu werden?* Einige Manager wünschen sich detaillierte schriftliche Tages- oder Wochenberichte. Andere wünschen sich Zusammenfassungen per E-Mail, die nur auf die wichtigsten Dinge eingehen. Wieder andere ziehen informelle Gespräche in der Kaffeeküche den anberaumten Besprechungen mit fester Tagesordnung vor. Wie hätte es Ihr Vorgesetzter gern?
- *Wie wird meine Leistung bewertet?* Finden Sie heraus, wer die Leistungsbewertung vornimmt und welches seine Kriterien sind. Außerdem ist es hilfreich zu wissen, wie oft die Leistungsbeurteilungen stattfinden.

Im Verlauf dieses Einführungsgesprächs könnten Sie auf Diskrepanzen zwischen der Arbeitsplatzbeschreibung, die man Ihnen anfangs gab und Ihren Vorstellungen bemerken. So lange diese Diskrepanzen nicht besonders groß sind, und Sie mit ihnen leben können, gibt es keinen Grund, auf einzelne Punkte einzugehen. Wenn Sie jedoch signifikante Unterschiede feststellen, bitten Sie Ihren Chef, die Arbeitsplatzbeschreibung erneut vorzunehmen.

Scheuen Sie sich nicht bei dieser oder jener Grundfrage nachzuhaken, wenn es um Ihre Verantwortung geht und was von Ihnen erwartet wird. Zögern Sie nicht nachzufragen, wenn die Antworten, die Sie erhalten, nur vage und allgemein gehalten sind. Solange Sie freundschaftlich und respektvoll fragen, wird Ihnen dies niemand übel nehmen. Die meisten Manager werden die Tatsache begrüßen, dass Sie sich Gedanken machen über Ihren Job, und wie Sie ihn am besten erledigen. Damit erleichtern Sie ihm seine Aufgabe.

Vielleicht scheint Ihnen das ganze Getue um den Job und die Verantwortungsbereiche zu viel des Guten zu sein. Vergessen Sie jedoch nie: Der bei weitem wichtigste Grund, dass Jobs in die Binsen gehen ist der Zusammenbruch der Kommunikation zwischen dem Manager und seinem Angestellten.

Verstehen Sie Ihren Boss

Besprechungen mit Ihrem Boss gleich am Anfang haben einen weiteren großen Vorteil: Sie zeigen Ihnen, wie Ihr Vorgesetzter arbeitet und kommuniziert. Sie bemerken gleich, ob er selbst mit anfasst oder ob er lieber delegiert. Außerdem bekommen Sie ein Gefühl dafür, wie die Berichte aussehen sollen und wie sie ihm vorgetragen werden sollen – ist er sehr kurz und bündig veranlagt oder hat er eine eher gemäßigte und nachdenkliche Sicht der Dinge. Wenn Sie das wissen, dann können Sie sich in aller Ruhe mit dem Job vertraut machen.

Werden Sie ein Team-Arbeiter

Es ist nur natürlich, wenn Sie sich gleich am Anfang in Ihrem neuen Job profilieren wollen. Doch in vielen Unternehmenskulturen ist es wichtiger als Mitglied eines Teams zu glänzen, als als Einzelner gute Ergebnisse zu erzielen. Das können Sie nutzen, indem Sie glaubwürdig vermitteln können, ein produktives Mitglied eines Teams sein zu wollen.

Hier einige Hilfen, wie Sie sich schon in den ersten Tagen in Ihrem neuen Job als Team-Spieler präsentieren können:

- ✔ *Ergreifen Sie die Initiative.* Anstatt zu warten, bis die anderen Mitarbeiter sich bei Ihnen vorstellen oder Ihnen vorgestellt werden, sollten Sie initiativ werden und sich selbst vorstellen.

- ✔ *Lernen Sie Ihre Kollegen kennen.* Richten Sie es so ein, dass Sie ein wenig (nicht mehr als 15 Minuten – und es soll informell sein) mit jedem in der Firma plaudern, mit dem Sie es zu tun haben. Versuchen Sie dabei herauszufinden, was sie im Einzelnen tun, und wie Sie ihnen helfen können.

- ✔ *Versuchen Sie, das große Bild zu erkennen.* Finden Sie heraus, wie Ihr Job, Ihr Team und Ihre Abteilung in die betrieblichen Abläufe eingefügt ist.

Krempeln Sie nicht gleich alles um – jedenfalls nicht sofort

Wenn Sie in Ihrem Aufgabenbereich gut sind und schon für sehr erfolgreiche Unternehmen gearbeitet haben, werden Sie höchstwahrscheinlich schon in den ersten Tagen auf Vorgänge stoßen, die Ihrer Meinung nach verbessert werden können. Es könnte gut sein, dass Sie versucht sind die Schwachpunkte sofort herauszustellen. Widerstehen Sie dieser Versuchung – zumindest am Anfang.

Erste Priorität in einer neuen Firme ist es, Vertrauen zu Ihren Kollegen aufzubauen und darauf zu achten, dass die »Chemie« immer stimmt. Nachdem Sie das Vertrauen gewonnen haben, haben Sie noch viel Zeit, Verbesserungsvorschläge zu machen. Sie werden bemerken, dass Sie, nachdem Sie Vertrauen aufgebaut haben, viel leichter überzeugende Argumente für Veränderungen finden können.

Achten Sie besonders darauf, dass Sie in den ersten Wochen unbeschadet durch die Besprechungen kommen. Hier einige Richtlinien:

- ✔ *Seien Sie gemäßigt und diplomatisch.* Ergreifen Sie nur dann das Wort, wenn Sie gefragt werden. Und selbst dann sollten Ihre Kommentare kurz und präzise ausfallen.
- ✔ *Vergleichen Sie nicht die Vergangenheit mit der Gegenwart.* Vermeiden Sie unbedingt Satzanfänge wie »Damals als ich noch bei ... war, ...« Vergleichen Sie frühere mit dem jetzigen Arbeitgeber, dann fallen Sie unvermeidlich in kochendes Wasser.
- ✔ *Haben Sie Zweifel, dann schweigen Sie.* Vermeiden Sie etwas zu sagen, das als kritisch oder wertend ausgelegt werden könnte. Es ist besser in Frieden zu arbeiten als innerhalb eines überflüssigen Aufruhrs.
- ✔ *Beobachten Sie die Reaktionen der anderen.* Achten Sie darauf, wie andere auf Ihre Kommentare reagieren. Wenn Sie – ohne überempfindlich zu sein -, dass jemand mit Ihrer Meinung nicht einverstanden ist, dann nehmen Sie ihn für einen Augenblick zur Seite und finden Sie heraus, ob Sie unabsichtlich etwas gesagt oder getan haben, was ihn gegen Sie aufgebracht hat.

Bitten Sie um Hilfe

Einen der größten Fehler, den Sie an einem neuen Arbeitsplatz begehen können, können Sie sehr leicht vermeiden: Setzen Sie sich nicht zu sehr unter Druck, indem Sie nicht um Hilfe bitten, wenn Sie sie benötigen.

Der hauptsächliche Grund dafür, dass Menschen nicht gern um Hilfe bitten, ist, dass sie nicht unwissend und doof erscheinen wollen. Doch die Tatsache, dass Sie an einem neuen Arbeitsplatz sind, gibt Ihnen das Recht Fragen zu stellen und um Beistand zu bitten. Die Kollegen erwarten geradezu, dass Sie um Hilfe bitten, und allein deshalb sollten Sie diese Erwartungen nicht enttäuschen und zudem einen Nutzen daraus ziehen. Ohne allzu aufdringlich zu werden suchen Sie Hilfe, wenn Sie Hilfe brauchen. Machen Sie keinesfalls den Fehler, den einsamen Cowboy zu spielen, wenn Sie etwas tun sollen, bei dem Sie sich nicht auskennen.

Hier ein ganz einfaches Beispiel: An Ihrem dritten oder vierten Arbeitstag bittet Ihr Chef Sie, weil er glaubt, Sie seien in der Nutzung der Präsentations-Software schon geübt, eine Präsentation zusammenzustellen. Wir gehen nun einmal davon aus, dass Sie zwar die grundlegenden Funktionen der Software kennen, allerdings noch nicht so weit, dass Ihnen schwierigere Aufgaben, beispielsweise Animation, gelingen.

Was tun? In dieser Situation ist es am besten, von Anfang an zuzugeben, dass man zwar Grundkenntnisse habe, aber mit Animation noch nicht so vertraut sei. Fragen Sie nach jemandem, den Sie in dieser Situation um Rat bitten können. Ihr Boss könnte möglicherweise auf die Animation verzichten oder jemanden nennen, der Ihnen bei dieser Aufgabe hilft. In beiden Fällen sind Sie besser dran, als hätten Sie die Aufgabe übernommen, hätten sich unter Druck gesetzt und dem Risiko ausgesetzt, die Aufgabe nicht erledigen zu können.

Aus dem gleichen Grund sollten Sie nicht zögern Aufgaben zu akzeptieren oder freiwillig zu übernehmen, die für Sie eine Herausforderung sind – an solchen Aufgaben können Sie wachsen und sich weiter entwickeln. Wichtig ist zu wissen, was man kann und keinen zu großen Bissen zu nehmen.

Zehn todsichere Möglichkeiten, einen schlechten Eindruck zu hinterlassen

Vergessen Sie nicht, dass dies nicht ernst gemeint ist!

- ✔ Unterbrechen Sie ständig so oft wie möglich, um jeden Kommentar zu diskutieren.
- ✔ Fragen Sie schon am ersten Tag, ob Sie am Nachmittag frei haben könnten, so dass Sie die Möglichkeit haben, die nächste Folge Ihrer geliebten Seifen-Oper sehen zu können.
- ✔ Bringen Sie am ersten Tag eine große Kiste mit Erinnerungsstücken und Souvenirs mit und dekorieren Sie damit am Morgen gleich Ihren Arbeitsplatz. Fragen Sie Ihren Vorgesetzten, ob er auch meint, das Foto Ihres Hundes würde am besten über den Computermonitor passen – oder vielleicht doch lieber neben den Computer?
- ✔ Vielleicht sollten all Ihre Freunde am ersten Vormittag anrufen, um sich zu erkundigen, wie es Ihnen geht. Besser noch: Sie könnten auch mal auf einen Sprung hereinschauen, und eine kleine Sightseeing-Tour durch den Betrieb machen.
- ✔ Nennen Sie den Vorstandsvorsitzenden »Papi«.
- ✔ Kritisieren Sie, ohne gefragt zu werden, Ihre neuen Kollegen. Am besten, Sie zerreißen sich das Mundwerk über deren Kleidung.
- ✔ Stellen Sie alle Möbel im Büro um, damit der Energiefluss verbessert wird.
- ✔ Bitten Sie Ihre Kollegen und Kolleginnen um Spenden für Ihre Rechtsschutzversicherung.
- ✔ Bringen Sie ein Kochplatte mit ins Büro und bereiten Sie darauf Ihr Mittagessen zu (je aromatischer, um so besser – am besten mit viel Knoblauch).
- ✔ Beklagen Sie sich in der EDV-Abteilung, dass Sie auf Ihrem Computer keine Mohrhühner abschießen können.

Ist man mit Ihnen zufrieden?

In den meisten Unternehmen brauchen Sie in den ersten drei Monaten keine offizielle Überprüfung zu befürchten. Doch ist es in Ihrem Interesse, schon wesentlich früher ein formelles Feedback zu erhalten – etwa drei oder vier Wochen nach Ihrem ersten Arbeitstag.

Das muss keine große Sache sein. Schlagen Sie Ihrem Chef ganz einfach vor, sich für eine halbe Stunde zusammenzusetzen und Ihre bisherigen Leistungen zu besprechen. Vor dem Treffen notieren Sie kurz eine kleine Tagesordnung, in der Sie zusammenfassen, was Sie gern besprechen würden. Wenn Sie dann diese Themen durchsprechen, bitten Sie um eine detaillierte Kritik an den einzelnen Punkten und geben sich nicht mit allgemein gehaltenen Erklärungen über Ihre Leistung zufrieden. Fragen Sie nach bestimmten Aspekten eines bestimmten Projekts, beispielsweise »War der letzte Bericht ausreichend dokumentiert?« oder »Habe ich den richtigen Ton gefunden? Ich war ein wenig besorgt, dass ich mich zu scharf ausgedrückt hatte.« Denken Sie daran: Der erste Schritt, eine Schwäche zu beheben, ist, sie zu erkennen. Denken Sie auch daran, dass Sie, indem Sie Ihre Schwächen beheben, wesentlich mehr Kontrolle über die Zukunft Ihrer Karriere erhalten.

Konzentrieren Sie sich auf das Umfeld des Unternehmens

Während Sie sich mit den Ecken und Kanten Ihres Jobs vertraut machen, sollten Sie keinesfalls versäumen, auch der Unternehmenskultur und dem betrieblichen Umfeld Aufmerksamkeit zu schenken. Unternehmenskultur war in den letztes Jahren ein heißes Thema, doch tatsächlich gab es nur wenige Ausnahmen (Disney, Marriott, General Electric und Southwest Airlines, um nur vier zu nennen) in denen Unternehmenskultur vom Kopf bis in die Füße wirklich durchgezogen wurde. In den meisten Unternehmen gibt es lediglich eine Art Organisatios-Stil, der bezeichnet, wie bestimmte Dinge gehandhabt werden. Das Ausmaß, in dem der jeweilige Stil die Atmosphäre in den Büros bestimmt, unterscheidet sich nicht nur von Unternehmen zu Unternehmen, sondern auch von Abteilung zu Abteilung. In kleineren selbst geführten Unternehmen ist der Charakter der Arbeitsplätze meist ein Spiegelbild des Unternehmers selbst, vielleicht auch noch weniger anderer leitender Angestellter.

Haben Sie während der Arbeitsplatzsuche Ihre Recherchen gründlich angestellt und während des Vorstellungsgesprächs gut aufgepasst, sollten Sie schon einigermaßen wissen, welcher Ton in den Büros vorherrscht. Doch erst wenn Sie in diesem Umfeld gearbeitet haben und das Klima am eigenen Leib gespürt haben, können Sie Ihre ersten Beobachtungen bestätigen. In den folgenden Abschnitten werde ich auf einzelne Bereiche zu diesem Thema eingehen.

Arbeitsethik

Es ist eine Binsenweisheit, dass Erfolg harter Arbeit bedarf. Doch nicht jedes Unternehmen hat die gleiche Vorstellung von harter Arbeit, insbesondere, was die Wochenarbeitszeit anbelangt. Sehr schnell werden Sie herausfinden – zum größten Teil durch Beobachtung – wie die Richtlinien in Ihrer Firma aussehen. Achten Sie darauf, wie früh die meisten Mitarbeiter kommen, wann sie wieder gehen und wie viele Akten sie mit nach Hause schleppen. Ein weiterer Indikator ist, wie viele Leute auch am Wochenende ins Büro kommen.

Ich möchte hier nicht darüber urteilen was richtig und was falsch ist, sondern ich möchte versuchen, den vorherrschenden Stil in der Firma zu verstehen. Wenn Sie außerordentlich effektiv arbeiten, und Ihre Aufgaben erledigen, ohne eine 60- bis 70-Sunden-Woche zu schieben, und deshalb ein wenig später kommen und ein wenig früher wieder gehen, könnte der Eindruck entstehen, Sie wären nicht so engagiert wie die anderen Mitarbeiter. In einer solchen Situation müssen Sie für sich entscheiden, ob Sie sich der Unternehmenskultur anpassen wollen oder ob Sie riskieren, dass Ihre Karriere stagniert.

Wer trifft die Entscheidungen?

Wenn Sie hoffen, in Ihrer neuen Firma eine »Duftmarke« setzen zu können, dann sollten Sie möglichst schnell herausfinden, wer die wichtigen strategischen und operativen Entscheidungen trifft. In traditionell strukturierten Unternehmen werden diese Entscheidungen von nur wenigen Leuten getroffen, ohne dass andere viel mitzureden haben. Dies ist der Stil »von oben nach unten«. Dieser Stil der Entscheidungskompetenz herrscht in einigen Unternehmen immer noch vor, doch viele progressive Unternehmen bevorzugen heute bei Entscheidungen einen anderen Stil.

Es sollte nicht allzu lange dauern, um herauszufinden, wo im Unternehmen »die Musik spielt«. Ein recht zuverlässiges Anzeichen ist, wie viel Verantwortung – insbesondere finanzielle Verantwortung – an das mittlere Management abgegeben wird. Wenn Ihr Vorgesetzter jedoch immer sagt, er müsse dies und jenes erst mit XYZ absprechen, dann wissen Sie, dass Sie in einer »Von-oben-nach-Unten«-Firma gelandet sind.

Ist dies der Fall, dann sollten Sie unbedingt innerhalb der Verantwortungskette bleiben: Sprechen Sie mit Ihrem direkten Vorgesetzten über Initiativen und Entscheidungen und berichten Sie ihm falls notwendig. Ihre Aufgabe ist es, Ihrem Vorgesetzten bei Entscheidungen und deren Umsetzung zu helfen. Arbeiten Sie jedoch in einem Unternehmen, das auch die Mitarbeiter ermächtigt ,einen großen Teil der wichtigen auf den Job bezogenen Entscheidungen zu übernehmen, dann müssen Sie die Verantwortung übernehmen, die an das Amt gebunden ist. Mit anderen Worten: Sie müssen Informationen und wichtige Fakten sammeln, um gut begründete Entscheidungen treffen zu können. Vielleicht sollten Sie mit Ihrem Vorgesetzten sprechen, doch auch von Ihren Kollegen, anderen Managern und aus externen Quellen sollten Sie Informationen beziehen.

Natürlich müssen Sie auch in einer Unternehmenskultur mit dezentralisierten Entscheidungsstrukturen Ihrem Vorgesetzten berichten. Auch in einer »Von-oben-nach-Unten«-Struktur müssen Sie Fakten und Informationen sammeln. Der Unterschied zwischen diesen beiden Unternehmenskulturen liegt darin, wie viel Verantwortung Sie tragen müssen.

Dokumentieren Sie Ihre Entscheidungen

Entscheidungen zu treffen kann – wenn es nicht gerade darum geht, mit welchem Stift man schreiben soll – ein wenig nervig sein, insbesondere, wenn man sich gerade einarbeitet und einen weiten Verantwortungsbereich übernommen hat.. Wenn Sie sich aber während der Entscheidungsfindung immer Notizen machen, können Sie Ihre Nerven und die Ihres Vorgesetzten beruhigen. Sollen Sie beispielsweise für die nächste Konferenz ein Hotel aussuchen, machen Sie sich Notizen über das, was Sie mit den Vertretern der Hotels besprochen haben, was Sie von Ihrem Vorgesetzten erfahren haben und über Ihre Schlussfolgerungen daraus. Das mag anfangs etwas ermüdend sein, doch werden Sie mit der Zeit besser Schwachstellen in Ihren Recherchen erkennen können. Und wenn Sie dann eine Entscheidung getroffen haben, können Sie Ihre Entscheidung dokumentieren und begründen, falls jemand etwas daran auszusetzen hat.

Beachten Sie den Kommunikationsstil

Der Stil der Kommunikation innerhalb eines Unternehmens kann am besten anhand der Kommunikationswege beurteilt werden. Das bedeutet, wie Informationen von einem Mitarbeiter zum anderen gelangen oder von Abteilung zu Abteilung – sind es Aktennotizen, E-Mails, Telefonate oder spricht man direkt miteinander? In der Regel spiegelt der Kommunikationsstil wider, wie der Manager oder der Unternehmer kommunizieren will. Oft gibt es jedoch sehr ausgeprägte Arten der Kommunikation im Unternehmen. Schon während der ersten Arbeitstage sollten Sie ein Gefühl dafür bekommen, wie die Mitarbeiter am liebsten kommunizieren. Wollen Sie in diesem Unternehmen Erfolg haben, dann müssen Sie sich dem vorherrschenden Stil anpassen.

Am schwierigsten ist die Umstellung von mündlicher auf schriftliche Kommunikation (insbesondere auf E-Mails) die in der globalisierten Geschäftswelt zunehmend an Bedeutung gewinnt. Wenn Schreiben nicht gerade Ihre starke Seite ist, sollten Sie den schriftlichen Aufgaben mehr Zeit einräumen.

Beobachten Sie, wie die Menschen miteinander umgehen

Es ist eher unwahrscheinlich, dass Sie sich in einem Unternehmen wiederfinden, in dem sich die Mitarbeiter gegenseitig ganz offen feindlich begegnen. Und selbst dann, wenn Sie in ein solches Unternehmen geraten sind, ist es nicht in Ihrem Interesse dort lange zu bleiben. In den meisten Fällen jedoch werden Sie nur bemerken, ob es in der Firma sehr formell oder sehr locker zugeht und wie offen die Mitarbeiter mit einander umgehen. Hier einige Beispiele:

- ✔ Einige Unternehmen sind bekannt dafür, dass sie eine freie und offene Diskussion befürworten. Sollten Sie in einem solchen Unternehmen arbeiten, dann sollten Sie nicht zu schnell davon ausgehen, dass man Sie aufs Korn genommen hat.

- Achten Sie darauf, wie die Mitarbeiter sich gegen Mitgliedern der Geschäftsleitung verhalten – ist man per Sie oder duzt man sich?
- Beachten Sie die ungeschriebenen Regeln bei Mitarbeiterbesprechungen. Spricht man in der Regel das aus, was man meint, oder wartet man bis Feedback und persönliche Meinungen gefragt sind.

Achten Sie darauf, dass Sie nicht in unangebrachte Diskussionen einbezogen werden. Nehmen Sie nicht an Streichen teil und verhalten Sie sich nicht ungebührlich. Ihr Ziel sollte es sein, sich akzeptiertes und nicht unakzeptiertes Verhalten anzueigenen.

Machen Sie Ihren Fehler rückgängig

Es ist völlig gleichgültig, wie gut die Firma ausgesehen hat, als Sie um einen Vorstellungstermin kämpften, schon nach wenigen Tagen könnten Sie feststellen, dass sie einen schrecklichen Fehler gemacht haben. Was dazu geführt hat, ist weniger wichtig, als in zwei der am häufigsten vorkommenden Fallen zu geraten:

- Sie verlassen das Schiff vorzeitig (und zumeist aus den völlig falschen Gründen),
- Sie bleiben zu lange, selbst wenn Sie ausreichend Belege dafür haben, dass Sie nicht in der Lage sein werden, die Situation zu retten.

In bestimmten Situationen erhalten Sie deutlich erkennbare Hinweise, dass Sie sich nicht erlauben können. Hier einige davon:

- *Vertragsbruch*: Das Unternehmen, das Sie eingestellt hat, wurde wortbrüchig (und kann Ihnen keine vernünftige Erklärung geben) weshalb sie in entscheidenden Punkten wie Gehalt, Bonuszahlungen, grundlegende Verantwortungen oder die Unterstützung, die man Ihnen versprochen hat, nicht bei ihrem Wort blieb.
- *Rechtliche Probleme*: Sie entdecken, dass Ihre Firma sich an illegalen oder unethischen Machenschaften beteiligt (schlimmer noch, man erwartet von Ihnen, dabei mitzumachen).
- *Ungesunde oder unsichere Arbeitsbedingungen*. Sie finden sich in einem ausbeuterischen, zornigen Umfeld wieder und arbeiten für einen ausbeuterischen Chef.

Solche Situation sind zwar eher die Ausnahme und nicht die Regel. In den meisten Fällen sind die Klagen über ihren Job weitaus weniger verdächtig. Es kann durchaus sein, dass bestimmte Verantwortlichkeiten – diejenigen, die Sie am wenigsten mögen – den größten Teil Ihrer Arbeitszeit erfordern. Es könnte sein, dass Sie Unannehmlichkeiten des Wechsels oder die Anstrengungen eines langen Weges zum Arbeitsplatz unterschätzt haben. Oder aber Sie erhalten nicht die Unterstützung Ihrer Mitarbeiter, die Sie sich wünschen oder benötigen.

Treffen Sie sich mit Ihrem Chef

Ganz gleich, welcher Grund vorliegt, Sie schulden es sich selbst und der Firma sich von hastigen Entscheidungen zu distanzieren. Zumindest sollten Sie ein kurzes Treffen mit Ihrem Vorgesetzten vereinbaren, um mit Ihm Ihre Bedenken zu diskutieren, von denen er wahrscheinlich viele zerstreuen kann.

Ausprobieren

Hier einige Vorschläge, wie Sie sich auf eine solche Besprechung vorbereiten können:

1. **Schreiben Sie die für Sie wichtigen Aspekt Ihres Jobs auf, die Sie als unangenehm oder geschmacklos empfinden.**

   Seien Sie aber vernünftig: Es gibt keinen Grund die Farbe Ihres Papierkorbs als entscheidenden Grund für dieses Treffen anzugeben.

2. **Kategorisieren Sie jedes Thema.**

   Nachdem Sie alles aufgeschrieben haben (ich hoffe, die Liste ist nicht zu lang), versuchen Sie die Liste in der folgenden Weise einzuteilen:

   - **Job:** Die speziellen Verantwortungen in Ihrer Position
   - **Umfeld:** Die Unternehmenskultur
   - **Menschen:** Kollegen und Vorgesetzte
   - **Verschiedenes:** Probleme mit den Werkzeugen, mit dem Zustand Ihres Arbeitsplatzes, fehlende Unterstützung und so weiter.

Versuchen Sie, sich schon vor dem Treffen auszudenken, welche Maßnahmen in jedem dieser Bereiche vorgenommen werden müssten, im Ihre Probleme zu eleminieren.

Wenn Sie diese Übung durchgehen, dann werden Sie vermutlich feststellen, dass einige Kategorien sich überschneiden. Es wird für Sie wahrscheinlich schwierig sein, die verschiedenen Aufgaben, die Sie erledigen müssen, von der Atmosphäre, die in der Firma vorherrscht und den Menschen, mit denen Sie zusammenarbeiten, zu trennen. Doch je mehr Zeit Sie damit verbringen, die einzelnen Themen zu überdenken, je häufiger Sie mit Ihrem Vorgesetzten Besprechungen haben, um so fruchtbarer werden die Gespräche mit Ihrem Chef sein. Sie werden besser erkennen können, ob Ihre Probleme gelöst werden können. Am wichtigsten aber ist, dass Sie besser vorbereitet sein werden, um Lösungen vorzuschlagen.

Sie entscheiden sich zu kündigen

Sollten die Besprechungen mit Ihrem Vorgesetzten ergeben, dass es besser sei zu kündigen als weiter zu bleiben, dann bestreiten Sie Ihren Abgang so zivilisiert und angenehm wie nur möglich. Vergessen Sie es, jemandem die Verantwortung zuzuschieben. Niemandem ist geholfen, wenn man in der Vergangenheit herum rührt. Arbeiten sie an einem bestimmten Projekt, dann sollten Sie es auch noch zu Ende bringen. Ansonsten gilt: Je früher Sie gehen, um so besser für Sie. Der Unternehmensleitung wäre es allerdings am liebsten, würden Sie sofort Ihren Arbeitsplatz räumen. Wenn es in der Einführungszeit Leute gegeben hat, die sich für Sie besonders einsetzten, sollten Sie diese anrufen oder ihnen zumindest eine kurze Notiz hinterlassen. Sagen Sie ihnen, was vorgefallen ist, und danken Sie ihnen für die Hilfe.

Und noch ein Letztes. Nachdem Sie nun ein paar Tage Zeit haben, sich neue Perspektiven zu schaffen, dann sollten Sie auch über die Stufen nachdenken, die dazu geführt haben, dass Sie eine so schlechte Wahl getroffen haben. Gehen Sie nicht zu streng mit sich um. Statt dessen sollten Sie versuchen, nachträglich die Signale zu erkennen, die sie zuvor nicht wahrgenommen oder ignoriert haben. Diese Erkenntnisse sollten Ihnen helfen in einer ähnlichen Situation die gleichen Fehler nicht wieder zu begehen.

Diplomatie am Arbeitsplatz: Die neuen Regeln um voranzukommen

7

In diesem Kapitel

- Die Definition von Diplomatie am Arbeitsplatz
- Wie Sie aus schwierigen Situationen herauskommen
- Über die Etikette am Arbeitsplatz

Das Phänomen, das man oft mit Machenschaften am Arbeitsplatz beschreiben könnte, beobachten wir in fast jedem Unternehmen und das ist nicht verwunderlich. Ganz gleich wie gut die Menschen in einem Unternehmen sich leiden mögen und respektieren und wie sehr sie mit ihrem Unternehmen die gegebenen Ziele verfolgen, es kommt immer zu verschiedenen Ansichten. Die Arbeiter könnten nicht damit einverstanden sein, wie die Dinge erledigt werden sollen, wer sie erledigen sollte, wem die Anerkennung gebührt, wenn eine Sache gut läuft und wer die Prügel bezieht, wenn etwas nicht klappt.

Glücklicherweise sind die meisten Büros in der Lage, die negativen Auswirkungen der Machenschaften einigermaßen unter Kontrolle zu halten. Sicherlich, in einigen Betrieben wird das deutlicher als in anderen. Selbst an den heutigen Arbeitsplätzen, an denen nur noch Leistung zählt, verdanken verschiedene Leute ihren beruflichen Erfolg nicht ihren Fertigkeit, nicht ihren Talenten oder ihrer Arbeitsethik, sondern sie wissen genau, wie man schmutzige Politik am Arbeitsplatz spielt. Tatsächlich können solche Personen innerhalb des Betriebs in Positionen kommen, in denen sie viel Macht auf Ihre Abteilung, auf andere Abteilungen ausüben können.

Sie müssen unbedingt die verdeckten politischen Strömungen beachten, die innerhalb einer jeden Firma zu beobachten sind. Doch sollten Sie sich keinesfalls an diesem manipulativen Spielchen beteiligen. Sie können Ihren Job machen und Sie werden erfolgreich sein. Außer, dass Sie die Fertigkeiten, die von Ihnen verlangt werden, beherrschen, sollten Sie effektiv mit dem umgehen, was man im Allgemeinen mit einer »ungeschriebenen Arbeitsplatzbeschreibung« bezeichnet. Mit anderen Worten: Sie müssen in der Lage sein, gleichzeitig mit anderen zusammenzuarbeiten und sich auf Ihren Job zu konzentrieren. Sie müssen in der Lage sein, mit anderen offen zu kommunizieren ohne sie zu attackieren oder sie zu befremden. Sie müssen wissen, wann Sie etwas zu sagen haben, und wann Sie besser den Mund halten. Sie müssen wissen, was Sie tun müssen, damit man Ihnen einen Verdienst zurechnet, ohne die Anstrengungen und Leistungen anderer zu verdecken. Sie müssen an Ihrem Arbeitsplatz diplomatisch vorgehen.

Dieses Kapitel bietet Ihnen Erkenntnisse, wie man am besten mit solchen unbequemen Machenschaften umgeht, die es auch in Ihrer Firma geben kann. Außerdem finden Sie eine Einführung in einen heute oft vernachlässigten aber sehr wichtigen Bereich: Die Etikette im Büro. Sie erhalten Ratschläge, die Sie für die Machenschaften im Büro fit machen, ohne dass Sie in die Machenschaften so sehr eingebunden werden, dass ihre Arbeit leidet und Ihre Begeisterung für den Job verloren geht.

Ihre Arbeitsumgebung

Ratschläge zur Diplomatie am Arbeitsplatz zu geben, ist ein wenig wie Familienberatung. Verallgemeinerungen sind sehr riskant. Was in Ihrer Arbeitsumgebung richtig ist, muss nicht unbedingt auch auf andere Arbeitsplätze zutreffen. Der gute Rat für einen Arbeitsplatz könnte Sie an einem anderen Arbeitsplatz in größte Schwierigkeiten bringen.

Die Richtlinien in den folgenden Abschnitten sind sehr allgemein gehalten – und das ist so gewollt. Diese Informationen sind nicht dazu gedacht, Sie zu einem besseren politischen Spieler zu machen, sondern Ihre Fähigkeiten zu verbessern, in dem gegebenen Umfeld gute Leistungen zu erbringen.

Lernen Sie Ihre Kollegen und Kolleginnen kennen

Eine der besten und wirksamsten Möglichkeiten, Probleme mit Ihren Kollegen und Kolleginnen zu vermeiden (und falls notwendig, deren Hilfe zu bekommen) ist es, so viel wie möglich herauszufinden über den Druck, den sie am Arbeitsplatz empfinden. Wenn Sie das nicht wissen, laufen Sie Gefahr die Schwierigkeiten zu unterschätzen, die eine scheinbar kleine Bitte um Hilfe mit sich bringt.

Die beste Möglichkeit, dies in Erfahrung zu bringen ist Beobachtung. Wenn Sie es oft mit Kollegen in der Buchhaltung zu tun haben, sollten Sie darauf achten, wie sie arbeiten. Versuchen Sie ein Gefühl dafür zu bekommen, welche Arbeiten reine Routine sind und welche Arbeiten schwieriger sind. Je besser Sie verstehen, was die anderen tun, um so tiefgreifender wird Ihnen auch bewusst, was es bedeutet, sie um etwas zu bitten und wie Sie deren Arbeit erleichtern können.

Sie sind Glied einer Befehlskette

Auch wenn die meisten Unternehmen nicht mehr so strukturiert und bürokratisch ausgerichtet sind wie früher, gibt es immer noch eine Linie, in der Anweisungen befolgt werden müssen. Das ist zwar nicht mehr offensichtlich, doch Sie tun gut daran sich hier einzuordnen. Wann immer Sie in Schwierigkeiten kommen, sollten Sie zuerst mit Ihrem Vorgesetzten sprechen.

Allerdings kann auch Ihr Vorgesetzter das Problem sein. Doch auch in diesem Fall sollten Sie versuchen, anstehende Probleme mit ihm zu bereinigen, und nicht gleich eine Stufe höher gehen. (Dreht es sich aber um sexuelle Belästigung, ist wahrscheinlich die Personalabteilung oder der Personalchef selbst die beste Adresse.)

Beachten Sie das Protokoll

In diplomatischen Kreisen bezieht sich das Protokoll auf das Verhalten das zwischen Menschen in offiziellen Funktionen üblich ist. Das Protokoll schreibt vor, wie Sie Königin Elizabethh II. zu begrüßen haben, welches Geschenk Sie einem Stammesfürsten auf Borneo mitzubringen haben. In den meisten geschäftlichen Situationen kann man Protokoll am besten mit der Straßenverkehrsordnung vergleichen. Gibt es in Ihrer Firma eine Linienstruktur, dann ist Ihr direkter Vorgesetzter der einzige, dem Sie berichten und dem gegenüber Sie verantwortlich sind. Wollen Sie eine Innovation einführen, dann ist möglicherweise nicht nur Ihr direkter Vorgesetzter zu konsultieren, sondern Sie brauchen auch den Segen eines anderen Managers, der als Experte auf diesem speziellen Feld gilt.

Protokolle sind nicht notwendigerweise schriftlich niedergelegt; in der Regel entstehen Protokolle aus der Tradition. Hier noch einige Fakten zum Protokoll, die Sie berücksichtigen sollten:

- ✔ *Machen Sie beim Teamwork mit.* Wenn Sie bemerken, dass einer Ihrer Kollegen von einem Projekt geradezu verschüttet wird, sollten Sie ihm Hilfe anbieten. Natürlich sollte die Hilfe nicht so weit gehen, dass Ihre eigene Arbeit darunter leidet. Doch im Allgemeinen sollten Sie zur Teamarbeit bereit sein.
- ✔ *Kritisieren Sie nicht öffentlich.* Wenn Sie mit einer Sache, die Ihr Chef in einer Konferenz vertritt, nicht einverstanden sind, dann sollten Sie ihn um eine kurze Unterredung bitten, in der Sie um weitere Erläuterungen bitten, oder, wenn es angebracht ist, auch Ihre Bedenken anmelden.

Das Thema kann noch so geringfügig erscheinen, doch kann es Sie in allergrößte Schwierigkeiten bringen, wenn Sie die ungeschriebenen Gesetze nicht kennen.

Wenn Sie gerade neu in eine Firma eingetreten sind, dürfen Sie nicht den Fehler begehen und annehmen, dass das Protokoll Ihrer letzten Firma auch hier Gültigkeit besitzt. Setzen Sie sich mit Alteingesessenen zusammen und versuchen Sie ein Gefühl dafür zu bekommen, wie die Dinge hier laufen.

Kommentieren Sie nur ganz diskret

Selbst wenn Sie dazu gedrängt werden und man Ihnen versichert, Ihre Antwort werde vertraulich behandelt: Sagen Sie nie etwas über jemanden, das Sie ihm nicht auch persönlich sagen würden. Und selbst dann sollten Sie sich sehr diskret ausdrücken. Besonders vorsichtig sollten Sie sein, wenn Sie E-Mails schreiben und versenden. Das geschriebene Wort ist verbindlich und Sie wissen nie, ob Ihre Message nicht an andere weitergereicht wird.

Verschicken Sie nie ein E-Mail wenn Sie aufgeregt oder verärgert sind. (Sie können zwar schreiben, doch verschicken Sie das Mail frühestens in 24 Stunden, wenn sich der erste Ärger gelegt hat und Sie es noch einmal gelesen haben.) Sie können dann wesentlich objektiver urteilen.

Selbst der geringste Hinweis auf einen Skandal oder eine kleine Unsauberkeit kann Gerüchte auslösen. Ganz gleich, wie edel und unschuldig Ihre Motive sein mögen: Überlegen Sie zweimal, ehe Sie etwas tun, was von Ihren Mitarbeitern, Kollegen oder Vorgesetzten missverstanden werden könnte.

Hier ein Beispiel: Sie streifen durch Ihren Buchladen und finden ein Buch, von dem Sie glauben, einer Ihrer Mitarbeiter würde sich darüber freuen und davon profitieren (Vielleicht sogar *Karriereplanung für Dummies*). Wenn Sie Ihre Angestellten öfter mit Büchern oder kleinen Geschenken erfreuen, dann ist das in Ordnung. Sie können das Buch verschenken, ohne sich Gedanken über die Reaktionen der anderen Mitarbeiter zu machen. Wenn es aber noch nie zuvor eine solche Geste gab, könnten Ihre Überlegungen dazu führen, dass sie als Begünstigungen verstanden werden und nicht nur Ihnen, sondern auch dem Beschenkten daraus Schwierigkeiten entstehen.

Suchen Sie Unterstützung für neue Initiativen

Neue Initiativen haben es so an sich, dass damit auch das Thema Eigentum angesprochen wird – Streitereien darüber wer oder welche Abteilung zuletzt über bestimmte Initiativen entscheidet. Nehmen wir beispielsweise an, in Ihrem Verantwortungsbereich liegt die Marktforschung, und Sie versuchen, die Software, die die Zahlen verarbeitet, zu verbessern. Sie haben ein neues Software-Paket im Sinn, doch die Veränderung, für die Sie sich einsetzen, erfordert gleichzeitig zusätzliche Schulungen für das IT-Personal, das bisher für die Auswertung der Zahlen verantwortlich war. Das bedeutet, dass Sie sich das Leben einfacher machen, es für die IT-Leute aber komplizierter machen. Es könnte durchaus sein, dass sie sich Ihrem Vorschlag widersetzen und Sie daran erinnern, dass die Auswahl von Software eine Angelegenheit der EDV-Abteilung sei und Sie davon doch keine Ahnung hätten. Das Ergebnis: Stillstand.

Das wichtigste, das bei Eigentumsfragen zu beachten ist, selbst wenn Sie bekommen, was Sie wollen, dass Sie sich des Sieges nicht lange erfreuen werden. Die schlechten Gefühle, die bei jeder Meinungsverschiedenheit aufkommen, können künftige Vereinbarungen mit dem »Verlierer« beeinträchtigen. Besser ist es, sich zu überlegen, in wessen Gebiet man eindringt, ganz gleich, ob man eine neue Idee hat oder eine neue Initiative anführen will. Mit dem fraglichen Mitarbeiter sollte man möglichst früh Kontakt aufnehmen und ihn zur Unterstützung der Idee gewinnen. Ein guter Mentor kann Ihnen helfen, selbst durch schwieriges Gewässer zu steuern. (Im Kapitel 15 erfahren Sie mehr über Mentoren.)

Jede Initiative, die Sie starten, muss von denen, die tagtäglich damit konfrontiert werden, positiv aufgenommen werden.

Schützen Sie Ihre Glaubwürdigkeit

Außer Ihrer Leistung am Arbeitsplatz hat nichts so viel Bedeutung für Ihr Ansehen oder Ihren Einfluss in der Firma wie Ihre Reputation und Ihre Aufrichtigkeit. Es mag zuweilen recht schwierig sein, doch widerstehen Sie der Versuchung, irgendwas zu tun, was Ihren Ruf als aufrichtiger Mensch in Frage stellen könnte.

Hier einige Vorschläge:

- ✔ *Seien Sie ehrlich.* Wenn Sie die Antwort auf eine Frage nicht kennen, dann sollten Sie das zugeben – auch dann, wenn Sie die Antwort eigentlich kennen sollten.
- ✔ *Stehen Sie zu Ihrem Wort.* Machen Sie nie Versprechungen, die Sie später nicht einhalten können.
- ✔ *Halten Sie Termine ein.* Wenn Sie einen bestimmten Termin nicht einhalten können, dann sollten Sie es Ihren Vorgesetzten und Ihre Kollegen wissen lassen.
- ✔ *Gestehen Sie Fehler ein.* Wenn Sie einen Fehler machen, dann stehen Sie dazu und lassen Sie alle wissen, dass Sie den Fehler korrigieren werden. Und wenn der Fehler nicht bei Ihnen liegt, sollten Sie die Schuld nicht auf andere schieben.

Achten Sie auf das, was hinter Ihrem Rücken passiert

Es ist gang gleichgültig, wie weit es Ihnen gelungen ist, sich von den Machenschaften in ihrer Firma zu distanzieren, es ist immer möglich, dass es irgend jemand im Betrieb gibt – vielleicht haben Sie ihn sogar als Verbündeten angesehen –, der Sie als Bedrohung betrachtet (oder Ihre Nase gefällt ihm nicht). Dieser könnte beginnen, Ihre Reputation und Ihre Effektivität zu unterminieren.

Sie müssen natürlich vorsichtig sein, und dürfen keine voreiligen Schlüsse ziehen. Allerdings sollten Sie auch nicht naiv sein. Haben Sie den Verdacht, dass es jemanden gibt, der Ihre Bemühungen sabotiert, dann sollten Sie nicht in Passivität verharren. Am besten, Sie besprechen die Situation mit dem Verdächtigen. Doch sollten Sie sehr vorsichtig sein. Geschickte Manipulateure wissen, wie man Spuren beseitigt. Achten Sie darauf, dass Sie jeden Verdacht mit harten Fakten belegen können.

Zwischenzeitlich seien Sie auf der Hut, wenn Sie es mit jemandem zu tun haben, der

- *Negatives spricht*: Hüten Sie sich vor allzu spitzen Zungen – insbesondere dann, wenn Sie angestiftet werden, Negatives über jemanden in der Firma oder die Firma selbst zu sagen.
- *Ideen klaut*: Hüten Sie sich vor Kollegen, die sehr häufig kommen und Ihre Ideen aufnehmen, aber nie auf Ihre Verdienste verweisen, wenn sie ihre (oder Ihre) Ideen der Geschäftsleitung präsentieren.
- *Versprechen nicht hält*: Halten Sie sich fern von Menschen, die große Versprechungen machen und erst in allerletzter Minute zugeben, dass sie ihr Versprechen nicht halten können. Dadurch könnten Sie bei anderen leicht in Misskredit geraten.

Teilen Sie Verdienste

Eine fast todsichere Möglichkeit sich im Betrieb Feinde zu machen ist, möglichst alles Lob für Verdienste selbst einzustecken, obwohl an einem bestimmten Projekt auch andere beteiligt waren. Selbst wenn wir für den Augenblick den unethischen Aspekt vernachlässigen, schaden Sie sich langfristig, wenn Sie das Lob einstecken, das eigentlich anderen gebührt. Außer, dass Sie Gegenmaßnahmen auslösen, werden Sie nun nur noch sehr schwierig an Informationen und Hilfestellungen kommen, selbst bei Leuten, auf die Sie sich früher verlassen konnten. Tragen Sie die Ergebnisse eines Projekts vor, an dem mehrere beteiligt waren, so sprechen Sie immer »wir« und nicht »ich«. Das gilt sowohl für den mündlichen Vortrag als auch für den schriftlichen Bericht. Auch wenn Sie der Leiter des Teams sind, sollten Sie die Beiträge der anderen Teammitglieder deutlich herausstellen.

Es gibt allerdings auch die Kehrseite der Medaille: Verteilen Sie bei Fehlleistungen nicht alle Verantwortlichkeiten auf andere Teammitglieder.

Konflikte lösen

Wenn Sie, trotz aller Bemühungen mit einem Kollegen im Clinch liegen (und im Augenblick achten wir nicht darauf, wer Schuld hat), versuchen Sie trotzdem alles Mögliche, um den Konflikt informell aus der Welt zu schaffen – ohne dass Ihr Vorgesetzter oder der Vorgesetzte des anderen eingeschaltet wird. Vielleicht haben Sie kein gutes Gefühl dabei, mit jemandem, mit dem Sie nicht auskommen, eine Sache von Angesicht zu Angesicht zu bereinigen. Konflikte am Arbeitsplatz zu lösen wurde zu einer entscheidenden Fähigkeit, und ist bei weitem keine so große Herausforderung, wie Sie vielleicht glauben mögen. Es geht eigentlich nur um die Bereitschaft, einige Dinge zu klären – selbst schwierige Themen können mit ein wenig Vorbereitung und Nachdenklichkeit einvernehmlich und freundschaftlich bereinigt werden.

Hier einige zusätzliche Vorschläge, wie man Konflikte mit Kollegen lösen kann:

- ✔ *Gehen Sie den ersten Schritt*. Wahrscheinlich fühlt sich Ihr Gegenpart ebenso wenig wohl in seiner Haut wie Sie. Er wird deshalb Ihr »Friedensangebot« gern annnehmen.
- ✔ *Wählen Sie den richtigen Zeitpunkt*. Suchen Sie die Unterredung in einer etwas ruhigeren Zeit, vielleicht kurz vor Feierabend und, wichtig, setzen Sie sich einander gegenüber.
- ✔ *Gehen Sie gelassen in diese Unterredung*. Vergessen Sie nicht, der Zweck dieses Treffens ist es, den Konflikt zu lösen und nicht Dampf abzulassen.
- ✔ *Übernehmen Sie Ihren Teil an diesem Konflikt*. Erkennen Sie, dass Sie selbst in einer Weise agieren, die den Konflikt weiter anheizen könnte.

Kann eine Unterredung das Problem nicht beseitigen, schlagen Sie vor, dass man sich mit einem Dritten zusammensetzt. Dies sollte eine gemeinsame Entscheidung sein, und außerdem müssen Sie sich einigen, wer der Dritte sein soll.

Setzen Sie Grenzen

Freiwillige Arbeit an Projekten, die eigentlich außerhalb Ihres Verantwortungsbereichs liegen, ist normalerweise ein kluger Schachzug hinsichtlich Ihrer Karriere, insbesondere, wenn diese Abordnungen dazu beitragen können neue Fertigkeiten zu entwickeln oder neue Kontakte zu knüpfen. Doch lassen Sie es nicht zu, dass man Sie immer dorthin abordnet, wo kein anderer hin will. Sicherlich, es ist sehr zuvorkommend, wenn man in einer Notsituation einspringt, solange Ihr Altruismus Sie nicht daran hindert, Ihre eigenen Interessen zu verfolgen. Wenn Sie das Gefühl haben, dass Ihre Abteilung die anstehende Aufgabe vielleicht doch nicht erfüllen kann, dann sollten Sie Ihre Zweifel möglichst diplomatisch artikulieren, jedoch darauf achten, dass dies in der entsprechenden Umgebung geschieht.

Sollten Sie einen Vorgesetzten haben (der Himmel bewahre Sie davor), der Ihnen ständig einfache Aufträge erteilt, die auch nicht der Arbeitsplatzbeschreibung entsprechen (und schlimmer noch, nichts mit den Fähigkeiten zu tun haben, wegen derer Sie eingestellt wurden), dann sollten Sie das Gespräch mit ihm suchen, in dem Sie mit ihm über die Prioritäten einig werden. Das Gleiche gilt, wenn Sie der Einzige aus Ihrem Team sind, der ständig die Drecksarbeit erledigen muss: Scheuen Sie sich nicht, dieses Thema mit dem Vorarbeiter oder dem Vorgesetzten zu besprechen.

Sie brauchen ein dickes Fell

Es kommt schon einmal vor, dass Kollegen oder Mitarbeiter – ohne Ihnen böse zu wollen – in der Hitze des Gefechts Dinge tun und sagen, die äußerst gefühllos und verletzend sind. Natürlich dürfen auch Sie Ihren Gefühlen freien Lauf lassen, und es gibt keinen Grund, sich alles gefallen zu lassen. Vergessen Sie jedoch nicht, dass vieles, was Menschen im Stress sagen, nicht direkt auf Sie gemünzt ist, sondern auf die gesamte Situation. Gram und Wut in sich zu tragen, hilft niemandem.

Etikette im Büro

Viele Verhaltensrichtlinien, die Teil der ungeschriebenen Arbeitsplatzbeschreibung sind, sind nicht mehr, aber auch nicht weniger als normaler Menschenverstand und ein wenig Höflichkeit. Leider werden diese Richtlinien um so mehr vernachlässigt, je stressiger es am Arbeitsplatz wird. Gleich lesen Sie eine Liste von Verhaltensregeln im Büro. Wahrscheinlich berücksichtigen Sie ohnehin schon viele der genannten Ratschläge. Für den Fall, dass Sie tatsächlich noch bestimmte Bereiche finden, die Sie bisher noch nicht berücksichtigt haben, sollten Sie diese Themenbereiche einkreisen und daran arbeiten, Ihr Verhalten zu verbessern.

- ✔ Behandeln Sie jeden – vom Big Boss bis zum Laufjungen im Mailservice – mit Respekt und Würde. Beteiligen Sie sich nie an einer Sache, die andere verunsichert oder sie in eine ungemütliche Situation bringt.
- ✔ Gehen Sie nie davon aus, dass jemand, von dem Sie Informationen oder einen Gefallen erbitten weniger zu tun hat oder weniger unter Druck steht als Sie. Denken Sie daran, dass fast jeder im Betrieb mehr zu tun hat, als er schaffen kann.
- ✔ Wenn Kollegen zu Ihnen kommen, um etwas zu erfragen, schenken Sie ihnen Ihre ungeteilte Aufmerksamkeit. Und wenn Sie mit jemandem telefonieren, arbeiten Sie nicht am Computer weiter. (Das ist nicht besonders höflich, und außerdem kann man das Klicken am anderen Ende der Leitung hören.)
- ✔ Kommen Sie immer pünktlich zu Konferenzen. Sind Sie tatsächlich einmal zu spät dran, dann entschuldigen Sie sich, aber lassen Sie die Ausrede weg, Ihre Katze sei Ihnen davongelaufen. Erstens ist es irrelevant und zweitens interessiert sich ohnehin niemand für Ihre Katze.
- ✔ Feiern Sie mit anderen. Auch wenn Sie viel zu tun haben, sollten Sie bei allen informellen Treffen dabei sein (wenn auch nur kurz). Gelegenheiten könnten eine kleine Geburtstagsfeier oder die Feier eines Betriebszugehörigkeits-Jubiläums in der Mittagspause sein.
- ✔ Kennen Sie sich besser mit Computern aus als die Kollegen, mit denen Sie zusammenarbeiten, dann sollten Sie nicht den Cyber-Snob herauskehren, sondern den anderen helfen, ohne ihnen das Gefühl zu geben, sie seien dumm.
- ✔ Respektieren Sie die Privatsphäre der Kollegen. Wenn Sie beispielsweise im Zimmer eines Kollegen sind, und er ein Privatgespräch entgegennimmt, sollten Sie sich mit einer kleinen Entschuldigung verziehen, bevor Sie gebeten werden zu gehen.

- ✔ Machen Sie gerade eine Pause und kennen einen neuen Witz, dann sollten Sie nicht Ihre Kollegen unterbrechen, während sie gerade über ein wichtiges Projekt sprechen.
- ✔ Wenn irgend möglich beantworten Sie Telefonanrufe und E-Mails innerhalb von 24 Stunden. Verletzen Sie diesen Grundsatz, sollten Sie eine Entschuldigung anbieten können (aber bitte keine faule Ausrede).
- ✔ Sprechen Sie auf einen Anrufbeantworter, so hinterlassen Sie Ihren Namen, Ihre Telefonnummer, die Zeit und den Grund des Anrufs.
- ✔ Halten Sie die Ansage auf Ihrem Anrufbeantworter kurz und deutlich.
- ✔ Sprechen Sie mit Ihrem Handy nicht an öffentlichen Orten, beispielsweise nicht im Pausenraum.
- ✔ Kommt ein Fax bei Ihnen an, das nicht an Sie adressiert ist, sollten Sie es nicht lesen. Umgekehrt seien Sie sich dessen bewusst, dass aus Ihrem Fax ein Irrläufer werden kann und andere den Inhalt lesen könnten, auch wenn das Fax nicht an sie adressiert ist.
- ✔ Versuchen Sie, Telefaxsendungen auf drei bis vier Seiten zu beschränken (ansonsten blokkieren Sie das Gerät des Empfängers). Umfasst die Sendung mehr als vier Seiten, rufen Sie zuvor bei Empfänger an und kündigen das Fax an.
- ✔ Seien Sie mit Humor besonders vorsichtig. Besonders kritisch werden Witze gegen Minderheiten gesehen. Man könnte Sie leicht missverstehen.
- ✔ Nehmen Sie am Computer eines anderen keine Änderungen vor – selbst wenn Sie nur helfen wollen.
- ✔ Kleiden Sie sich entsprechend der Kleiderordnung Ihrer Firma. Selbst an den Dress-down-Tagen, meist an Freitagen, an denen man salopp gekleidet im Büro erscheinen kann, sollten Sie nichts tragen, was unprofessionell wirkt. Auch mit Parfüm oder Rasierwasser sollten Sie äußerst sparsam umgehen. Einige Menschen reagieren allergisch oder sehr empfindlich auf Düfte.
- ✔ Wenn Sie sich mit jemandem unterhalten, dann meiden Sie Themen, die Widerstände oder Missverständnisse hervorrufen könnten (Rassenthemen, Sex, Politik, Religion). Besser ist es, Smalltalk auf Sport, Kino, Restaurants, Kinder oder die Entwertung des US-Dollar (Halt! Das sollte ein Witz sein) zu beschränken.
- ✔ Nennen Sie Kolleginnen und Kollegen immer mit Namen (nicht etwa »Du da!« , »Hey« oder ähnliches).
- ✔ Wenn Sie etwas persönliches zu erledigen haben (beispielsweise ein Telefonat), dann verlegen Sie es in die Mittagspause.
- ✔ Lassen Sie Ihre privaten Probleme zuhause. Schlechte Stimmung kann ansteckend sein.
- ✔ Kommen Sie nicht mit einem Schnupfen oder mit einer Krankheit zur Arbeit, die auch auf andere übergreifen könnte. Wenn Sie unbedingt ins Büro kommen müssen, warnen Sie Ihre Besucher, sie sollten wegen Ihrer Erkältung oder Grippe möglichst Abstand halten.

- Beschweren Sie sich nicht über Kleinigkeiten. Wenn in der Firma nicht mehr Ihre Lieblingskugelschreiber auf Lager sind oder die Weihnachtsfeier nicht in fußläufiger Entfernung zu Ihrer Wohnung stattfindet, sollten Sie Ihre Enttäuschung für sich behalten. Es läuft eben nicht immer so, wie Sie es gern hätten.
- Seien Sie ein guter Nachbar. Wenn Sie Ihr Mittagessen an Ihrem Schreibtisch einnehmen, sollten Sie stark gewürzte Speisen vermeiden. Und wenn Sie sich etwas ausleihen, beispielsweise das Telefonbuch, dann bringen Sie es zurück, sobald Sie es nicht mehr benötigen.
- Für den Fall, dass Sie nicht genau wissen, wie Sie sich verhalten sollten, stellen Sie sich die Frage: Würde es Spaß machen hier zu arbeiten, wenn sich jeder so verhalten würde?

Machen Sie das Beste aus drei verfahrenen Situationen

Ganz gleich wie gut Sie mit Personal zurechtkommen, Sie könnten sich ganz plötzlich in einer Situation wiederfinden, in der es kein eindeutiges Richtig oder Falsch gibt. In den folgenden Abschnitten führe ich Sie in drei solcher Situationen und gebe Ihnen Hilfen, wie Sie reagieren könnten. Bedenken Sie jedoch, dass Sie jede Situation auf besondere Weise bestehen – und dabei alle möglichen Faktoren berücksichtigen müssen. (Weitere Situationen halte ich für Sie in Kapitel 20 bereit.)

Gebieten Sie Geschwätz Einhalt: Wenn ein Kollege Gerüchte in die Welt setzt

Die Situation: Ein Mitarbeiter in einer anderen Abteilung gibt sich sehr professionell, wenn leitende Angestellte in der Nähe sind. Ansonsten aber klatscht er über Kollegen und setzt Gerüchte in Umlauf. Tatsächlich kann er das so gut, dass einige Leute seinen Lügen schon Glauben schenken und damit könnte das Ansehen eines Mitarbeiters beschädigt werden.

Wie man reagieren sollte: Ihr Instinkt sagt Ihnen, den Kerl sollte man ganz einfach ignorieren, und man will hoffen, dass alle anderen ebenso denken. Doch wenn dieses Verhalten sich fortsetzt, könnte die Moral der Mitarbeiter und deren Motivation Schaden nehmen, wenn es nicht sogar schon geschehen ist. Sie müssen diese Angelegenheit Ihrem Chef zur Kenntnis bringen, und es muss auf objektive und professionelle Art und Weise geschehen. Teilen Sie Ihrem Vorgesetzten die Fakten mit, so wie sie sich ereignet haben, doch lassen Sie sich nicht dazu hinreißen die fragliche Person zu verurteilen. Sie geben lediglich Informationen weiter, eine disziplinarische Maßnahme schlagen Sie aber nicht vor. Wenn Ihr Vorgesetzter auf das Problem nicht näher eingeht, drängen Sie ihn nicht zu einer Lösung und gehen Sie nicht zum Boss Ihres Vorgesetzten. Dokumentieren Sie nun das Verhalten der tratschenden Kollegen, für den Fall, dass Ihr Vorgesetzter die Sache später aufgreift. Dann könnten sich Ihre Notizen als sehr wertvoll erweisen.

Der Lieblingsschüler: Wenn Sie glauben, dass Kollegen von Ihrem Chef bevorzugt werden

Die Situation: Kurz nachdem Ihr Antrag, zwei Tage in der Woche von zuhause aus zu arbeiten, von Ihrem Vorgesetzten abgelehnt wurde, wird einem ähnlichen Antrag eines Kollegen zugestimmt.

Wie man reagieren sollte: Auch wenn Sie guten Grund zur Annahme haben, dass Sie benachteiligt wurden, sollten Sie sich mit einem Urteil zurückhalten, bis Sie die Situation als Ganzes kennen. Spezielle Umstände im Fall Ihres Kollegen – vielleicht eine Krise zuhause – könnte erklären, was Sie als Ungerechtigkeit empfinden. Es ist in Ordnung, wenn Sie Ihren Vorgesetzten darum bitten, Ihnen seine Entscheidung zu erklären, so lange Sie es in ruhigem und sachlichem Ton tun und die Vereinbarung, die mit Ihrem Kollegen getroffen wurde, nicht aufs Spiel setzen. Sind Sie, nachdem Sie die Begründung kennen, immer noch der Meinung, Sie würden unfair behandelt, dann bitten Sie um Richtlinien, denen Sie folgen müssen, damit Ihrem Antrag künftig stattgegeben wird.

Versteckte Kamera: Wenn die Wahrheit schmerzt

Die Situation: Der Chef Ihres Vorgesetzten nimmt Sie eines Tages zur Seite und stellt Ihnen Fragen, die, wenn sie wahrheitsgemäß beantwortet würden, Ihren Vorgesetzten in ein schlechtes Licht rücken.

Wie man reagieren sollte: Der Konflikt ist hier eindeutig. Wenn sie nicht die Wahrheit sagen, dann sind Sie nicht ehrlich. Andererseits alles zu sagen, was Sie zu sagen versucht sind, würde von vielen als Illoyalität angesehen werden. Natürlich hängt sehr viel vom fraglichen Verhalten Ihres Vorgesetzten ab. Wenn Sie sicher sind, dass Ihr Vorgesetzter sich unethisch verhalten hat oder in einer Weise, die dem Unternehmen abträglich ist oder Sie ganz direkt gefragt werden, dann müssen Sie die Wahrheit sagen. Sie sollten aber demjenigen, der Sie befragt, durchaus vermitteln, dass Sie sich nicht wohl fühlen, wenn Sie über Ihren Vorgesetzten sprechen. Außerdem sollten Sie nie etwas sagen, was Sie nicht beweisen können.

Wenn die Fragen so gestellt sind, dass Sie über die Kompetenz oder das Urteilsvermögen Ihres Vorgesetzten Auskunft geben sollen, dann ist besondere Sorgfalt geboten. Bewundern und respektieren Sie Ihren Vorgesetzten, dann sollten Sie dies auch zum Ausdruck bringen. Sind Sie sich in dieser Hinsicht nicht ganz sicher, dann sollten Ihre Antworten nur sehr knapp ausfallen.

Denken Sie daran, dass nichts – überhaupt nichts! – die Beziehung zwischen Ihnen und Ihrem Vorgesetzten mehr vergiften kann, als das ihm von Dritten zugetragen wird, Sie hätten negativ über ihn gesprochen.

Nutzen Sie den Vorteil flexibler Arbeitszeiten

8

In diesem Kapitel

- Alternative Beschäftigungsmodelle
- Welche Option ist für Sie am besten geeignet?
- Zustimmung durch das Management

Die Arbeitsverträge in den meisten Unternehmen sind heute weitaus flexibler als noch vor kurzer Zeit. Die Menschen arbeiten ebenso hart und fühlen sich ihrer Karriere ebenso verpflichtet, doch wann und wo die Arbeit erbracht wird, ist heute nicht mehr so wichtig wie früher. Arbeitszeiten, die noch vor 10 oder 15 Jahren sehr selten vereinbart wurden herrschen heute vor. Zur Arbeit zu gehen ist kein Synonym mehr dafür, den Zug um 6.53 Uhr zu erreichen und vom Büro nachhause zu fahren.

In diesem Kapitel lesen Sie über die verschiedenen Arbeitszeitmodelle, die Ihnen zur Verfügung stehen könnten. Doch die Betonung liegt dabei nicht so sehr auf den Arbeitszeiten selbst, sondern eher auf den Auswirkungen auf Ihre Karriere. Wir diskutieren die Für und Wider der vier wichtigsten alternativen Arbeitsmodelle:

- ✔ Teilzeitarbeit
- ✔ Job Sharing
- ✔ Gleitzeit
- ✔ Tele-Arbeit

Für jedes dieser Modelle will ich Ihnen aufzeigen, wie sie Ihre Leistung am Arbeitsplatz und Ihre Karriereaussichten beeinflussen. Außerdem möchte ich Ihnen Ratschläge geben, wie Sie die Zustimmung des Managements für das von Ihnen gewählte Arrangement erhalten können. Schließlich biete ich Ihnen noch einige Richtlinien an, wie Sie den Wechsel vom alten zum neuen Arbeitszeitmodell am besten vollziehen.

Was ist hier eigentlich los?

Die dramatische Wende, die die Unternehmen im Bereich der Arbeitszeitregelungen vollzogen, kam nicht von heute auf morgen. Der Wechsel vollzog sich eher stückchenweise und wurde von mehreren gleichzeitig ablaufenden Trends angetrieben:

- Die demographischen Änderungen am Arbeitsplatz und insbesondere die wachsende Anzahl der Doppelverdiener.
- Der wachsende Wunsch unter den Beschäftigten, zwischen Arbeit und Familie einen Ausgleich zu finden.
- Technologische Fortschritte, die es ermöglichen, 24 Stunden am Tag und 7 Tage in der Woche über das Internet an Informationen zu kommen und Menschen erreichen zu können.

Ganz gleich, welches die wichtigsten Faktoren waren, so viel ist klar: Unternehmen in der ganzen Welt nehmen zur Kenntnis, dass die Attraktivität eines Unternehmens und das Bestreben, gute Mitarbeiter zu halten, mit den Bedürfnissen und Wünschen der Arbeitnehmer bezüglich ihres Lebensstils übereinstimmen muss. Eine Untersuchung, die von Robert Half International durchgeführt wurde kommt zum Ergebnis, dass der Ausgleich zwischen Arbeit und Privatleben für die Beschäftigten heute wichtiger ist als die Entlohnung und die Sicherheit des Arbeitsplatzes. Andere Untersuchungen in den vorhergehenden Jahren ergaben, dass flexible Arbeitszeiten, gekoppelt mit familienfreundlichen Initiativen (beispielsweise Betriebskindergärten) , dazu beitragen, die Fehlzeiten zu verringern, die Arbeitsmoral zu verbessern, die Fluktuation zu mindern und in bestimmten Fällen die Gemeinkosten zu senken. Viele Unternehmen stellten fest, dass eine umfassendere Definition der normalen Arbeitszeit dazu führte, den Kunden einen besseren Service anbieten zu können.

Flexible Arbeitszeiten sind keine vorübergehende Modeerscheinung. Selbst die Manager, die sich ausschließlich am Ergebnis orientieren – die Finanzvorstände – sehen signifikante Veränderungen. 90 Prozent der befragten Finanzvorstände, das ergab eine weitere Studie von Robert Half International, sagen, ihre Unternehmen machten sich mehr Sorgen über Themen, die das Verhältnis von Arbeit zur Familie zum Inhalt haben, als noch fünf Jahre zuvor.

Betrachten wir die Optionen

Alternative Arbeitsvereinbarung ist ein Begriff, der alle Arbeitszeitvereinbarungen umfasst, die von der Regelarbeitszeit (abhängig vom Tarifvertrag) auf fünf Arbeitstage gleichmäßig verteilt, abweicht. Es würde an dieser Stelle zu weit führen, auch auf Projektarbeit oder selbständige Beratung einzugehen. Darauf komme ich in Kapitel 16 zurück. In den folgenden Abschnitten besprechen wir vier Arrangements die für Sie als Angestellter einer Firma in Frage kommen.

Teilzeitarbeit als regulärer Angestellter

Als Teilzeitarbeitnehmer arbeiten Sie weniger als ein Vollzeitbeschäftigter, gelten aber immer noch als Beschäftigter eines Unternehmens, und haben deshalb auch ein Anrecht auf die Sozialleistungen. (Allerdings kann es vorkommen, dass die Sozialleistungen entsprechend gekürzt werden.) Teilzeitbeschäftigung kann viele verschiedene Varianten der Arbeitszeit umfassen. Es hängt nur davon ab, welche Vereinbarung Sie mit dem Arbeitgeber getroffen haben.

Teilzeitarbeit ist keineswegs eine neue Entwicklung, doch heute wird dieses Arrangement von immer mehr Handwerkern, aber auch Managern wahrgenommen. Eine geringere Wochenarbeitszeit ist eine besonders attraktive Option für Arbeitnehmer, die noch studieren oder ihren Beruf wechseln wollen. Dieses Modell ist allerdings auch bei Managern auf der Vorstandsetage beliebt geworden, die einen gleitenden Übergang in den Ruhestand suchen. Ein Nachteil der Teilzeit ist jedoch die finanzielle Auswirkung. Je geringer die Arbeitszeit, um so geringer das Gehalt. Ein weiterer Nachteil könnte sein, dass Teilzeitarbeitnehmer kaum für anspruchsvolle Projekte in Frage kommen, die allerdings für einen großen Schritt auf der Karriereleiter Voraussetzung sind. Wenn wichtige Entscheidungen gefällt werden, es zu Krisen kommt oder spontan einberufene Besprechungen anberaumt werden, könnten Sie gerade nicht im Büro sein. Das Management braucht aber jemanden, der jederzeit verfügbar ist. Das lässt sich kaum vermeiden, doch können Sie durch Ihre Mitarbeiter oder Teammitglieder per E-Mail oder Anrufbeantworter auf dem Laufenden gehalten werden. Außerdem erwartet man von Ihnen, dass Sie dann, wenn Sie im Büro sind, auch wirklich 100 Prozent Ihrer Energie geben, um nicht den Eindruck zu erwecken, Sie wären nicht so engagiert wie andere.

Job Sharing

Beim Job Sharing teilen sich zwei Teilzeitkräfte die Aufgaben und Verantwortlichkeiten eines Vollzeitjobs. Die Aufgaben und Verantwortlichkeiten werden in der Regel hälftig geteilt, doch können die Aufgaben auch entsprechend der Vorlieben und Fertigkeiten der jeweiligen Partner aufgeteilt werden. Job Sharing eignet sich am besten für Positionen, in denen die Aufgaben klar definiert sind und die Belastungen vorhersehbar und gleichmäßig verteilt sind. Der Nachteil ist, dass es ebenso schwierig ist, den richtigen Partner zu finden, wie den richtigen Job. Es reicht nicht aus, wenn jemand die Fertigkeiten hat, die für den Job erforderlich sind. Die Partner müssen gut miteinander kommunizieren können, die Einschätzungen des anderen respektieren, die gleiche Arbeitsmoral haben und bereit sein, dem anderen zu helfen, wenn er der Hilfe bedarf. (Glücklicherweise muss man nicht Anhänger des selben Fußballvereins sein. Doch falls es so ist, dann ist auch dies von Vorteil. Denken Sie nur: Ein Schalke-Fan und ein Anhänger von Bayern München teilen sich einen Job!) Eine weitere mögliche Herausforderung ist es, dass man nicht mehr allein die Erfolge erzielt, die für die Karriere zählen. Der Erfolg wird immer beiden Partnern zugerechnet.

Gleitzeit

Gleitzeit ist eine der am verbreitetsten Arbeitszeitregelungen. Sie ist für Arbeitnehmer gedacht, die normalerweise eine feste Stundenzahl am Tag arbeiten, im Gegensatz zu Managern oder Handelsvertretern, deren Arbeitszeiten entsprechend der täglichen Erfordernisse ihres Jobs wechseln. In einer typischen Gleitzeitsituation arbeiten Sie jeden Tag die gleiche Anzahl von Stunden, doch wann Sie beginnen und wann Sie aufhören, kann sich von anderen Arbeitnehmern unterscheiden, und hängt davon ab, wie Sie sich die Zeit einteilen.

Die meisten Unternehmen legen fest, wie früh man kommen und gehen kann und legen in der Regel eine Kernzeit fest, in der Sie unbedingt im Büro sein müssen. Es kann sein, dass man von ihnen verlangt, die gleichen Arbeitszeiten einzuhalten wie Ihre Teamkollegen, um die Kommunikation zu erleichtern. Gleitzeit ist bei Eltern nun sehr beliebt ,weil dies die Kinderbeaufsichtigung nach dem Unterricht erleichtert. Gleitzeit wird auch von Kommunen gefördert, die durch starken Berufsverkehr heimgesucht sind. Nachteile? Eigentlich nicht, nur dass Sie möglicherweise nicht immer im Büro sind, wenn Besprechungen oder sonstige wichtige Angelegenheiten stattfinden.

Eine verbreitete Art der Gleitzeit ist die so genannte verkürzte Arbeitswoche. Statt fünf Tage je acht Stunden zu arbeiten, können Sie auch vier Tage lang zehn Stunden arbeiten, und brauchen so einen Tag weniger im Büro zu sein.

Job Sharing? Dumm gelaufen!

Hier finden Sie fünf untrügliche Anzeichen dafür, dass diejenigen die Sie sich als Partner vorstellen konnten nicht geeignet sind.

- ✔ Der Partner kann nur am fünften Freitag eines jeden Monats arbeiten und in Monaten, die ein r im Namen tragen, können sie überhaupt nicht arbeiten.
- ✔ Er wäre nicht abgeneigt, doch zuvor muss er noch seine Katze um Erlaubnis bitten.
- ✔ Er hat eine Bitte: Die ersten Gehälter sollten im Verhältnis 90 : 10 zu seinen Gunsten geteilt werden, damit er seine Spielschulden bezahlen kann.
- ✔ Er fragt Sie (aus welchem Grund auch immer), ob Sie ebenfalls Angst vor Spinnen haben.
- ✔ Wenn Sie fragen, mit welcher Software er sich auskennt, dann entgegnet er: »Was ist Software? Ich kenne nur Softeis!«

Telearbeit

Telearbeit beschreibt einen Arbeitsplatz, wobei der Arbeitnehmer einen Teil seiner Wochenarbeitszeit nicht im Betrieb ableistet. Er könnte beispielsweise zuhause arbeiten. Telearbeit wäre heute nicht möglich, gäbe es nicht die Fortschritte in der Technologie, die es ermöglichen, von irgendwo her Informationen zu beziehen und mit anderen zu kommunizieren. Diese Option ist wie geschaffen für Arbeitnehmer, beispielsweise Eltern, die weite Anfahrtswege zum Betrieb haben. Natürlich eignen sich nicht alle Jobs gleich gut für Telearbeit. Man kann zwar an Besprechungen und Konferenzen über Konferenzschaltungen teilnehmen, doch die Feinheiten der Gruppendynamik können so nicht vermittelt werden. Außerdem ist es wichtig, daran zu denken, dass Telearbeit voraussetzt, dass man unabhängig arbeiten kann und sich auch zuhause auf die Arbeit konzentrieren kann. Zuweilen sind die Ablenkungen zuhause oder in einer anderen Umgebung mindestens so problematisch wie der lange Anfahrtsweg, den man vermeiden will.

Überdenken Sie Ihre Entscheidung

Eine völlige Veränderung Ihrer Arbeitsbedingungen erfordert gründliches Nachdenken, ganz unabhängig davon, was Sie in Ihrer Laufbahn noch erreichen wollen. Vor allen Dingen müssen Sie sicherstellen, dass alle Entscheidungen, die das Wo und das Wann der Arbeit betreffen, mit Ihrem strategischen Karriereplan übereinstimmen. Was immer Sie auch tun, stellen Sie sicher, dass Sie die negativen Seiten der Arbeitsbedingungen ebenso akzeptieren können wie die positiven Seiten. Um Ihnen bei Ihrer Entscheidungsfindung zu helfen, beantworten Sie in den nächsten Abschnitten vier Fragen, bevor Sie tatsächlich Veränderungen an Ihren Arbeitsbedingungen vornehmen.

Wie wird meine Arbeitsleistung beeinflusst?

Alle Veränderungen Ihrer Arbeitsbedingungen werden wahrscheinlich auch Ihre Arbeitsleistung beeinflussen – zumindest am Anfang. Und deshalb ist die Schlüsselfrage nicht, ob Ihre Arbeitsleistung von den Veränderungen beeinflusst wird, sondern wie sie beeinflusst wird. Und wenn Sie diese Frage beantwortet haben, müssen Sie herausfinden, wie Sie sich auf die anstehenden Veränderungen vorbereiten und verhindern können, dass ihre Leistung nachlässt.

All zu oft geraten Menschen geradezu in einen Freudentaumel, wenn sie daran denken, ihren Arbeitsrhythmus umzustellen. Sie vergessen dabei die praktischen Folgen daraus zu bedenken, bis sie, nach dem Wechsel, bis Oberkante Unterlippe in Problemen stecken.

Mit der nun folgenden Übung können Sie sich entsprechend vorbereiten:

1. **Holen Sie sich ein Blatt Papier und unterteilen es senkrecht in drei Spalten.**
2. **Auf der linken Seite führen Sie all die verschiedenen Funktionen und Aufgaben auf, die Ihnen augenblicklich in Ihrem Job obliegen.**
3. **In der mittleren Spalte notieren Sie, wie Sie diese Aufgaben lösen. (Vergessen Sie nicht zu notieren, welche Geräte, wie Fotokopierer, Ihnen dabei zur Verfügung stehen.)**
4. **In der rechten Spalte notieren Sie bitte, wie Sie die Aufgaben unter veränderten Bedingungen lösen würden. (Wenn Sie beispielsweise zwei oder drei Tage zuhause arbeiten, dann sollten Sie sich fragen, ob die Arbeit darunter leidet, weil Ihnen der persönliche Kontakt zu Ihren Kollegen fehlt.)**

Lassen Sie sich mit dieser Übung Zeit, und wenn Sie sich nicht ganz sicher sind dann wählen Sie besser die vorsichtige Variante.

Wird es die Menschen, mit denen ich arbeite und deren Vorgesetzter ich bin, beeinflussen?

Das Maß, in dem Ihre neuen Arbeitsbedingungen die Arbeitsleistung anderer Menschen beeinflussen, hängt im Wesentlichen von zwei Faktoren ab:

- ✔ Von der Anzahl der Menschen, mit denen Sie zu tun haben.
- ✔ Wie abhängig diese Menschen von Ihrer physischen Präsenz im Büro sind.

Je selbständiger Ihr Job ist, um so weniger Gedanken brauchen Sie sich um diese Themen zu machen. Wenn Ihr Job jedoch weitgehend die Arbeit anderer Menschen beeinflusst und eng mit der Arbeit Ihrer Kollegen im Team verbunden ist, dann brauchen Sie gar nicht erst darüber zu brüten, ob Sie es sich leisten können, zuhause zu arbeiten.

Es ist schon ironisch, aber je unabkömmlicher Sie in Ihrem augenblicklichen Arrangement sind, um so mehr Anpassungen müssten Sie vornehmen. Sind Sie beispielsweise ein Manager und Ihre wichtigste Aufgabe ist es, die Mitarbeiter Ihres Stabs auf informeller Basis zu beraten und anzuleiten, und Sie wollen einen Teil Ihrer Arbeit zuhause verrichten, dann werden Sie wahrscheinlich bestimmte Zeiten, zu denen Sie im Büro sind, ausschließlich diesen Aufgaben widmen.

Die meisten menschlichen Probleme, die aus den von Ihnen vorgenommenen Veränderungen resultieren, sind lösbar – so lange Sie bereit sind, sie zu sehen und sie anzugehen.

Inwieweit werden die Karriere-Aussichten in meiner Firma davon berührt?

Wenn alles andere unverändert bleibt, dann werden die Aussichten, dass Sie auf der Karriereleiter nach oben steigen, abhängig davon leiden,

- ✔ welcher Art Ihre Beschäftigung ist,
- ✔ welcher Art die Unternehmenskultur ist, das heißt, abhängig von den Arbeitsweisen der leitenden Angestellten in Ihrer Firma.

In bestimmten Unternehmenskulturen und in einigen Bereichen (Rechtsberatung, Wirtschaftsprüfung und Managementberatung) ist es sehr schwierig, aber nicht unmöglich, auf der Überholspur zu bleiben, wenn Sie bereit sind, sehr lange zu arbeiten und viel Zeit für den Weg zur Arbeit zu opfern. Es könnte äußerst schwierig sein, diesen Erfordernissen unter den neuen Bedingungen gerecht zu werden.

Selbst in Unternehmen, die Ihre Arbeitnehmer dazu ermutigen, alternative Arbeitsbedingungen zu versuchen, ist die Wahrscheinlichkeit, dass Sie für eine Beförderung in Frage kommen, eher gering, wenn das neue Arrangement negative Auswirkungen hat auf:

- ✔ *Ihre Verfügbarkeit*: Wenn Sie andauernd abwesend sind und für schwierige Aufgaben nicht verfügbar sind, dann reduziert ein flexibles Zeitkonto die Wahrscheinlichkeit, dass man Sie für eine Beförderung in Erwägung zieht.
- ✔ *Die Kommunikation*: Stellen Sie sicher, dass die Qualität – und die Häufigkeit – der Kommunikation mit den leitenden Angestellten sich mit der neuen Arbeitszeitregelung nicht verringert.
- ✔ *Ziele und Termine*: Ihr neues Arrangement sollte Ihre Mitarbeiter oder die ganze Abteilung nicht daran hindern, Ziele zu erreichen und Termine einzuhalten.

Inwieweit ist meine Privatsphäre betroffen?

Die meisten Leute wählen alternative Zeitarrangements, weil sie sich mehr Kontrolle über ihr Privatleben wünschen, und deshalb scheint die Antwort auf diese Frage offensichtlich zu sein. Dennoch: Stellen Sie sicher, dass Sie sich der Anpassungen, die in Ihrem Privatleben erforderlich werden, bewusst sind und sie auch akzeptieren, wenn Sie mit der Umstellung Ihrer Arbeitsroutine beginnen. Für den Fall, dass das Gleitzeitmodell, das Sie sich wünschen, Sie verpflichtet am Morgen eine ganze Stunde früher aufzustehen, dann müssen Sie eventuell am Vorabend ein wenig früher ins Bett gehen und sich aus Ihrer Stammkneipe schon eine Stunde früher verabschieden.

Wenn Sie die Stundenzahl insgesamt reduzieren wollen, sollten Sie auch darüber nachdenken, dass die Haushaltskasse dadurch ein wenig leiden wird. Passen Sie auf, dass Sie all Ihren Verpflichtungen nachkommen können, und auch noch etwas fürs Leben übrig bleibt. Sollten Sie auf Telearbeit umsteigen wollen, sollten Sie nicht unterschätzen dass Sie nun am Feierabend nicht mehr einfach die Bürotür hinter sich schließen können.

Der Zweck der Tabelle 8.1 ist es, Ihnen ein Gesamtbild der Für und Wider der verschiedenen alternativen Arbeitszeitmodelle, die Ihre Firma Ihnen anbieten könnte, vor Augen zu führen. Denken Sie daran, dass jedes Arrangement anders ist. Die positiven und die negativen Seiten können deutlich variieren, abhängig von Ihrem Job, Ihrer Firma und natürlich abhängig von Ihnen selbst.

	Pro	Kontra
Teilzeitarbeit	Geringere Arbeitszeit. Erhalt des größten Teils der Sozialleistungen und Bonuszahlungen.	Weniger Verdienst. Möglicherweise gekürzte Sozialleistungen. Begrenzte Möglichkeiten an anspruchsvollen Aufgaben teilzuhaben.
Job Sharing	Geringere Arbeitszeit	Geringerer Verdienst. Möglicherweise reduzierte Sozialleistungen. Erfordert eine außergewöhnlich gute Abstimmung zwischen Ihnen und Ihrem Partner. Die gesamte Arbeitsleistung hängt auch von den Fertigkeiten und Fähigkeiten des Partners ab.

	Pro	Kontra
Gleitzeit	Flexibler Arbeitsbeginn bei gleicher Arbeitszeit und gleichem Verdienst	Könnte Sie daran hindern, an wichtigen Projekten beteiligt zu werden oder an wichtigen Konferenzen teilzunehmen. Sie müssen sich die Zeit wohlüberlegt einteilen.
Telearbeit	Keine Fahrten vom und zum Arbeitsplatz. Flexibilität bei Vollzeit-Status	Ist für bestimmte Jobs nicht geeignet, insbesondere, wenn häufig Kundenkontakte und Kontakte zu Mitarbeitern erforderlich sind. Sie benötigen zuhause ein Büro.

Tabelle 8.1: Alternative Arbeitszeitregelungen auf einen Blick

Tragen Sie Ihr Anliegen Ihrem Boss vor

Die Entscheidung, Ihre Arbeitsbedingungen zu verändern ist nur eine Seite der Gleichung. Die andere – und in gewisser Hinsicht schwierigere – Seite ist, die Genehmigung Ihres Chefs zu bekommen. Wie sie sicherlich schon ahnen, gibt es eine Reihe von Faktoren, die dessen Entscheidung beeinflussen. Bestimmte Arrangements (beispielsweise Gleitzeit) sind leichter durchzusetzen als andere (Telearbeit), ganz einfach, weil diese geringere direkte Auswirkungen auf die Arbeitsabläufe haben.

Betrachten Sie die Situation aus der anderen Perspektive

Allein die Tatsache, dass Sie um eine Änderung der Arbeitszeitregelung bitten, impliziert, dass diese Änderung für Sie einen Vorteil bietet. Deshalb sollten Sie bei der Anfrage nicht die Vorteile betonen, die Sie haben (»Mein Hund braucht mich unbedingt. Wenn ich nicht zuhause bin, zerlegt er die ganze Wohnung.«), sondern das in den Vordergrund stellen, was der Firma nützt, und in welchem Umfang Arbeitsabläufe tangiert werden.

Suchen Sie also nach Vorteilen für die Firma. Vielleicht verbessert Ihre neue Arbeitszeit den Kundenservice? Es ist auch möglich, dass Sie, wenn Sie einige Tage in der Woche zuhause arbeiten zusätzlichen Büroraum zur Verfügung stellen, der dann von anderen Mitarbeitern genutzt werden kann.

Dennoch sollten Sie vorsichtig sein. Meistens überwiegen die Vorteile für den Arbeitnehmer und die Firma hat insgesamt eher Nachteile zu verzeichnen. Sie sollten sicher sein, dass Sie Ihren Vorgesetzten davon überzeugen können, dass die Veränderungen keinen Einfluss auf die strategischen Ziele der Firma haben werden.

Warten auf Godot? Nein, auf den richtigen Zeitpunkt

Wenn es möglich ist, sollten Sie mit Ihrer Bitte warten, bis Sie sich als wertvoller und produktiver Mitarbeiter bewährt haben. Allerdings gibt es zu dieser Regel auch eine Ausnahme: Wenn man Sie wegen Ihrer guten Leistungen aus einer anderen Firma abgeworben hat, dann sind Sie in einer starken Position und können schon von Anfang an auf einer Ihnen genehmen Arbeitszeitregelung bestehen. Ansonsten sollten Sie sich die Zeit nehmen, bis Sie Ihren Job gut ausfüllen, Vertrauen aufgebaut haben und sich selbst als wertvoller Mitarbeiter etabliert haben.

Je wertvoller Sie sind, um so länger ist der Hebel an dem Sie sitzen, wenn Sie über Ihr Arbeitszeitmodell verhandeln.

Und nun alles in eine Reihe!

Wenn Sie die Grundlagen vorbereiten, bevor Sie Ihrem Vorgesetzten Ihre Vorstellungen erläutern, dann erhöht das Ihre Chancen zu bekommen, was Sie wollen. Interessieren Sie sich für Job Sharing, dann sehen Sie sich zuerst auf dem Stellenmarkt um. Wenn gute Partner nicht zu finden sind, kann es sein, dass Sie Job Sharing abschreiben müssen. Wollen Sie zuhause arbeiten oder von Vollzeit auf Teilzeit umsteigen, dann sollten Sie überlegen, wie Sie Projekte, die Sie als Vollzeitkraft abgewickelt haben, als Teilzeitkraft schaffen können. So sind Sie besser vorbereitet, wenn Sie Ihrem Vorgesetzten Ihren Wunsch vortragen und er Bedenken äußert.

Stellen Sie den Antrag schriftlich

Die Chancen, dass Sie Ihr Arbeitszeit-Arrangement ändern können, sind fast immer besser, wenn Sie Ihren Wunsch schriftlich äußern. Und deshalb ist es eine gute Idee, die Bitte schriftlich vorzutragen:

- ✔ *Es ist gründlicher.* Wenn Sie sich die Zeit nehmen, Ihren Antrag aufzuschreiben, dann müssen Sie die Angelegenheit durchdenken und von Anfang bis Ende erläutern.
- ✔ *Es ist ernsthafter.* Wenn Sie Ihren Antrag schriftlich stellen, dann erhält er mehr Gewicht.
- ✔ *Es ist dokumentiert.* Ihr Vorgesetzter erhält greifbare Informationen, die er, falls erforderlich, auch auf der nächsthöheren Managementebene vorlegen kann.

Haben Sie kein Vertrauen in Ihre Fähigkeit, einen wirkungsvollen Antrag verfassen zu können, dann sollten Sie einen Freund um Hilfe bitten, der sich schriftlich gut ausdrücken kann. Lassen Sie sich viel Zeit, um einen Antrag zu stellen, der klar, deutlich und überzeugend wirkt.

Bewerten Sie, wie lang Ihr Hebel ist

Wie lang der Hebel ist, an dem Sie sitzen, wenn Sie in Diskussionen über alternative Arbeitszeit-Arrangements gehen, hängt immer auch davon ab, welchen Wert das Unternehmen Ihrer Arbeit und Ihren Ideen zumisst. Kennt man Sie als Spitzenkraft und Ihre Talente sind auf dem

Arbeitsmarkt kaum zu bekommen, dann sind Sie vermutlich in einer starken Verhandlungsposition.

Wie bei allen Verhandlungen, sollten Sie nichts erzwingen wollen. Und weil Sie Ihren Vorgesetzten auf alle Fälle behalten (außer Sie drohen mit einer Kündigung und müssen im ungünstigsten Fall auch dazu stehen), sollten Sie keinesfalls eine feindliche Haltung einnehmen. Niemand gewinnt, wenn Verhandlungen mit einem bitteren Nachgeschmack enden.

Geben Sie Ihrem Vorgesetzten Bedenkzeit

Auch wenn Sie möglichst schnell unter veränderten Bedingungen arbeiten wollen, sollten Sie Ihrem Vorgesetzten die Zeit geben, über Ihren Wunsch nachzudenken oder mit seinem Vorgesetzten darüber zu sprechen. Es ist gut, wenn Sie einen bestimmten Termin vorgeben, doch sollten Sie flexibel bleiben: Die Entscheidungsfindung könnte mehrere Faktoren umfassen, und wenn Sie auf eine schnelle Antwort drängen, könnte sich das kontraproduktiv auswirken.

Haben Sie etwas zu bieten?

Ihre Chancen, eine für Sie günstige Vereinbarung mit Ihrem Vorgesetzten zu treffen, sind immer dann besser, wenn Sie zu verhandeln bereit sind. Bei jeder Verhandlung muss man etwas geben, um das zu bekommen, was man gern hätte.

Bieten Sie beispielsweise an, einige Stunden im Monat unentgeltlich zu arbeiten, um Ihrem Verhandlungspartner etwas geben zu können. Wenn Sie beispielsweise zu Beginn des neuen Arrangements eine Stunde früher kommen und eine Stunde später gehen, dann können Sie beobachten, ob auch ohne Sie alles reibungslos läuft.

Gewöhnen Sie sich an die neuen Abläufe

Nehmen wir einmal an, Ihrer Bitte um ein neues Arbeitszeit-Arangement wurde zugestimmt, dann ist die nächste Herausforderung ein glatter Übergang von der alten zur neuen Regelung. Übernehmen Sie die Initiative und sorgen Sie dafür, dass die neue Regelung funktioniert. Es gibt keine bombensichere Formeln, die den Erfolg garantieren, doch die Hilfen in den folgenden Abschnitten sollten einen guten Start ermöglichen.

Entwickeln Sie eine Übergangsstrategie

Geben Sie sich und den Leuten, mit denen Sie zusammenarbeiten mindestens zwei bis drei Wochen Zeit, um sich an die veränderte Situation anzupassen. Vollziehen Sie den Wechsel scheibchenweise. Wollen Sie beispielsweise auf Job Sharing umsteigen, dann sollten Sie mindestens eine Woche lang mit Ihrem Partner zusammenarbeiten, um ihn einzuweisen. Steigen

Sie auf Telearbeit um, dann sollten Sie es so einrichten, dass Sie wenigstens für ein paar Stunden ins Büro kommen, auch an einem Telearbeitstag. Gehen Sie zur Gleitzeit über, sollten Sie zuerst ein paar Überstunden machen. All diese Ratschläge sollten Sie als »Versicherung« für den Erfolg der neuen Regelung auffassen.

Verhindern Sie Probleme

Machen Sie sich nicht selbst verrückt, doch seien Sie in den ersten Wochen besonders wachsam, es könnte sein, dass Probleme oder unerwartete Veränderungen auftauchen. Denken Sie daran, dass sich jedes kleine Problem zu einer heftigen Krise ausweiten kann, wenn man nicht aufpasst. Achten Sie sowohl auf Ihre Produktivität als auch auf die Ihrer Mitarbeiter. Bemerken Sie einen signifikanten Qualitätsverlust, versuchen Sie das Problem so bald wie möglich an der Wurzel zu packen und es zu lösen. Achten Sie auf ein verändertes Verhalten Ihres Vorgesetzten. Bitten Sie um ein Feedback Ihres Vorgesetzten, was die Veränderung Ihrer Arbeitszeit anbelangt. Zeigen Sie anfangs Ihre Bereitschaft zur Feinabstimmung, das wird sich in der Zukunft für Sie auszahlen.

Bleiben Sie am Ball

Achten Sie darauf, dass Sie nicht vom Informationsfluss in der Firma abgeschnitten werden. Von Beginn an sollten Sie, wenn Sie im Büro sind, mit Ihren Mitarbeitern und Kollegen über die neuesten Entwicklungen sprechen. Planen Sie immer ein wenig Zeit ein, um per E-Mail oder Telefon die Kommunikation aufrecht zu erhalten.

Hausaufgaben: So arbeiten Sie auch zuhause effektiv

Entscheidend für den Erfolg der Telearbeit ist ein gut ausgerüstetes Büro zuhause. Hier zehn Hinweise, die Ihnen möglicherweise helfen können:

- ✔ Richten Sie Ihr Büro, wenn möglich, in einem eigenen Zimmer ein. Wählen Sie ein ruhiges Plätzchen in Ihrem Heim, so dass Sie von den alltäglichen Ablenkungen nicht betroffen werden.
- ✔ Richten Sie Ihr eigenes Telefon mit einem Anrufbeantworter ein. Niemand außer Ihnen darf an diesen Apparat gehen. Können Sie den Anruf nicht entgegennehmen, dann meldet sich eben der Anrufbeantworter und nicht Ihre vierjährige Tochter, die dem Anrufer begeistert erklärt, Papi könne nicht telefonieren, weil er gerade in der Badewanne liegt.
- ✔ Reparaturen oder Kundendienste sollten Sie nicht gerade dann durchgeführt werden, wenn Sie Hochbetrieb haben.

- Überlegen Sie, ob Sie Ihr Büro im eigenen Heim nicht abschließen sollten? Zumindest sollten Sie alles Wichtige – Schriftwechsel, Aktenordner, Disketten und so weiter – für Kinder unzugänglich machen.
- Sichern Sie regelmäßig Ihre Dateien. Am einfachsten ist ein Zip-Laufwerk. Auf den Zip-Disketten können Sie mehr als 100 MB speichern.
- Ihr Computer sollte ausschließlich Ihrer Arbeit dienen. Benötigen andere in der Familie einen Computer, dann sollten Sie lieber einen zweiter Computer kaufen, als dass für Sie wichtige Dateien versehentlich gelöscht werden.
- Entwickeln Sie einen Arbeitsrhythmus und halten Sie sich daran. Vermischen Sie keinesfalls die Arbeitszeit mit der Zeit, in der Sie der Familie gehören.
- Richten Sie das Büro professionell ein. Notieren Sie die Kosten entweder weil die Firma die Auslagen ersetzt oder Sie die Kosten steuerlich geltend machen können.
- Sorgen Sie rechtzeitig für die richtigen Adressen, wenn einmal ein Bürogerät defekt ist.
- Planen Sie Ihr Telefonsystem sehr sorgfältig. Abhängig davon, wie häufig Sie telefonieren, Faxe versenden, ins Internet gehen, sollten Sie zumindest einen ISDN-Anschluss (besser noch einen DSL-Anschluss) haben.

So werden Sie eine Spitzenkraft

9

In diesem Kapitel

- Informationen von Spitzenkräften
- Besseres Zeitmanagement
- Hüten Sie sich vor der Perfektionisten-Falle
- Möglichkeiten, das Zaudern zu überwinden
- Bessere Entscheidungen treffen

Wie überall, so auch im Geschäftsleben, hängt Ihre Fähigkeit zu brillieren, nicht nur von der Begabung, den Fertigkeiten und dem Wissen ab. Wesentlich ist, das Ihre Art zu arbeiten das beste aus Ihren Eigenschaften machen kann.

Dieses Kapitel gibt uns die Möglichkeit, uns auf die Grundlagen der Alltagsarbeit zu konzentrieren. Wir sehen uns die Eigenschaften – außer Begabung, Wissen und Fertigkeiten – die Spitzenkräfte von allen anderen in ihren jeweiligen Berufen unterscheiden. Außerdem biete ich Ihnen einige Ratschläge, wie Sie die mentale Einstellung einer Spitzenkraft adaptieren können. Später gehen wir noch auf das Zeitmanagement und das Treffen von Entscheidungen ein.

Der Weg zur Meisterschaft: Was Sie von Spitzenkräften lernen können

In jedem Bereich, von der Wirtschaft über Musik zu Sport, gibt es eine Elite – die Spitzenkräfte, die in der Lage sind, ständig Bestleistungen zu erbringen. Und das gelingt Ihnen, ohne sich dabei zu überfordern und auch nicht die Menschen, mit denen sie leben und arbeiten. Wenn ich Spitzenkräfte sage, dann fallen Ihnen sicherlich einige Personen ein: Schauspieler, Entertainer oder Sportler, beispielsweise Götz George und Iris Berben, Hans Joachim Kulenkampff und Harald Juhnke, Franz Beckenbauer und Boris Becker. Doch die meisten Spitzenkräfte sind weder Schauspieler noch Entertainer noch Sportler. Es sind Geschäftsleute, Rechtsanwälte, Lehrer, Ärzte, Wissenschaftler, Designer, Journalisten, Verkäufer und Politiker, die, trotz aller Unterschiede, eines gemeinsam haben: Sie schaffen mehr – in kürzerer Zeit – als der normale arbeitende Mensch.

Was unterscheidet diese Menschen von allen anderen? Diese Frage stellten sich Verhaltensforscher fast 20 Jahre lang. Charles Garfield, ein Psychologe brachte den Stein in den 80er Jahren mit seinem Buch *Peak Performers* (Spitzenkräfte) ins Rollen, doch seither wurden sehr viele weitere Bücher und Studien veröffentlicht. Die Anstrengungen, die unternommen wurden, um mehr darüber herauszufinden, führte zu einem System, das in Fachkreisen als *Competence Modelling* bezeichnet wird. Dabei werden Einstellungskriterien, basierend auf den Fertigkeiten und Eigenschaften der Erfolgreichsten in ihrem jeweiligen Job, erstellt.

Bedauerlich ist, dass diese Forschung bisher noch keine wissenschaftlich begründeten Hinweise ergeben haben, die Spitzenkräfte definieren könnten. Nicht alle Forscher kamen zu gleichen Ergebnissen oder benutzte die gleiche Terminologie zur Beschreibung der speziellen Eigenschaften. Dennoch ergaben sich aus diesen Untersuchungen bestimmte Verhaltensmuster, die alle Spitzenkräfte aufwiesen. Folgend beschreibe ich ganz kurz sechs verschiedene Eigenschaften, die bei allen Spitzenkräften zu beobachten waren, zwar in Unterschiedlicher Ausprägung, doch immerhin ein Anfang.

Wenn Sie die folgenden Beschreibungen lesen, fragen Sie sich selbst, ob und in welcher Ausprägung diese Eigenschaften bei Ihnen vorhanden sind. Denken Sie aber daran, dass Spitzenkräfte nicht nur in ein oder zwei dieser Kategorien herausragend sind, sondern in allen aufgeführten Kategorien.

- ✔ *Sie konzentrieren sich auf ein Ziel.* Alle Spitzenkräfte haben das, was Charles Garfield in den 80er Jahren zuerst als »ein Bild eines erwünschten Zustands« bezeichnet, das Aktionen geradezu herausfordert. Mit anderen Worten: Sie sind zielorientiert. Sie haben eine klar definierte und gut durchdachte Vision davon, wohin sie in Ihrem Leben kommen wollen, und ihre alltäglichen Handlungen haben ihre Wurzeln in klar definierten Werten. Diese Klarheit in der Visionen ist der wichtigste Grund dafür, dass Spitzenkräfte in der Regel Ihre Zeit sehr effektiv einteilen. Sie sind ständig auf ihre Prioritäten und Werte ausgerichtet, sie haben wenig Schwierigkeiten, Wesentliches von Unwesentlichem zu unterscheiden. Während also die Spitzenkräfte nicht unbedingt so hart und so lange wie andere arbeiten, konzentrieren sie sich unweigerlich auf die richtigen Aufgaben und machen das Beste aus ihrem Einsatz.
- ✔ *Sie wollen es zur persönlichen Meisterschaft bringen.* Ob sie nun ihren Lebensunterhalt damit verdienen, dass sie Basketbälle werfen, Musik komponieren, Programme schreiben oder Mathematik lehren: Spitzenkräfte verpflichten sich zu Spitzenleistungen, sie erleben ein Bedürfnis nach herausragenden Leistungen, das von innen kommt. Auch wenn sie öffentliche Anerkennung genießen und andere äußerliche Belohnungen für ihren Erfolg erhalten, beurteilen Spitzenkräfte in der Regel die Qualität ihrer Arbeit nach eigenen Standards der Exzellenz – Standards, die immer höher liegen als die Norm.
- ✔ *Sie denken positiv.* Spitzenkräfte sind in der Regel Optimisten. Das Glas ist immer halb voll, nie halb leer. Ob dieser Optimismus im Erfolg, den Sie schon hatten, begründet ist – oder umgekehrt – ist etwas, das man mit dem Rätsel vergleichen könnte: »Was war zuerst da? Das Huhn oder das Ei?» So viel ist allerdings klar. Spitzenkräfte sind keine Träumer. Weder ignorieren sie Probleme, noch nehmen sie sie auf die leichte Schulter. Sie lassen sich durch Probleme nicht verunsichern. Probleme sind da, um gelöst zu werden, nicht nur um darüber zu brüten. Rückschläge sind eine Möglichkeit zu lernen und beim nächs-

ten Mal besser zu sein. Schlechter Laune zu sein, ist nicht erlaubt. Ihr Optimismus erklärt weitgehend, weshalb Spitzenkräfte nach Rückschlägen so schnell wieder zurück kommen. Über die Basketball-Legende Michael Jordan wurde gesagt, dass er in jedem Spiel, das einem Spiel folgte, indem er nicht besonders gut war, besonders gefährlich war.

✔ *Jeder weiß, dass er sich auf die nahe liegende Aufgaben konzentrieren muss.* Spitzenkräfte haben zweifellos die Fähigkeit, ihre Aufmerksamkeit auf die gerade anstehende Aufgabe zu konzentrieren, ganz gleich wie viel Chaos um sie herum sein mag. Manche nennen diese Eigenschaft die Fähigkeit sich abzuschotten. Doch ganz gleich wie man es nennt, es ist eine Eigenschaft, die nicht von Natur aus da ist und die man kaum antrainieren kann. Einer der Schlüssel, sich völlig auf eine anstehende Aufgabe konzentrieren zu können, ist die Motivation: Man muss wissen, weshalb man etwas tut und weshalb es wichtig ist. Doch andere Faktoren – viele von ihnen überraschend routinemäßig – können auch ihre Auswirkungen haben. Beispielsweise die körperliche Verfassung – ganz einfach gut in Form zu sein – kann sie weitestgehend mental wachsam halten. Ihre Essgewohnheiten, Schlafgewohnheiten und der allgemeine Lebensstil sind ebenfalls wichtig.

✔ *Sie suchen – und erhalten – die Hilfe anderer.* Im Gegensatz zu den vielen Mythen, sind Spitzenkräfte in der Regel kein Superman und kein einsamer Cowboy, die keine Hilfe brauchen und Sie auch nicht suchen. Im Gegenteil, sie können das praktizieren, was als *kreative Kooperation* beschrieben wird. Spitzenkräfte kennen in der Regel nicht nur ihre Stärken, sondern auch ihre Schwächen. Sie wissen genau, wie man die Hilfe von Mitarbeitern, Team-Mitgliedern, der Familie und Freunde erbittet – und Sie erhalten Hilfen. Außerdem wissen sie genau, dass Hilfe keine Einbahnstraße ist: Wenn man Hilfe erhält, muss man auch anderen helfen.

✔ *Sie sind emotional sehr ausgeglichen.* Verhaltensforscher, die Spitzenkräfte studieren, beschreiben diese Qualität auf unterschiedliche Art und Weise. Einige nennen es »auf sich bezogen«. In letzter Zeit wurde diese Eigenschaft als emotionale Intelligenz beschrieben. Doch gleich, wie Sie es nennen, die Auswirkungen sind die selben. Spitzenkräfte können ihre Emotionen gut beherrschen. Sie sind auf sich bezogen. Sie können leidenschaftlich sein, ohne die Kontrolle über sich zu verlieren. Sie können hellwach sein ohne besessen zu sein. Sie können wachsam sein ohne sich zu fürchten. Ob diese Fähigkeit, emotionale Energie produktiv und positiv einzusetzen angeboren ist oder ob es eine Eigenschaft ist, die Spitzenkräfte im Lauf der Zeit entwickelt haben, wird gerade diskutiert. Doch allgemein stimmt man darin überein, dass dieses spezielle Attribut – emotionale Ausgeglichenheit – die wichtigste Eigenschaft der Spitzenkräfte ist.

Die oben genannten Qualitäten sind eng miteinander verwoben. Je klarer Ihre Ziele definiert sind, um so wahrscheinlicher ist es beispielsweise, dass Sie Ihre Zeit und Ihre Energie, derer es bedarf, um persönliche Meisterschaft zu erreichen, auch wirklich einsetzen. Je emotional ausgeglichener Sie sind, um so leichter wird es für Sie, das Beste aus Ihrer Fähigkeit sich konzentrieren zu können, machen und damit Ihren Alltag positiv zu gestalten.

Entwickeln Sie die Geisteshaltung einer Spitzenkraft

Bücher und Veröffentlichungen über Wirtschaft sind eine fruchtbare Quelle für Ratschläge, wie man die Verhaltensweisen von Spitzenkönnern nachahmen kann. Doch die Fähigkeit, diese Informationen effektiv in Ihrem Leben umzusetzen, hängt von zwei Dingern ab: von Ihren Werten und von Ihrer Geisteshaltung. Sich zu verbessern beginnt damit, dass man sich kennt – dass Sie genau wissen, was Sie wollen, und warum Sie es wollen. Haben Sie das im Kopf, dann sollten Sie die vier Grundregeln in den nächsten Abschnitten überdenken, bevor Sie versuchen, irgendwelche Techniken des Zeitmanagements in ihrem Alltag anzuwenden.

Klären Sie Ihre Prioritäten

Für manche Menschen ist die Verbesserung ihrer Produktivität lediglich eine technische Herausforderung. Es dreht sich alles um die Zielfindung, täglich einen Zeitplan aufzustellen, die Hemdsärmel hochzukrempeln und die im Zeitplan enthaltene Liste der Aktivitäten abzuarbeiten.

Zweifellos muss man zu dieser Denkweise etwas sagen. Und Sie werden berechtigterweise am Ende des Tages ein Gefühl erleben, wenn Sie alles geschafft haben. Am Ende des Arbeitstages schauen Sie auf Ihre Aufgabenliste und sehen zufrieden, dass Sie alles abhaken können, was Sie sich zu tun vorgenommen haben.

Die meisten Zeitmanagement-Gurus werden Ihnen aber sagen, dass Ziele und tägliche Aufgabenlisten (so wie auch andere Zeitmanagement-Systeme) lediglich Instrumente sind, die Ihnen helfen sollen, Ihre täglichen Aufgaben auch wirklich zu erledigen. Nicht mehr und nicht weniger. Die Tatsache, dass Sie all Ihre Aufgaben abgearbeitet haben, heißt nicht unbedingt, dass Sie an diesem Arbeitstag auch wirklich effektiv gearbeitet haben. Und es bedeutet auch nicht, dass Sie irgend etwas erreicht haben, das für Sie langfristige Befriedigung bedeutet oder dass es Sie Ihren strategischen Karrierezielen näher bringt. Diese Beobachtung schließt ein, dass Sie unbedingt Prioritäten setzen müssen – und ebenso wichtig, die Prioritäten so zu setzen, dass Sie Ihren langfristigen Lebenszielen förderlich sind. Jedes Zeitmanagement-System hat seine eigenen Empfehlungen, wie man mit Prioritäten umgehen soll. Am häufigsten finden Sie die Methode, dass Sie jeder Aufgabe auf Ihrer Liste einem numerischen Wert zuordnen (1, 2 oder 3) die die relative Bedeutung der Aufgabe widerspiegelt. Hat eine Aufgabenliste beispielsweise 12 Aufgaben, dann könnten beispielsweise drei Aufgaben dabei sein, die mit 1 bewertet sind (höchste Priorität), vier Aufgaben mit 2 (normale Priorität) und fünf Aufgaben mit 3 (geringe Priorität).

Doch der Wert, den Sie letztlich mit diesem Ansatz erzielen, kann sehr begrenzt sein. Das entscheidende Thema bei der Priorisierung ist es, nicht so sehr zwischen den Aufgaben auf der Grundlage ihrer Bedeutung zu differenzieren. Es sind die Kriterien, die bestimmte Aufgaben mit hoher Priorität versehen. Mit anderen Worten: Was wichtig ist, sind die Werte, die auf Entscheidungen zurückzuführen sind. Ein häufiger Fehler, den weniger produktive Arbeiter begehen, ist nicht unbedingt, dass sie zu wenig planen, die Prioritäten falsch setzen oder nicht genug arbeiten. Es ist ganz einfach die Tatsache, dass ihre Methode Prioritäten zu setzen, sich zu sehr auf aktuelle Aufgaben und Termine konzentriert – und nur wenig Aufmerksamkeit den strategischen Zielen und persönlichen Werten geschenkt wird. Konsequenterweise verbringen viele Menschen den größten Teil ihres Tages damit, Buschfeuer zu löschen, die immer wieder aufflammen. Und nur selten kommen Sie dazu etwas zu tun, was das Feuer überhaupt verhindert.

Ausprobieren

Leider gibt es kein Patentrezept für dieses verbreitete Syndrom. Es erfordert die Bereitschaft und die Kraft eine Erforschung seiner selbst zu vorzunehmen und klar zu stellen, wohin Sie in Ihrem Leben wollen und welches Ihre Tagesziele sind. Es könnte durchaus sein, dass Sie sich Ihre strategischen Karriereziele noch einmal vornehmen und Ihre Ziele noch einmal überprüfen (siehe Kapitel 1). Sind diese Ziele immer noch relevant? Vielleicht sollten Sie um ein Gespräch mit Ihrem Vorgesetzten bitten, um die Prioritäten ihres Jobs und andere Verantwortungsbereiche zu besprechen. Haben Sie ein deutliches Bild von dem, was von Ihnen erwartet wird? Wenn Sie weiterhin die langfristigen und kurzfristigen Ziele verfeinern, dann werden auch Ihre Prioritäten deutlich.

Systematisches Denken

Systematisches Denken, wie es Peter Senge in seinem Buch *Die fünfte Disziplin* beschrieben hat, ist ein Vorgang, bei dem Sie das große Bild, anstatt nur einzelne Teile sehen. (In Kapitel 22 mehr über dieses Thema.) Im Zusammenhang mit Höchstleistungen am Arbeitsplatz und dem Karrieremanagement hilft Ihnen systematisches Denken, Ihren Job mehr als nur eine Reihe einzelner Aufgaben und Verantwortlichkeiten zu sehen (in einigen Aufgaben könnten Sie sehr gut sein und Freude empfinden, doch gibt es auch andere, die Ihnen zu schaffen machen, und die Ihnen wenig Freude bereiten). Sie sehen die Dinge als integriertes Ganzes. Beispielsweise, statt einen typischen Arbeitstag als Reihe verschiedener Aufgaben zu sehen – eine Kette von Aufgaben, Konferenzen und Verhandlungen, jede mit eigenen Herausforderungen – könnten Sie jeden Teil auch als integrierte Gesamtheit auffassen. Geraten Sie in Probleme, dann konzentrieren Sie sich nicht nur auf den Teil, der Ihnen Schwierigkeiten bereitet. Statt dessen sehen Sie das System und versuchen sich vorzustellen, was in diesem System strukturell anders ist so dass dieses Problem überhaupt entstehen konnte.

Denken Sie einmal über das folgende Beispiel nach. Nehmen wir an Sie sind Abteilungsleiter und Ihre Abteilung stellt die Grafiken für Präsentationen in der Geschäftsführung bereit. In den letzten Wochen kam es immer wieder vor, dass sich die Manager, die die Präsentation durchführten sich über kurze Aussetzer beschwerten. Ganz logisch wollen Sie nun den herausfinden, der für den Fehler verantwortlich ist. Sind Sie jedoch ein systematischer Denker, dann machen Sie hier nicht Halt. Außer, dass Sie mit den Mitarbeitern sprechen, die an der Präsentation gearbeitet haben, gehen Sie einen Schritt weiter zurück und betrachten das ganze Verfahren, mit dem die Präsentationen erstellt werden: die verwendete Software, die Kompatibilität der Software mit der Hardware, die von den Managern genutzt wird und die Kommunikation zwischen Ihrem Stab und den Managern, die die Präsentation durchführen. Dann verwenden Sie die gewonnenen Erkenntnisse nicht, um ein Symptom zu beheben, sondern dazu, um Lösungen in den Prozess einzubringen.

Der besondere Wert systematischen Denkens ist, dass es Ihnen hilft, eine weitere Perspektive zu entwickeln und aufrecht zu erhalten. Weil Sie sich darauf konzentrieren, wie alle verschiedenen Teile Ihrer Tagesarbeit miteinander zusammenhängen, können Sie anfangen synergistisch zu denken – das bedeutet, dass Sie mit ihrer Zeit so umgehen, dass jede Aufgabe, die Sie lösen, Ihre Fähigkeit verbessert auch andere Aufgaben zu meistern.

Werden Sie Entwicklungen gegenüber sensibler

Ob Sie sich dessen bewusst sind oder nicht, Sie machen in jedem Aspekt ihrer Arbeit bereits eine Entwicklung durch. Die Frage ist nur, ob Sie sich dessen auch bewusst sind und ob die Entwicklung dazu taugt, möglichst effektiv und produktiv Ihre Aufgaben zu erledigen.

Ein erster entscheidender Schritt zur Verbesserung ihrer Produktivität ist die sorgfältige Analyse eines jeden Aspekts ihrer Arbeit, um die Bereiche herauszufinden, die Sie noch verbessern müssen. Immerhin müssen Sie zunächst einmal feststellen, wo es hakt, bevor Sie Gewohnheiten verändern und neue Fertigkeiten entwickeln. Zur Durchführung der Analyse nehmen Sie sich ein paar Stunden Zeit und gehen an einen stillen Ort, (nein, nicht unbedingt aufs stille Örtchen) an dem Sie nicht gestört werden. Und dann denken Sie nach über:

- ✔ *Methoden*: Gibt es einen praktischen Grund, Ihre Arbeit so zu erledigen, wie Sie es gerade tun? Ist dies der einzig richtige Weg, um Ihre Aufträge zu erfüllen?
- ✔ *Nebenwirkungen*: Welche Aspekte der Entwicklung (falls es überhaupt welche gibt) schaffen Probleme und kollidieren mit Ihrer Effektivität und Produktivität (vielleicht auch der Ihrer Mitarbeiter)?
- ✔ *Verbesserungen*: Welche Veränderungen können Sie vornehmen, um entweder diese Nebenwirkungen aufzuheben oder zu minimieren?
- ✔ *Ergebnis*: Wie werden Sie die Ergebnisse der Veränderungen messen, um sicher zu sein, dass der gewünschte Effekt eingetreten ist?

Um von dieser Übung optimal zu profitieren, sollten Sie bereit sein, jeden Aspekt Ihres Jobs zu untersuchen, ganz gleich wie nebensächlich er Ihnen erscheinen mag. Es ist offensichtlich, dass Sie – zumindest vorübergehend – irgendwelche Vorurteile ignorieren, wie man eine bestimmte Aufgabe am besten lösen kann. Um Ihren Erfahrungsschatz zu erweitern, sollten Sie darüber nachdenken, wie andere eine ähnliche Verantwortung oder Aufgabe angehen. Gehen Sie diese Übung ganz offen an, und Sie werden überrascht sein, wie gut Sie neue kreative Wege zur Lösung alter Aufgaben entwickeln können.

Gutes Zeitmanagement bringt Sie weiter

Jegliche Initiative, mit der Sie Ihre Effektivität am Arbeitsplatz verbessern wollen, verpflichtet Sie schließlich dazu, sich darauf zu konzentrieren, wie effizient Sie Ihre Zeit einteilen. Ganz einfach: Sie müssen sicher sein, dass Sie nicht nur hart sondern auch smart arbeiten – die besten Ergebnisse zu erzielen, die in einer gewissen Zeit und mit einem bestimmten Aufwand zu erzielen sind.

Das absolute Ziel des Zeitmanagements ist es nicht, mehr in kürzerer Zeit zu erreichen. Das absolute Ziel ist Ausgewogenheit, Harmonie und Zufriedenheit mit dem Beruf. Natürlich wollen Sie so produktiv wie nur möglich sein, doch sollten Sie sich nicht darauf konzentrieren, nur die Aufgabe zu lösen, sonst verlieren Sie Ihr langfristiges Ziel aus den Augen. Und außerdem sollten Sie sich nicht einen so starken Druck auferlegen, dass Sie Ihre persönlichen Prioritäten im Leben vernachlässigen und riskieren, dem Burnout-Syndrom zum Opfer zu fallen.

Ausprobieren

Die beste Möglichkeit mehr Kontrolle über ihre Zeit zu haben ist, ein eigenes Zeitmanagement-Audit durchzuführen. (keine Angst, diese Aufgabe hört sich schrecklicher an als Sie es tatsächlich ist.) Solch ein Audit ist nichts anderes als ein in die Einzelheiten gehendes Tagebuch, in dem Sie notieren, was Sie tun. Führen Sie dieses Tagebuch mindestens eine Woche lang.

Sie brauchen dabei nicht ins Extrem zu gehen, beispielsweise eine Hilfskraft dafür abzustellen, die Ihnen ständig folgt und jedes Augenzwinkern notiert. Sie brauchen nur ein Notizbuch (oder einen elektronischen Organizer) in ihrem Büro zu haben. Stündlich nehmen Sie sich ein paar Minuten Zeit und schreiben auf, was Sie in der letzten Stunde getan haben. Je detaillierter Sie sind, um so besser. Doch machen Sie sich nicht verrückt, wenn Ihnen einige Sekunden fehlen. Wichtig ist, dass Sie letztlich herausfinden, wie viel Zeit Sie Routineangelegenheiten opfern, beispielsweise telefonieren oder Aktenablage machen.

Haben Sie dieses Tagebuch mindestens fünf Tage lang geführt (die besten Ergebnisse erzielen Sie, wenn es ganz typische Arbeitstage sind), dann analysieren Sie die Muster Ihrer Zeitverwendung. Um es ein wenig leichter zu machen, teilen Sie die verschiedenen Aktivitäten, die Sie notiert haben, in Kategorien ein, beispielsweise Kundengespräche, persönliche Angelegenheiten, Konferenzen, Aktennotizen schreiben und so weiter. Machen Sie sich keine Gedanken darüber, dass Sie anfangs vielleicht zu viele Kategorien eingerichtet haben. Später können Sie das noch korrigieren. Die Schlüsselfrage aber ist: Gibt es eine logische Verbindung zwischen der Bedeutung einer Aktivität und dem Zeitraum, den Sie dafür aufwenden?

Ausprobieren

Diese Übung hilft Ihnen, Erkenntnisse zu gewinnen wieviel Zeit sie für eine Sache verschwenden, die nicht die Ergebnisse zeitigen, die Sie sich wünschen. Hier einige weitere Fragen, über die Sie bei dieser Übung nachdenken sollten:

- ✔ *Wie sehen die Ergebnisse aus?* Ganz allgemein, haben Sie die Ziele erreicht, die Sie sich für jeden Tag gesteckt haben? Falls nicht, welche Änderungen können Sie vornehmen, damit Sie Ihre Ziele erreichen?

- *Wie können Sie Veränderungen vornehmen?* Gibt es eine Möglichkeit, weniger Zeit für weniger wichtige Aufgaben aufzuwenden, ohne Ihre Produktivität zu mindern?
- *Gibt es irgendwelche zeitliche Zwänge?* Wie oft – wenn überhaupt – stehen Sie unter extremem Zeitdruck?
- *Wer übt die Kontrolle aus?* Haben Sie – meistens – die Kontrolle über die zeitliche Disposition oder sind Sie in einem Zeitraster gefangen?
- *Welches sind Ihre Prioritäten?* Haben Sie ausreichend Zeit für die Aufgaben, die Ihnen am wichtigsten sind, die für Ihren Job, Ihre Karriere von Bedeutung sind?

Widerstehen Sie der Versuchung, in Aktion zu treten, bevor Sie diese Übung beendet haben. Die Zeit in Aktion zu treten kommt noch, doch zuerst brauchen Sie etwas Zeit um die Situation gründlich zu überdenken und einzuschätzen. Außerdem sollten Sie sich im Augenblick keine ernsthaften Gedanken machen über Urteile, wie gut Sie mit Ihrer Zeit umgehen können. Konzentrieren Sie sich statt dessen auf die Aufgaben und Prioritäten, die den größten Teil Ihrer Zeit beanspruchen. Stellen Sie sicher, dass diese Aufgaben Sie in die richtige Richtung bringen. Falls dies nicht der Fall sein sollte, dann müssen Sie Ihre Prioritäten anpassen oder Ihren strategischen Karriereplan neu überdenken (Siehe Kapitel 2).

Erfolgsgeheimnisse um das Zeitmanagement

Zeitmanagement zählt zu den am häufigsten diskutierten Themen im heutigen Geschäftsleben. Und so kann es durchaus sein, dass man Ihnen schon sehr viele Ratschläge gegeben hat, wie die rein technischen Aspekte dieser Herausforderung zu behandeln sind. Doch die Grundlagen, die diese Informationen stützen und in den folgenden Abschnitten aufgeführt sind, sind es wert, darüber nachzudenken. Weitere Informationen zu diesem Thema finden Sie in dem Zeitmanagement für Dummies , das ebenfalls in diesem Verlag erschienen ist.

Schaffen Sie sich ein Zeitmanagementsystem

Niemand – insbesondere niemand, der ein sehr arbeitsames Leben führt, kann erwarten seine Zeit ohne die Hilfe eines externen Werkzeugs oder Systems zu organisieren (um nicht alles im Kopf behalten zu müssen). Es gibt zahllose Software-Pakete und Tagebücher, die eher einem Kalender gleichen und die Ihnen helfen sollen, ihre Zeit effektiver einzusetzen. Die Preise reichen von fünf Euro bis zu 200 Euro führen einen Palm Pilot, den Sie mit Ihrem PC verbinden können. Doch die meisten Experten für Zeitmanagement können Ihnen sagen, dass Ihr Erfolg weniger von der Methode oder dem System zu tun hat, sondern viel mehr mit der Überzeugung, diese Methode oder dieses System auch wirklich anzuwenden .

Fürchten Sie sich nicht zu experimentieren. Wahrscheinlich ist in Ihrer aktuellen Software ohnehin schon ein Kalender eingebaut. Fangen Sie an, ihn zu benutzen. Und wenn Sie kein Geld in ein System investieren wollen, das Ihnen später vielleicht nicht gefällt, dann fangen Sie ganz einfach mit einem Klemmbrett und einem Stück Papier an. Machen Sie Listen und erstellen Sie einen groben Stundenplan. Wichtig ist, dass Sie sich an die Disziplin eines Zeitmanagements gewöhnen, bevor Sie viel Geld für eine entsprechende Software ausgeben.

Erstellen Sie einen Tagesplan

Zeitmanagement-Experten haben unterschiedliche Ansichten über die einzelnen Aspekte ihrer Ratschläge. Allerdings glauben alle an die Bedeutung, am Beginn eines jeden Tages mindestens 10 bis 15 Minuten dafür zu nutzen, die Prioritäten herauszustellen. Nutzen Sie diese Zeit nicht nur, um eine allgemeine Vorstellung von dem zu gewinnen, was Sie an diesem Tag erreichen wollen, sondern erstellen Sie auch einen groben Stundenplan. Machen Sie nicht den Fehler zu glauben, dass ein strukturierter Stundenplan ihre Optionen in irgendeiner Weise begrenzt. Ganz im Gegenteil: Die Struktur und Kontrolle, die Sie ausüben können, indem Sie einen Tagesplan entwerfen, verbessert in der Regel Ihre Fähigkeit, Alternativen und Optionen zu nutzen.

Sollten Sie feststellen, dass Sie an einem bestimmten Tag zwei oder drei Stunden Zeit haben, dann sollten Sie an ihre große Liste denken, und eine Aufgabe von strategischer Bedeutung heraussuchen, zu der Sie bisher noch keine Zeit hatten. Sie können diese freie Zeit auch dazu nutzen, sich auf Aufgaben zu konzentrieren, beispielsweise Ihre Festplatte neu zu organisieren, die ihre Effektivität erhöhen.

Fassen Sie ähnliche Aufgaben zusammen

Menschen sind oft produktiver, wenn Sie über einen längeren Zeitraum hinweg im gleichen mentalen Zustand arbeiten, anders als ob sie die mentalen Einstellungen häufig verändern müssen. Tun Sie das Beste, um Aufgaben, die ähnliche Energien oder Quellen erfordern, in den selben Zeitrahmen zu stellen. Wenn Sie beispielsweise an drei oder vier Projekten arbeiten von denen jede eine Internet-Recherche erfordert, versuchen Sie die Informationen für alle Projekte im gleichen Zeitblock zu sammeln. Wenn mehrere Projekte E-Mails oder andere Korrespondenz erfordern, dann sollten Sie diese Schreibaufgaben zur gleichen Zeit durchführen.

Halten Sie Ablenkungen unter Kontrolle

Ablenkungen und Unterbrechungen sind an den meisten Arbeitsplätzen unvermeidlich, doch mit einiger Disziplin können Sie die Auswirkungen minimieren. Hier einige Gedanken, wie Sie diese oft schwer fassbaren Ziele erreichen können:

- *Finden Sie den richtigen Raum.* Immer nur wenn Sie an einer Aufgabe arbeiten, die Konzentration erfordert – beispielsweise einen Bericht verfassen – suchen Sie sich einen Ort, an dem Sie relativ ungestört arbeiten können, beispielsweise in einem Konferenzraum. (Anm.: Wenn Sie Ihren Vorgesetzten fragen, ob Sie nicht zum Strand gehen könnten, um sich besser auf Ihre Arbeit konzentrieren zu können, dann wird das wohl nicht besonders gut ankommen.)
- *Kürzen Sie Unterbrechungen ab.* Sagen Sie den Familienmitgliedern und Freunden, dass sie Sie nicht anrufen sollten (außer im Notfall, natürlich), wenn sie genau wissen, dass Sie sehr viel zu tun haben. (Denken Sie nicht einmal daran, sie zu einem unangemeldeten Besuch zu ermuntern, wenn sie gerade in der Nähe sind.)
- *Schützen Sie sich vor Telefonanrufen.* Wenn Sie nicht gerade einen Job haben, bei dem jeder bei Ihnen eingehende Anruf, von entscheidender Bedeutung sein kann (oder die guten Sitten es gebieten), dann sollten Sie die Anrufe, die bei Ihnen eingehen, während Sie sehr viel zu tun haben, auf ihren Anrufbeantworter umleiten. An bestimmten Tageszeiten sollten Sie die Nachrichten abhören und die Anrufe beantworten.
- *Verschieben Sie Anfragen.* Wenn Menschen zu Ihnen kommen, die einen wichtigen Wunsch haben, während Sie gerade versuchen, Ihre Konzentration aufrecht zu erhalten, dann bitten Sie, ob man über dieses Thema zu einem anderen Zeitpunkt sprechen könne (wichtige Ausnahme: Wenn es darum geht, Ihren Namen und Ihre Adresse zu kontrollieren, und Ihre Kontonummer zu erbitten, um Ihren Lottogewinn überweisen zu können, dann sollten Sie selbstverständlich sofort antworten.)

Routineaufgaben vereinheitlichen

Stellen Sie sich einen Augenblick lang vor, wie es wäre, müssten Sie jedes Mal, wenn Sie in Ihr Auto steigen, überlegen: »Gut ,fangen wir an. Ich glaube zuerst sollte ich den Zündschlüssel einstecken. Gut, und was dann? Ach ja! Ich sollte den Zündschlüssel umdrehen. Aber welches Pedal sollte ich treten? Das rechte, das linke, oder das in der Mitte?« Natürlich passiert das nicht, wenn Sie ein erfahrener Autofahrer sind. Und das ist deshalb so, weil die einzelnen Schritte zunächst einmal bewusst und durchdacht durchgeführt werden mussten, und nunmehr automatisiert sind. Sie brauchen inzwischen nicht mehr darüber nachzudenken, wie Sie Ihr Auto starten.

Und nun überlegen Sie einmal, wie Sie die Routineaufgaben in ihren Job erledigen. Wie viel Zeit verbringen Sie – vielmehr, verschwenden Sie – wenn Sie solche Routineaufgaben durchführen wie Dateien in Ihrem Computer abzulegen oder Ihre Korrespondenz einzuordnen? Wie viel Zeit verschwenden Sie, wenn Sie die Telefonnummern von Menschen heraussuchen müssen, die Sie zwei- oder dreimal in der Woche anrufen? Nehmen Sie sich einmal die Zeit und notieren die Aufgaben, die Sie an einem typischen Arbeitstag mehrfach durchführen. Stück für Stück sollten Sie ein Schema einrichten, mit dem Sie diese Aufgaben so effizient und einfach durchführen, als ob Sie Ihr Auto starten würden. Konzentrieren Sie sich auf die folgenden Bereiche:

- ✔ *Wo ist was?* Wissen Sie genau, wohin Sie gehen müssen, wenn Sie Briefumschläge, Kugelschreiber., Papier für den Drucker oder Heftklammern brauchen?
- ✔ *Am Computer in Stromlinienform.* Haben Sie schon einmal mit Makros experimentiert, womit man bestimmte Phrasen oder Funktionen Knopfdruck einleiten kann? (Wenn Sie Hilfen brauchen: Im gleichen Verlag erscheinen .... für Dummies-Bücher zu nahezu allen Textverarbeitungen.)
- ✔ *Datenorganisation:* Haben Sie ein logisches System eingerichtet, in das Sie Ihre Daten ablegen. Als Richtlinie könnten Sie nehmen: Finden Sie eine bestimmte Datei nicht innerhalb von 30 Sekunden, dann sollten Sie die Ablage neu organisieren.
- ✔ *Kurzwahl:* Haben Sie sich schon einmal die Zeit genommen, Ihr Telefon so zu programmieren, dass Sie die Nummern, die Sie häufig anwählen, per Kurzwahl erreichen. Oder Sie richten auf Ihrem einen Computer ein Organizerprogramm ein, das nicht nur Telefonnummern speichert, sondern auch weitere Fakten zur entsprechenden Person liefert: Geburtstag, Hobbys, Namen der Kinder, Name der Partnerin ...

Kräfte sammeln

Wie das Benzin in dem Auto, das Sie fahren, hält auch die mentale Energie Sie wachsam und gibt Ihnen die Kraft, um sich auf die Lösung von Aufgaben zu konzentrieren. Wenn Sie es bisher noch nicht tun, dann sollten Sie in Ihrem Stundenplan ein wenig Zeit lassen damit sich ihre leeren Batterien wieder aufladen. Kurze Pausen von fünf oder zehn Minuten, die strategisch günstig in den Arbeitstag eingestreut werden, machen den Unterschied aus zwischen ständiger Produktivität und der Müdigkeit, die Sie manchmal überfällt (gähn!), während Sie in einer Konferenz sitzen. Und waren Sie mehrere Monate lang ständig härtesten Belastungen ausgesetzt, dann brauchen Sie Zeit, um sich zu entspannen. Können Sie es sich nicht leisten, einen längeren Zeitraum dafür einzuplanen, dann sollten Sie Ihren Stundenplan ein wenig großzügiger gestalten – möglicherweise kommen Sie ein wenig später zur Arbeit oder beenden Ihren Arbeitstag ein oder zwei Tage lang schon ein wenig früher.

Lernen Sie »nein« zu sagen

Manchmal, insbesondere, wenn Sie in Arbeit geradezu ersticken, müssen Sie eventuell einige weniger entscheidende Anfragen ablehnen. Zur Debatte stehen dann Aufgaben und Anfragen, die für Ihren Job nicht unbedingt maßgeblich sind oder nichts zu den strategischen Zielen Ihrer Firma beitragen.

Wenn aber derjenige, der Sie um einen Gefallen bittet, Ihr Vorgesetzter ist, sollten Sie vorsichtig werden. Setzen Sie sich mit Ihrem Boss zusammen, erläutern ihm die Reichweite Ihrer Verantwortlichkeiten und entlocken Sie ihm Empfehlungen, auf welche Prioritäten Sie sich konzentrieren sollten. In gleicher Weise sollten Sie auch ein Teamspieler sein, was bedeutet, dass Sie, wenn andere Mitglieder Ihres

Teams oder Ihrer Abteilung Hilfe benötigen, nicht anfangen zu jammern, wie sehr Sie mit Arbeit überhäuft sind. Erklären Sie ganz einfach, dass Sie augenblicklich wirklich viel zu tun haben, aber gern beim nächsten Projekt helfen würden.

Der maßgeschneiderte Stundenplan

Weitestgehend – und so lange es den Leuten, mit denen Sie zusammenarbeiten und für die Sie arbeiten keine Unannehmlichkeiten bringt – versuchen Sie Ihren Arbeitstag so zu gestalten wie es am besten zu Ihrem Arbeitsstil passt. Weil viele Menschen in den Morgenstunden produktiver arbeiten, empfehlen die meisten Zeitmanagement-Gurus, das die geistig herausforderndsten Aufgaben in den Morgenstunden erledigt werden sollen. Das ist dann ein guter Rat, wenn Sie so gestrickt sind, wie die meisten anderen Menschen. Wenn Ihre biologische Uhr nicht so tickt, wie die anderer Menschen, dann ist die beste Zeit für mental anstrengende Aufgaben vielleicht der Nachmittag oder sogar der Abend. Scheuen Sie nicht zu experimentieren. Finden Sie heraus, zu welchen Zeiten Sie am leistungsfähigsten sind und um diese Stunden herum organisieren Sie Ihren Tagesplan.

Aus Erfahrung lernen

Wenn Sie die Planungen für eine neue Art von Projekt oder Veranstaltung vornehmen, sollten Sie zuvor gründlich überlegen, wie lange Sie dafür brauchen und dann noch etwas Zeit hinzufügen. Wenn Sie mit Ihrer Arbeit vorzeitig fertig werden, korrigieren Sie Ihre Schätzung beim nächsten Mal. Wenn sich die Aufgabe aber weitaus zeitraubender und schwieriger herausstellt, als Sie ursprünglich angenommen haben, werden Sie froh sein, zusätzliche Zeit eingeplant zu haben. Zusätzliche Zeit in Ihren Planungen ist eine gute Idee, insbesondere dann, wenn beim letzten Mal besondere Umstände den Ablauf des Projekts verzögert haben.

Wenn Sie jedoch feststellen, dass Sie mit Ihren Projekten ständig verspätet fertig werden, dann leiden Sie höchstwahrscheinlich unter einer sehr verbreiteten Zeitmanagement-Krankheit: Sie unterschätzen die Zeit, die erforderlich ist, um eine Aufgabe oder ein Projekt zu Ende zu führen. Planen Sie deshalb mehr Zeit ein, als Sie vermutlich benötigen werden, nur um auf der sicheren Seite zu sein.

Akzeptieren Sie Fehler

Verurteilen Sie sich nicht vorschnell, wenn Sie trotz größter Anstrengungen feststellen müssen, dass Sie hoffnungslos hinter dem Zeitplan her laufen. Vergessen Sie nicht: Morgen ist ein neuer Tag – ein neuer Start.

Hören Sie endlich auf zu zaudern

Dinge bis zum letztmöglichen Moment vor sich her zu schieben oder Aufgaben zu vernachlässigen, die Ihnen unangenehmen, langweilig oder unbequem sind, ist ziemlich leicht. Solange Sie sich selbst im Griff haben, sind gelegentliche Verzögerungen nichts, was Ihnen den Schlaf rauben sollte. Wenn dies aber zur Gewohnheit wird, können die Konsequenzen daraus sehr ernsthaft sein – nicht nur für Sie, sondern auch für die Menschen, die von Ihnen abhängig sind.

Glücklicherweise ist das Zaudern und Zögern keine Krankheit, es ist ein Verhaltensmuster. Ja, vielleicht gibt es sehr tief greifende psychologische Gründe für dieses Verhalten – Versagensangst, Angst vor Erfolg, Angst davor herauszufinden, wovor man sich fürchtet – aber es ist etwas, was man unter Kontrolle bekommen kann und wenn man daran arbeitet, kann man es auch überwinden. Die folgenden Ratschläge sollen Ihnen aufzeigen, wie Sie Ihr Zaudern unter Kontrolle bringen können.

- ✔ *Finden Sie heraus, was es Sie kostet.* Kalkulieren Sie immer wie viel Zeit Sie verschwenden, wenn Sie sich selbst aus einem Problem herausziehen müssen, das es gar nicht gegeben hätte, hätten Sie die Situation schneller erfasst.
- ✔ *Denken Sie klein.* Immer wenn Sie mit einem großen, komplexen Projekt beauftragt werden, das Sie nicht gern angehen wollen, dann zerlegen Sie es in kleinere Aufgaben und arbeiten diese Schritt für Schritt ab, bis Sie fertig sind.
- ✔ *Beobachten Sie Ihre zögerlichen Gewohnheiten.* Denken Sie zurück an all die Dinge, die Sie in den letzten drei Monaten schaffen wollten, es aber nie schafften und denken Sie über folgendes nach:
  - *Das fehlende Glied.* Wie viele wichtige Veranstaltungen verpassten Sie vollkommen oder nahmen nur teilweise daran teil, weil Sie sich Ihren Aufgaben widmen mussten, die Sie immer wieder verschoben hatten?
  - *Zwischenmenschliche Schwierigkeiten.* Wie oft wurden Beziehungen am Arbeitsplatz belastet, weil es Ihnen nicht gelungen ist, Ihren Verpflichtungen nachzukommen?
  - *Innerer Stress.* Wie viel unnötigen Druck erlegten Sie sich auf, weil Sie bestimmte Dinge nicht schon früher in Angriff nahmen?

Das Streben nach Perfektion

Eines der beruflichen Risiken beim Streben nach Spitzenleistungen ist ein Verhalten, das man gemeinhin Perfektionismus nennt. Eine gute Möglichkeit, Perfektionismus zu definieren, ist dass man versucht, eine gute Sache noch verbessern zu wollen. Das Gute ist natürlich ein hoher Standard, den Sie natürlich für sich selbst festlegen, um erfolgreich zu sein. Wenn Sie sich aber unrealistisch hoch setzen oder die im Licht der Realität unter bestimmten Voraussetzungen unmöglich zu schaffen sind, kann diese eigentlich positive Tendenz zu einem Hindernis auf Ihrem Weg zum Erfolg werden, aber auch zu einer Quelle von Frustrationen – bei Ihnen und bei den Leuten, mit denen Sie zusammenarbeiten. Zu den Problemen, die Ursache für das Streben nach Perfektion zählen:

- *Versäumte Termine*: Sie wenden für Nebensächlichkeiten zu viel Zeit auf oder auch für Überlegungen die für das Endziel bedeutungslos sind.
- *Gespannte Beziehungen am Arbeitsplatz*: Mitarbeiter weigern sich Überstunden zu machen oder Energie, wenn es um unbedeutende Einzelheiten geht. Sie vernachlässigen entscheidende Aspekte. Außerdem, trauen sie anderen nicht und machen es somit schwierig, Verantwortung zu teilen oder zu delegieren.
- *Fehlende Führung*: Ziele und Erwartungen für andere zu definieren, gestaltet sich extrem schwierig.
- *Große Angst*: Man entwickelt eine allgemeine (und meist unbegründete) Empfindung von Angst davor, dass man nicht genug ist. Das kann zu physischen Erkrankungen wie Magengeschwüren, Migräne und klinischer Depression führen.

Zahllose Theorien wurden entwickelt und veröffentlicht, die erklären sollten, was bestimmte Menschen dazu bringt, ihren Zug zum Perfektionismus so weit zu treiben, dass er geradezu exzessive Formen annimmt und selbstzerstörerisch wird. In zwei Punkten stimmten die Psychologen, die sich dieses Verhaltensphänomens annahmen immer überein. Erstens: Perfektionisten entwickelten dieses Verhalten schon in sehr jungen Jahren. Zweitens: Die Perfektionisten, die ihren Fehler erkannten hatten eine schwierige Zeit, eine maßgebliche Verhaltensänderung vorzunehmen. Für viele ist eine schwere Krise – ein Herzinfarkt oder der Verlust des Arbeitsplatzes – der einzige Katalysator für eine Verhaltensänderung.

Glücklicherweise sind die meisten Menschen, die hervorragende Leistungen erbringen wollen und ihre Standards sehr hoch ansetzen, in der Lage, eine Veranlagung, die sie als Spitzenkraft von Perfektionisten unterscheidet. Wenn Sie jedoch selbst erkennen, dass Sie leicht ein Perfektionist werden könnten, dann sollten Sie über die folgenden Punkte gründlich nachdenken:

- *Setzen Sie sich ein realistisches Ziel.* Immer, wenn Sie die Standards für eine spezielle Aufgabe festlegen, denken Sie zuerst über Ihr Ideal-Ziel nach, doch passen Sie es dann so an, dass es die Erwartungen erfüllt, die Sie und andere vernünftigerweise akzeptieren können. Sie können zwar Idealstandards anstreben, doch wenn Sie sich keine realistischen Ziele setzen, werden Sie nie wirklich zum Erfolg kommen.
- *Bitten Sie um Hilfe.* Finden sie Mitarbeiter, denen Sie vertrauen und die Sie respektieren und bitten Sie diese um Beistand, indem sie den Fortgang Ihrer Arbeit beobachten. Mit anderen Worten: Geben Sie Ihnen das Recht zu sagen, wann es wirklich genug ist.
- *Reduzieren Sie Stress*: Achten Sie auf zusätzlichen Stress, den Sie sich möglicherweise selbst oder anderen auferlegen, nur weil Sie zum Perfektionisten neigen. Korrigieren Sie Ihre Ziele, um unnötigen Stress und Spannungen zu begrenzen.

✔ *Finden Sie Möglichkeiten zur Entspannung.* Wählen sie Freizeitbeschäftigungen, bei denen besondere Leistungen keine Rolle spielen. Beweisen Sie sich selbst, dass Sie etwas genießen können ohne dabei unbedingt der Beste sein zu müssen.

Bessere Entscheidungen treffen

In ihrem Arbeitsalltag sind Entscheidungen eine so grundsätzliche Komponente, dass es oft vorkommt, die Fertigkeiten und Eigenschaften, die dazu erforderlich sind, zu unterschätzen. Ihre Fähigkeiten effektive Entscheidungen zu treffen, beeinflusst unausweichlich die Leistung in Ihrem Job, und deshalb ist es so wichtig, den Entscheidungsprozess verstehen zu können. In den folgenden Abschnitten spreche ich einige grundsätzliche Fragen an, die Sie immer bedenken sollten.

Gehen Sie beim Sammeln von Informationen sehr vorsichtig vor

Um eine gut begründete und informierte Entscheidung zu treffen, benötigen Sie auch gute Informationen. Dank des Internets ist es heute wesentlich einfacher, Informationen zu sammeln, als es früher war. Der verbesserte Zugang zu Informationen hat sich allerdings als zwiespältiger Segen erwiesen, denn sehr leicht verführt es dazu, von einer Woge von Informationen überflutet zu werden. Die Herausforderung ist es nun, bei der Sammlung von Informationen sehr diszipliniert vorzugehen. Entscheiden Sie schon am Anfang, was Sie finden wollen. Wenn Sie Recherchen anstellen um einen Automaten zur Bearbeitung der Post Ihres Unternehmens auszuwählen, legen Sie zuerst die Kriterien fest, die Sie bei Ihrer Entscheidung anwenden wollen. Welche Faktoren sind wichtig: der Preis, die Geschwindigkeit, die Reputation des Herstellers, die Vertrautheit mit Ihrem Geschäft? Wenn Sie diese Kriterien festgelegt haben, dann ordnen Sie diese entsprechend ihrer Bedeutung. Dann sind Sie in der Lage, die gesammelten Informationen effektiv zu bewerten und einzuordnen.

Werden Sie sich Ihrer Vorurteile bewusst

Ein Vorurteil ist eine bestehende Einstellung oder ein Urteil, das Ihre Fähigkeit einschränkt, Informationen objektiv zu bewerten. Hier ein Beispiel: Nehmen wir einmal an, dass Sie vor zehn Jahren mit einem Computer, der von einem bestimmten Hersteller stammte, eine schreckliche Erfahrung machten und sich damals entschlossen, nie wieder ein Produkt dieses Unternehmens zu kaufen – außer die Sonne geht im Westen auf. Und nun nehmen wir weiter an, dass das Unternehmern die Probleme von damals überwunden hat und nun das beste Produkt am Markt herstellt. Für den Fall, dass Ihr Vorurteil stärker ist als diese Information, werden Sie nicht die beste Entscheidung treffen.

Jeder Mensch hat Vorurteile. Der Trick ist allerdings, sich dieser bewusst zu sein, wenn es gilt, Entscheidungen zu treffen.

Sprechen Sie mit anderen

Solange Sie nicht zulassen, dass Diskussionen zu lange andauern, ist es sehr sinnvoll, sich Menschen auszusuchen, mit denen Sie sprechen, bevor Sie eine wichtige Entscheidung treffen. Betrachten Sie diesen Ansatz als eine Art, laut zu denken. Die Menschen, die Sie auswählen, sollten nicht nur genügend Wissen haben, um ein objektives Feedback zu liefern, sondern sie sollten auch sagen, was sie denken. Sie brauchen keine Berater, die Ihnen sagen, was Sie hören wollen. Wenn Sie ein professionelles Netzwerk aufgebaut haben, dann verfügen Sie auch über ein großes Reservoir kollektiver Weisheit, aus dem Sie schöpfen können – und in das Sie natürlich ebenfalls Beiträge leisten müssen.

Vertrauen Sie Ihren Instinkten – manchmal

Manchmal, wenn Sie Entscheidungen treffen, dann sagt Ihnen Ihre Logik, Sie sollten in eine Richtung gehen, doch Ihre Intuition sagt Ihnen etwas anderes. Intuition ist jeder Gedanke oder jede Meinung, die ganz einfach zu Ihnen passt. Intuition bildet sich ohne einen bewussten kognitiven Prozess. Viele erfolgreiche Unternehmer verlassen sich sehr stark auf ihre Intuition, ebenso wie auf Fakten. (Allerdings sollten Sie berücksichtigen, dass Intuition im allgemeinen das Produkt jahrelanger Erfahrung mit Entscheidungsprozessen ist.)

Der beste Rat: Zögern Sie nicht, während der Entscheidungsfindung auch Ihre Intuition zu berücksichtigen – doch lassen Sie nicht zu, dass Sie deshalb die Fakten nicht mehr beachten.

Bewerten Sie den Prozess und das Ergebnis

Werden Sie kein Opfer der weit verbreiteten Praxis, nach der die Effektivität einer Entscheidung auf der Basis des Ergebnisses beurteilt wird. Dazu ein Beispiel: Nehmen wir einmal an, vor zwei Wochen haben Sie sich aufgemacht, um einen neuen Drucker zu kaufen und Ihre Wahl auf zwei Modelle eingegrenzt: den »Megaprint« und den »Gloriprint«. Gehen wir weiter davon aus, dass das Modell Megaprint einige zusätzliche Funktionen hatte, allerdings um 200 Euro teurer war. Sie haben darüber nachgedacht und entschieden, dass für Sie die zusätzlichen Funktionen keine 200 Euro wert waren (wer braucht schon einen Drucker, der einen Wiener Walzer spielen kann) und Sie entschieden sich, das Modell Gloriprint zu kaufen. Sie sind mit Ihrer Entscheidung solange zufrieden, bis Sie in der Zeitung lesen, dass der Hersteller von Megaprint den Preis um 250 Euro gesenkt hat.

Mit anderen Worten, Sie glauben nun, Sie hätten eine schlechte Entscheidung getroffen. Falsch! Es ist zwar natürlich, dass Sie annehmen, Sie hätten einen Fehler begangen, wenn etwas nicht so läuft, wie Sie es sich vorgestellt haben. Auf der Grundlage der Informationen, die Sie zum Zeitpunkt des Kaufs zur Verfügung hatten, und der Kriterien die Sie für Ihre Entscheidung anlegten, trafen Sie die richtige Entscheidung, das Modell Gloriprint zu kaufen.

Ob eine Entscheidung richtig ist oder nicht, hängt davon ab, wie sorgfältig Sie bei der Entscheidungsfindung vorgegangen sind. Und nicht unbedingt vom Ergebnis. Niemand kann in die Zukunft sehen. Sie können jedoch auf der Grundlage der Ihnen zur Verfügung stehenden Informationen die bestmögliche Entscheidung treffen.

Aus Fehlern lernen

Eine gute Möglichkeit, Ihre Fähigkeiten bei der Entscheidungsfindung zu verbessern ist, zurück zu blicken und den Prozess zu analysieren. Hier sind einige Fragen, die Sie sich stellen könnten:

- ✔ *Reichten die Informationen aus?* Hatte ich genügend Fakten zur Verfügung, um eine vernünftige Entscheidung treffen zu können? Falls nicht, wo lag mein Fehler?
- ✔ *Waren die Informationen verlässlich?* Traf ich meine Entscheidung auf der Basis falscher Informationen?
- ✔ *Waren meine Annahmen richtig?* Beruhten einige Annahmen auf Nachdenken oder waren Sie eher automatisch? Sind die falschen Annahmen auf falsche Informationen zurückzuführen? Oder habe ich bestimmte Informationen übersehen und ging deshalb von falschen Voraussetzungen aus?
- ✔ *Kamen mir Vorurteile in die Quere?* Welche Wirkung hatten Vorurteile auf meine Entscheidung? Was würde ich anders bewerten, könnte ich die Entscheidung noch einmal treffen?

Missgeschick wegstecken

10

In diesem Kapitel

- Erahnen Sie, was auf Sie zukommt
- Vermeiden Sie das Burnout-Syndrom
- Stehen Sie wieder auf

Wenn Sie Biografien von höchst erfolgreichen Menschen lesen – insbesondere von Geschäftsleuten – dann fällt Ihnen unweigerlich auf, dass die Worte Fehlschlag, Versagen oder Niederlage sehr häufig vorkommen.

Im Jahr 1966 ereignete sich in einer Plastikfabrik von General Electric eine Explosion und derjenige, der hierfür als »Versager« galt, war der Leiter dieser Fabrik, Jack Welch, der später einer der erfolgreichsten und bekanntesten Unternehmensführer des 20. Jahrhunderts wurde.

1978 wurde der Verkaufsleiter Bernie Marcus von seinem Chef gefeuert. Nur wenig später erhielten Marcus und sein Partner etwas Risikokapital und eröffneten damit den ersten von einer ganzen Kette von Läden, die zu einem Multi-Milliarden-Geschäft wurden: Home Depot, eine der größten Baumarkt-Filialisten.

Das sind gerade einmal zwei von zahllosen Beispielen, die ein Paradoxon illustrieren, das nahezu alle erfolgreichen Menschen erleben: Zum Erfolg gehört auch Versagen. Es stimmt, wenn Sie derjenige sind, dessen Projekt in die Luft geht (natürlich bildlich gesprochen) oder wenn Sie gefeuert werden oder bei einer Beförderung übergangen werden, dann kann es sein, dass man nur sehr schwer darüber hinweg kommt. Der Punkt jedoch ist, dass die höchst erfolgreichen Menschen nicht unbedingt seltener Fehler machen oder seltener Rückschläge erleiden als andere. Ganz im Gegenteil, in der Regel gehen sie wesentlich mehr Risiken ein als andere und müssen deshalb eine ansehnliche Zahl von Niederlagen einstecken. Doch haben sie die Fähigkeit, sich von Rückschlägen schnell zu erholen, und noch wichtiger, viele ihrer Fehler in Erfolge umzumünzen.

Dieses Kapitel betrachtet einen Aspekt des Karrieremanagements, den man nur ungern bedenkt, über den man aber unbedingt nachdenken sollte: Rückschläge in der Karriere – angefangen bei »Katastrophen«, etwa gefeuert zu werden, bis hin zu kleineren Schlaglöchern in der Straße zum Erfolg, beispielsweise wenn man nicht so gut beurteilt wird, wie man es erwartet hat. In diesem Kapitel schließe ich auch ein, wie man Anzeichen für Gefahren erkennen kann, die auf Probleme in der Laufbahn hinweisen könnten, ohne dass ich dabei überreagieren möchte. Außerdem erhalten Sie Informationen über ein zunehmend auftauchendes Phänomen: den Burnout. Sie lernen in diesem Kapitel, wie man einen Burnout vermeiden kann und wie man damit umgeht, wenn man tatsächlich betroffen ist. Außerdem biete ich Ihnen Ratschläge, so richtig aus dem Leben gegriffen, wie man schnell und entschlossen wieder auf dem richtigen Weg zurückkehrt, wenn Pläne und Hoffnungen sich scheinbar zerschlagen haben.

Hüten Sie sich vor Fallen von Anfang an

Das Beste, was Sie tun können, um Rückschläge in Ihrer Karriere zu vermeiden, ist die Vorsorge – das bedeutet, sich so gut wie möglich auf alles vorzubereiten, was da kommen mag. Dazu müssen Sie allerdings in der Lage sein zu erkennen – bevor sie einen Achsenbruch erleben –, dass die Straße, auf der Sie fahren, möglicherweise unerwartete Schlaglöcher aufweist. Und das ist nicht immer einfach. Beispielsweise wissen Sie nicht – bis Sie es in den Nachrichten hören – dass jemand ein Patent für eine Erfindung eingereicht und erhalten hat, an der Sie in den letzten sieben Jahren gearbeitet haben. Und vielleicht wissen Sie nicht, dass einer ihrer Angestellten, dem Sie am meisten vertraut haben (und der gerade um Urlaubsverlängerung gebeten hat), in Wirklichkeit nach einer anderen Stelle sucht und überhaupt nicht die Absicht hat, wieder zu Ihnen zurückzukehren.

Meistens jedoch kommen solche Rückschläge nicht plötzlich aus heiterem Himmel. Die Umstände, die zu einem Ereignis führen, sind sehr oft Warnsignale, die in eine Richtung weisen. Rückblickend gesehen, wundern Sie sich wahrscheinlich, dass Sie so blind gewesen sein könnten. Die Herausforderung ist natürlich, dass man diese Anzeichen früh genug erkennt, so dass man die Situation völlig vermeiden oder zumindest die Auswirkungen minimieren kann.

Hier sind einige häufig vorkommende Situationen aus dem Geschäftsleben, die sehr häufig dazu führen, dass es zu Rückschlägen kommt. Wenn Sie die folgenden Abschnitte lesen, dann dürfen Sie nicht vergessen, dass diese Situationen nicht unbedingt Ärger bringen müssen. Sie sollten einfach nur auf der Hut sein.

Rückschläge aussitzen

Niemand kann sich erlauben ruhig zu bleiben, wenn die Umsätze und Gewinne seiner Firma rückläufig sind. Wenn Ihre Firma harte Zeiten durchmachen muss, dann sollten Sie zwei Dinge tun:

- ✔ Unternehmen Sie alles, um Ihrer Firma zu helfen, den Sturm zu überstehen. Das könnte bedeuten, dass Sie einige Stunden länger im Büro bleiben und nach Möglichkeiten suchen, die Kosten zu verringern, ohne die Produktivität zu opfern oder dass Sie sich freiwillig für Aktionen zur Verfügung stellen, die neue Geschäftsfelder erschließen könnten.
- ✔ Legen Sie sich einen Plan für den Notfall zurecht. Bereiten Sie sich auf eine Stellengesuche vor. Aktualisieren Sie Ihren Lebenslauf und erstellen Sie eine Liste von Kontakten, die Ihnen behilflich sein könnten neue Beschäftigungsmöglichkeiten aufzudecken. Selbst wenn Sie nur den geringsten Verdacht haben, dass Sie entlassen werden könnten, dann bringen Sie schleunigst Ihre Finanzen in Ordnung.

Keinesfalls sollten Sie in dieser Situation den Panikknopf zu früh betätigen. Es könnte durchaus sein, dass ihre Firma den Sturm übersteht. Ihre Leistungen und Beiträge in dieser schwierigen Zeit könnten anerkannt und belohnt werden. Wenn jedoch die Geschäfte ständig schlechter werden und Sie vorbereitet sind, dann sind Sie besser gewappnet, sich mit geringem Schaden für Ihre Karriere, Ihre Psyche und ihr Leben im Allgemeinen das sinkende Schiff zu verlassen.

Vorsicht: Wachablösung

Es wäre nicht normal, wenn Sie nicht zumindest ein klein wenig verunsichert wären, wenn es im Management zu Veränderungen kommt, die die Bewertung Ihrer Leistung berühren könnten. Wenn die Veränderung Ihnen einen neuen Vorgesetzten bringt, dann ist es nicht in Ihrem Interesse, wenn Sie so weitermachen wie bisher.

Es geht dabei nicht um Kompetenz – weder um Ihre Kompetenz noch um die Ihres neuen Vorgesetzten. Es hat mehr mit dem Arbeitsstil zu tun. Ihr neuer Manager könnte vielleicht nicht so viel von Delegation von Aufgaben halten wie Ihr alter Boss. Oder aber, er könnte wesentlich mehr – oder weniger – Autonomie gewähren als der Vorgänger. Sie müssen sich anpassen. Doch Sie können nicht wissen – bevor Sie nicht mit ihm zusammengearbeitet haben – ob Sie und Ihr neuer Chef Ihre Rolle und die Prioritäten ihrer Tagesarbeit in gleicher Weise sehen.

Auf keinen Fall sollten Sie überreagieren. Allerdings sollten Sie bedenken, wenn Sie kein gutes Verhältnis zu Ihrem neuen Vorgesetzten haben, sich dies dann auf Ihre Leistungsbeurteilung niederschlagen kann und Gehaltserhöhungen in weite Ferne rücken könnten. Außerdem wird Ihnen Ihre Arbeit nicht mehr so viel Spaß machen und mit Ihrer Karriere würde es auch nicht aufwärts gehen.

Ergreifen sie die Gelegenheit, so schnell wie möglich eine positive und harmonische Beziehung aufzubauen. Hier einige Richtlinien für den Start:

- ✔ *Seien Sie nicht voreingenommen.* Ganz gleich, welche und wie viele Horrorgeschichten Sie über Ihren neuen Vorgesetzten schon gehört haben (Attila, der Hunnenkönig, war im Vergleich zu diesem Kerl geradezu ein Schoßhündchen!), warten Sie mit Ihrem Urteil bis Sie die Gelegenheit hatten, ihn kennenzulernen und mit ihm zusammenzuarbeiten.
- ✔ *Gehen Sie neue Wege und seien Sie kooperativ.* Widerstehen Sie der Versuchung, Ihren alten Chef mit dem neuen Chef zu vergleichen (insbesondere dann, wenn der neue Chef dabei ist). Wenn Sie darum gebeten werden, sollten Sie Vorschläge unterbreiten, wie man bestimmte Dinge erledigen kann, aber wenn Sie und Ihr neuer Vorgesetzter nicht gleicher Meinung sind, dann sollten Sie flexibel sein. Geben Sie Ihrem neuen Vorgesetzten Zeit, sich einzugewöhnen und Verfahren zu bewerten und zu etablieren, die er für geeignet hält. Die Zukunft wird Ihnen Möglichkeiten bieten, Veränderungen vorzuschlagen und Ihre Meinung kund zu tun.

- *Verbinden Sie Ihren Job mit strategischen Zielen.* Wenn Sie Grund zur Annahme haben, dass Ihr neuer Vorgesetzter Entlassungen vornehmen soll, dann sollten Sie sicherstellen, dass Sie die strategischen Auswirkungen Ihres Arbeitsplatzes verdeutlichen können – das heißt, Sie sollten darstellen können, wie Ihre Verantwortungsbereiche mit den strategischen Zielen des Unternehmens verbunden sind.

Ein Himmelfahrtskommando überleben

Wenn man mit einem dieser Projekte zu tun hat, das schon seit immer mit Problemen behaftet war, die Albträume verursachen können (noch schlimmer, wenn man dafür verantwortlich ist), dann ist das nie eine wunderbare Erfahrung – und in der Regel auch kein positives Vorzeichen für eine Leistungsbeurteilung oder eine Beförderung. Das beste Szenario wäre es jedoch, dieses Projekt zu retten und dann als Held dazustehen. Einige Projekte allerdings sind einfach nicht zu retten.

Sind sie davon überzeugt, dass dies bei Ihnen der Fall ist – und sich dessen sicher sind, dass Sie nicht überempfindlich sind – dann sollten Sie Folgendes überdenken:

- *Erkennen Sie die Niederlage an.* Sind Sie der Entscheidungsträger für ein Projekt, das außer Kontrolle geraten ist und nur geringe Chancen hat seine Ziele zu erreichen, dann bringen Sie den Mut auf, das Projekt zu beenden und sparen Sie Ihre Energie, wobei Sie auch die Verluste begrenzen. Sie werden Prügel einstecken müssen – das ist so gut wie sicher – doch besser heute als zwei oder drei Monate später, wenn der Schaden weit größer ist. Wenn Sie jedoch nicht der Entscheidungsträger sind, dann sollten Sie sicherstellen, dass Sie Ihre Aufgabe so gut wie nur möglich lösen. Solange Sie sich nach Kräften einsetzen und im Voraus planen, ist es unwahrscheinlich, dass man Sie für den Fehlschlag verantwortlich macht.

- *Nehmen Sie es auf sich.* Wenn es an der Zeit ist, die Verantwortung für etwas zu übernehmen, das in einem missglückten Projekt falsch gelaufen ist, dann sollten Sie ihren Teil des Tadels auf sich nehmen (selbst wenn Ihrer Ansicht nach ein anderer die Sache vergeigt hat). Wenn es von Anfang an Fehlkalkulationen gegeben hat, dann sollten Sie diese sofort offen legen – und auch, welche Schlüsse Sie daraus ziehen. Graben Sie sich kein tieferes Loch, indem Sie versuchen, den Fehler anderen Abteilungen oder der Vorstandsebene zuzuschieben.

- *Bringen Sie es hinter sich.* Im Geschäftsleben macht jeder Fehler Der einzige Fehler, den Sie nicht machen sollten, ist es zuzulassen, dass die Nachwirkungen eines Fehlschlags Ihr Selbstvertrauen vernichten und Ihren Glauben an künftige Projekte. Nachdem Sie analysiert haben, was mit diesem Projekt falsch gelaufen ist und die Verantwortung dafür übernommen haben, sollten Sie diese Erfahrung zu den Akten legen – und auch dort lassen.

Sie verlieren die Begeisterung

Es gibt einen Faktor, der die Anzahl aber auch die schwere der Rückschläge in Ihrer Karriere signifikant beeinflussen kann, der aber auch ein Faktor ist, über den Sie die meiste Kontrolle ausüben können: Ihre Fähigkeit, genügend Begeisterung und Leidenschaft für Ihre Arbeit aufzubringen. Wenn Ihre Begeisterung nachlässt, dann wird es für Sie schwieriger, sich auf eine Aufgabe zu konzentrieren und die Qualität Ihrer Leistung zu erhalten. Statt dessen werden Sie Fehler begehen. Sie sind nicht mehr so gründlich wie einst, als Sie noch alle Termine einhielten. Die Projekte, die früher reibungslos über die Bühne gingen, werfen nun ständig Probleme auf – nicht weil Ihnen die Fertigkeiten dafür abhanden gekommen sind, sondern weil Sie ganz einfach ihrer Arbeit nicht genügend Aufmerksamkeit schenken.

Wenn Sie diese Muster an sich beobachten, dann hat das normalerweise einen der beiden folgenden Gründe:

- ✔ Sie sind überarbeitet und leiden unter dem Burnout-Syndrom. Wenn das Problem der Burnout ist, dann sollten Sie den nächsten Abschnitt besonders beachten.
- ✔ Sie sind gelangweilt. Sollte Langeweile der Auslöser für diese Muster sein, dann sollten Sie die Initiative ergreifen. Suchen Sie nach Möglichkeiten, Ihren Job so zu verändern, dass die verlorene Begeisterung in Ihnen wieder entflammt. Hier drei Vorschläge, wie es funktionieren könnte:
  - Fragen Sie sich, wann Sie zuletzt in Ihrem Job etwas Neues gelernt haben. Finden Sie keine Antwort, dann sollten Sie innerhalb Ihrer Position nach Möglichkeiten suchen, Ihr Wissen zu erweitern – insbesondere in Bereichen, die Ihre langfristigen Karrierechancen verbessern.
  - Sprechen Sie mit Ihrem Vorgesetzten, ob Sie nicht einige zusätzliche Verantwortungsbereiche übernehmen könnten, wobei Sie natürlich die Zeit und die erforderlichen Voraussetzungen, diese Verantwortung übernehmen zu können, auch mitbringen müssen.
  - Analysieren Sie Ihren Job, wobei Sie jede einzelne Aufgabe betrachten, um herauszufinden ob Sie die Zeit, die Sie für quälende und uninteressante Dinge aufwenden, nicht minimieren können. Versuchen Sie, sich auf die Bereiche zu konzentrieren, die Ihnen Freude bereiten.

Lassen Sie keinesfalls zu, dass kurzfristige Enttäuschungen die Qualität Ihrer Arbeit mindern. Wenn Sie entscheiden, dass Sie eine Veränderung möchten, dann wird schlampige Arbeit niemanden davon überzeugen können, Ihnen neue Verantwortung zu übertragen.

Meistern Sie das Burnout-Syndrom

Die Definition für Burnout ist ein psychologischer Erschöpfungszustand, der durch lange Perioden berufsbedingter Stresserscheinungen ausgelöst wird. Rein körperlich können Sie durchaus gesund sein – oder auch nicht -, doch haben Sie einen Punkt erreicht, an dem selbst die einfachsten Routineaufgaben für Sie eine riesige Herausforderung darstellen. Zu den häufigsten Symptomen eines Burnout zählen:

- ✔ **Physische Probleme:** dazu gehören Appetitlosigkeit, erhöhte Anfälligkeit für Erkältungen und andere kleinere Krankheiten oder eine allgemeine lang andauernde Müdigkeit und Erschöpfung.
- ✔ **Mentale Auswirkungen:** diese sind in der Regel Schlafschwierigkeiten (Schlaflosigkeit, Alpträume), kurzfristige Vergesslichkeit (die linke Hand weiß nicht, was die rechte tut), Unfähigkeit sich zu konzentrieren oder Konzentrationsschwierigkeiten.
- ✔ **Emotionale Auswirkungen:** dies kann sich als erhöhte Reizbarkeit und Ungeduld (Kurzschlusshandlungen) oder als ständiges Gefühl der Machtlosigkeit äußern. Dabei sind exzessive Reaktionen auf ganz triviale Probleme zu beobachten.

Der wichtigste Grund für einen Burnout ist, wie Psychologen es nennen, eine Überforderung (zu viele Aufgaben sind zu erledigen). Das bedeutet nichts anderes, als dass der Tag zu wenig Stunden hat, um den Anforderungen des Jobs zu genügen. In der heutigen Zeit sind die meisten Menschen im Arbeitsleben – Spitzenkräfte insbesondere – mit Aufgaben geradezu überschüttet, doch nicht alle Menschen sind für einen Burnout empfänglich.

Der Burnout zeigt seinen hässlichen Kopf in der Regel dann, wenn einer oder mehrere der folgenden Umstände auftreten:

- ✔ Man kann den Arbeitsanfall nicht mehr kontrollieren, Pläne oder Termine nicht einhalten.
- ✔ Unausgewogenheit zwischen beruflichen und persönlichen Verpflichtungen.
- ✔ Fehlendes Feedback, das es dem Betroffenen unmöglich macht, Anerkennung für seine Bemühungen zu erhalten.
- ✔ Konflikte mit einem Vorgesetzten oder mit Mitarbeitern.
- ✔ Ängste um die Sicherheit des Arbeitsplatzes oder vor möglichen Rückgriffen (finanzieller Art) wenn man einen Fehler macht.

Wenn Sie Symptome eines Burnout an sich beobachten, sollten Sie zunächst feststellen, ob dies nur vorübergehend oder langfristig der Fall ist. Sind Sie davon überzeugt, dass der Druck bald nachlassen wird, ist es die beste Strategie, den Sturm auszusitzen, ohne größere Veränderungen an Ihrem Arbeitsplatz oder an Ihrem Lebensstil vorzunehmen. Falls Sie es nicht schon getan haben, fordern Sie von Ihren Mitarbeitern, Familienmitgliedern oder Freunden mehr Hilfe. Wenn Sie allerdings überzeugt sind, dass es am Ende des Tunnels kein Licht gibt, dann benötigen Sie (ärztliche) Hilfestellung – und das sofort.

Es gibt keine einfache Instant-Lösung, wenn man es mit einem Burnout zu tun hat. Ist Ihre Situation sehr ernst, dann haben Sie möglicherweise keine andere Wahl, als einen längeren Urlaub anzutreten sich physisch und mental zu erneuern und, falls notwendig, Ihre Karriereziele neu zu überdenken. Ansonsten bieten Ihnen die folgenden Abschnitte einige konkrete Hilfen, wie Sie mit dem Burnout-Syndrom effektiver umgehen können und die langfristigen Folgen minimieren können.

Ein Stress-Test

Eines ist klar, wenn Sie unter den Symptomen eines Burnout leiden: Sie haben Stress am Arbeitsplatz. Das ist eine Tatsache. Doch die spezifischen Faktoren in Ihrem Job, die den Stress verursachen, können weniger offensichtlich sein. Um besser verstehen zu können, weshalb Sie so gestresst sind, analysieren Sie einen typischen Arbeitstag und legen fest, welche Bedingungen oder Verantwortlichkeiten bei Ihnen den größten Stress erzeugen.

Zu den möglichen Faktoren zählen:

- ✔ *Druck*: Termine nicht einzuhalten, ist unverzeihlich.
- ✔ *Überlastung*: Trotz größter Anstrengung und bester Organisation ist es unmöglich, zu viele Dinge gleichzeitig im Blick zu behalten.
- ✔ *Anspannung*: Weil jeder unter Druck steht und von den Anforderungen des Jobs geradezu überwältigt wird, ist das Potenzial für Konflikte mit Mitarbeitern sehr groß.
- ✔ *Meinungsverschiedenheiten*: Man erzielt keine Einigkeit darüber, was wichtig ist und was nicht.

Nachdem Sie Ihre Liste erstellt haben, entwickeln Sie nun einige Strategien um besser zurecht zu kommen. Hier für den Anfang einige Vorschläge:

- ✔ *Geben Sie Verantwortung ab*. Wenn Ihr Problem darin liegt, dass Sie zu viel Verantwortung tragen müssen, überdenken Sie Ihre täglichen Aufgaben und suchen solche heraus, die eliminiert werden, verringert oder an andere delegiert werden können.
- ✔ *Konzentrieren Sie sich auf das, was Sie kontrollieren können*. Unterscheiden Sie zwischen Faktoren in Ihrem Arbeitsalltag, die Sie selbst kontrollieren können und solchen, bei denen dies nicht der Fall ist. Setzen Sie Ihre Arbeitskraft entsprechend ein.
- ✔ *Gehen Sie Konflikte offensiv an*. Wenn Sie mit jemandem Probleme haben, setzen Sie sich mit ihm oder ihnen zusammen. Versuchen Sie, die unterschiedlichen Auffassungen herauszuarbeiten. Vielleicht sind Sie sogar ein Grund für den Stress, den ein anderer erlebt!
- ✔ *Achten Sie auf Prioritäten*. Stellen Sie sicher, dass das, woran Sie augenblicklich arbeiten, etwas mit Ihren kurzfristigen oder langfristigen Zielen tun hat.
- ✔ *Vermeiden Sie das Unwesentliche*. Bewerten Sie Aufträge oder Anfragen danach, wie wichtig sie sind, um Ziele zu erreichen.

- *Bewerten Sie Ihre Position*. Ziehen Sie die Möglichkeit in Betracht, dass Ihre Arbeitsplatzbeschreibung, so wie sie augenblicklich strukturiert ist, möglicherweise unrealistisch ist. Wenn Ihre Firma deutlich und schnell gewachsen ist, dann kann auch Ihre Verantwortungsbereich über das hinaus gewachsen sein, was eine Person schaffen kann. Sprechen Sie mit Ihrem Vorgesetzten und suchen Sie nach Möglichkeiten, die Position neu zu strukturieren. Vielleicht können Sie verschiedene Aufgaben delegieren oder die Hilfe Dritter in Anspruch nehmen.
- *Setzen Sie sich messbare Ziele*. Ein verbreiteter Grund für den Burnout ist die Tatsache, dass man zwischen Ihren Bemühungen und den Ergebnissen keine Verbindung herstellen kann. Selbst wenn Ihre Ziele bescheiden sind, sollten sie quantifizierbar sein.
- *Suchen Sie Anleitung*. Wenn alle vorstehenden Bemühungen ihre Situation nicht verbessern können, dann sollten Sie vielleicht mit einem professionellen Berater sprechen. Manchmal brauchen Sie eine objektive Meinung und eine neue Perspektive, um sich selbst aus dem Stress herausziehen zu können.

Bestimmen Sie Ihr Tempo

Bis zu einem gewissen Punkt (der von Menschen zu Mensch sehr unterschiedlich sein kann), ist die Anzahl der Arbeitsstunden nicht unbedingt mit Stress verbunden. Der wichtigste Punkt ist, sein Arbeitstempo selbst zu bestimmen. Wann immer Sie vorhaben, an ihrem Schreibtisch wirklich lange zu arbeiten – mehr als 8 Stunden pro Tag – sollten Sie jede Stunde eine kleine Pause einlegen. (Wenn es denn notwendig sein sollte, können Sie einen Wecker entsprechend einstellen, der Ihnen dabei helfen kann.) Stehen Sie auf, strecken Sie sich, atmen Sie tief durch – vielleicht machen Sie einen kurzen Spaziergang. Anstatt das Mittagessen am Schreibtisch einzunehmen, gehen Sie anderswo essen – und für einige wenige Minuten entfernen Sie sich von dem, worauf Sie sich ganzen Morgen konzentriert haben. Flüchten Sie sich nicht in den Gedanken, Sie könnten es sich nicht leisten, so viel Zeit zu verschenken. Wenn Sie sich die Zeit für diese Pausen nehmen, dann konservieren Sie Ihre Energie, laden Ihre Batterien neu auf und ermöglichen damit, dass Sie länger als gewohnt arbeiten können, ohne Ihre mentale Fitness zu verlieren.

Lassen Sie alles hinter sich

Wenn Sie Ihren Arbeitstag beendet haben, versuchen Sie sich zu entspannen und ihre Gedanken von der Arbeit zu lösen. Wenn Sie es vermeiden können, nehmen Sie keine Arbeit mit nach Hause. Und wenn Sie unbedingt über das Wochenende arbeiten müssen, dann reservieren Sie einen Tag (zumindest aber einen Teil des Tages) um sich auf etwas anderes zu konzentrieren als auf ihren Job oder Ihre Karriere. Können Sie sich jedoch nicht von den Belangen der Firma trennen, sollten Sie überlegen, ob sie nicht professionelle Anleitung oder Hilfe in Anspruch nehmen sollten.

Neun Schritte, die bei Ihren Mitarbeitern einen Burnout verhindern

Wenn man versucht, einen Burnout zu vermeiden, dann stimmt das alte Sprichwort: »Ein Gramm Vorsorge ist so viel wert wie ein Kilogramm Therapie.« Hier sind acht Möglichkeiten um Stress zu reduzieren, Anspannung zu vertreiben und den Burnout von Ihren talentierten Mitarbeitern fern zu halten:

- ✔ *Seien Sie flexibel*: Helfen Sie Ihren Mitarbeitern das Gleichgewicht zwischen Arbeit und Familie auszubalancieren. Geben Sie den Menschen die Freiheit (ohne Projekt zu gefährden) damit sie sich um ihre persönlichen Dinge kümmern können.
- ✔ *Handeln Sie präventiv*. Schreiten Sie schnell ein, wenn es Dispute gibt, die aus dem Arbeitsdruck resultieren. Beseitigen Sie Schwierigkeiten sofort und fair.
- ✔ *Helfen Sie*. In Spitzenarbeitszeiten sollten Sie zusätzliche Mitarbeiter als Aushilfen einstellen.
- ✔ *Vergessen Sie Ihr Ego*. Lassen Sie durch Ihre Aktionen erkennen, dass jede Person bereit ist, anderen zu helfen.
- ✔ *Halten Sie eine kleine »Belohnung« bereit*. Bestellen Sie beispielsweise eine Pizza für alle, die Überstunden machen.
- ✔ *Loben Sie Ihre Mitarbeiter*. Sagen Sie Ihren Mitarbeitern, die sich besonders anstrengen, wie sehr Sie ihr Engagement schätzen.
- ✔ *Bieten Sie Fortbildungsmöglichkeiten an*. Halten Sie formelle und informelle Fortbildungen bereit, in denen die Fertigkeiten erlernt werden können, die an einem neuen Arbeitsplatz benötigt werden. Vergessen Sie darüber nicht das Stress-Management, die Kommunikation und die Konfliktlösung.
- ✔ *Feiern Sie*. Bestimmen Sie, mindestens einmal im Quartal, einen Abend, an dem Ihre Abteilung zusammenkommt, um etwas zu feiern. Laden Sie wirklich jeden ein, um sich zwanglos zu treffen und sich zu entspannen (je außergewöhnlicher oder witziger der Anlass für die Feier ist, um so besser).
- ✔ *Geben Sie Zeit, sich zu erholen*. Wenn ein großes Projekt beendet ist, dann erlauben Sie Ihren Mitarbeitern in Urlaub zu gehen oder paar Tage die Arbeit früher zu beenden.

Bitten Sie um Hilfe

Ein verbreitetes Symptom des Burnout ist das Gefühl der Einsamkeit – das Gefühl, dass Sie allein gegen die Welt kämpfen. Natürlich ist das in der Regel nicht der Fall. In Situationen, in denen sie unter hohem Druck stehen, steht Ihnen normalerweise Hilfe zur Verfügung. Doch müssen Sie selbst wissen, welche Art von Hilfe Sie brauchen und sie erbitten. Wenn Sie Teil eines Teams sind (auch und selbst dann, wenn Sie der Teamleiter sind), lassen Sie andere wissen, dass Sie Schwierigkeiten haben – ohne die Situation zu beklagen – und erbitten die

Unterstützung und Hilfe der anderen Teammitglieder. Man hält sie nicht für einen Jammerlappen, so lange Sie objektiv die Herausforderungen beschreiben, denen Sie sich ausgesetzt sehen und um Hilfe bitten, damit die Situation gelöst werden kann. Sie werden überrascht sein, wie viel Kooperation Sie erhalten werden, wenn Sie bereit sind, sich anderen zu öffnen.

Achten Sie auf Ihre Gesundheit

Eine besten Möglichkeiten einen Burnout zu verhindern, ist die Konzentration auf Ihr körperliches Wohlergehen. Sie kennen es schon: Essen Sie ausgewogen, sorgen Sie für viel Ruhe und Erholung und treiben sie regelmäßig Sport. Planen Sie unbedingt täglich 30 Minuten dafür ein – ein schneller Spaziergang ist großartig.

Minimieren Sie weitere Stressfaktoren

Die physischen Folgen von Stress und Burnout addieren sich. Wenn Sie also zu Hause und am Arbeitsplatz Schwierigkeit haben, dann beschleunigen Sie den Burnout. Entscheidend ist die Hilfe durch ihre Familie. Arbeiten Sie einige Arrangements aus, die Ihnen helfen, das Gleichgewicht zwischen Arbeit und persönlichen Verpflichtungen wieder herzustellen. Wenn Sie beispielsweise mitten in einem riesigen Projekt sind, das erfordert, dass Sie bis spät in der Nacht im Büro bleiben, bitten Sie Ihre Familie zu einem Abendessen in einem Restaurant in der Nähe des Büros zu kommen, so dass Sie in der Nähe des Büros bleiben ohne zu viel Ihrer privaten Zeit opfern zu müssen. Kooperation und Kreativität können in der Regel Möglichkeiten schaffen, dass Sie sowohl für Ihre Familie und gleichzeitig auch für ihre Arbeit da sind.

Wenn Sie genau wissen, dass Sie in eine Situation kommen, in der Sie hohem Druck ausgesetzt sind, beginnen Sie Ihren Tag langsam und entspannt. Stellen Sie Ihren Wecker so ein, dass Sie eine halbe Stunde früher als gewohnt aufstehen und dann beginnen Sie den Tag wie gewöhnlich – nur ein klein wenig langsamer. Auf diese Weise kommen Sie einigermaßen entspannt am Arbeitsplatz an.

Unterschätzen Sie nicht, wie stressig es sein kann, Ihre mentale Situation zu schnell zu verändern. Selbst wenige Minuten Entspannung können einen bedeutenden Unterschied bei der Stressbewältigung ausmachen.

Wie Sie einen Karriereknick wegstecken

Es gibt Menschen, die mit Mißgeschick und Not besser zurechtkommen als andere. In den letzten 25 Jahren haben Wissenschaftler herausgefunden, welche Eigenschaft zu dieser Fähigkeit gehört – es ist eine gewisse Art von Elastizität oder Widerstandskraft. Weil dieser Bereich relativ neu ist, ist auch die Anzahl der veröffentlichten Studien sehr klein und die meisten von ihnen konzentrierten sich bisher auf junge Menschen, die sehr erfolgreich wurden, auf produktive Erwachsene, die es trotz traumatischer Kindheit »geschafft« haben.

Dennoch können die Ergebnisse dieser Studien auf jeden zutreffen, der mit Missgeschick oder Not zu tun hatte. Die Forschungen haben beispielsweise ergeben, dass es keine Fertigkeit oder Eigenschaft gibt, die widerstandsfeste Menschen von anderen unterscheiden. Vielmehr haben sie eine Reihe von Charakteristika gemeinsam, allerdings in unterschiedlicher Ausprägung. Dazu gehören:

- ✔ Geringe Verteidigungsbereitschaft und Aggressivität: Widerstandsfähige Menschen zeigen eine hohe Affinität zu Kooperation und Partizipation.
- ✔ Eine positive Sicht von sich selbst: Ihr Verhalten reflektiert ein stetes Selbstvertrauen in die eigenen Fähigkeiten.
- ✔ Selbstkontrolle: Ihr Verhalten lässt viel persönliche Kraft vermuten und kaum Schwäche (also die Überzeugung, dass sie in der Lage sind, bis zu einem gewissen Grad ihr Umfeld kontrollieren zu können).
- ✔ Einen starken Glauben: Dieser Glaube kann auf die eigene Zukunft gerichtet sein, auf eine höhere Macht oder auf sich selbst. Widerstandsfähige Menschen haben starke Überzeugungen.
- ✔ Positive Sicht der Zukunft: Damit ist die Fähigkeit gemeint, schlechte Zeiten als vorübergehend anzusehen, die auch überwunden werden können.

Die meisten Verhaltensforscher, die die Widerstandskraft studiert haben, bestehen darauf, dass es sich dabei nicht um eine angeborene Eigenschaft handelt. Sie stimmen auch darin überein, dass es keine gesicherte Formel gibt, die dazu führt, Missgeschick und Not abzuschütteln. Die Fähigkeit hierzu wird durch die Persönlichkeit, durch ein System von Hilfen und natürlich von der Schwere des Rückschlags beeinflusst. In den folgenden Abschnitten zeige ich auf, wie man sich von Rückschlägen, Missgeschick und Not erholen kann.

Ergreifen Sie die Initiative

Nachdem Sie sich einige Tage lang emotional von Ihrem Karriereknick erholt haben, nehmen Sie sich Zeit, um einen langen und gründlichen Überblick über Ihre derzeitige Situation zu verschaffen. Versuchen Sie dabei so objektiv wie nur möglich zu sein, was keineswegs einfach ist. Versagen Sie sich, andere Menschen oder externe Ereignisse für das verantwortlich zu machen, was geschehen ist. Gleichzeitig aber sollten Sie nicht alle Schuld auf sich nehmen. Wenn Sie nachdenken, halten Sie einen Notizzettel und einen Stift bereit, so dass Sie sich Notizen machen können. Folgend finden Sie einige gute Fragen, die Sie sich als Teil dieser Übung stellen könnten. Beachten Sie, dass jede dieser Fragen Sie veranlasst, mit etwas Positivem und Produktivem zu antworten – die Absicht dabei ist, aus dieser Situation zu lernen, so dass Sie eine Wiederholung vermeiden können.

- ✔ *War der Sinn und Zweck des Projekts deutlich?* Hatten Sie ein gründliches Verständnis der Mission oder des Ziels des Projekts? Falls nicht, was haben Sie zuerst falsch verstanden und was hätten Sie für ein besseres Verständnis tun können?

- *Gab es ausreichend Informationsquellen?* Hielten Sie – bevor sie das Projekt begannen – die Informationsquellen für den Erfolg des Auftrags für erforderlich? Bedienten Sie sich dieser Informationsquellen?
- *Gab es externe Faktoren, die das Ergebnis beeinflussten?* Welche Umstände wären notwendig gewesen, um Ihr Ziel zu erreichen?
- *Saßen Sie selbst am Schaltpult?* Wie viel Kontrolle hatten Sie über die Faktoren, die für den Erfolg des Projekts Ausschlag gebend waren?
- *Was können Sie verändern?* Welche Fertigkeiten müssen Sie noch entwickeln, um vermeiden zu können, dass Ihnen der gleiche Fehler in der Zukunft nicht mehr unterläuft?
- *Können Sie sich einen anderen Ausgang dieses Unternehmens vorstellen?* Würden Sie, rückblickend, irgend etwas anders machen?

Lassen Sie sich für die Beantwortung dieser Fragen viel Zeit. Und falls Sie sich der Antworten nicht sicher sind, dann ist es auch nicht schlimm. Schließlich geht es hier um Ihre eigenen Erkenntnisse.

Vermeiden Sie das Opfer-Syndrom

Es ist er zwar leichter gesagt als getan, doch versuchen Sie unbedingt das zu vermeiden, was viele Psychologen als Opfer-Syndrom bezeichnen. Menschen, die in dieser Denkweise gefangen sind, weigern sich, irgendeine Verantwortung zu übernehmen für das, was geschehen ist, und schieben die Schuld auf die Umstände oder andere Menschen. Der kurzfristige Vorteil, der für das Ego solcher Menschen durch diese Verhaltensweise gewonnen wird, geht durch eine gefährliche Geisteshaltung der Hilflosigkeit wieder verloren.

Studien haben gezeigt, dass eines der wichtigsten Charakteristika widerstandsfähiger Menschen eine objektive Sicht ihrer Rolle ist, wenn sie Missgeschick oder Unglück ausgesetzt sind. Sie betrachten sich nicht als hilflose Opfer, sondern sie erkennen und akzeptieren die Kraft, mit der sie ihre Reaktionen kontrollieren können, ganz gleich, was um sie herum geschieht. Dieses Selbstvertrauen befähigt sie, Schritte zu unternehmen, die Menschen, die sich hilflos fühlen, unmöglich wären.

Bringen Sie Ihren Frust zu Papier!

Wenn Sie Schwierigkeiten haben, Ihren Ärger los zu werden und Sie das Gefühl haben, sie wurden von ihrem Chef oder irgendeinem anderen völlig falsch eingeschätzt, dann müssen Sie diesen Frust entsorgen, ohne dass Sie noch tiefer in den Sumpf geraten. Tun Sie das, indem Sie einen Brief an die entsprechende Person schreiben und darin Ihre Gefühle ausdrücken. (Natürlich schicken Sie diesen Brief nie ab.) Doch allein die Tatsache, dass Sie ihrer Gefühle entledigt sind, kann eine signifikante therapeutische Wirkung haben. Einige Psychologen empfehlen, diese Übung mehrmals zu wiederholen, bis Sie den größten Teil des Ärgers entsorgt haben.

Distanzieren Sie sich vom Versagen

Ob jemand versagt hat, hängt immer von der Situation ab. Mit anderen Worten: Man versagt nicht einfach, sondern man versagt lediglich in dem Versuchen etwas Bestimmtes zu erreichen. Diese Unterscheidung ist sehr wesentlich, wenn Sie über Ihre Rückschläge nachdenken. Beschränken Sie Ihre Gedanken auf die Aspekte Ihrer Leistung (und nur auf diese Aspekte), die das Ergebnis des Projekts signifikant beeinflusst haben. Es ist sehr wahrscheinlich, dass Sie dies bereits bei vielen Routinetätigkeiten in Ihrem Leben tun. Wenn Sie beispielsweise im Restaurant ein schlechtes Menue bestellen, dann ist es unwahrscheinlich, dass Sie Ihren Fehler auf eine Unfähigkeit Entscheidungen zu treffen zurückführen.

Folgen Sie dem gleichen Prinzip, wenn Sie Ihre beruflichen Rückschläge analysieren. Konzentrieren Sie sich auf den Vorgang oder auf die Entscheidung. Der Wert dieses Vorgehen ist zweierlei:

- ✔ Sie können ihren Fehler eingestehen, ohne dass Sie sehr viel an Selbstbewusstsein einbüßen.
- ✔ Sie erhalten ein besseres Verständnis Ihrer Stärken und Schwächen, und reduzieren damit das Risiko, die Fehler zu wiederholen.

Suchen Sie das Gute an Ihrem Versagen

Ein Thema, das die Biografien erfolgreicher Menschen beherrscht, ist, wie häufig ein Fehler oder eine riesige Enttäuschung indirekt zu Entscheidungen oder Aktionen führten, die letztlich doch ein Erfolg wurden. Sie brauchen deshalb die Welt nicht durch eine rosarote Brille zu betrachten, um dies in die Praxis umzusetzen. Und Sie brauchen dies auch nicht rational zu erklären. Wenn Sie aus einem Projekt genommen wurden, das Sie monatelang Tage und Nächte beherrscht hat, dann sollten Sie nach anderen Möglichkeiten suchen, auf die Sie Ihre Zeit und Kraft verwenden können. Hat man Ihnen die rote Karte gezeigt, dann betrachten Sie dies als Chance, Ihre Karriereziele noch einmal zu untersuchen und sicherzustellen, dass Sie sich noch auf dem Weg befinden, den Sie einschlagen wollen.

Ganz gleich, wie schwierig es zu sein scheint, grübeln Sie nicht darüber, was Sie möglicherweise verloren oder aufgegeben haben. Statt dessen konzentrieren Sie sich auf das, was Sie in der Zukunft zu gewinnen hoffen.

Suchen Sie Hilfe, wenn Sie sie brauchen

Versagen wird häufig von Gefühlen tiefer Scham begleitet. Einige Menschen, die Rückschläge erlebten, neigen dazu, sich vor der Welt zu verschließen. Doch wenn man etwas von widerstandsfähigen Menschen und deren Verhalten lernen kann, dann ist es völlig falsch, ein Eremit werden zu wollen. Ganz im Gegenteil: Jetzt ist die Zeit gekommen, sich auf die Menschen verlassen zu können, die ein Teil Ihres Unterstützungssystems sind – die Familie, Freunde und Mentoren. Diese Menschen sind da, um Ihnen zu helfen. Doch Sie müssen um Hilfe bitten. Sprechen Sie mit einem früheren Lehrer oder einem Mentor aus der Schulzeit, um Ihre Stimmung wieder anzuheben, falls es nötig ist. Vielleicht erhalten Sie auch Hilfen, eine neue Strategie für Ihre Karriere zu entwickeln. Kollegen, Familienmitglieder und Freunde können ebenfalls neue Perspektiven aufzeigen und emotionale Hilfe bieten.

Lernen Sie aus Fehlern

Diesen Rat haben Sie wahrscheinlich schon so oft gehört, dass Sie nicht mehr daran glauben, welche Wirkung er tatsächlich hat – und wie einfach es ist, die Übersicht zu verlieren, während Sie sich von einem Rückschlag erholen. Denken Sie aber an den entscheidenden Unterschied zwischen der Anerkennung von Fehlern und aus Fehlern zu lernen. Fehler anerkennen heißt, dass Sie sich dessen bewusst sind, dass Sie sich geirrt haben. Aus Fehlern lernen bedeutet hingegen, dass Sie in der Lage sind, dieses Versagen in einen produktiven Nutzen umzuwandeln, wenn Sie einmal in eine ähnliche Situation kommen. So schmerzlich Rückschläge auch sein können, sie sind aber auch ein sehr wertvolles Hilfsmittel zum Lernen. Sie können Ihr Selbstbewusstsein verbessern. Sie können nicht wachsen, wenn Sie sich nicht besser verstehen, und wenn Sie Ihre Grenzen nicht kennen, dann werden Sie nie daran arbeiten, sie zu erweitern. Wenn Sie Ihre Stärken unterschätzen, können Sie daraus nie Kapital schlagen.

Bewerten Sie Ihre Ziele neu

Rückschläge und Versagen sind ganz natürliche Erscheinungen – es sind Möglichkeiten, Ihre Ziele noch einmal zu untersuchen und Erkenntnisse zu gewinnen, wie sehr Sie sich diesen Zielen verpflichtet fühlen. Allerdings könnten Sie feststellen, dass das letzte Ziel immer noch vernünftig ist, jedoch einzelne Schritte oder der Zeitplan einer Korrektur bedürfen. Es könnte sein, dass Sie zu viel zu schnell erreichen wollten.

Zurück auf den richtigen Weg

Wenn Sie in Ihrer Karriere einen Rückschlag erlitten haben, dann sollten Sie sich so schnell wie möglich auf den richtigen Weg nach vorn konzentrieren. Wichtig dabei ist, dass Sie bestimmte Aktionen in Angriff nehmen, und keine allgemeine Ziele. Wenn Sie beispielsweise bei einer Beförderung übergangen wurden, dann sollten Sie wissen, woran es gefehlt hat. Wenn Sie an einem Kurs teilnehmen müssen, dann setzen Sie sich einen Termin, zu dem Sie sich angemeldet haben müssen.

Teil III

Gute Zusammenarbeit mit anderen

»Die Bezahlung ist nicht gerade toll, aber wo sonst bekommen Sie schon eine Rente, die in alle Ewigkeit sicher ist?«

In diesem Teil ...

In der heutigen Arbeitswelt kann die Art und Weise, wie Sie mit anderen kommunizieren und zusammenarbeiten über Ihre Karriere entscheiden. In diesem Teil zeige ich Ihnen, wie die besten Führungskräfte und Team-Spieler vorgehen, und biete Ihnen die notwendigen Tipps, damit Sie effektiv kommunizieren können, ganz gleich in welcher Position Sie arbeiten. Außerdem entdecken wir gemeinsam die Geheimnisse des Networking, damit Sie Beziehungen von gegenseitigem Nutzen aufbauen können, die oft ein Arbeitsleben lang andauern.

Managen Sie Ihren Chef

11

In diesem Kapitel

- Stellen Sie sich Ihren idealen Chef vor
- Wie gute Beziehungen funktionieren
- Wie man mit einem schwierigen Chef zusammenarbeitet

Auf den ersten Blick mag Ihnen der Titel dieses Kapitels lächerlich erscheinen. Wie können Sie jemanden managen, in dessen Verantwortung es steht, Sie zu managen? Doch ist dies kein Druckfehler, und es ist auch kein Trick. Es geht lediglich darum, wie man das Wort »managen« definiert.

Managen bedeutet, mit Blick auf Ihren Vorgesetzten, nicht nur, dass er einem anderen sagt, was zu tun ist. Für Sie bedeutet es, Ihr Bestes zu geben, um es Ihrem Chef zu erleichtern, Sie zu managen, auch wenn Sie beide in vielen Teilbereichen Ihres Jobs keinen persönlichen Kontakt haben.

Verstehen Sie mich bitte nicht falsch. Ihren Chef zum managen ist nicht das Gleiche, wie sich anzubiedern. Sie sind aber auch nicht verpflichtet, den sprichwörtlichen Fußabstreifer zu spielen, indem Sie Ihrem Chef jeden Wunsch von den Augen ablesen, schlechte Behandlung hinnehmen oder Ihre Integrität aufgeben. Es bedeutet ganz einfach, dass Sie im Verlauf Ihrer Karriere für Menschen arbeiten, deren Kompetenz Sie möglicherweise nicht respektieren, deren Lebensweise Sie nicht gutheißen, deren Art Sie zu managen bei Ihnen keinen Anklang findet und dessen Forderungen Sie manchmal unsinnig finden mögen. Vergessen wir für den Augenblick einmal, ob diese Eindrücke gerechtfertigt sind; die Möglichkeit, Ihre Karriereziele zu erreichen, hängt zum großen Teil davon ab, wie gut Sie solche Situationen meistern. Geben Sie sich jedoch keinen falschen Vorstellungen hin. Wie gut Sie mit Ihrem Chef zusammenarbeiten können, hat mehr Gewicht als jeder andere Faktor Ihres Könnens, Ihres Wissens, Ihrer persönlichen Eigenschaften und der Motivation für Ihren Beruf – und mehr Gewicht als das, was Sie in Ihrem Job gelernt haben und wie zufrieden Sie mit Ihrem Job auch immer sein mögen.

In diesem Kapitel finden Sie Strategien, die Sie anwenden können, um eine produktive, harmonische und segensreiche Beziehung zu Ihrem Vorgesetzten zu unterhalten, selbst wenn Sie beide nicht gerade ideal zusammenpassen. Außerdem betrachten wir, wie die ideale Chef-Arbeitnehmer-Beziehung aussehen könnte (bleiben Sie mal ganz ruhig, so etwas gibt es nämlich nicht). Sie werden die Faktoren erkennen, die die Qualität der Beziehung, die Sie zu Ihrem Vorgesetzten haben, maßgeblich beeinflussen. Außerdem erhalten Sie Tipps dafür, wie man mit den üblicherweise vorkommenden Problem-Managern zurechtkommt.

Stellen Sie sich Ihren idealen Chef vor

Wenn Sie eine zufällig zusammengesetzte Gruppe von Arbeitnehmern fragen würden, wie diese ihren idealen Chef beschreiben würden, dann würden sich die einzelnen Vorstellungen deutlich voneinander unterscheiden. Die meisten Menschen jedoch würden ähnliche Kriterien beschreiben. Mehr oder weniger ausgeprägt würde der Wunsch sein, für einen Chef zu arbeiten, der

- ✔ *ein ausgemachter Profi ist.* Überdurchschnittliche Chefs sind höchst kompetent, die viel Ahnung von ihrem Metier haben und ihre Geschäfte so führen, dass sie der Bewunderung und der Achtung ihrer Kollegen würdig sind.
- ✔ *ein anregender Leiter ist.* Die besten Manager sind fair, vernünftig, höflich und respektvoll und sind damit ein Vorbild, dem die Mitarbeiter gern folgen. Die Zusammenarbeit mit solchen Chefs ist sehr einfach und macht auch Spaß.
- ✔ *ein guter Kommunikator ist.* Die Fähigkeit, klare und genaue Anweisungen zu erteilen, und Zusammenhänge gut erklären zu können, ist entscheidend für den Erfolg eines Teams oder einer Abteilung.
- ✔ *andere wirkungsvoll motivieren kann.* Gute Chefs loben schnell, wenn eine Sache gut gemacht wird, und geduldig und konstruktiv, wenn es nicht nach Wunsch läuft oder Fehler vorkommen. Sie haben ein persönliches Interesse für ihre Untergebenen – insbesondere an den Fortschritten, die sie machen – und sie versuchen immer, die berufliche Entwicklung der Untergebenen zu fördern.
- ✔ *sich für seine Mitarbeiter einsetzt.* Erfolgreiche Manager sind empfindsam dafür, dass ihre Mitarbeiter die beruflichen und familiären Verantwortlichkeiten ausgewogen gestalten wollen. Ein solcher Chef setzt sich, falls erforderlich, auch für seine Mitarbeiter ein.

Wenn Ihr augenblicklicher Chef oder jemand, mit dem Sie früher zusammengearbeitet haben, aus irgendeinem Grund nicht allen oben beschriebenen Eigenschaften vollkommen entspricht, dann darf Sie das nicht überraschen. Es gibt keinen perfekten Chef – und dafür gibt es einen logischen Grund. Alle Manager (auch Sie, für den Fall, dass Sie Vorgesetzter sind) leiden unter der gleichen Schwäche: Sie sind Menschen. Und deshalb sind sie, wie jeder andere Mensch auch (Sie sind natürlich ausgenommen!) mit den gleichen Schwächen und Fehlern behaftet. Vergessen Sie nicht, dass Sie, wenn Sie für ein großes Unternehmen arbeiten, wahrscheinlich einer von vielen sind, der Ihrem Manager unterstellt ist. Zweifellos hat jeder eine andere Definition des idealen Chefs, und so kann kein Vorgesetzter für jeden perfekt sein. Letztlich dürfen Sie nicht die Tatsache übersehen, dass die meisten Vorgesetzten selbst einen Vorgesetzten haben und ihrem Management gegenüber ebenfalls Vorbehalte haben.

Wenn Sie in bestimmten Aspekten mit der Beziehung zu Ihrem Vorgesetzten nicht glücklich sind, dann muss die Initiative, die Dinge zu verbessern, von Ihnen kommen und nicht von Ihrem Chef. Vielleicht haben Sie das Glück, einen Chef zu haben, der bereit ist, ebenso intensiv daran zu arbeiten wie Sie, damit die Beziehung für beide Seiten von Vorteil ist. Doch die Kräfteverteilung zwischen Chef und Mitarbeiter ist von Natur aus ungleich.

Natürlich erwartet niemand von Ihnen, dass Sie unter ungesunden, unsicheren oder ausbeuterischen Bedingungen arbeiten. Doch darüber hinaus bleibt die Tatsache, dass die Wünsche, Bedürfnisse und Prioritäten Ihres Vorgesetzten vor ihren Bedürfnissen, Wünschen und Prioritäten Vorrang haben. Mit anderen Worten: Sie müssen sich Ihren Chef als Klienten oder Kunden vorstellen. Wenn Sie ein Problem haben, diese Rolle zu akzeptieren , dann sollten Sie sich vielleicht überlegen, sich selbstständig zu machen. Doch selbst dann, werden Sie herausfinden, dass Sie nur dann Erfolg haben werden, wenn Sie Ihre eigenen Wünsche, Bedürfnisse und Prioritäten denen eines anderen unterordnen – Ihren Klienten und Kunden.

Und noch etwas sollten Sie beachten, wenn Sie dieses Kapitel durchlesen: Die Änderungen, die Sie vornehmen müssen, um den Bedürfnissen und Wünschen der meisten Manager gerecht zu werden, werden nicht so umwälzend sein, wie Sie zunächst annehmen könnten. Ganz im Gegenteil: Oft bedarf es nur wenig, um die häufigsten Ursachen für Spannungen und Frustrationen zu vermeiden, die zwischen Ihnen und Ihrem Chef aufkommen könnten. Wichtig ist nur, dass Sie wissen, was Sie tun und wann Sie es tun.

Darüber haben Sie die Kontrolle

Das erste, was Sie tun müssen, um Ihren Chef besser managen zu können, ist die Elemente der Beziehung zu erkennen, bei denen die Kontrolle in Ihrer Hand liegt. Was Sie natürlich nicht kontrollieren können, ist die Persönlichkeit Ihres Chefs – beispielsweise, dass er regelmäßig Wutausbrüche bekommt, wenn etwas wirklich ernsthaftes geschieht, er beispielsweise bei der Einwahl zu seinem Internet-Provider ständig ein Besetztzeichen hört. Weiterhin haben Sie keine Kontrolle über die Anforderungen, die Ihr Chef stellt. Weiterhin können Sie wenig tun, um die persönlichen Beziehungen Ihres Chefs zu seinem Vorgesetzten zu beeinflussen.

Doch hier sind einige Dinge, die Sie kontrollieren können:

- ✔ *Ihr eigenes Verhalten*: Wenn Sie die Beziehung mit einer positiven Grundhaltung angehen, dann wird es leichter für Sie werden, mit aufkommenden Problemen umzugehen.
- ✔ *Ihr Einsatz*: Versuchen Sie, Ihren Job bestmöglich auszuführen, auch wenn bestimmte Umstände es Ihnen nicht gerade leicht machen. Der Stolz und die Professionalität, die Sie damit erreichen, werden Ihnen helfen, auch harte Zeiten durchzustehen.
- ✔ *Ihre Bemühungen*: Trachten Sie danach, die Erwartungen Ihres Chefs besser zu verstehen und auch die Kriterien, nach denen er Ihre Arbeitsleistung beurteilt.
- ✔ *Ihre Reaktionen*: Wenn Sie und Ihr Chef unterschiedlicher Meinung sind, verschlimmern Sie den Disput oder suchen Sie einen Kompromiss?

Wie Sie wahrscheinlich erwarten, variiert das Maß, in dem Sie eine Situation kontrollieren können, von Fall zu Fall. Die Vorschläge im nächsten Abschnitt jedoch werden Sie in die Lage versetzen, nahezu jede Chef-Mitarbeiter-Beziehung in Ihrem Sinn zu beeinflussen.

Machen Sie einen guten Anfang

Es ist entscheidend, dass Sie und Ihr Chef von Anfang an im Gleichschritt marschieren. Ein großer Teil dieser Herausforderung liegt in der Chemie: Wie einfach und gut lassen sich zwei Persönlichkeiten aufeinander abstimmen? Zu den Faktoren, die für eine gute Chemie sorgen, zählen Ähnlichkeiten in der Herkunft, ähnliche Werthaltungen und ein ähnlicher Humor (Sie können über die gleichen Witze lachen). Außerdem schadet es nicht, wenn Sie Anhänger des gleichen Fußballvereins sind oder das gleiche Hobby pflegen (»Oh, ich wusste gar nicht, dass Sie auch eine Ameisen-Farm haben. Welch ein Zufall!).

Doch selbst wenn die Chemie zwischen Ihnen und Ihrem Chef stimmt, müssen Sie dennoch gleich zu Beginn der Zusammenarbeit sicherstellen, dass Sie auch in den folgend aufgeführten Belangen übereinstimmen:

- ✔ *Ihr Verantwortungsbereich*: Was erwartet er von Ihnen und wie fügt sich Ihr Job, auf der Grundlage der strategischen Ziele des Unternehmens, in das Gesamtbild ein?
- ✔ *Werte und Standards*: Auf welcher Basis wird Ihre Arbeitsleistung gemessen? Stellt Ihr Chef, außer den in der Firma üblichen noch weitergehende Anforderungen?
- ✔ *Arbeitsabläufe*: Welche Prozesse beschleunigen und gestalten den Arbeitsfluss effizienter – insbesondere bei Projekten, bei denen Sie mit Ihrem Chef zusammenarbeiten?
- ✔ *Grundregeln und Abläufe*: Welche formellen Regeln beeinflussen die Arbeitsleistung? Werden Sie ermutigt, Verbesserungsvorschläge zu machen oder erwartet man von Ihnen alles genau nach Vorschrift zu machen?

Unterschätzen Sie nicht die Bedeutung, in den oben genannten Punkten Übereinstimmung zu erzielen, ganz gleich, wie banal sie scheinen mögen. Einverständnis in diesen grundsätzlichen Angelegenheiten kann viele Probleme weitestgehend im Keim ersticken, wenn Vorgesetzter und Untergebener es gut miteinander können.

Kontrollieren Sie die Fortschritte

Es ist Chefsache, die Erwartungen an einen Job zu determinieren und Ihre Arbeitsleistung zu bewerten, doch können Sie nicht immer mit eindeutiger Kommunikation rechnen. Und obwohl sie Beide zu Beginn Ihrer Zusammenarbeit die Ziele besprochen haben, kann es durchaus sein, dass Sie von Zeit zu Zeit eine Auffrischung benötigen. Hierbei sollten Sie die Initiative ergreifen und ihren Manager direkt um spezielle Richtlinien bitten und um ein Feedback in diesen Angelegenheiten.

Doch ist die Aufgabe nicht gelöst, wenn sie nur einfache Fragen stellen. Wenn sie wissen, was von Ihnen erwartet wird, benötigen Sie das Vertrauen in ihre Fähigkeiten, um diesen Erwartungen auch gerecht werden zu können. Und wenn Sie sich aus irgend einem Grund nicht sicher sind, dann sollten Sie darüber noch einmal nachdenken und mit Ihrem Chef sprechen, welche zusätzlichen Hilfen oder Hilfsmittel Sie benötigen.

Es ist keine gute Idee, wenn Sie versuchen, vor Ihrem Chef irgendwelche Fehler verbergen zu wollen, wenn Sie die in Sie gesetzten Erwartungen nicht erfüllt haben. Wesentlich besser ist es, die Wahrheit zu sagen und zu erkennen geben, dass Sie bereit sind, die erforderlichen Schritte zu unternehmen, so bald wie möglich auf dem Stand der Dinge zu sein

Betrachten Sie das große Bild

Immer, wenn Sie eine neue Aufgabe oder ein neues Projekt übertragen bekommen, sollten Sie nicht nur wissen, was man von Ihnen erwartet, sondern auch, weshalb (aus der Sicht Ihres Chefs) die Aufgabe auf bestimmte Art und Weise gelöst werden soll, und wie sie in die strategischen Ziele des Unternehmens oder Ihrer Abteilung eingegliedert ist. Diese Information brauchen Sie nicht sofort, (Sie sollten vielleicht im Rahmen der nächsten Mitarbeiterbesprechung danach fragen). Wichtig ist aber, sich schon sehr früh als ein Mitarbeiter zu etablieren, der mehr tut, als nur Anordnungen auszuführen. Sie sollten ein richtiger Problem-Löser werden – also jemand, der aktiv daran arbeitet, die Arbeit des Chefs zu erleichtern.

Je mehr Sie über den Aufgabenbereich Ihres Vorgesetzten wissen, umso mehr können Sie ihm behilflich sein – und umso wertvoller werden Sie als Mitarbeiter. Dieses Wissen erlangen Sie, wenn Sie die richtigen Fragen stellen und aus der Alltagsarbeit lernen.

Hier eine Liste der für Ihren Chef wichtigsten Aspekte, die auch Sie kennen sollten:

- ✔ *Der Verantwortungsbereich*: Wenn Sie die verschiedenen Aspekte des Jobs Ihres Vorgesetzten kennen, dann können Sie sich auch vorstellen, wie Ihr Job in seine Verantwortung eingebettet ist, und wie er diese beeinflussen kann.
- ✔ *Die Anzahl der Mitarbeiter, die ihm direkt berichten*: Je mehr Mitarbeiter Ihrem Chef unterstellt sind, umso unabhängiger werden Sie voraussichtlich arbeiten müssen.
- ✔ *Der Chef Ihres Chefs*: Wenn Sie den Vorgesetzten Ihres Chefs genauer kennen, dann können Sie sich besser vorstellen, weshalb bestimmte Aufgaben auf ganz bestimmte Art und Weise gelöst werden müssen.
- ✔ *Die beruflichen Ambitionen und Lebensziele Ihres Chefs*: Die persönlichen Prioritäten und Ziele können die Rangordnung seiner Prioritäten beeinflussen.
- ✔ *Die Karriere Ihres Vorgesetzten in dieser Firma*: Wenn Sie darüber Bescheid wissen, dann können Sie die Erfahrung und die besonderen Kenntnisse Ihres Chefs besser einschätzen.

- *Technisches Wissen und Branchenkenntnisse*: Der Umfang des Fachwissens (außer den Fähigkeiten als Manager) hat eine große Bedeutung für die Kommunikation. Beispielsweise dürfen Sie nicht so viele Fachbegriffe anwenden, wenn Sie E-Mails oder Aktennotizen schreiben, oder aber Sie müssen Ihre Fachkenntnisse wesentlich erweitern, um zu verstehen, was er von Ihnen erwartet.
- *Externer Druck*: Wenn Sie die persönlichen Probleme Ihres Vorgesetzten kennen, dann können Sie ihm in schwierigen Zeiten mehr Unterstützung anbieten.

Die Kommunikation ist entscheidend

Keine Beziehung kann ohne gute Kommunikation funktionieren. Die Beziehung zu Ihrem Vorgesetzten macht hier keine Ausnahme. Regelmäßig angesetzte Mitarbeiterbesprechungen sind natürlich eine große Hilfe. Doch ebenso wichtig wie die Häufigkeit der Besprechungen ist deren Qualität – die Möglichkeit miteinander anstatt übereinander zu sprechen.

Im Folgenden finden Sie eine Liste der am häufigsten vorkommenden Hürden für eine gute Kommunikation im Verhältnis zwischen Vorgesetztem und Mitarbeiter. Außerdem noch einige Vorschläge, wie diese Hürden überwunden werden können:

- *Unterschiedliche Ansichten*: Es gibt grundsätzliche Missverständnisse bezüglich der Rollen, des Verantwortungsbereichs und der Prioritäten.

  Rezept: Besorgen Sie sich eine Kopie Ihrer Arbeitsplatzbeschreibung und bitten Ihren Vorgesetzten um eine Unterredung, im Rahmen derer die Arbeitsplatzbeschreibung aktualisiert werden kann. Verzichten Sie jedoch darauf, jede kleine Aufgabe zu definieren. Vergessen Sie nicht, dass es Ihre vordringlichste Aufgabe ist, dem Unternehmen zum Erfolg zu verhelfen.

- *Sie sehen sich nicht oft*: Es ist für beide Seiten sehr schwierig, in Kontakt zu bleiben, wenn Sie nicht beide am selben Standort arbeiten.

  Rezept: Versuchen Sie ein Kommunikationssystem einzurichten: Täglicher Kontakt per E-Mail, Telefon- oder Videokonferenzen. Nehmen Sie sich vor, regelmäßig miteinander Kontakte zu pflegen.

- *Persönliche Differenzen*: Kleine Angewohnheiten und Überempfindlichkeiten verhindern, dass Sie sich in der Anwesenheit des jeweilig anderen nicht besonders wohl fühlen.

  Rezept: Sie müssen Ihren Chef nicht unbedingt lieben. Konzentrieren Sie sich auf Ihre jeweilige Aufgabe.

- *Unterschiedliche Arbeitsauffassungen*: Sie und Ihr Chef sind in Ihrer Art völlig gegensätzlich. Während Ihr Chef beispielsweise sehr extravertiert ist, neigen Sie eher zu schweigsamer Zurückhaltung.

Rezept: Passen Sie sich, soweit es Ihnen möglich ist, der Art Ihres Chefs an, besonders dann, wenn es sehr hektisch wird. Keiner von Ihnen muss sich völlig umstellen, solange Sie berücksichtigen, dass man das selbe Ziel auf unterschiedlichen Wegen erreichen kann.

✔ *Chaotische Zustände am Arbeitsplatz*: Von außen her wirkende Umstände am Arbeitsplatz mindern die Möglichkeiten, einander zu helfen informiert zu sein oder neue Ideen auszutauschen.

Rezept: Wichtig ist, regelmäßige Besprechungstermine einzurichten, damit die Kommunikation fruchtbar sein kann. Vielleicht sollten Sie sich zu einer wöchentlichen Miarbeiterbesprechung im Konferenzraum oder an einem Ort außerhalb der Firma treffen, wo Störungen nicht möglich sind.

Betrachten Sie diese Hürden genauer, dann könnten Sie durchaus einige Zeit benötigen, um zu entscheiden, wie die Kommunikation am Arbeitsplatz am besten geregelt werden kann. Viel wird davon abhängen, worauf Ihr Chef großen Wert legt. Einige Manager ziehen persönliche Gespräche vor, während andere lieber per E-Mail oder Aktennotiz kommunizieren. Einige Vorgesetzte wollen alles bis ins letzte Detail genau wissen, andere legen nur auf die Fakten wert. Finden Sie heraus, welche Art der Kommunikation Ihr Chef bevorzugt und passen Sie Ihren Kommunikationsstil entsprechend an.

Passen Sie Ihre Arbeitsweise an

Die Art und Weise, wie Sie Ihre Arbeit erledigen, stimmt möglicherweise nicht mit der Arbeitsweise Ihres Chefs überein. Doch solange Sie beide nicht in Extreme verfallen (Sie arbeiten am besten nachts um 3.00 Uhr und mögen laute Musik im Hintergrund, er hingegen hat seine beste Form nachmittags um 15.00 Uhr und bevorzugt völlige Ruhe), sollten Sie doch Gemeinsamkeiten finden.

Denken Sie daran – und das ist ein Punkt, den ich gar nicht genug betonen kann -, dass Sie es sind, der sich anpassen muss. Haben Sie dann einen Monat lang für jemanden gearbeitet, dann sollten Sie den Arbeitsstil Ihres Chefs einigermaßen gut kennen. Außerdem sollten Sie in der Lage sein, sich seinem Arbeitsstil anzupassen, ohne dabei enorme Änderungen an Ihren Gewohnheiten vornehmen zu müssen.

Hier einige Bereiche, über die Sie nachdenken sollten:

✔ *Allgemeiner Arbeitsstil*: Legt Ihr Chef besonderen Wert auf genau geplante Aktionen oder neigt er eher dazu spontan vorzugehen? (Wenn Sie das wissen, dann hilft Ihnen das besser zu verstehen, wie oft – und wann – Sie mit Ihrem Chef konferieren müssen.)

✔ *Computer-Kenntnisse*: Benutzt Ihr Chef einen Computer und auch die gleichen Anwendungen wie Sie? (Wenn Sie das wissen, dann können Sie vermuten, wie viel Zeit Sie aufwenden müssen, um sich um elektronische Kommunikation zu kümmern.)

- *Arbeitsberichte*: Wann (aus der Sicht Ihres Vorgesetzten) ist viel Information zu viel Information? (Wenn Sie das wissen, dann können Sie sich darauf einrichten, wie oft und wie genau er wissen will, was Sie getan haben.)

Es besteht für mich kein Zweifel daran, dass Sie, wenn Sie schon längere Zeit mit Ihrem Chef zusammengearbeitet haben, sich immer besser auf ihn einstellen können und damit Ihrem Chef die Arbeit erleichtern. Wichtig ist jedoch, dass Sie auch weiterhin gut aufpassen und falls erforderlich Ihren Arbeitsstil anpassen.

Über Besprechungen und Aussprachen

Gleich unten finden Sie sieben Möglichkeiten, um Unterredungen mit Ihrem Chef möglichst positiv zu gestalten:

- *Machen Sie Ihre Hausaufgaben*. Sehen Sie sich die Tagesordnung genau an und stellen Sie zu den einzelnen Punkten Recherchen an. Bringen Sie Dokumentationen oder Materialien mit, die relevant sein könnten.
- *Machen Sie sich Notizen*. Bringen Sie immer etwas in die Besprechung mit, um sich Notizen zu machen: einen elektronischen Organizer oder einen Notizblock und einen Stift.
- *Suchen Sie Klarheit*. Stellen Sie sicher, dass Sie nicht nur das verstehen, was Sie tun sollen, sondern auch den Grund für diese Aufgabe. (Das bedeutet natürlich nicht, dass Sie bei jeder Aufgabenstellung nachfragen müssen. Wenn Sie allerdings auch die Hintergründe kennen, dann sind Sie in der Lage, bessere Entscheidungen zu treffen.)
- *Schenken Sie Ihrem Chef ungeteilte Aufmerksamkeit*. Tun Sie alles, um das Gespräch mit Ihrem Chef möglichst störungsfrei zu halten. Bleiben Sie aufmerksam und konzentriert, völlig unabhängig davon, wie oft Ihr Chef Störungen zulässt.
- *Spielen Sie nicht den Helden*. Bitten Sie um Rat, wenn es um Prioritäten geht. Wenn Sie im Gespräch bemerken, dass Sie mehr Aufgaben übernehmen sollen, als Sie bearbeiten können, dann sollten Sie um Hilfe bitten.
- *Verschaffen Sie sich Klarheit*. Wenn Sie nach dem Meeting nicht ganz sicher sind, was Sie da übernommen haben, dann sollten Sie sich telefonisch noch einmal bei Ihrem Chef melden, um Klarheit zu erhalten. Sie können auch in einem E-Mail Ihre Aufgabe, so wie Sie sie verstanden haben, skizzieren. Bitten Sie um ein Feedback.
- *Bleiben Sie positiv*. Ganz gleich, unter welchem Druck Sie und Ihr Chef stehen, gehen Sie immer mit einer positiven Grundeinstellung in ein Meeting.

Stellen Sie sich auf die Persönlichkeit Ihres Chefs ein

Außer, dass Sie Ihren Vorgesetzten zu einer persönlich gehaltenen Präsentation einladen, die zeigt, wie man ein besserer Mensch wird (nicht gerade eine tolle Idee!), können Sie kaum etwas tun, um seine persönlichen Eigenschaften (die sich von Ihren Charakteristika unterscheiden) zu beeinflussen.

Wenn Sie sich jedoch ein wenig Mühe geben, können Sie in der Regel verhindern, dass sich diese Unterschiede auswachsen und Grund für Konflikte und Frustrationen werden. Hier einige Vorschläge, wie Sie dabei vorgehen können:

- ✔ *Kritisieren Sie nicht ständig andere Menschen*: Niemand ist perfekt – nicht einmal Sie.
- ✔ *Gehen Sie nicht davon aus, dass es Ihre Lebensaufgabe ist, Ihren Chef zu ändern*: Möglicherweise passen Ihnen seine Angewohnheiten nicht, dennoch müssen Sie mit ihm zusammenarbeiten.
- ✔ *Beziehen Sie nicht alles auf sich*: Gehen Sie nicht automatisch davon aus, dass Sie der Grund dafür sind, dass Ihr Chef grantig (bayer. für missgestimmt oder schlecht aufgelegt) ist. Sein Verhalten ist meist nicht nur Ihnen gegenüber so. Hat er seinen schlimmen Tag, dann ist er allen gegenüber grantig.
- ✔ *Suchen Sie die Schwachstellen Ihres Chefs*: Am besten für Sie ist es, wenn Sie alles vermeiden, was ihn irritieren könnte: Eigenschaften, Dinge, Verhaltensweisen und Ereignisse.
- ✔ *Setzen Sie sich selbst Grenzen*: Entscheiden Sie sich, wie Sie behandelt werden wollen und verhalten Sie sich Ihrem Chef gegenüber so, wie Sie selbst behandelt werden wollen. Außerdem sollten Sie Ihrem Vorgesetzten auch Fehlverhalten zugestehen, wenn Sie genau wissen, dass er sehr viel Stress hat.

Handbuch für den Umgang mit problematischen Chefs

Geht man von der Zahl der Bücher und Beiträge in Zeitschriften aus, die über problematische Chefs geschrieben wurden, dann könnte man zu der Auffassung kommen, die Arbeitsplätze seien heute von Vorgesetzten überschwemmt, die anmaßend, gefühllos, kleinlich, unentschlossen, bestechlich und insgesamt unzivilisiert sind.

Das ist sicherlich eine Übertreibung. Dennoch ist es kein Geheimnis, dass es durchaus einige Manager gibt, mit denen man nur sehr schwierig zusammenarbeiten kann. In den folgenden Abschnitten gebe ich eine kurze Beschreibung der häufigsten Beschwerden über Vorgesetzte. Außerdem finden Sie einige Vorschläge, wie man aus einer solchen Situation das Beste macht.

Wenn Sie diesen Abschnitt lesen, dann dürfen Sie nicht vergessen, dass die Ratschläge nur sehr allgemein gefasst sein können. Die Dynamik der Beziehung zwischen Vorgesetzten und Untergebenen kann äußerst komplex sein, und was in einer Situation funktioniert, muss für Sie nicht unbedingt der Weisheit letzter Schluss sein. Außerdem dürfen Sie nicht vergessen, dass, wenn die Probleme, die Sie mit einem Vorgesetzten haben, weit über das hinausgehen, was man generell als Peanuts bezeichnet, die einzige Lösung ein anderer Job in der gleichen Firma oder auch die Kündigung sein kann. Auf alle Fälle sollten Sie jedoch alles unternehmen, damit die Beziehung zwischen Ihnen und Ihrem Chef funktioniert.

»Mein Chef ist zu beherrschend«

Für manche Manager ist es sehr schwierig, los zu lassen. Sie kennen diesen Typus: Sie sind nicht zufrieden, bis sie alles wissen – absolut alles! -, was um sie herum vorgeht und sie wollen in jede Entscheidung einbezogen werden, ganz gleich, ob sie wichtig oder unwichtig ist. Könnten sie, wie sie wollten, dann würden sie Ihnen wahrscheinlich vorschreiben, wie oft sie mit den Augen zwinkern dürfen, während Sie an Ihrem Computer arbeiten.

Die gute Nachricht ist, ganz gleich welche Fehler ihnen anhaften mögen, dass Manager, die immer versuchen, sehr viel Kontrolle auszuüben, in der Regel leicht zugänglich und besorgt sind – und sehr oft äußerst kompetent. Sie könnten von diesem Vorgesetzten sehr viel lernen – wenn man Ihnen nur genügend Möglichkeiten gäbe, etwas auf Ihre Art und Weise zu lernen. Es ist unmöglich, dass Sie Ihre beste Arbeitsleistung erbringen, wenn jemand ständig hinter Ihnen steht und Ihnen über die Schulter schaut oder bei jeder Entscheidung zu Rate gezogen werden will.

So können Sie reagieren: Das Wichtigste, woran Sie bei diesem Typus eines Chefs denken müssen, ist, dass die meisten von ihnen gar nicht anders können. Sie hatten die Dinge in den verschiedensten Lebensbereichen schon so lange unter Kontrolle, dass sich dieses Verhalten geradezu in sie eingegraben hat. Sie haben wahrscheinlich Angst, dass sie selbst scheitern könnten, wenn sie nicht die Fehler ihrer Mitarbeiter verhindern, bevor sie entstanden sind. Fortschritte können Sie mit einem solchen Chef immer nur Stückchen für Stückchen erzielen.

Vielleicht sollten Sie es einmal mit dieser Strategie versuchen:

1. **Wenn Sie das nächste Mal eine Aufgabe übertragen bekommen, teilen Sie diese in einzelne kleine Teilaufgaben auf, und konzentrieren sich dann auf ein oder zwei dieser Teile, die Ihnen relativ einfach zu bewältigen scheinen und bei denen Sie sicher sind, diese ohne fremde Hilfe bewältigen zu können.**

2. **Gehen Sie dann zu Ihrem Chef und bitten ihn sehr taktvoll, für diese beiden Teilaufgaben die Verantwortung übernehmen zu dürfen.**

   Versichern Sie Ihrem Chef, dass Sie alles so tun würden, wie er es haben will, und dass immer noch reichlich Zeit für Korrekturen bleibt, wenn es nicht wie erwartet klappen sollte.

3. **Nachdem Sie sich in diesen Bereichen bewährt haben, können Sie die gleiche Strategie auch bei nachfolgenden Aufgaben anwenden und damit Ihren Verantwortungsbereich ausdehnen.**

Dies ist eine hervorragende Strategie, die Sie anwenden können, wenn Ihr Job Ihnen Spaß macht und es den Anschein hat, als würden Sie noch ziemlich lange für diesen Chef arbeiten. Der Erfolg hängt allerdings von Ihrer Fähigkeit ab, die Versprechungen auch wirklich einhalten zu können. Machen Sie auch nur einen Fehler, dann wird dies die Haltung Ihres Chefs nur noch bestärken.

Mein Chef ist zu »kraftlos«

Beschwerden, der Vorgesetzte sei zu »kraftlos«, lassen sich meist auf folgende Verhaltensweisen zurückführen:

- ✔ *Fehlende Entschlusskraft*: Eine widerwillige Entscheidungen zu treffen, kann außerordentlich frustrierend sein, wenn von der fehlenden Entscheidung die fristgerechte Erfüllung eines Auftrags abhängt.
- ✔ *Zögern*: Der Chef ist zu langsam und bezieht nicht sofort Stellung, wenn seine Abteilung oder sein Team unfair kritisiert oder vom Topmanagement über Gebühr belastet wird.
- ✔ *Fehlende Unterstützung*: Er ist nicht bereit für Sie in die Bresche zu springen, wenn Sie sich um eine Beförderung bemühen oder einen Wunsch äußern (beispielsweise Telearbeit beantragen), dem nicht schnell stattgegeben werden kann.
- ✔ *Unsicherheit*: Der Manager ist nicht in der Lage, Ziele eindeutig zu definieren oder eindeutige Fristen zu setzen. Außerdem hat er Schwierigkeiten, Ihnen ein spezifisches und konstruktives Feedback zu Ihren Leistungen am Arbeitsplatz zukommen zu lassen.

So können Sie reagieren: Das Gute an einem unentschlossenen Chef ist, dass er Sie nicht all zu sehr unter Druck setzt – jedenfalls nicht direkt. Dennoch ist es schwierig, für solche Chefs zu arbeiten, völlig unabhängig davon, wie intelligent und umgänglich er ist. Sein fehlendes Rückgrad kann dazu führen, dass Sie Ihre Aufgaben nicht optimal lösen.

Bevor Sie jedoch eine spezielle Strategie verfolgen, um Ihrem unentschlossenen Chef Feuer unter dem Hintern zu machen, sollten Sie sicher sein, dass er die Kompetenz hat, die Entscheidung zu treffen oder die von Ihnen benötigten Informationen bereitzustellen. Ansonsten verschwenden Sie nur Ihre Zeit.

Falls sich herausstellen sollte, dass Ihr Vorgesetzter zwar die Kompetenz hat, sie jedoch nicht wahrnimmt, dann sollten Sie die folgenden drei Punkte beachten:

- ✔ *Bieten Sie vertrauensvoll Empfehlungen an.* Immer, wenn Ihr Boss eine Entscheidung treffen muss – insbesondere dann, wenn sie schwierig oder sehr komplex ist – sollten Sie ihm mehrere Alternativen mit Empfehlungen anbieten. Fragen Sie nicht, was Sie tun sollen, sondern sagen Sie: »Es gibt die drei

Möglichkeiten A, B und C. Ich würde Ihnen die Lösung B vorschlagen, weil ... (und hier erläutern Sie Ihre Überlegungen). Sind Sie damit einverstanden?« Versichern Sie Ihrem Chef, dass Sie sich Ihrer Empfehlung sehr sicher sind und dass Sie sich das gut überlegt hätten.

- ✔ *Bitten Sie um konstruktives Feedback*: Falls Sie von Ihrem Chef nie ein negatives Feedback erhalten, dann nicht unbedingt, weil Sie großartige Arbeit verrichten. Vielleicht fürchtet er nur, Ihre Gefühle zu verletzen und damit die Qualität Ihrer Arbeit negativ beeinflussen. Falls Sie vermuten, dass dies zutreffen könnte, dann sprechen Sie mit Ihrem Chef und erklären ihm, dass Sie konstruktive Kritik durchaus vertragen könnten.

Wenn Sie diese Strategie verfolgen, dann sollten Sie aber auch nicht beleidigt sein, falls Ihr Chef kein negatives Feedback formulieren kann.

- ✔ *Nennen Sie Termine*. In vielen Fällen (wenn auch nicht immer) können Sie unentschlossene Manager zur Aktion veranlassen, indem Sie ihnen Fristen setzen, bis wann Sie die Entscheidung brauchen.

Wenn Sie diese Strategie wählen, gilt es vorsichtig zu sein. Drängeln Sie nicht zu sehr. Leichter Druck hat zuweilen bei unentschlossenen Managern gute Chancen, so lange Sie ansonsten gut miteinander auskommen. Wenn Ihr Druck jedoch zu stark wird oder Sie ihn zu vielen Entscheidungen gleichzeitig zwingen, dann gehen Sie das Risiko ein, Ihr gutes Verhältnis zu trüben.

»Mein Boss stellt unangemessene Forderungen«

Bevor Sie sich eine Strategie ausdenken, mit der Sie einem Chef beikommen können, der, Ihrer Meinung nach unangemessene Forderungen stellt, sollten Sie diese Forderungen eingehend untersuchen, um sicher zu sein, dass sie wirklich unangemessen oder unvernünftig sind.

Haben die Forderungen direkt etwas mit Ihrem Job zu tun ist es am besten – jedoch nicht unbedingt am leichtesten – sich mit ihm zusammenzusetzen und Leistungsziele zu formulieren, als Dinge definieren, die Sie können müssen. Wenn Sie danach noch sehen, dass zwischen dem, was man von Ihnen verlangt, und dem, was Sie zu können glauben, eine große Lücke klafft, dann sollten Sie dies auch sagen und zusätzliche Hilfe erbitten, beispielsweise eine Aushilfskraft, wenn die Arbeit für Sie allein zu viel wird.

Eine gute Möglichkeit, Ihren Standpunkt zu stärken, bevor Sie in die Unterredung gehen, ist es, beispielsweise für zwei Wochen einen detaillierten Tätigkeitsbericht zu erstellen. Diese Dokumentation dient als starkes Anschauungsmittel dafür, dass Sie einfach nicht genug Zeit hatten, um alle übertragenen Aufgaben erfüllen zu können.

Forderungen, die außerhalb Ihrer formalen Arbeitsplatzbeschreibung liegen, sind etwas schwieriger zu behandeln. Einige Chef sehen nichts Falsches daran, ihre Angestellten auf Botengänge zu schicken und kennen auch keine Hemmungen, Sie zu Hause anzurufen – und das zu jeder Tages- und Nachtzeit – mit Wünschen, die leicht während der regulären Arbeitszeit geregelt werden könnten. Sind solche Bitten unvernünftig? Das ist schwierig zu sagen. Es hängt davon ab, welchen Job Sie haben, von Ihrer Beziehung zu Ihrem Vorgesetzten, auf die Häufigkeit solcher Bitten und wie sehr diese Sonderwünsche Sie von der Erfüllung Ihrer normalen Aufgaben abhalten. Letztlich müssen Sie selbst entscheiden, ob man Sie ausnutzt.

Auch in diesem Fall könnte es sein, dass ein Tätigkeitsbericht hilfreich ist. Dokumentieren Sie die unangemessenen Wünsche, notieren Sie auch, wie viel Zeit Sie dafür brauchten und welche Folgen für Ihre normale Arbeit dies hatte. Notieren Sie diese Sonderwünsche über einen Monat hinweg, dann haben Sie starke Argumente, wenn Sie diese Situation mit Ihrem Chef besprechen. Im Geschäftsleben kommt es oft nicht so sehr darauf an, was Sie sagen, sondern wie Sie es sagen, und das macht dann auch den Unterschied zwischen Erfolg und Misserfolg aus.

Wichtig ist an dieser Stelle vor allem, dass Sie nicht alles zu eng sehen. Bitten, die in einer Umgebung als unangemessen erscheinen, könnten in einer anderen Firma durchaus als normal angesehen werden. Sie müssen wissen, was in Ihrer Firma üblich ist, und entscheiden, ob Sie damit leben können.

»Mein Boss ist ein Tyrann«

Die gute Nachricht zuerst: Manager, die ein oft feindliches und aggressives Verhalten an den Tag legen, gehören inzwischen zu einer aussterbende Rasse. (Heute kennt man sie als Dinosaurier.) Es stimmt, in speziellen Branchen – insbesondere im Show Business – geht man einfach davon aus, dass Sie, wenn Sie für bestimmte mächtige und äußerst talentierte Personen arbeiten, auch mit dem Temperament dieser Menschen zurechtkommen (auch wenn, Sie manchmal für das Privileg, für sie arbeiten zu dürfen und sich in ihrem Ruhm baden zu können, fürstlich entlohnt werden). Ganz allgemein jedoch, werden nur wenige Firmen solches Verhalten dulden. (Sie können es sich auch nicht mehr leisten.)

Und nun zur schlechten Nachricht: Sind Sie mit einem Vorgesetzten geschlagen, der zur Tyrannei neigt, zu Wutbrüchen oder anderen Formen unvertretbaren Verhaltens, dann haben Sie nur wenige Möglichkeiten, dies zu ändern. Sie können versuchen, diese Dinge mit Ihrem Vorgesetzten zu besprechen (siehe auch den folgenden Kasten) und ihn wissen lassen, dass Sie es überhaupt nicht schätzen, wie Sie behandelt werden. Doch Menschen – insbesondere äußerst erfolgreiche Menschen – die sich irrational verhalten, sind möglicherweise für solche Gespräche über ihre Fehler nicht besonders zugänglich. (Und genau das ist ein Grund dafür, dass sie so schwierig sind.) Sie könnten sich vielleicht auf der Vorstandsetage über einen solchen Vorgesetzten beschweren und um eine Versetzung in eine andere Abteilung bitten. Doch dies könnte auch ein Rohrkrepierer werden, wenn das Topmanagement nichts ändert und Ihr Chef von Ihrer Beschwerde erfährt. Dann wird sich sein tyrannisches Verhalten eher verstärken, als abnehmen.

Um zu einem Ergebnis zu kommen, sollten Sie über die folgenden zwei Fragen nachdenken.

- ✔ *Was haben Sie zu gewinnen, wenn Sie weiterhin in dieser Firma bleiben?* Es könnte vielleicht das Geld sein, das Sie verdienen (unter Umständen mehr als Sie anderswo, bei einem verständnisvollen Chef, bekommen würden). Es könnte auch die Gelegenheit sein, eine einzigartige Aufgabe zu haben, oder mit jemandem zusammenzuarbeiten von dem (vergessen wir einmal, dass es ein fieser Kerl ist) man sehr viel lernen kann. Vielleicht bleiben Sie auch, weil Sie eine Referenz benötigen, um Ihren Karriereplan einhalten zu können. Sind diese Ziele für Sie wichtig und können Sie diese nicht in einer anderen Firma erreichen, dann könnte es sich lohnen, zumindest vorerst, dennoch in der Firma zu bleiben. Allein diese Feststellung könnte Ihnen helfen, den ganzen Druck besser zu ertragen.
- ✔ *Können Sie sich so weit beherrschen, dass Sie auch noch härtere Situationen durchstehen?* Natürlich brauchen Sie ein dickes Fell, wenn Sie mit einem so hartgesottenen Chef arbeiten müssen. Das bedeutet aber auch, dass Sie es nicht persönlich nehmen dürfen, wenn Ihr Chef wieder einmal richtig Dampf ablässt. Humor ist in solchen Situationen sehr hilfreich (Stellen Sie sich dann vor, dass er nur Unterhosen an hat). Wichtiger noch ist, dass Sie die Stimmungsschwankungen Ihres Chefs kennen und Ihr Verhalten entsprechend einrichten können.

Am Ende jedoch, hängt es von Ihrer Persönlichkeit und Ihrer Toleranzschwelle ab, ob Sie mit solch einem Vorgesetzten zusammenarbeiten können. Ein kleiner Test: Für den Fall, dass Sie einen Knoten in der Magengegend verspüren, sobald Sie die Firma betreten, dann ist es sicherlich gesünder, einen anderen Arbeitsplatz zu suchen, ganz gleich, wieviel Geld Sie verdienen und wie viel Sie lernen können.

Sprechen Sie mit Ihrem Chef

Ganz gleich, wie viele Schwierigkeiten Sie am Arbeitsplatz mit Ihrem Vorgesetzten haben, Sie haben immer die Möglichkeit, über ein Gespräch das Verhältnis etwas herzlicher zu gestalten. Wenn Sie es nicht gelernt haben (und selbst wenn Sie darin geübt sind, ist es selten einfach), kann eine Aussprache sehr schwierig werden. Und wenn derjenige, mit dem Sie diese Aussprache haben auch noch Ihr Chef ist, dann steht noch mehr auf dem Spiel – und auch die Schwierigkeiten werden größer.

Sich zu einer Aussprache mit seinem Chef zu treffen, ist keine Kleinigkeit. Diese Entscheidung sollten Sie sehr überlegt treffen und immer bedenken, dass Sie, falls Sie Ihr Ziel damit nicht erreichen, die Situation nur noch verschlechtern. Wenn Sie es dennoch wagen wollen und glauben, es gibt eine Chance, die Differenzen auszuräumen, dann will ich Ihnen einige Vorschläge machen.

- ✔ *Sorgen Sie für gute Stimmung*. Wahrscheinlich kommen Sie nicht weit, wenn die Aussprache mit Ihrem Vorgesetzten der einzige Grund für dieses Treffen ist, und Sie alles ansprechen wollen, was Ihr Verhältnis so sehr beeinträchtigt. Besser ist es, zunächst einmal nicht daran zu denken, wer im Recht ist und wer nicht. Konzentrieren Sie sich stattdessen allein auf die Fakten: Wie weit wird Ihre Arbeit beeinträchtigt und was kann man tun, um die Situation zu verbessern.

- ✔ *Die Ziele verdeutlichen.* Nachdem Sie die Begrüßung hinter sich gebracht haben, kommen Sie so schnell wie möglich auf den Punkt. Sagen Sie Ihrem Chef, was Sie sich von der Aussprache versprechen: Eine Verbesserung des Verhältnisses. Betonen Sie, dass Sie nicht nur einfach Dampf ablassen wollen oder Kritik üben. Ihr Ziel ist es, Möglichkeiten zu finden, harmonischer und produktiver zusammen zu arbeiten.
- ✔ *Betonen Sie das Positive.* Bevor Sie auf die Punkte kommen, die Ihrer Ansicht nach verbesserungswürdig sind, sollten Sie zuerst die Dinge ansprechen, die in Ihrer Beziehung zu Ihrem Chef funktionieren. Vielleicht beginnen Sie so: »Ich freue mich über das Interesse, mit dem Sie meine Arbeit verfolgen, und ich bin sicher, dass Sie bemerkt haben, dass ich meine Sache gut mache. Haben Sie mit etwas Positivem begonnen, ist es leichter, nun über die etwas delikateren Dinge zu sprechen.
- ✔ *Nehmen Sie ein wenig Schuld auf sich.* Selbst wenn Sie überzeugt sind, dass Sie selbst alles Menschenmögliche unternommen haben, um ein guter Mitarbeiter zu sein, sollten Sie einräumen können, selbst Ihren Teil zu der nun schwierigen Situation beigetragen zu haben. Gestehen Sie Ihrem Vorgesetzten zu, dass ihm einige Dinge an Ihnen nicht gefallen und seien Sie bereit, auch darüber zu sprechen.
- ✔ *Sagen Sie, was Sie wollen.* Anstatt auf dem Verhalten und den Eigenschaften herumzureiten, sollten Sie zur Sprache bringen, was Sie brauchen – und was Sie zur Zeit nicht haben – um seinen Ansprüchen gerecht zu werden. Richten Sie sich darauf ein, alle Behauptungen auch belegen zu können, insbesondere wie die Belange der Firma durch die Mängel in Ihrer Beziehung tangiert werden. Sprechen Sie darüber, was Sie erreichen könnten, würde die Situation anders sein. Vermeiden Sie jedoch über das zu jammern, was Sie zur Zeit nicht tun können.
- ✔ *Üben Sie sich in Geduld.* Ganz gleich, wie gut das Gespräch verlaufen ist, erwarten Sie nicht, dass Sie nach dem »Gipfeltreffen« mit Ihrem Boss sofort Wunderdinge erleben werden. Und wenn nur die Grundlage für künftige Besprechungen gelegt wurde und die Kommunikation verbessert wird, dann ist das schon ein Erfolg. Gut Ding will Weile haben. Richten Sie sich aber auch auf die Möglichkeit ein, dass Ihr Chef nicht einsichtig ist, und ärgerlich reagiert. Bleiben Sie immer vorsichtig und taktvoll, dann können Sie wahrscheinlich verhindern, dass dies geschieht. Wenn Ihr Boss aber ärgerlich wird, dann wissen Sie wenigstens, dass Sie Ihr Bestes gegeben haben. Mehr geht nicht (Rien ne vas plus!).

So managen Sie effektiv

12

In diesem Kapitel

- Management an den heutigen Arbeitsplätzen
- Strategische Personalauswahl
- Entwickeln Sie einen Plan für Ihre Nachfolge
- Delegieren Sie Arbeiten
- Effektive Konferenzen
- Geben Sie Feedback über Arbeitsleistungen

Oberflächlich betrachtet, könnten Sie annehmen, dass die Fähigkeit, Ihre Karriereziele im heutigen Berufsleben zu erreichen, hauptsächlich von Ihnen selbst abhängt: Sie entwerfen einen strategischen Plan, Sie treffen die Karriere-Entscheidungen, die mit den Richtlinien Ihres Plans übereinstimmen und Sie sind an jedem neuen Job oder an jedem Projekt erfolgreich.

Doch wenn Ihre Arbeit nicht weitestgehend selbstständig ist (Sie sind Komponist oder Schriftsteller), dann hängt der Erfolg an jedem Arbeitsplatz auch davon ab, wie gut Sie andere Menschen managen können.

In diesem Kapitel erhalten Sie einen Crash-Kurs über die Grundlagen effektiven Managements. Besonderen Wert lege ich auf die Herausforderungen, denen jeder Manager in der sich schnell verändernden Arbeitswelt ausgesetzt ist. Sie werden erkennen, weshalb man zwischen einem guten Manager und einem guten Anführer unterscheidet. Sie werden entdecken, wie Sie die beste Personalauswahl treffen. Letztlich führe ich Sie in die wichtigsten Fertigkeiten hervorragenden Managements ein und Sie erhalten spezielle Ratschläge zu den Aspekten des Managements (beispielsweise, wie man einen leistungsschwachen Mitarbeiter motiviert), die viele sehr schwierig finden.

Fragen Sie doch einmal in Ihrer Buchhandlung nach dem Buch *Management für Dummies*, das ebenfalls im mitp-Verlag erschienen ist. Dort wird in allen Einzelheiten auf dieses Thema eingegangen.

Management heute

Als Manager stehen Sie heute nicht nur all den Herausforderungen gegenüber, denen sich Manager auch früher schon ausgesetzt sahen, sondern sie müssen diese Herausforderungen in einer Arbeitswelt bestehen, in denen sich die traditionellen Grundregeln effektiven Managements verändert haben.

Doch einige Grundregeln haben immer noch Bestand:

- ✔ Man muss selbst gut organisiert sein.
- ✔ Man muss gut kommunizieren können.
- ✔ Man muss Mitarbeiter gut motivieren können.

Der Unterschied ist jedoch, dass man diese neuen Fertigkeiten unter neuen Bedingungen anwenden muss. Sind Sie beispielsweise Manager in einer heute typischen Firma, dann berichten Ihnen einige Mitarbeiter (wenn nicht gar die meisten) als Teilzeitkräfte, als Mitarbeiter mit Gleitzeit, oder sie arbeiten zwei- oder dreimal in der Woche außer Haus. Wenn Sie mit diesen ein herzliches Verhältnis aufbauen wollen, können Sie nicht einfach den Flur entlang gehen und schnell mal in deren Büro vorbeischauen.

Außerdem ist es gut möglich – insbesondere, wenn Sie in einer Branche arbeiten, in der der Arbeitsanfall sehr schwankt – dass einige Ihrer Mitarbeiter als Aushilfskräfte arbeiten. Es könnte aber auch sein, dass Sie ein Team beaufsichtigen, dessen Mitarbeiter anderen Managern unterstellt sind.

Und was besagen all diese Veränderungen? Wenn man heute ein erfolgreicher Manager sein will, dann reicht es nicht aus, dass lediglich die Arbeit erledigt wird. Ja, Sie und Ihr Team müssen zwar immer noch die gegebenen Ziele rechtzeitig und kostengünstig erreichen. Doch wenn der einzige Grund, dass die Arbeit erledigt wird, die Tatsache ist, dass Sie – eventuell zusammen mit einem oder zwei wichtigen Mitarbeitern – 15 Stunden am Tag arbeiten, dann sollten Sie darüber nachdenken Ihre Management-Fähigkeiten zu verbessern.

Machen Sie sich keine falschen Vorstellungen. Auch wenn Sie ein sehr guter Manager sind, dann heißt das noch lange nicht, dass Sie nicht ebenso lange und hart arbeiten müssen wie heute (und damit nicht mehr Zeit haben, sich in die Sonne zu legen oder Ihren Golfschwung zu verbessern). Statt dessen bedeutet es, dass Sie weniger Zeit für die Einzelheiten jedes Auftrags aufwenden und mehr Zeit, sich auf Herausforderungen gegenüber der Konkurrenz und auf strategische Planung zu konzentrieren. Es bedeutet aber auch, dass Ihre Arbeit interessanter, schwieriger und befriedigender ist. Vergessen Sie nicht, dass ein großer Teil der Fähigkeit Ihrer Firma, hochqualifizierte Mitarbeiter zu bekommen und zu behalten, im professionellen Wachstum liegt. Dabei spielt das Management eine herausragende Rolle.

Was ist der Unterschied zwischen Management und Führung?

In diesem neuen Managementbegriff liegt auch die Unterscheidung, Die Sie sicher auch kennen. Es ist der Unterschied zwischen Management und Führung.

Dieser Unterschied – Gegenstand zahlloser Bücher, Seminare und Artikel – ist manchmal schwierig zu definieren, insbesondere weil es zwischen diesen beiden Rollen sehr viele Überschneidungen gibt. Tatsächlich liegt der Unterschied eher in der zu Grunde liegenden Philosophie, als in speziellen Managementtechniken. Um vom Manager zu einer Führungskraft zu werden (selbst wenn Sie nur ein oder zwei Mitarbeiter führen), müssen Sie einige Grundanschauungen in einem veränderten Kontext sehen. Als Führungskraft müssen Sie mehr tun, als nur Aufträge von oben weitergeben und zu überwachen, dass diese Anordnungen auch ausgeführt werden. In Ihrem Verantwortungsbereich liegt es auch, dass Sie die Leute, mit denen Sie zusammenarbeiten inspirieren und somit in gewissem Sinn Energie und Überzeugung aufbauen.

Haben Sie die Qualitäten zur Führungskraft?

Sie dürfen bei der Lektüre der Grundregeln von Führung nicht Halt machen, um das erforderliche Wissen zu sammeln und die Metamorphose vom Manager zur Führungskraft zu schaffen. Sie müssen Ihre Tätigkeit bewerten und dann die alltäglichen Prozeduren verbessern.

Die folgende Übung besteht aus 20 Aussagen, wobei jede Frage ein oder mehrere Prinzipien enthält, die für Führungskräfte unerlässlich sind. »Benoten« Sie die Übereinstimmung der jeweiligen Aussage mit Ihrer Auffassung auf einer Skala von 0 bis 5, wobei 5 für völlige Übereinstimmung steht. Nachdem Sie alles ausgefüllt haben, sehen Sie sich bitte die Aussagen an, vor die Sie 3 oder weniger notiert haben. Dies sind Fertigkeiten, die eine Führungskraft braucht, und an denen Sie noch arbeiten müssen.

__________ Ich habe eine ganz konkrete Vorstellung von meiner Abteilung oder von meinem Team und habe dies auch allen Mitarbeitern vermittelt, deren Vorgesetzter ich bin.

__________ Ich habe einen Aktionsplan entwickelt, der alle Ziele enthält, die meine Vorstellung stützen und ihn meinem Team erläutert.

__________ Die Mitarbeiter in meinem Team kennen und verstehen meine Werthaltung; sie wissen, wofür ich einstehe. Ich verlasse meinen Weg dann, wenn es darum geht, meine Arbeitsleistung und meinen Managementstil auf diese Werte auszurichten.

__________ Ich nehme mir die Zeit, um jedem Mitarbeiter seine Rolle und seinen Wert für die Firma zu erklären, damit er mit mir zusammenarbeitet, um die Leistungsstandards zu erreichen.

__________ Ich zögere nicht, den Mitarbeitern in meinem Team echte Verantwortung zu übertragen und biete das Wissen und die Unterstützung an, um der Verantwortung gerecht werden zu konnen.

__________ Ich habe mein Möglichstes getan, um ein Umfeld zu schaffen, in dem Begeisterung, Zusammenarbeit und Qualität blühen können.

__________ Einen hohen Anteil meiner Wochenarbeitszeit verbringe ich damit, über Strategien nachzudenken, die der Wettbewerbsfähigkeit der Firma zu Gute kommen.

__________ Ich tue alles, um meinen Leuten bei ihrer Entwicklung, ihrem Wachstum behilflich zu sein, ich fördere ihre beruflichen Ambitionen, auch wenn das bedeutet, dass Sie mein Team verlassen werden.

_________ Ich habe keine Angst, dem Top-Management meine Bedenken mitzuteilen, wenn ich das Gefühl habe, die Mitarbeiter in meinem Team werden unfair behandelt. Das gilt auch, wenn sie unangemessen belohnt oder gepriesen werden.

_________ Ich weiß, dass ich nicht alles weiß. Und deshalb suche und akzeptiere ich den Rat von Menschen, die über mehr Erfahrung und Sachkenntnis verfügen, ganz gleich, welchen Rang sie einnehmen.

_________ Immer wenn ich es mit einem schwierigen Thema zu tun habe, gehe ich es direkt an und arbeite daran möglichst entschlossen und zügig.

_________ Ich gebe mein Wissen und meine Erfahrung gern an die Mitglieder meines Teams weiter, ohne dass ich um die Sicherheit meines Arbeitsplatzes bange.

_________ Ich bin bereit, hohe Risiken einzugehen, wenn der Nutzen für die Firma und mein Team höher zu bewerten sind, als ein möglicher Fehlschlag.

_________ Ich kann harte und wichtige Entscheidungen treffen, ohne mich all zu sehr um Beifall oder Missbilligung anderer zu kümmern.

_________ Ich stehe zu meinem Wort. Wenn ich jemandem etwas verspreche, tue ich alles Menschenmögliche, um mein Versprechen einzulösen.

_________ Ich werde nicht ärgerlich, wenn andere eine meiner Entscheidungen oder Empfehlungen anzweifeln oder in Frage stellen. Ich betrachte es als Teil meiner Position Menschen davon zu überzeugen – ohne mich ausschließlich auf meinen Rang zu berufen -, dass meine Entscheidung oder meine Empfehlung wertvoll ist.

_________ Wenn ich meinen Mitarbeitern die Verantwortung für eine Aufgabe übertrage, dann können sie diese nach bestem Wissen lösen. Ich bin nicht nachtragend, wenn sie es auf andere Weise tun, als ich es getan hätte.

_________ Ich weiß genau, dass nicht jeder durch die gleichen Wünsche und Ambitionen motiviert wird, und passe meinen Führungsstil entsprechend an.

_________ Immer, wenn ich mit jemandem aus meinem Team ein persönliches Gespräch führe, widme ich ihm meine ganze Aufmerksamkeit und bemühe mich, die Beweggründe zu verstehen, die seinen Aussagen zu Grunde liegen.

_________ Ich fördere kreative Problemlösungsansätze und belohne diejenigen, die auch mal ein Risiko auf sich nehmen. Wenn es zu Fehlern kommt, sehe ich diese als Chance zur Verbesserung und nicht als ein Verhalten, das bestraft werden muss.

Nun addieren Sie alle Punkte, und dann wollen wir Ihr Ergebnis betrachten:

- ✔ 90 oder mehr: großartiges Führungstalent
- ✔ 80 bis 89: gut
- ✔ 70 bis 79: auch noch gut, könnte aber besser sein
- ✔ Unter 70: Sie müssen noch an sich arbeiten

Das kleine 1 x 1 des effektiven Managements

Wenn Sie nach Ratschlägen suchen, wie man effektiver führen oder managen kann, dann gibt es viele Möglichkeiten, angefangen mit Downloads guter Artikel aus dem Internet bis hin zu Seminaren für das Top-Management, mit einer Teilnahmegebühr im Gegenwert eines prächtigen Mittelklassewagens. Tatsächlich jedoch lassen sich die »Geheimnisse« erfolgreichen Managements (Geheimnisse klingt immer gut, und kostet auch immer ein wenig mehr) auf einige Kernprinzipien reduzieren.

Anpassen

Jeder Manager hat seinen eigenen Managementstil. Das ist auch gut, so lange man sich auf die individuellen Bedürfnisse und Persönlichkeiten der Mitarbeiter einstellen kann und deren Leistung maximiert. Einige Angestellte würden richtig aufblühen, entließe man sie in eine relative Autonomie. Andere wiederum brauchen die enge Führung. Einige sagen offen ihre Meinung, andere fressen alles in sich hinein. Um als Manager Erfolg zu haben, muss man in der Lage sein kleine Anpassungen vorzunehmen, die den Unterschied ausmachen zwischen Mitarbeitern, die gerade nur zur Arbeit kommen, und solchen, die sich wirklich reinhängen.

Werte aufbauen

Dieses Prinzip ist einer der Eckpfeiler allen Managements. Werte aufzubauen bedeutet, in jedes Ziel eine strategische Botschaft zu integrieren – ganz gleich, ob Sie einen Arbeitsplan für Ihr Team erstellen oder Sie sich einen leistungsschwachen Mitarbeiter ernsthaft zur Brust nehmen. Ihre Aufgabe ist es zu vermitteln, dass die Mitarbeiter sowohl ihre persönliche Karriere als auch den Erfolg des Unternehmens zu einem Erfolg machen. Sie müssen verdeutlichen, welchen positiven Einfluss ihr Handeln auf die Ziele des Unternehmens hat. Zugegeben, das ist eine recht vage Botschaft, und es ist auch nicht einfach, jederzeit diese Verbindung herzustellen. Der Trick ist, diese Botschaft in allem zu vermitteln, was Sie tun, so oft wie nur möglich.

Kommunikation

Die Kommunikation mit Ihren Mitarbeitern muss weit über das reine Vermitteln von Arbeitsanweisungen hinaus gehen. Sie brauchen einen offenen und ehrlichen Informationsfluss zwischen Ihnen und Ihren Mitarbeitern, der keinesfalls nur in eine Richtung fließen darf. Das bedeutet, dass Sie sowohl gut zuhören als auch Ideen und weitreichende Visionen artikulieren können müssen. Ihr Ziel muss es sein, die Meinung Ihrer Mitarbeiter zu hören und darauf zu reagieren.

Delegieren

Wenn Sie nicht delegieren – das heißt, Ihre Verantwortung an andere weitergeben – dann ist das, was Sie tun, kein Management. Delegieren ist wirklich das Kernstück des Managements. Allerdings müssen Sie wissen, wie man delegiert, also die richtigen Mitarbeitern mit bestimmten Aufgaben zu betrauen. Grundlage dafür sind die strategischen Bedürfnisse Ihrer Abteilung und die Fertigkeiten und Fähigkeiten Ihrer Mitarbeiter. Sie müssen sich allerdings bewusst sein, dass das Delegieren nicht beendet ist, sobald Sie einen Arbeitsauftrag erteilt haben. Sie müssen sich sicher sein, dass der Mitarbeiter, den Sie mit der Aufgabe betraut haben, die Autorität, das Wissen und die Fähigkeit hat, die Aufgabe lösen zu können.

Motivation

Motivation heißt, dass Sie Ihre Mitarbeiter in einer Weise behandeln, die bei diesen Begeisterung für die Arbeit hervorruft. Das kann den Unterschied zwischen einer mittelmäßigen und einer guten Leistung, zwischen einer guten und einer vorbildlichen Leistung ausmachen. Entgegen einer weit verbreiteten Meinung brauchen Sie kein fanatischer Prediger und auch kein Psychologe zu sein, um Menschen zu motivieren. Sie müssen sich einfach nur die Zeit nehmen um herauszufinden, was Ihren Mitarbeitern wichtig ist und ihnen bestmöglich zu helfen, damit sie diese Ziele erreichen.

Die richtige Personalauswahl

Sie haben schon die halbe Miete eingefahren, wenn es Ihnen gelingt, die richtigen Leute zu finden, die Ihre Vision teilen, ebenso Ihre Bereitschaft Hervorragendes zu schaffen, und zusammen ein gemeinsames Ziel verfolgen. Sie benötigen viel Zeit, Geduld und Konzentration, um die besten Mitarbeiter einzustellen und zu halten. Es ist jedoch eine Investition, die die entscheidende »Dividende« liefert – und es ist eine Investition, die Sie gut vorbereitet tätigen müssen. In den folgenden Abschnitten finden Sie einige Vorschläge, wie Sie es machen könnten.

Denken Sie strategisch

Personalauswahl und Personaleinstellung ist etwas Anderes als nur eine freie Stelle zu besetzen. Konzentrieren Sie sich zunächst auf die strategischen Bedürfnisse Ihres Teams, Ihrer Abteilung oder Ihres Unternehmens. Dann fragen Sie sich, welche Kombination von Fertigkeiten und Sachkenntnis zur Behebung dieser Bedürfnisse erforderlich sind. Sie könnten dabei feststellen, dass die beste Lösung nicht in einer Person liegt, sondern in einer Kombination zweier Personen, die als Teilzeitkräfte eingestellt werden könnten (und jeweils unterschiedliche Stärken haben). Vielleicht müssen Sie aber auch die Arbeitsabläufe neu organisieren und für bestimmte Aufgaben einen freien Mitarbeiter (Freelancer) engagieren.

Die Arbeitsplatzbeschreibung muss genau sein

Wenn Sie Arbeitsplatzbeschreibungen entwickeln, dann sollten Sie klar und deutlich zwischen Verantwortungsbereichen und Qualifikationen unterscheiden. Verantwortungsbereiche sind die Aufgaben oder Pflichten, für die ein Mitarbeiter geradestehen muss. Qualifikation ist eine Kombination aus Wissen, Fertigkeit und Eigenschaften, die erforderlich sind, eine Arbeit gut zu erledigen. Überprüfen Sie, ob die Erfahrungen oder die Abschlüsse, die Sie als Qualifikation fordern, für diesen Job unbedingt erforderlich sind, oder ob Sie Standards fordern, die keinen Einfluss auf die Arbeitsleistung haben (beispielsweise, ob unbedingt ein Diplom erforderlich ist).

Werfen Sie das Netz weit aus

Jeder Personalsuche sollte eine disziplinierte, gut durchdachte Einstellungsstrategie zu Grunde liegen. Das Ziel dieser Strategie muss es sein, nicht nur viele Bewerber, sondern gute Bewerber anzusprechen. Einige Optionen sind es Wert, dass man darüber genauer nachdenkt.

- ✔ *Empfehlungen von Firmenangehörigen*: Bitten Sie Ihre Mitarbeiter, Freunde oder Verwandte zu empfehlen. Bieten Sie Anreize an. (Seien Sie jedoch vorsichtig, dass Sie die Einzelheiten des Belohnungssystems sehr genau darstellen.)
- ✔ *Empfehlungen aus Ihrem Netzwerk*: Bitten Sie die Profis in Ihrem Netzwerk, Ihnen geeignete Kandidaten zu empfehlen. Schildern Sie ganz genau, wonach Sie suchen, und prüfen Sie ob Sie demjenigen vertrauen können, der Ihnen die Empfehlung gegeben hat.
- ✔ *Internet*: Auf alle Fälle sollten Sie auf der Homepage Ihrer Firma eine Rubrik »Stellenangebote einrichten, aber auch auf den Websites der Personalberatungen und auf Messageboards.
- ✔ *Kleinanzeigen in Zeitungen und Fachzeitschriften*: Übersehen Sie keinesfalls die regionalen und überregionalen Zeitungen und Fachzeitschriften. Nehmen Sie sich die Zeit, ein ansprechendes Inserat zu erstellen, das den richtigen Kandidaten auffallen wird.
- ✔ *Personalberatungen*: Prüfen Sie die Personalagenturen persönlich und suchen Sie nach Agenturen, die sich auf die Talente und Fertigkeiten, die Sie suchen, spezialisiert haben,

Richten Sie ein Auswahlsystem ein

Die einfachste Möglichkeit, um die Bewerbungen der Kandidaten zu sortieren, ist zu entscheiden, wer ein kurzes Interview verdient hat, das meist als Telefoninterview durchgeführt wird. Nachdem Sie die Kandidaten gesichtet haben, entscheiden Sie, welche Kandidaten sich in der Firma vorstellen dürfen. Ihr Ziel muss es dabei sein, die Zahl der Bewerber nur auf solche zu begrenzen, die wirklich für den Job in Frage kommen.

Machen Sie das Beste aus den Vorstellungsgesprächen

Die wichtigsten Informationen und Erkenntnisse sind eine große Herausforderung – insbesondere dann, wenn routinierte Jobsuchende aus der Reihe tanzen und ihre Stärken in den Vordergrund stellen, während sie ihre Schwächen zu verbergen wissen. Machen Sie nicht den Fehler, die Schwierigkeit eines Vorstellungsgesprächs zu unterschätzen. Hier einige Vorschläge:

- ✔ *Lassen Sie sich Zeit*: Setzen Sie für jedes Interview mindestens 45 bis 60 Minuten an und sorgen Sie dafür, dass es während des Gesprächs möglichst keine Störungen gibt.
- ✔ *Bereiten Sie sich gründlich vor*: Machen Sie sich mit dem Hintergrund des Bewerbers vertraut. Entscheiden Sie schon vorab, auf welche Bereiche Sie sich im Gespräch konzentrieren wollen und welche Fragen Sie stellen wollen.
- ✔ *Geben Sie den Kandidaten die Möglichkeit, sich vollkommen zu entspannen*: Vergessen Sie alle Ratschläge, die besagen, Sie könnten über einen Bewerber am meisten erfahren, wenn Sie seine Reaktionen auf unbequeme Umstände betrachten. Solch ein Interview sagt mehr über Sie aus, als über den Bewerber. Wahrscheinlich erfahren Sie mehr über den Bewerber, wenn Sie eine lockere Atmosphäre schaffen.
- ✔ *Stellen Sie offene Fragen*: Stellen Sie Fragen, bei denen die Bewerber nicht nur mit »ja« oder »nein« zu antworten brauchen. Suchen Sie nach Erkenntnissen, wie der Bewerber denkt oder Probleme löst. Anstatt zu fragen: »Sind Sie auch an den Details eines Projekts interessiert?« sollten Sie fragen: »Können Sie mir einige Beispiele nennen, in denen Ihre Beachtung von Kleinigkeiten einen wertvollen Beitrag zu einem Projekt leisteten? «Stellen Sie sooft wie möglich Fragen, in denen der Kandidat sein Denken und Handeln offenbaren muss.
- ✔ *Koordinieren Sie Ihre Fragen:* Stellen Sie dem Kandidaten mehrere Fragen zu seinen Referenzen und zu seinen Zeugnissen. So können Sie die Antworten vergleichen. Wenn ein Arbeitszeugnis etwas anderes besagt als die Aussage des Kandidaten, dann bitten Sie den Kandidaten um eine Erklärung.
- ✔ *Gehen Sie bei Ihrer Entscheidung systematisch vor.* Unabhängig davon, ob Sie die letzte Entscheidung allein treffen oder zusammen mit anderen, gehen Sie dabei immer systematisch vor. Sie müssen die vermutlichen Stärken und Schwächen des Bewerbers im Zusammenhang mit den wichtigsten Anforderungen des Arbeitsplatzes bewerten. Das einfachste System ist, die Einstellungskriterien nach ihrem Gewicht zu ordnen und dann die Bewerber mit einer Skala von 0 bis 5 in jedem Bereich zu bewerten. Bei einigen Jobs können Sie auch einen Test einsetzen, der Ihnen hilft, bestimmte Fertigkeiten zu bewerten, die für den Job wichtig sind.

- ✔ *Prüfen Sie Referenzen und Arbeitszeugnisse selbst.* Stimmt, es ist sicher ein wenig zeitraubend und oft auch frustrierend, bei früheren Arbeitgebern anzurufen, die Ihnen dann nicht mehr über den Kandidaten sagen als den Namen, seine Position und seine Sozialversicherungsnummer, doch lohnt sich diese Investition sehr oft. Normalerweise erhalten Sie bessere Ergebnisse, wenn Sie die Nachfrage selbst durchführen und sie nicht nur auf frühere Chefs begrenzen. Versuchen Sie die Mitarbeiter und Kollegen des Kandidaten aufzuspüren. Vergessen Sie dabei nicht, dass Sie nach Informationen suchen, die Ihren Eindruck von dem Kandidaten bestätigen oder in Frage stellen.

Einstellen oder nicht?

Vermeiden Sie folgende Fallen, wenn Sie die endgültige Entscheidung treffen.

- ✔ *Sorglosigkeit*: Verlassen Sie sich nicht auf Ihr Gedächtnis. Machen Sie während des Interviews ausführliche Notizen, so dass Sie diese noch einmal ansehen können, bevor Sie sich entscheiden.
- ✔ *Fehlende Perspektiven*: Versuchen Sie, dem Auftritt des Kandidaten im Vorstellungsgespräch keine zu große Bedeutung zuzumessen. (Denken Sie immer daran, dass routinierte Bewerber genau wissen, wie man seine Schwächen verbergen kann.)
- ✔ *Unterschätzen Sie nicht die Bedeutung der Begeisterung*: Wenn ein Kandidat während des Vorstellungsgesprächs keine Begeisterung zeigen kann, dann sollten Sie nicht den Fehler begehen zu glauben, er könne die Begeisterung am Arbeitsplatz entwickeln.
- ✔ *Der Hallo*-Effekt: Lassen Sie nicht zu, dass ein ganz bestimmter Aspekt in der Vergangenheit eines Kandidaten (beispielsweise, dass er eine Elite-Uni besuchte, oder genau wie Sie eine Boa Constrictor als Haustier hält) Sie blind macht für alle Hinweise, dass er nicht der geeignete Bewerber ist.
- ✔ *Zu viele Chefs*: Es ist schon richtig, wenn Sie sich aus relevanten Quellen informieren, doch versuchen Sie die Zahl der Personen zu begrenzen, die Einfluss auf die letzte Entscheidung nehmen können. Es wäre nämlich möglich, dass Sie dann nicht den besten Bewerber einstellen, sondern denjenigen, gegen den kaum jemand Einwände hatte.

Das Charisma der Manager: Acht Wege zu besserer Performance

Wenn es für Manager heute eine Aufgabe gibt, die wichtiger ist, als alle anderen, dann ist es diese: Tun Sie alles, was in Ihrer Macht steht, um Menschen dazu zu bringen, ihr volles Potenzial als Arbeitnehmer und als Privatperson zu erkennen. Sie brauchen sich deshalb nicht wie ein Trainer einer Profi-Mannschaft aufzuführen oder das Charisma eines Filmstars zu entwickeln um von Ihren Mitarbeitern außerordentlich gute Leistungen zu erhalten. Wichtig ist jedoch, dass Sie selbst motiviert sind, dass Ihre Energie und Ihre Begeisterung auf die Mitarbeiter ansteckend wirkt. In den folgenden Abschnitten finden Sie einige Richtlinien hierzu.

Schaffen Die eine zündende Vision

Man hört heute so viel über Visionen, dass man sich darüber wundert, ob man unbedingt Jahre über die Geheimnisse des Managements meditierend in der Wüste verbringen muss. Dem ist nicht so. Dennoch gibt es einen Grund, dass Visionen heute so wichtig geworden sind: Der Arbeitsplatz verlangt es einfach. Um an den globalen Märkten Erfolg zu haben, müssen die Unternehmen ihre Mitarbeiter dazu bringen, initiativ zu werden und persönliche Verantwortung übernehmen, um den Kundenwünschen gerecht werden zu können. Die Mitarbeiter in der Verwaltung – nicht nur die Manager – müssen neue und effizientere Möglichkeiten finden, die Alltagsarbeit zu verrichten. Und wenn Ihre Mitarbeiter diese Herausforderung annehmen sollen, dann brauchen Sie etwas, woran sie glauben und das sie anstreben können. Sie brauchen ein Ideal, dem Sie nacheifern können.

Es stimmt, normalerweise ist es die Aufgabe des Vorstands für das Unternehmen als Ganzes eine Vision zu schaffen. Doch alle Menschen müssen in ihren Abteilungen einen Sinn für ein höheres Ziel entwickeln. Sind Sie beispielsweise Manager im Bereich Technik, dann könnte die Vision darin bestehen, auf die Bedürfnisse der anderen Abteilungen des Unternehmens zu reagieren. Sind Sie für den Kundendienst verantwortlich, dann könnte die Vision eine überlegene Kundenzufriedenheit sein, die von einer unabhängigen Stelle überwacht wird. Es gibt zahlreiche Möglichkeiten, abhängig von der Art Ihrer Arbeit. Wichtig ist aber, dass Sie die Bedeutung einer Vision erkennen, dass Sie sich die Zeit nehmen, eine Vision zu formulieren und wie Sie Ihre Abteilung dazu bringen, diese Vision Realität werden zu lassen.

Klären Sie die Verantwortungsbereiche

Wenn Sie diese Informationen bereit stellen, dann wird alles andere, was Sie als Manager zu tun haben, wesentlich einfacher. Um effektiv zusammenzuarbeiten, muss jeder im Team genau wissen, wofür er verantwortlich ist und wie seine Leistung bewertet wird. Wichtig ist:

- ✔ *Die Arbeitsplatzbeschreibung*: Stellen Sie sicher, dass jeder, der für Sie arbeitet eine genaue Arbeitsplatzbeschreibung hat.
- ✔ *Gegenseitiges Verständnis*: Jeder in Ihrem Team muss wissen, was der andere macht und wie das Team als Ganzes funktioniert.
- ✔ *Fragen*: Schaffen Sie ein Umfeld, in dem jeder unbefangen über Missverständnisse, Zweifel an seiner Rolle und über die Erwartungen, die an Ihn gestellt werden, diskutieren kann.
- ✔ *Konflikte*: Wenn es zu Konflikten kommt, sollten Sie keiner Diskussion aus dem Weg gehen, doch immer sollten die Verantwortungsbereiche und die daran geknüpften Erwartungen der Ausgangspunkt sein.

Erweitern Sie die Ziele

Gute Motivatoren setzen in die Menschen, die sie zu managen haben mehr Vertrauen, als die Mitarbeiter sich selbst zu gewähren bereit sind. Folgen Sie diesem Beispiel. Ermutigen Sie alle, die für Sie arbeiten, sich Ziele zu setzen, wobei sie ihre Fähigkeiten und Fertigkeiten ausbauen können. Helfen sie ihnen, sich beruflich weiter zu entwickeln, sich etwas vorzunehmen, von dem sie bisher glaubten, es sei unmöglich. Schaffen Sie ein unterstützendes Umfeld, in dem Sie immer bereit sind zu coachen und zu beraten, wann immer Ihre Mitarbeiter Probleme haben. Die Menschen werden ganz allein erkennen, dass sie wesentlich klüger sind, als sie bisher angenommen haben. Ihre Arbeitsleistung wird immer besser, und Ihre Position als Manager wird wesentlich leichter und wird Ihnen auch mehr Freude bereiten.

Coachen Sie Ihr Team

Fast alle erfolgreichen Führer in der heutigen Wirtschaft wissen genau um den Wert, der entsteht, wenn man aus Nachfolgern Anführer macht. Die Rolle, in der sie sich selbst sehen, geht wesentlich weiter als nur bis zur Überwachung. Sie sehen sich als Mentor und Coach. Sie nehmen sich die Zeit, jeden Mitarbeiter in seinem Bereich persönlich kennenzulernen und vor allem über deren berufliche Ambitionen zu erfahren.

Hier nun einige Hinweise, wie Sie ein Coach werden könnten:

- ✔ *Ich möchte Sie kennenlernen*: Finden Sie so schnell wie möglich heraus, was Ihre Mitarbeiter beruflich zu erreichen hoffen, und erinnern Sie sich daran, wenn Sie Anordnungen erteilen oder den Mitarbeitern ein Feedback über ihre Arbeit zukommen lassen.
- ✔ *Ich bin hier um zu helfen*: Ermutigen Sie Ihre Mitarbeiter bei Ihnen Rat zu suchen, wann immer sie in Schwierigkeiten geraten. Wenn Sie dann Ihr Angebot annehmen, dann hören Sie gut zu, zeigen Sie Ihr Einfühlungsvermögen und helfen Sie mit allem, was Sie können, um dem Mitarbeiter aus der Patsche zu helfen.
- ✔ *Wir wollen zusammen wachsen*. Entwerfen Sie mit jedem Mitarbeiter einen Entwicklungsplan und legen darin ganz bestimmte Eckdaten und Meilensteine fest. Lassen Sie zu, dass dieser Mitarbeiter Schritte unternimmt, um neues Wissen zu gewinnen und neue Fertigkeiten zu entwickeln. Bieten Sie immer wieder Ihre Hilfe an, wenn es Schwierigkeiten zu überwinden gilt.

Sie sollten wissen, ob es Mitarbeiter gibt, die zu einer anderen Firma wechseln wollen, um dort ihre beruflichen Ziele zu verwirklichen. Sie sind ein besserer Coach, wenn Sie zu seinem beruflichen Wachstum beitragen, als wenn Sie versuchten, diese Mitarbeiter unbedingt in der Firma zu halten. Wenn Sie Chancen eines Mitarbeiters zu vereiteln suchen, werden Sie wahrscheinlich früher als später seine Kündigung in Händen halten.

- *Verschiedene Wege.* Auch wenn Ihre Mitarbeiter sich richtig verhalten und Fortschritte machen, dürfen Sie nicht erwarten, dass dies mit der gleichen Geschwindigkeit abläuft. Einige lernen schnell, andere wiederum sind vielleicht ein wenig langsamer, dafür aber ausdauernder. Stören Sie den Lernprozess nicht durch Ihre Ungeduld.

Probleme gemeinsam lösen

Immer, wenn es zu Problemen kommt, die Ihre Abteilung als Ganzes beeinflussen, sollten Sie der Versuchung widerstehen, dieses Problem selbst schnell zu lösen und die Lösung anderen zuzuschreiben. Mitarbeiter sind wesentlich engagierter, wenn sie selbst zu einem Projekt oder einer Initiative beigetragen haben. Anstatt einfach zu sagen, was getan werden soll, sollten Sie, immer wenn Mitarbeiter mit einem Problem zu Ihnen kommen, fragen, was sie als Lösung empfehlen würden. Und auch an dieser Stelle sollten Sie eine vorgetragene Strategie nicht als völlig falsch abtun. Wenn Sie Ihre Mitarbeiter um ihre Meinung bitten, dann haben Sie auch die Verpflichtung, darüber nachzudenken und ihnen Ihren Gedankengang erläutern, wenn Sie nicht einverstanden sind.

Zeigen Sie Dankbarkeit

Wenn die Mitarbeiter Ihres Teams oder Ihrer Abteilung gute Arbeit geleistet haben, dann sollten Sie es ihnen sagen – und besser früher als später. Sie können Ihr Lob auf zahlreiche Art und Weise ausdrückten und es muss nicht immer eine finanzielle Belohnung sein. Ein Dankeschön per E-Mail, ein öffentliches Lob in einer Mitarbeiterbesprechung oder auch ein Dank in aller Stille – diese einfachen Gesten können einen mächtigen Motivationsschub geben, solange das Lob wirklich verdient ist und ernst gemeint ist.

Vergessen Sie nicht, dass es eigentlich unmöglich ist, Mitarbeiter zu viel zu loben, wenn sie gute Arbeit verrichten. Damit Ihr Lob Wirkung zeitigt, muss das Lob von Herzen kommen und auch wohl verdient sein. Wenn Sie sich angewöhnen, Ihre Leute zu loben, nur damit Sie ein gutes Gefühl haben, das Lob an sich aber überhaupt nicht gerechtfertigt ist, dann schwächen Sie die Aussage des Lobes, wenn es dann einmal wirklich verdient ist.

Entscheidungen treffen

Bei Ihren Mitarbeitern in Ihrem Team oder Ihrer Abteilung, sollten Sie keinesfalls als launisch oder unbeherrscht gelten. Sie sollten aber auch den Arbeitsfluss nicht dadurch verlangsamen, dass Sie Entscheidungen immer wieder aufschieben. Wenn es eine wichtige Entscheidung gibt, dann sollten Sie sorgfältig alle Fakten sammeln und überdenken. Wenn Sie jedoch alle Fakten kennen, dann sollten Sie nicht mehr zögern: Treffen Sie die Entscheidung.

Führen Sie ein Mentoren-System ein

Vielleicht gibt es in Ihrer Firma bereits ein System, was mit Mentoren arbeitet. Auf alle Fälle sollten Sie mit Ihrem Team oder Ihrer Abteilung daran teilnehmen. In den meisten Fällen werden die Neulinge mit erfahrenen Arbeitern zusammengebracht. Es könnte durchaus sein, dass dieses Verhältnis bereits auf informeller Basis besteht. Oft aber haben Neulinge ein wenig Angst, um Hilfe zu bitten, da manche erfahrene Mitarbeiter nur zögerlich Hilfen anbieten und sie nicht einen Lernprozess stören wollen. Wenn Sie das Mentorensystem zu einem etablierten Verfahren machen, dann werden diese Probleme eliminiert und Sie schaffen eine Atmosphäre der Zusammenarbeit, die außerdem noch wesentlich produktiver ist.

Arbeiten Sie Ihren Nachfolger ein

Nehmen Sie für einen Augenblick an, dass man Ihnen den Job angeboten hat, den Sie sich schon immer wünschten – jedoch unter einer Bedingung: Sie müssen jemanden finden, der Ihren augenblicklichen Job ebenso gut, wenn nicht sogar besser, verrichtet als Sie selbst. Gehen wir weiterhin davon aus, dass es in der Abteilung wahrscheinlich einen Kandidaten gibt, der allerdings noch einige Hilfen braucht – die in der Regel von Ihnen kommen sollten.

Der Begriff Nachfolgeplanung hört sich im ersten Augenblick an, als gehöre er in ein Buch über die britische Monarchie, doch ist das tatsächlich kein Druckfehler. Nachfolgeplanung bedeutet in diesem Zusammenhang, jemanden darauf vorzubereiten, Ihren Job zu übernehmen; das ist in vielen Firmen zu einem wichtigen organisatorischen Konzept geworden – und nicht nur auf der Vorstandsebene. Der normale Menschenverstand jedoch könnte Sie zur Annahme verführen, dass Sie tatsächlich selbst den Ast absägen, auf dem Sie sitzen. Das heißt, Sie unterminieren Ihre Bedeutung und schaffen so ein Szenario, das Sie möglicherweise eines Tages Ihren Job kosten könnte (Frank, Sie haben eine so tolle Arbeit geleistet, als Sie einen Nachfolger aufgebaut haben, eigentlich brauchen wir Sie jetzt nicht mehr. Dem ist aber nicht so. Sie und Ihre Firma werden durch die Nachfolgeplanung entscheidende Vorteile haben:

- ✔ Unternehmen, in denen die Manager ihre eigenen Nachfolger einarbeiten, haben es leichter, das richtige Personal für Schlüsselpositionen zu bekommen, da man ja nicht extern suchen muss. Man muss sich nicht besondere Sorgen machen, dass Manager in Schlüsselpositionen gehen könnten, was wiederum die Produktivität verringern könnte.
- ✔ Allein die Tatsache, dass Sie die Zeit und Kraft aufgewendet haben bedeutet, dass Sie damit Ihre Chance auf eine Beförderung verbessert haben. Die Vorstände brauchen sich keine Sorgen zu machen, dass es zu einem Durcheinander käme, würde man Ihnen eine Beförderung anbieten.
- ✔ Bereiten Sie einen Nachfolger vor, dann ist das für Ihre Firma eine Art Versicherung für den Fall, dass Ihnen unerwartet etwas zustößt und Sie möglicherweise längere Zeit nicht auf Ihren Posten zurückkehren können.

- Je mehr Verantwortung die Mitarbeiter Ihres Teams oder Ihrer Abteilung übernehmen, um so mehr Zeit können Sie auf strategische Überlegungen verwenden, die die Produktivität Ihres Teams oder Ihrer Abteilung verbessert und Sie selbst zu einer festen Größe im Unternehmen machen.

Eine Studie, die kürzlich von Robert Half International in Zusammenarbeit mit dem Financial Executives Institute durchgeführt wurde, ergab, dass 82 % der befragten Finanzvorstände nicht auf ihre Aufgabe vorbereitet wurden, zwei Drittel jedoch schon einen Nachfolger einarbeiten. Dieser Trend ist auch auf anderen Ebenen der Unternehmenshierarchie zu beobachten. Gründe dafür sind die Verbesserung der Produktivität und der Wunsch im Unternehmen Karriere zu machen.

Folgend einige Grundregeln zur Nachfolgeplanung:

- *Gehen Sie bei Neueinstellung ganz bewusst vor.* Wann immer Sie die Möglichkeit haben, neue Mitarbeiter einzustellen, sollten Sie neben den Anforderungen des Arbeitsplatzes an sich, auch auf Qualitäten und Eigenschaften achten, die es ermöglichen, dass dieser neue Arbeitnehmer mit der Zeit höhere Verantwortung übernimmt und auf Führungsaufgaben vorbereitet wird. Ohne dass Sie jemanden schon frühzeitig als »Kronprinzen«präsentieren, sollten Sie immer im Auge behalten, wer aus Ihrem Team einmal Ihre Nachfolge antreten könnte.

- *Lassen Sie die Besten ohne Hilfe schwimmen.* Mitarbeiter, die intelligent, aufmerksam und hoch motiviert sind, sollten allein schon durch Osmose sehr viel lernen; das heißt, allein schon durch Beobachtung, wie Sie die vielen Herausforderungen Ihres Jobs angehen. Deshalb sollten Sie genau wissen, was erforderlich ist, um Ihren Job ausfüllen zu können (und nicht nur Ihre überragenden Fähigkeiten, die Sie unersetzlich machen) und nehmen Sie sich die Zeit, zu überprüfen, wie groß die Lücken zwischen Ihnen und dem von Ihnen ins Auge gefassten Nachfolger noch sind. Delegieren Sie so viel wie nur möglich und gewähren Sie Ihren Mitarbeitern in dem Maß mehr Autonomie, in dem sie neues Wissen und neue Fertigkeiten unter Beweis stellen. Arbeiten Sie mit ihnen persönlich zusammen, aber auch in der Gruppe, um Leistungsziele zu setzen und Kriterien zu entwickeln, und daran die Fortschritte zu messen, die für diese Aufgaben unerlässlich sind.

- *Versuchen Sie nicht, Ihr Ebenbild zu schaffen.* Eigentlich ist es ganz normal, dass Sie von dem, den Sie als Nachfolger auserkoren haben, erwarten, dass er alles so wie Sie macht. Dabei sollten Sie aber nicht vergessen, dass die Ziele auf verschiedene Weisen erreicht werden können. Konzentrieren Sie sich auf Ergebnisse und Werte, und nicht auf die Art und Weise, wie der Erfolg erzielt wird. Das kann sich durchaus von Ihren Methoden unterscheiden. Der Management-Stil Ihres Nachfolgers muss nicht unbedingt Ihrem Stil gleichen. So lange die Qualität der Arbeit nicht berührt wird, nützt es weder ihm noch Ihnen, dass alles so getan wird, wie Sie es sich vorstellen.

Denken Sie immer daran, eine der Grundregeln der Nachfolgeplanung ist, dass Sie in der Zeit, in der Sie Ihren Nachfolger einarbeiten, sich selbst schon auf den nächsten Schritt auf Ihrer Karriereleiter vorbereiten. Natürlich benötigen Sie dafür Fähigkeiten, um auf der nächst höheren Ebene Erfolg zu haben. Arbeiten Sie mit Ihrem Vorgesetzten – oder Ihrem Mentor – zusammen, damit Sie alles haben, was Sie auf der nächsten Stufe der Karriereleiter benötigen.

Hände Weg! Delegieren Sie

Delegieren wird immer als das wichtigste Werkzeug eines Managers genannt – eine der ersten Fertigkeiten, die in jedem Managementseminar geübt werden. Doch zählt Delegieren nicht unbedingt zu den exakten Wissenschaften. Man muss erkennen, dass man einige Aufgaben leichter delegieren kann als andere, auch dass manche Mitarbeiter Verantwortung leichter tragen können als andere.

Brechen Sie mit schlechten Gewohnheiten

Sind Sie ein Mikromanager (und wissen Sie, wer Sie sind), dann müssen Sie Ihre Gewohnheiten ändern. Fangen Sie klein an. Schreiben Sie eine Liste der Aufgaben auf, die Ihnen übertragen werden, und teilen Sie diese dann in drei Rubriken ein:

- ✔ A. Aufgaben, von denen Sie völlig überzeugt sind, dass nur Sie allein sie lösen können.
- ✔ B. Aufgaben, die möglicherweise auch ein anderer lösen kann (obwohl bei weitem nicht so gut wie Sie).
- ✔ C. Aufgaben, von denen Sie absolut überzeugt sind, dass man zur Lösung keine besonderen Fertigkeiten und kein besonderes Wissen benötigt.

Beginnen Sie damit, die C-Aufgaben zu delegieren und kümmern Sie sich ausschließlich um B-Aufgaben und A-Aufgaben. Von Zeit zu Zeit sollten Sie die Einteilung überprüfen. Wenn Sie mehr delegieren und sich dabei wohl fühlen, dann werden Sie unter Umständen bald feststellen, dass sich auf Ihrer Liste weit weniger A-Aufgaben als B- und C-Aufgaben befinden.

Geben Sie genaue Anweisungen

Wenn Sie delegieren, dann sollte derjenige, dem Sie einen Auftrag erteilen, folgendes wissen:

- ✔ Was ist das Endziel der Maßnahme?
- ✔ Weshalb ist diese Aufgabe so wichtig?
- ✔ Wann muss der Auftrag erledigt sein?
- ✔ Woran und wie wird der Erfolg gemessen?

Wenn Sie sich nicht sicher sind, ob dies richtig verstanden wurde, dann sollten Sie mit einem E-Mail oder einer Aktennotiz den Auftrag präzisieren.

Vertrauen Sie anderen

Delegieren bedeutet laut Definition, dass Sie einem anderen vertrauen, dass er in der Lage ist, eine bestimmte Aufgabe zu erledigen. Wenn Sie dieses Vertrauen nicht haben, dann sollten Sie diese Aufgabe nicht diesem Mitarbeiter anvertrauen. Und wenn Sie noch zögern, irgendeine Aufgabe an einen Ihrer Mitarbeiter zu vergeben, dann heißt das entweder, Sie haben die falschen Leute eingestellt oder Sie haben ein außerordentlich starkes Bedürfnis, Kontrolle auszuüben.

Bieten Sie Hilfe an

Achten Sie sehr feinfühlig auf den Unterschied zwischen »delegieren« und »jemandem einen Auftrag erteilen«. Wenn Sie einen Auftrag erteilen, dann kümmern Sie sich weder um die Zeit, die Fähigkeiten und das Wissen des Beauftragten. Delegieren Sie jedoch, dann bedeutet dies, dass Sie und Ihr Mitarbeiter festlegen, was erforderlich ist, um die Aufgabe zu erfüllen. Außerdem bieten Sie Ihre Hilfe an.

Lassen Sie Wachstum zu

Delegieren sollte ein fortwährender Prozess sein. Wenn ein Mitarbeiter zu erkennen gibt, dass er die Fähigkeiten hat, mehr Verantwortung zu übernehmen, dann sollten Sie ihm auch weitere Aufgaben anvertrauen und ihm weitere Freiheiten einräumen. Wenn Sie das tun, dann wird die Arbeit für Sie und ihn interessanter, spannender und erfüllender.

Konferenz mit Effizienz

Hier eine kleine Denkaufgabe für Sie. Denken Sie an die letzten zwei oder drei Konferenzen zurück, an denen Sie teilgenommen haben. Als Teilnehmer, und nicht als Konferenzleiter. Und dann beantworten Sie bitte die folgenden Fragen:

- ✔ War es wirklich notwendig, dass Sie an der Konferenz teilgenommen haben?
- ✔ War es für Sie einfach, Ihr Interesse wach zu halten, oder hatte der größte Teil der Diskussion nichts mit Ihrem Job zu tun?
- ✔ Hatten Sie Gelegenheit etwas zu sagen, wenn Sie etwas sagen wollten und hörte man Ihnen aufmerksam zu?
- ✔ Hatten Sie nach der Konferenz das Gefühl, sie sei den Zeitaufwand wert gewesen?

Versetzen Sie sich nun in die Situation der Mitarbeiter, die an Konferenzen teilnehmen, die Sie leiten. Fragen Sie sich, was Ihre Mitarbeiter sagen würden, stellte man ihnen die gleichen Fragen. Wenn Sie sich der Antworten nicht sicher sind, dann finden Sie nun zehn Vorschläge:

✔ *Werten Sie die Konferenz auf.* Gibt es keinen wichtigen Grund für eine Konferenz, dann sollten Sie sie gar nicht erst anberaumen. Jede Konferenz muss einen Zweck verfolgen, der jeden der Beteiligten betrifft und zu dem jeder beitragen kann – auch wenn es nur um das schon altmodische Brainstorming geht.

✔ *Halten Sie die Konferenz an einem geeigneten Ort ab.* Der Konferenzraum in der Firma ist vielleicht nicht immer der geeignete Ort für jede Konferenz. Suchen Sie einen Tagungsraum aus, der gut beleuchtet ist, viel Raum bietet und gut mit Konferenztechnik ausgestattet ist. Wenn es jedoch darum geht, mit einem Brainstorming eine Sofortlösung für ein spezielles Problem zu finden, dann sollten Sie in Erwägung ziehen, außerhalb des Firmengeländes zu tagen, um eine kreativere Umgebung zu schaffen. Für besondere Anlässe sollten Sie auch besondere Tagungsorte auswählen.

✔ *Begrenzen Sie die Zahl der Teilnehmer.* Wenn Sie entscheiden, wer an der Konferenz teilnehmen sollte, dann sollten Sie sich die folgenden Fragen stellen:

- Wessen Job oder besonderes Fachwissen wird durch die Tagesordnung berührt? (Bei dieser Entscheidung sollten Sie nicht zu kleinlich sein.)
- Gibt es jemanden, der mit seiner Fachkenntnis, Erfahrung oder seinem Wissen (unabhängig von seinem Rang) wichtige Anregungen geben könnte?

Allerdings sollten Sie bei der Auswahl der Konferenzteilnehmer sehr sensibel sein, denn ganz schnell könnte jemand beleidigt sein, weil er nicht eingeladen wurde. Wenn jemand aus Ihrem Team oder Ihrer Abteilung nicht den Auswahlkriterien entspricht, aber leicht »eingeschnappt« sein könnte, dann erklären Sie ihm den Sinn und Zweck der Konferenz und lassen ihn entscheiden, ob er teilnehmen möchte.

✔ *Legen Sie eine schriftliche Tagesordnung vor.* Die Tagesordnung soll ganz grob die geplante Diskussion vorgeben und ist sehr hilfreich, wenn drei oder mehr Themen diskutiert werden sollen. Achten Sie bei der Tagesordnung auf die Schwerpunkte und beginnen Sie mit dem wichtigsten Thema. Damit stellen Sie sicher, dass den weniger wichtigen Themen nicht zu viel Zeit gewidmet wird.

✔ *Beginnen und beenden Sie die Konferenz pünktlich.* Wenn es nicht einen sehr guten Grund gibt, anders zu verfahren (vielleicht ein Stromausfall), sollten Sie die Konferenz pünktlich beginnen. Wenn Teilnehmer eine Viertelstunde später kommen und die Konferenz hat noch nicht begonnen, dann gibt es für sie bei weiteren Konferenzen keinen Grund rechtzeitig zu erscheinen. Ebenso wichtig ist, die Konferenz auch zur geplanten Zeit zu beenden. Wenn wichtige Themen noch nicht behandelt wurden, dann sollten die Teilnehmer mehrheitlich darüber entscheiden, ob die Konferenz mit den Teilnehmern, die noch bleiben können, fortgesetzt werden soll oder für alle Teilnehmer ein neuer Termin anberaumt werden soll.

- ✔ *Ermutigen Sie zur aktiven Teilnahme.* Nicht jeder ist so beredt und kann sich auf Konferenzen gut ausdrücken. Nun liegt es an Ihnen als Konferenzleiter, die Diskussion zu führen und auch die zu Worte kommen zu lassen, die ansonsten geschwiegen hätten.
- ✔ *Achten Sie darauf, dass alle zum Thema sprechen.* Es ist schon schwierig, ein sehr kreatives Team immer an der Tagesordnung zu halten. Falls neue Ideen aufkommen, die erheblichen Diskussionsbedarf haben, dann können Sie diesen Punkt in einer weiteren Konferenz behandeln. Natürlich sollen Sie keinesfalls Kreativität im Keim ersticken, aber Sie wollen schließlich alle Punkte behandeln, die auf der Tagesordnung stehen.
- ✔ *Machen Sie sich Notizen.* Bestimmen Sie jemanden, der während der Konferenz ein Protokoll führt. Besonders wichtig sind die Punkte, bei denen es zu einer Entscheidung kam. Protokolle sind eine Erinnerung an das, was erledigt werden muss, aber auch eine Zusammenfassung dessen, was diskutiert wurde für diejenigen, die an der Konferenz nicht teilnehmen konnten.
- ✔ *Verfolgen Sie den Erfolg.* Sagen Sie Ihren Mitarbeitern, dass Sie ein Feedback wünschen, wie Konferenzen noch effektiver gestaltet werden könnten. Akzeptieren Sie bereitwillig die Möglichkeit, dass das, was früher funktionierte, unter veränderten Bedingungen nicht klappt.
- ✔ *Achten Sie auf Gruppenprozesse.* Beobachten Sie genau, wie die Gruppe reagiert und vorankommt. Ist jemand irritiert, wie die Diskussion eine bestimmte Richtung nimmt, sollten Sie mit diesem Mitarbeiter eine vertrauliche Unterredung führen, um mit ihm seine Bedenken zu besprechen. Sind Sie aber mit der Gruppendynamik insgesamt nicht zufrieden, dann sollten Sie überlegen, ob ein außenstehender Moderator als Konferenzleiter eingeladen werden soll. Möglicherweise bringt er neue Ideen mit und kann Konflikte leichter ausräumen.

Lob für gute Leistung

Einige Fachleute lassen an der Art und Weise, wie heute die formellen Beurteilungen veranstaltet werden, kein gutes Haar. Und das aus gutem Grund. Manager mögen den Schreibaufwand nicht, der damit verbunden ist, und Sie haben Schwierigkeiten konstruktiv zu kritisieren.

Andererseits sind alle der Meinung, dass die Mitarbeiter in regelmäßigen Abständen ein Feedback über ihre Leistung erhalten sollen, das auch als Grundlage für Beförderungen und Gehaltserhöhungen dienen kann. In den folgenden Abschnitten mache ich einige Vorschläge, mit denen Sie das Beste aus einer wichtigen, aber nicht immer leicht zu erledigenden Sache machen können.

Betrachten Sie es als einen Prozess

Eine Leistungsbewertung sollte keine regelmäßig stattfindende Veranstaltung sein, sondern eher ein ständiger Prozess, in dem die formelle Leistungsbewertung lediglich einer von vielen Schritten ist. Der große Vorteil – und es ist ein entscheidender Vorteil – ist, dass die offizielle Leistungsbewertung dann weniger stressig, dafür aber produktiver ausfällt. Weil Sie während des ganzen Jahres mit Ihren Mitarbeitern sprechen, ist die jährliche Leistungsbewertung lediglich ein Erinnerungsposten an die Themen, die zuvor besprochen wurden, aber auch ein Startblock in die Zukunft.

Machen Sie den Mitarbeiter zu Ihrem Partner

Beziehen Sie den Mitarbeiter ein, wenn es darum geht, Ziele und Kriterien für den Erfolg festzulegen. Mitarbeiter erbringen bessere Leistungen, wenn sie über die Ziele mitbestimmen dürfen und die Erwartungen verstehen.

Erklären Sie den Vorgang

Sorgen Sie dafür, dass die Arbeitnehmer wissen, in welchem Umfang die Leistungsbewertung über Gehaltserhöhungen oder Bonuszahlungen entscheidet. Sie sollten auch wissen, welche Möglichkeiten zur Beschwerde sie haben, sollten sie mit der Bewertung nicht einverstanden sein.

Halten Sie Beispiele bereit

Wenn Sie eine schwache Leistung kritisieren, dann sollten Sie Beispiele nennen können. Sprechen Sie über Verhaltensweisen und nicht über Eigenschaften. Sagen Sie nicht: »Sie haben sich beim letzten Projekt nicht besonders angestrengt.« Das wäre eine Interpretation. Sagen Sie, was tatsächlich geschah: »Im letzten Bericht haben Sie zwei wesentliche Faktoren nicht erwähnt.«

Bitten Sie um Anregungen

Viele Management-Experten empfehlen, schon vor der Besprechung den Mitarbeiter etwas zu seiner Leistung sagen zu lassen. Der Vorteil dabei ist, dass der Mitarbeiter seine Stärken und Schwächen analysieren muss und durch Ihr Feedback nicht überrascht wird. Diese Technik ermöglicht Ihnen auch zu erfahren, wie der Mitarbeiter seine Leistung bewertet, und Sie beide können dann klären, welche Leistung erwartet wird.

Management von leistungsschwachen Mitarbeitern

Sie kennen leistungsschwache Arbeitnehmer, und vielleicht haben Sie auch zwei oder drei davon in Ihrer Abteilung. Sie erledigen zwar ihren Job, doch sie tun kein bisschen mehr – eben nur so viel, wie unbedingt sein muss. Ihnen fehlt die Verbindung zu ihrer Arbeit, und das sieht man dann auch an der Qualität der Ergebnisse. Natürlich könnte man einem solchen Mitarbeiter kündigen (ist aber nicht ganz leicht, wenn er nicht gerade das silberne Tafelbesteck geklaut hat) oder ihn auf eine andere Position versetzen. Doch ist das nicht immer der beste Schachzug. Die folgenden Abschnitte sollen Ihnen Alternativen aufzeigen.

Besprechen Sie, was zu besprechen ist

Vielleicht haben Sie es zuvor schon einmal versucht, doch sollten Sie es noch einmal versuchen. Setzen Sie mit Ihrem Mitarbeiter eine Aussprache unter vier Augen an. Erklären Sie ihm möglichst taktvoll, dass Sie mit ihm nicht zufrieden sind, nennen Sie ihm einige Beispiele und geben Sie ihm die Möglichkeit, dazu eine Erklärung abzugeben. Es könnte ja sein, dass es Dinge gibt, von denen Sie nichts wissen – vielleicht ein Streit in der Abteilung oder Schwierigkeiten zu Hause.

Entwickeln Sie einen Plan

Wenn Sie sicher sind, dass der leistungsschwache Mitarbeiter seine Position im Unternehmen verstanden hat, Ihre Erwartungen und den Einfluss, den sein Beitrag auf den Erfolg Ihrer Abteilung oder Ihres Teams haben kann, dann sollten Sie nicht einfach »passe dich an oder verschwinde« spielen, sondern entwickeln Sie mit ihm gemeinsam eine Strategie, mit der er wieder Anschluss finden kann.

Finden Sie einen Mentor

Wenn der Mitarbeiter nicht schon einen Mentor hat und relativ neu in Ihrer Abteilung ist, dann sollten Sie für ihn einen erfahrenen Partner suchen, der sich auskennt, gern den Mentor spielt und dessen Persönlichkeit gut zu der Ihres »Sorgenkinds« passt.

Tun Sie etwas gegen Langeweile

Sollten Sie vermuten, dass Ihr Mitarbeiter ein Problem mit Eintönigkeit und Langeweile hat, dann sollten Sie versuchen, den Job interessanter zu gestalten, ohne den Arbeitsfluss zu unterbrechen und ohne andere Mitarbeiter zu befremden. Fragen Sie den Mitarbeiter, welche zusätzlichen Aufgaben er gern übernehmen würde.

Sind Sie Manager einer größeren Abteilung, dann sollten Sie es sich gut überlegen, ob Sie einen leistungsschwachen Mitarbeiter wirklich belohnen wollen. Wenn Sie dies tun, dann gehen Sie das Risiko ein, diejenigen zu verprellen, die immer gute Leistungen erbringen, dafür jedoch nicht belohnt werden.

Entlassungen

Mitarbeiter zu entlassen ist die bei weitem stressigste Angelegenheit, die ein Manager zu erledigen hat. Sicherlich können Sie die Entscheidung rechtfertigen, aber das macht es auch nicht einfacher, jemandem zu sagen, dass man auf seine Mitarbeit gut verzichten kann. Glauben Sie also nicht, dass Sie diese außerordentlich schwierige Aufgabe mit Links erledigen könnten. Das gibt es nicht. In den folgenden Abschnitten finden Sie jedoch einige Vorschläge, wie Sie diesen schwierigen Vorgang möglichst professionell abwickeln können.

Die Entscheidung zu handeln

Mitarbeiter sollten auf alle Fälle die Möglichkeit haben, sich gut in ihren Job einzuarbeiten. Wenn sie nicht die erwartete Leistung bringen, dann sollten sie rechtzeitig ein Feedback erhalten und Hilfen, ihre Leistungen zu verbessern. Wenn das aber alles nicht hilft – aus welchem Grund auch immer – dann müssen Sie entscheiden. Je früher Sie etwas tun, um so besser; auf alle Fälle noch innerhalb der vertraglich vereinbarten Probezeit. Arbeitnehmer, die ihre Aufgaben nicht erfüllen oder deren Verhalten nicht angemessen ist, können für Sie, für die Kollegen und das Unternehmen zu einem Problem werden.

Die schlechte Nachricht überbringen

Einen Arbeitnehmer zu entlassen ist eine Aufgabe, die Sie als Manager keinesfalls delegieren dürfen. Sind Sie selbst der direkte Vorgesetzte, dann überbringen Sie die schlechte Nachricht persönlich. Gehen Sie dabei taktvoll und gefühlvoll vor, doch kommen Sie schnell auf den Punkt. Die Erklärung, weshalb Sie sich vom Mitarbeiter trennen wollen, sollte kurz gefasst sein.

Entlassung – ein disziplinierter Vorgang

Viele Unternehmen haben für den Fall einer Entlassung ein Procedere festgelegt. Dieses Procedere kann Ihr Unternehmen vor Klagen vor dem Arbeitsgericht schützen und macht es für Sie und den Arbeitnehmer leichter. Das Procedere sollte folgendes beinhalten:

- ✔ *Dokumentation*: Dokumentieren Sie das Verhalten, die schwachen Leistungen und vorhergehende Unterredungen, die zur Entlassung des Arbeitnehmers führten.

- *Überlegen Sie sich genau, was Sie sagen wollen*: Schon vor dem Gespräch sollten Sie sich genau überlegen, was Sie sagen wollen. Sagen Sie nur das Notwendigste um die Kündigung zu vermitteln und antworten Sie nur kurz auf einfache Fragen. Dies ist nicht der Zeitpunkt, um die Vergangenheit aufzuarbeiten oder Ihre Entscheidung zu diskutieren. Die haben Sie bereits endgültig gefällt.
- *Die Kündigung*: Wenn möglich, sollten Sie die Kündigung gleich am Morgen verkünden oder am Ende des Arbeitstages – am besten, wenn die anderen Mitarbeiter schon auf dem Heimweg sind. Auf alle Fälle sollte ein weiterer Manager als Zeuge anwesend sein, so dass man Ihnen nicht etwas nachsagen kann, was überhaupt nicht stimmt.
- *Treffen Sie die notwendigen Vorkehrungen*: Schon zum Zeitpunkt der Entlassung sollten Sie die Vereinbarungen zu einem Outplacement parat haben, wenn dies vorgesehen ist. Außerdem halten Sie einen Gehaltsscheck bereit, der die noch fälligen Gehaltszahlungen, gegebenenfalls auch die Auslagen umfasst, die dem Mitarbeiter noch zustehen.
- *Sicherheitsmaßnahmen*: Im Zusammenhang mit der Kündigung verlangen Sie alle sicherheitsrelevanten Dinge: Schlüssel, Passwörter, auf die Firma ausgestellte Kreditkarten müssen sofort zurückgegeben werden. Lassen Sie von der IT-Abteilung sofort den Zugang des Mitarbeiters ins firmeninterne Computernetzwerk sperren.
- *Rückgabe von Ausrüstung und Werkzeug*: Lassen Sie vom Mitarbeiter einen Katalog unterschreiben, wie und wann alle firmeneigenen und dem Mitarbeiter zur Nutzung überlassenen Gegenstände wie Werkzeug, Notebook, Kfz und so weiter zurückgegeben werden müssen.
- *Begleiten Sie den (nicht mehr) Mitarbeiter*: Begleiten Sie den entlassenen Mitarbeiter an seinen Arbeitsplatz, damit er alle persönlichen Habschaften mitnehmen kann.
- *Treffen Sie Vorsichtsmaßnahmen*: Wenn Sie Grund zur Vermutung haben, dass der Mitarbeiter auf die Kündigung gewalttätig reagieren könnte, sollten Sie geeignete Vorkehrungen treffen. Auf alle Fälle sollte ein weiterer Manager anwesend sein.

Teamarbeit arbeitet für Sie

13

In diesem Kapitel

- Leistungsstarke Teams
- So gründen Sie ein neues Team
- So führen Sie ein leistungsstarkes Team
- Gründen Sie virtuelle Teams
- Wenn Teams in Schwierigkeiten geraten

Teamwork hatte schon immer seinen besonderen Wert und in fast jedem Unternehmen, wurde Teamarbeit zu dem Faktor, der besondere Leistungen ermöglichte. Doch erst in den letzten 20 Jahren – weitestgehend wegen des Konkurrenzdrucks auf den globalen Märkten – wurde die Dynamik der Teamarbeit ein fester Bestandteil des Arbeitsalltags.

Es stimmt zwar, dass teamorientierte Arbeit nicht in jedem Unternehmen, das versuchte, Teamarbeit einzuführen, zu einem rauschenden Erfolg wurde. Tatsächlich, eine der härtesten Lektionen, die viele Unternehmen während der neunziger Jahre lernen mussten, war, dass die Kraft wirkungsvoller Teamarbeit aus mehr besteht, als nur einer Gruppe von Arbeitnehmern, die man dann ein Team nennt. In unserem Kulturkreis werden persönliche Erfolge gefeiert, und traditionelle Arbeitsverfahren und Entlohnungssysteme stimmen nicht immer mit den Bedingungen überein, die für erfolgreiche Teams förderlich sind. Darüber hinaus ist festzustellen, dass viele Leute nicht verstehen, wie schwierig es sein kann, in einem Team zusammenzuarbeiten, bis sie selbst als Teil eines Teams an einem wichtigen Projekt beteiligt waren.

Doch klar ist, dass sich der Trend zum Teamwork in der gesamten Arbeitswelt verstärkt. Neuere Untersuchungen zeigen, dass mehr als zwei Drittel der großen Unternehmen Teamarbeit in verschiedene Bereiche integriert haben. Das Topmanagement dieser Unternehmen scheint sich der Teamarbeit zu verschreiben. Eine Untersuchung, die Robert Half International durchführte, zeigt, dass in mehr als 80 Prozent der Finanzvorstände der 1.000 größten Unternehmen Amerikas versicherten, dass sich selbst verwaltende Teams in den kommenden 10 Jahren die Produktivität verbessern würden. Und als das Work in America Institute Repräsentanten der 100 größten Unternehmen in den USA befragte, welche Forschungen für die Unternehmen am wertvollsten seien, gaben 95 Prozent »Teamarbeit – Einrichtung und Betreuung von Arbeitsgruppen« als erste Priorität an.

Was aber bedeutet dieser Trend für Sie und Ihre Karrierepläne? Ganz einfach: Wenn Sie nicht gerade mit einem Vermögen gesegnet sind, das mindestens in die Millionen geht, dann kann es schwierig sein, ohne das Verständnis des Teamgedankens ihre Karriereziele zu erreichen. Darüber hinaus müssen Sie in der Lage sein, nicht nur als Mitglied eines Teams zu funktionieren, sondern auch als Leiter eines Teams.

Dieses Kapitel konzentriert sich auf die Fertigkeiten und Eigenschaften, die Sie haben müssen, um in einer teamorientierten Umgebung wirkungsvoll arbeiten zu können. Sie erfahren, was Teamarbeit wirklich bedeutet, wenn es in wichtigen Unternehmensbereichen eingeführt wird. Sie lernen die Qualitäten kennen, die leistungsstarke Teams von Teams unterscheiden, die ihr Potenzial nicht realisieren können. Sie erhalten Ratschläge, wie Sie einen wichtigen Beitrag für Teams leisten können, ganz gleich, welche Rolle Sie einnehmen: ob Sie Leiter des Teams oder Mitglied des Teams sind. Außerdem erhalten Sie Tipps, wie man die häufigsten Hürden vermeiden kann, die einer erfolgreichen Teamarbeit im Wege stehen, und was Sie tun können, um diese Hürden zu überwinden, wenn diese sich Ihnen in den Weg stellen.

Welche Arten von Arbeitsgruppen gibt es?

Bevor Sie beginnen können, Arbeitsgruppen einzurichten, sollten Sie erst einmal überlegen, was Sie wollen. Machen Sie sich deshalb zuerst mit der manchmal doch recht verwirrenden Terminologie vertraut. Hier die gebräuchlichsten Begriffe und was sie bedeuten:

- ✔ *Arbeitsgruppe*: Darunter ist jede Gruppe von Mitarbeitern zu verstehen (normalerweise nicht mehr als 15 Mitarbeiter und selten als Teil nur einer Abteilung), die zusammengezogen wurden, um entweder für begrenzte Zeit oder auf Dauer in einer speziellen Funktion zusammenarbeiten.
- ✔ *Projektgruppe*: Eine besondere Form einer Arbeitsgruppe, die gebildet wird, um ein bestimmtes Problem zu lösen oder ein bestimmtes Projekt zu bearbeiten. (Projektgruppen nennt man zuweilen auch Steuergruppe oder »Task Force«.)
- ✔ *Multifunktionale Arbeitsgruppen*: Jedes Team, das aus Mitarbeitern aus verschiedenen Abteilungen besteht oder aus Mitarbeitern mit Spezialkenntnissen. (Solche Teams werden oft als Qualitätszirkel eingerichtet, manchmal auch um die Zusammenarbeit innerhalb des Unternehmens zu fördern, wenn es zu Spannungen zwischen einzelnen Abteilungen gekommen ist.)
- ✔ *Sich selbst verwaltende Arbeitsgruppen*: Arbeitsgruppen, die weitgehend autonom arbeiten, meist im Bereich der Finanzplanung, Terminplanung oder im Personalbereich.

Diese Definitionen darf man nicht zu wörtlich nehmen. Die Kategorien überschneiden sich und jede einzelne hat zahlreiche Varianten. Abhängig vom Projekt oder dem Unternehmen, kann eine Projektgruppe entweder ein paar Monate lang oder länger als ein paar Jahre zusammenarbeiten. Dieses Team kann wenige oder gar keine Befugnisse haben wichtige Entscheidungen zu treffen, oder aber es arbeitet so autonom, dass es wie ein Unternehmen im Unternehmen funktioniert. Sie können sich auch signifikant in Größe, Zusammensetzung und im Ausmaß unterscheiden, mit dem die Mitglieder ausschließlich für das Team arbeiten.

Unabhängig von der Form, sehen sich alle Arbeitsgruppen den gleichen Herausforderungen ausgesetzt: das Wissen, die Talente und die Anstrengungen Einzelner müssen in ein Ganzes eingebracht werden, dessen Ergebnisse deutlich besser sind, als die Summe der einzelnen

Teammitglieder. Die Vorstellung von Teamarbeit basiert auf der Voraussetzung, dass eine Gruppe von Menschen mit einer weiten Skala von Fertigkeiten und Ansichten zusammen weitaus mehr erreicht, als ob die einzelnen Personen unabhängig auf das gemeinsame Ziel hin arbeiten würden.

So arbeiten leistungsstarke Arbeitsgruppen

Wenn man messbare Beiträge liefert (entweder als Leiter oder als Mitglied eines Teams) setzt dies voraus, dass man die Qualitäten kennt und berücksichtigt, die leistungsstarke Arbeitsgruppen von anderen Arbeitsgruppen unterscheiden. Immer mehr Forscher im Bereich der Unternehmensorganisation und Wirtschaftsjournalisten haben diese Qualitäten im letzten Jahrzehnt untersucht, wobei sie zu klaren, wenn auch nicht überraschenden, Ergebnissen gekommen sind. Die Teams, die im Brennpunkt dieser Forschungen standen, stammen aus verschiedenen Branchen, angefangen von Mannschaften aus dem Bereich des Sports über militärische Arbeitsgruppen bis hin zu Teams in der Wirtschaft. Auch die Forschung zeigt, dass alle Arbeitsgruppen, die durch sehr gute Leistungen auffielen, unabhängig von ihrem Bereich oder ihrem Auftrag, ähnliche Vorgehensweisen bevorzugen. Auch wenn die Herausforderungen, denen diese Teams gegenüber standen, nicht den Schwierigkeiten gleichen, denen sich andere Teams gegenüber sahen, ist es sinnvoll, dass Sie sich mit den Vorgehensweisen vertraut machen, und diese als Messlatte für Ihre künftige Teamarbeit verwenden.

Vermitteln Sie eine Mission

Teams, die sehr gute Leistungen bringen, werden fast immer von einer tief verankerten Mission beflügelt. Jedes Team hat seine eigenen Ziele, abhängig von der Arbeit, die es zu verrichten hat. Die Mission könnte sein, eine Meisterschaft zu erringen, das Leben von Unfallopfern zu retten eine neue Software-Anwendung zu entwickeln oder Kameraden zu retten, deren Flugzeuge über feindlichem Gebiet abgeschossen wurden. Doch welcher Art die Ziele auch immer sein mögen, die leistungsstarke Teams vereinen, sie sind immer so breit und motivierend angelegt, dass auch die Hoffnungen und Träume einzelner Teammitglieder verwirklicht werden können.

Die Mitglieder guter Arbeitsgruppen sehen Ihren Job als Berufung an, und nicht nur als eine Möglichkeit, den Lebensunterhalt zu verdienen. Sie sind oft bereit, auch Überstunden zu leisten und andere Opfer zu bringen, um ihr gemeinsames Ziel zu erreichen. Die gemeinsame Mission ist das Feuer, das ein Team zusammenschweißt, es befähigt Stürme zu überstehen und Hindernisse zu überwinden, an denen weniger engagierte Teams scheitern würden.

Schaffen Sie eine starke Mannschaftsmoral

Die Mitglieder eines Teams, das Höchstleistungen erbringt, unterwerfen sich ganz und gar einer Mannschaftsmoral. Sie können – und wollen – ihre eigenen Hoffnungen und Ambitionen den Interessen und Zielen des Teams unterordnen. Natürlich zählt auch das individuelle Fachwissen. Kein Team kam Höchstleistungen erbringen, wenn die Teammitglieder nicht die Fertigkeiten und das Wissen haben, das erforderlich ist, um ihre Jobs besonders gut erfüllen zu können. Doch das Fachwissen des Einzelnen reicht nicht aus, um eine außerordentlich gute Leistung des Teams zu garantieren. Die Mitglieder der Teams sorgen sich ausschließlich um den Erfolg des Teams und nicht um eigene Erfolge. In einem Interview mit der Zeitschrift *Fortune* sagte der Cellist Sadao Harada vom Tokyo Sinfonie Quartett: »Wir denken nicht daran, wer zu dem großartigen Klang am meisten beiträgt, wer die beste Technik hat. Wir sind eine Einheit und prägen gemeinsam die Persönlichkeit des Quartetts«.

Über die Beliebtheit von Arbeitsgruppen

Beachten Sie die folgenden Gründe, weshalb Arbeitsgruppen im letzten Jahrzehnt zu einem maßgeblichen Trend wurden:

- ✔ Unter gleichen Bedingungen erbringen gut organisierte Teams eine bessere Leistung als Einzelne, die das gleiche Ziel anstreben.
- ✔ Kleine, projektorientierte Teams sind wesentlich flexibler als große Einheiten. Sie können häufiger konferieren, besser kommunizieren und schneller die Richtung ändern, wenn es erforderlich sein sollte.
- ✔ Werden Arbeitsgruppen gut geführt, so entsteht unter den Mitgliedern eine Kameradschaft, die an normalen Arbeitsplätzen nicht vorstellbar ist.
- ✔ Dank der Fortschritte der Informationstechnologie, stellen geographische Entfernungen kein Hindernis mehr dar. Teams vieler Unternehmen setzen sich heute oft aus Mitarbeitern zusammen, die an vielen verschiedenen Orten auf der ganzen Welt beheimatet sind. Sie kommunizieren per E-Mail und Tele-Konferenzen.

Fördern Sie den Teamgeist

Wenn ich in diesem Zusammenhang von Chemie spreche, dann bezieht sich das darauf, wie gut die Teammitglieder miteinander auskommen – zumindest in der Zeit, in der Sie zusammenarbeiten. Wahrscheinlich werden Sie nicht erstaunt sein, wenn Sie feststellen, dass in Teams, die Höchstleistungen erbringen, die Chemie unter den Mitgliedern nicht nur stimmt, sondern geradezu hervorragend ist. Es ist ganz normal, dass Einzelne, die lange Zeit zusammenarbeiten und gemeinsam Schwierigkeiten überwinden, einander auch persönlich verbunden sind. Doch das Gemeinschaftsgefühl, das man bei den Spitzenteams vorfindet, geht weit über die Grenzen des normalen Mannschaftsgeistes hinaus. Sehr oft trifft man geradezu einen Familiensinn an – die Einzelnen achten aufeinander und stehen für einander ein.

Das Gruppengefühl, das die Top Teams umgibt, zeigt sich auf verschiedene Art und Weise, insbesondere aber, wie die einzelnen Mitglieder miteinander kommunizieren. Am besten beobachtet man dies während der Teamkonferenzen. Selbst wenn es eine Hierarchie gibt, beispielsweise bei einem Operations-Team im Krankenhaus, sagen die Teammitglieder das, was sie denken. Keiner hat Hemmungen, etwas Falsches zu sagen oder Fehler zu machen.

Ein Grund dafür, dass die Kommunikation so offen sein kann, ist, dass die Teammitglieder einander vertrauen und dies viele der Schwierigkeiten beseitigt, die die Effektivität anderer Teams reduzieren.

Legen Sie einen »Fahrplan« fest

Top Teams wissen, wie schwierig es für Einzelne mit unterschiedlichem Hintergrund, verschiedenen Fertigkeiten und Temperamenten sein kann, auf ein gemeinsames Ziel hinzuarbeiten. Deshalb halten sich diese Teams an einen »Fahrplan«, der ausdrücklich eingerichtet wurde, um die Mannschaftsmoral zu stärken. Spitzenteams lassen sich Zeit, insbesondere am Anfang eines Projekts, um festzulegen, wie bestimmte Dinge erledigt werden müssen. Es wird festgelegt, wie Konferenzen geführt werden, wie die Verantwortung aufgeteilt wird, wie Informationen weitergegeben und wie Konflikte gelöst werden.

Was macht einen guten Team-Spieler aus?

Fast jeder von uns war irgendwann schon einmal in einer Mannschaft oder in einer Gruppe. Und so möchte man annehmen, dass es relativ leicht ist, sich den Bedürfnissen von Arbeitsgruppen anzupassen. Dem ist aber nicht so. Ein produktives Mitglied einer Mannschaft muss etwas können, was den meisten von uns nicht in die Wiege gelegt wurde. Einerseits müssen Sie so produktiv sein, als würden Sie selbstständig arbeiten; Ihre Arbeit so erledigen, wie Sie und Ihr Manager es sich vorstellen. Andererseits müssen Sie sich den Mannschaftsregeln beugen, Festlegungen und Arbeitsrichtlinien. Beispielsweise ist es möglich, dass Sie Ihr Leistungshoch haben, wenn Sie kurz vor der Erschöpfung sind. Doch kann dieser Arbeitsstil in einer Gruppe kontraproduktiv sein. Oder Sie delegieren ungern wichtige Aufgaben, die Ihre Arbeit direkt beeinflussen. Das heißt, es ist nicht leicht für Sie, das Vertrauen aufzubauen, das für eine gute Mannschaftsleistung erforderlich ist.

Weshalb jedoch sollten wir uns im Negativen ergehen? Die Wahrheit ist, dass Sie, wie die meisten Menschen, durchaus in der Lage sind, ein aktives und produktives Mannschaftsmitglied zu sein, solange Sie an den Erfolg glauben. Heute hört man sehr viel über die Bedeutung der Teamfähigkeit. Doch die wichtigste Fähigkeit beim Teamwork – die Fähigkeit mit anderen zusammenzuarbeiten – hat wesentlich mehr mit Verhalten und Einstellung zu tun, als mit Fachkenntnissen. Sie müssen erkennen, dass Sie, wenn Sie bestimmte Kompromisse eingehen oder um der Mannschaft Willen Opfer bringen, wesentlich mehr erreichen. Sie haben die Möglichkeit, von anderen zu lernen, sich neue Fertigkeiten anzueignen und die Erfahrung zu machen, zusammen mit anderen ein Ziel zu erreichen.

Die Grundregeln der Teamarbeit

Es ist 16.00 Uhr, und Sie haben gerade einen Anruf Ihres Managers erhalten, der Sie in seinem Büro sprechen möchte. Ihre erste Reaktion ist: »Mein Gott, was habe ich denn jetzt schon wieder verbrochen?« Doch als Sie das Büro des Managers betreten, ist er bester Laune. Innerhalb weniger Sekunden wissen Sie, weshalb Sie zu ihm gerufen wurden. Eine neue Projektgruppe wird zusammengestellt, um eine wichtige Initiative auszuarbeiten und Sie wurden als Mitglied des Teams nominiert.

Sollten Sie darauf stolz sein? Ja! Und wenn Sie noch nie in einer kleinen leistungsstarken Arbeitsgruppe mitgewirkt haben, dann könnten Sie ein wenig Angst bekommen. Doch die nun folgenden Richtlinien können Ihnen behilflich sein, Ihre Bedenken zu zerstreuen und ein wertvolles Teammitglied zu werden.

Greifen Sie die Gelegenheit beim Schopf

Sehen Sie dies als Chance für berufliches und persönliches Wachstum an. Denken Sie daran, dass Ihre Fähigkeit, sich auch in Zukunft gute Jobs zu sichern, sehr wohl von Ihrem Erfolg in einem teamorientierten Umfeld abhängen kann.

Sprechen Sie sich mit Ihrem Vorgesetzten ab

Es ist sehr wahrscheinlich, dass Ihr Vorgesetzter Sie als Mitglied der Arbeitsgruppe vorgeschlagen hat. Sprechen Sie mit Ihrem Vorgesetzten über diese Abordnung und suchen Sie Klarheit zu den beiden folgenden Fragen zu erlangen:

- ✔ Welchen Wert hat diese Abordnung im Vergleich zu Ihrer bisherigen Arbeit?
- ✔ Benötigen Sie zusätzliche Hilfen von Kollegen, um den Anforderungen gerecht zu werden?

Nutzen Sie diese Gelegenheit um von Ihrem Vorgesetzten so viel wie möglich über den Sinn der Abordnung zu erfahren, über die Leute, mit denen Sie zusammenarbeiten werden. Versuchen Sie auch Vorschläge zu erhalten, wie Sie dieses Abenteuer erfolgreich bestehen können.

Wie heißt die Mission?

Auf alle Fälle sollten Sie (möglichst schon vor dem ersten Gruppentreffen) wissen, wie die Aufgabe lautet, und noch wichtiger, Sie sollten sich auf die Aufgabe freuen. Wenn der Auftrag selbst für Sie nicht besonders aufregend sein sollte, suchen Sie sich innerhalb des Auftrags Ziele, die Sie motivieren können und die Sie bei der Sache bleiben lassen.

Lassen Sie Ihre Vorurteile zuhause

Wenn Sie eingeladen wurden, in einem multifunktionalen Team mitzuarbeiten (einem Team, das aus Mitarbeitern verschiedener Abteilungen gebildet wird), dann kann es durchaus sein, dass Sie mit Leuten zusammenarbeiten, die nicht so denken, handeln oder kommunizieren wie Sie. Bleiben Sie offen und fällen Sie keine Vor-Urteile. Derjenige, der Ihnen gegenüber sitzt, unabhängig von seinem Rang oder seiner Position, könnte der schnellste und kreativste Denker des Unternehmens sein.

Zeigen Sie Flexibilität

Zeigen Sie so bald wie möglich Ihre Bereitschaft zur Flexibilität um die Gruppe zu unterstützen. Es ist in Ordnung, wenn Sie den anderen sagen, was Sie können und was Sie gern tun würden. Doch sollten Sie sich auch auf die Möglichkeit einstellen, dass Sie, wenn die Aufgaben verteilt werden, nicht die Aufgabe zugeteilt bekommen, die Sie gern hätten. Lassen Sie sich Zeit. In den meisten Teams wechseln die Aufgaben fließend – eher den Notwendigkeiten gehorchend als nach einem bestimmten Plan. Wenn Ihnen Ihr Part zu Beginn auch nicht zusagen mag, warten Sie ab, im Lauf der Zeit kann sich vieles ändern.

Respektieren Sie den Verlauf des Projekts

Halten Sie sich unbedingt an die Vorgaben und arbeiten Sie engagiert mit. Unterschätzen Sie Kleinigkeiten nicht, beispielsweise pünktlich zu Konferenzen zu erscheinen und sich an Diskussionen zu beteiligen. Bereiten Sie sich darauf vor, Meinungsverschiedenheiten und Konflikte rational, kollegial und den Konsens suchend zu schlichten. Selbst die besten Köpfe in einem Unternehmen können von ihren großartigen Ideen abgelenkt werden, wenn sie versuchen, eine Konferenz zu beherrschen oder wenn sie anderen Ideen gegenüber negativ eingestellt sind. Vor allen Dingen sollte man immer auf Sie zählen können. Vergessen Sie nie, dass Ihre Erfolge – und Ihre Fehler – immer auch das Team betreffen.

Kommunikation für den Erfolg

Verständigen Sie sich so oft wie möglich mit den anderen Mitgliedern des Teams. Manchmal können andere im Team ihre Aufgaben besser organisieren, wenn sie wissen, dass Sie noch auf eine bestimmte Information warten.

Den Erfolg mit anderen teilen

Der Teamerfolg wiegt bei Arbeitsgruppen schwerer als der individuelle Erfolg Einzelner. Sie könnten manchmal glauben, dass Sie die anderen mitschleppen und dafür nicht belohnt werden. Doch wahrscheinlich würden Sie ohne die Unterstützung der anderen nicht so gut sein, wie Sie sich fühlen. Helfen Sie Ihren Mannschaftskameraden, produktiver zu werden und konzentrieren Sie sich auf den Erfolg des Teams, nicht aber auf Ihren persönlichen Erfolg.

Teamgeist entwickelt sich manchmal langsam

Keine Gruppe von Einzelnen, ganz gleich wie gut sie sich verstehen, kann darauf hoffen, Einheit und Gleichmaß über Nacht zu erlangen. Teamgeist entwickelt sich ganz natürlich im Verlauf der Zusammenarbeit, er überwindet Hemmnisse und erzielt Erfolge. Versuchen Sie nicht, diese Entwicklung zu beschleunigen.

Erfolg als »Mannschaftskapitän«

Was tun Sie, wenn Ihr Erfolg als Mitglied eines Teams dazu führt, dass Sie in einem neuen Team der Mannschaftskapitän werden? Die Möglichkeit, eine Arbeitsgruppe zu leiten, ist eine große Chance für Ihr persönliches und Ihr berufliches Wachstum. Doch die Tatsache, dass Sie als Teammitglied hervorragende Arbeit geleistet haben, muss Sie nicht unbedingt für die Anforderungen als Mannschaftskapitän vorbereiten.

Die Verantwortung, die Sie als Leiter einer Arbeitsgruppe haben, ist im Grunde genommen so ähnlich wie die eines Vorarbeiters, doch die Führung einer Arbeitsgruppe impliziert besondere Herausforderungen. Erstens könnte es sein, dass die Leute in Ihrem Team Ihnen nicht direkt unterstellt sind, was die Verantwortung verwischen könnte. Möglicherweise müssen Sie Ihren Leuten helfen, ein Gleichgewicht zwischen der Verantwortung für das Team und den alltäglichen Aufgaben herzustellen. Wenn Sie ein multifunktionales Team führen, dann ist es leicht möglich, dass einzelne Mitglieder des Teams in verschiedenen Bereichen des Projekts mehr Fachwissen haben als Sie selbst.

Das heißt jedoch nicht, dass Sie Ihre Persönlichkeit neu erfinden müssen oder ein Diplom für Teammanagement erwerben müssen, um ein effektiver Leiter des Teams zu sein. Jedoch sollten Sie sich bewusst sein, dass Sie wahrscheinlich Ihren normalen Führungsstil ein wenig abändern müssen. Beachten Sie die folgenden Abschnitte, die einige Vorschläge enthalten. Die folgende Tabelle 13.1 bietet Ihnen einen Überblick, wie Sie als Leiter einer Arbeitsgruppe erfolgreich sein können.

Das macht ein guter »Kapitän«	Das lässt ein guter »Kapitän«
Er hört aufmerksam allen Beiträgen zu.	Er urteilt oder kommentiert die Gedanken und Kommentare der Teammitglieder negativ.
Er ermutigt, auch einmal »quer« zu denken; er spielt den Advocatus Diavoli.	Er schreibt dem Team vor, was zu tun ist.
Er schlägt Lösungen vor.	Er führt sich wie ein Experte auf.
Er bereitet sich auf Konferenzen vor.	Er diktiert alle Arrangements und legt die Tagesordnung nicht allein fest.
Er sieht sich in der Rolle des Koordinators.	Er manipuliert die Situation zu seinen Gunsten.
Er benutzt visuelle Hilfsmittel, um die Fortschritte zu verdeutlichen.	Er versäumt es, Informationen von Vorgesetzten einzuholen.

Das macht ein guter »Kapitän«	Das lässt ein guter »Kapitän«
Er bezieht mit offenen Fragen alle Teammitglieder in die Diskussion ein.	Er lässt den Teammitgliedern keine Gelegenheit Entscheidungen zu treffen oder Beiträge zur Diskussionen zu liefern.
Er sorgt dafür, dass die Ziele der Konferenz erreicht werden.	Er führt in Diskussionen ständig das große Wort.

Tabelle 13.1: Was Sie als »Team-Kapitän« tun und lassen sollten

Verstehen Sie Ihre Rolle richtig

Effektivität als Team-Kapitän beginnt mit dem Verständnis Ihrer Rolle. Ihre Aufgabe als Team-Kapitän ist es nicht so sehr, das Projekt zu überwachen oder zu managen, als einen Prozess zu ermöglichen, der von den Beiträgen aller Beteiligten profitiert. Dazu gehört mehr als zu delegieren. Die Verantwortung in einer Arbeitsgruppe liegt auf den Schultern aller Gruppenmitglieder. Von Zeit zu Zeit müssen Sie sicherlich Ihre Autorität ausüben, doch wenn Sie Ihren Job gut machen, wird das kaum erforderlich sein. Ihre Aufgabe ist es, den Teammitgliedern zu helfen, sich ihrer Aufgaben bewusst zu werden und dafür zu sorgen, dass alle bei der Sache bleiben.

Sichern Sie sich die Unterstützung des Managements

Als Leiter einer Arbeitsgruppe sind Sie der Verbindungsmann zwischen dem Topmanagement und der Arbeitsgruppe. Ihr Erfolg bei dieser nicht immer einfachen Aufgabe hängt weitestgehend von Ihrer Fähigkeit ab, die Unterstützung des Topmanagement zu gewinnen und darauf zu reagieren. Je früher Sie die Unterstützung des Managements anfordern, um so besser ist das langfristig für Sie und das Team. Nichts drückt die Moral der Arbeitsgruppe so sehr wie das Gefühl, dass die Bemühungen und Anstrengungen der Gruppe vom Topmanagement weder unterstützt noch anerkannt werden. Zu den entscheidenden Themen, die mit dem Management so früh wie möglich zu diskutieren sind, gehören unter anderem:

- ✔ *Die Mission*: Wie lautet die Mission der Arbeitsgruppe und wie ist diese in die strategischen Ziele des Unternehmens eingebunden?
- ✔ *Die Ausstattung*: Welche Mittel (finanziell, personell und so weiter) stehen dem Projekt zur Verfügung?
- ✔ *Termine*: Welches sind die wichtigsten Fristen, die das Management setzt, und wie beeinflussen sie die Arbeit der Gruppe?
- ✔ *Autonomie*: Wie autonom, wenn überhaupt, kann das Team arbeiten? Das betrifft insbesondere die finanziellen Mittel, Personalentscheidungen, Entlohnungssysteme und Bonusvereinbarungen.
- ✔ *Ihre Rolle*: Wie autonom sind Sie in Ihren Entscheidungen?

- *Arbeitsberichte*: Wie oft muss das Management über den Fortgang des Projekts unterrichtet werden?
- *Ad hoc Mitteilungen*: Ist ein Vorstandsmitglied verfügbar, um der Gruppe in einer eilig einberufenen Konferenz die Unterstützung des Vorstands zu versichern?

Wahrscheinlich können Sie nie so viel Klarheit erhalten, wie Sie sich wünschen. Doch wenn Sie Grund zur Annahme haben, dass die Mission von der Gruppe ohne Unterstützung nicht erfüllt werden kann, dann sollten Sie sich darauf einrichten, mit dem auszukommen, was Ihnen von Anfang an zur Verfügung steht. Geben Sie Ihr Bestes, um das Team anzuspornen, damit Sie schon zu einem möglichst frühen Zeitpunkt einen Erfolg vorweisen können. Wenn das Team einmal seinen Wert demonstriert hat, dann können Sie auch mit zusätzlichen Mitteln rechnen.

Suchen Sie die richtigen »Mitspieler« aus

Wahrscheinlich werden Sie selten die Möglichkeit haben, sich die Mitglieder Ihres Teams aussuchen zu dürfen. Wenn es jedoch der Fall ist, dann sollten Sie die Chance nutzen. Dabei sollten Sie so vorgehen:

- *Erstellen Sie eine Liste mit den erforderlichen Fertigkeiten*. Denken Sie an die Art des Projekts und notieren Sie das notwendige Wissen und die Fähigkeiten, die erforderlich sind um das Projekt zu einem Erfolg zu machen. Wenn Sie nicht genau wissen, was benötigt wird, suchen Sie die Hilfe anderer in Ihrer Firma, die schon einmal an einem ähnlichen Projekt beteiligt waren.
- *Erkundigen Sie sich über die voraussichtlichen Teammitglieder*. Recherchieren Sie so viel wie möglich über den Hintergrund und die Fachkenntnisse der in Aussicht genommenen Teammitglieder, bevor Sie sie nominieren.
- *Berücksichtigen Sie die Team-Erfahrung*. Unter sonst gleichen Bedingungen, sollten Sie solche Mitarbeiter aussuchen, die sich schon einmal als gute Team-Spieler bewährt haben.
- *Vermeiden Sie mögliche persönliche Konflikte*. Wenn jemand nicht über ein sehr seltenes Fachwissen verfügt, das für den Erfolg des Teams entscheidend sein kann, sollten Sie niemanden nominieren, von dem Sie wissen, dass er sehr egoistisch oder streitsüchtig sein kann.
- *Suchen Sie Empfehlungen*. Bitten Sie andere in Ihrer Firma um Empfehlungen von Leuten, die für Ihr Projekt geeignet wären.
- *Legen Sie das Mission Statement fest*. Bereiten Sie ein allgemein gehaltenes Mission Statement vor, das auch die Ziele enthält, bevor Sie mit jemandem sprechen, und benutzen Sie es als Grundlage für Ihre Diskussionen.
- *Fragen Sie die Manager*. Bevor Sie sich für jemanden entscheiden, sollten Sie auf alle Fälle mit dessen Vorgesetztem gesprochen haben, um sicher zu sein, dass ein potentielles Teammitglied auch die erforderliche Zeit und das Engagement ins Projekt einbringen kann.

Sorgen Sie für die richtigen Rahmenbedingungen

Konventionelle Büros sind nicht immer für Teamarbeit geeignet. Oft sind die Mitarbeiter in kleinen und engen Arbeitszimmern untergebracht, ohne dass es dazu einen geeigneten Versammlungsraum gibt. Wenn das in Ihrer Firma auch der Fall ist, dann sollten Sie nach Möglichkeiten suchen, diese Beengtheit zu umgehen. Hier einige ganz praktische Vorschläge, über die Sie nachdenken sollten, wenn Ihre derzeitige Arbeitsumgebung für Gruppentreffen keinen Raum lässt.

- ✔ Arbeiten Sie mit dem Topmanagement eine Regelung aus, damit Sie die Konferenzräume des Vorstands nutzen dürfen.
- ✔ Bauen Sie ein bestehendes großes Büro zu einem Versammlungsraum um.
- ✔ Ziehen Sie die Möglichkeit in Erwägung – zumindest gelegentlich, wenn Sie das Geld dazu haben – in einem nahen Hotel oder in einem Gemeindehaus einen Konferenzraum anzumieten.

Legen Sie einen tollen Start hin

Die Gelegenheit ein eigenes Team an den Start zu bringen, haben Sie nur einmal. Und diese Chance sollten Sie nutzen. Versichern sie sich, dass die Leute, die an der ersten Team-Konferenz teilnehmen, nicht nur die Mission verstehen, sondern sich auch auf das Projekt und die Möglichkeit, daran mitzuarbeiten, freuen.

Einige Organisations-Experten empfehlen, dass man so genannte team-bildende Aktivitäten anwendet – Übungen, Wettbewerbe und Spiele – damit die Teammitglieder sich besser kennenlernen. Wenn das Projekt, an dem Sie arbeiten sehr wichtig ist, und die Teammitglieder sich noch nicht kennen, können solche Aktivitäten das Eis brechen. Haben Sie noch keine Erfahrung mit solchen Übungen, sollten Sie jemanden aus der Firma, der sich damit auskennt, dazu bitten oder einen externen Trainer einladen.

Zusätzlich zur Förderung des Teamgeistes, müssen Sie bestimmte entscheidende Ziele erreichen. Vor allem müssen alle Mitglieder des Teams wissen, weshalb die Arbeitsgruppe eingerichtet wurde, welchen Auftrag sie hat, und wie die Mission in die strategischen Ziele des Unternehmens eingebunden ist. Falls möglich, sollten Sie ein Mitglied der Geschäftsleitung gewinnen, die Bedeutung des Projekts zu verstärken und die Mitglieder des Teams anzuspornen.

Die vielen Einzelheiten, die Sie im ersten Meeting vorstellen müssen – welche Rolle jedes einzelne Mitglieder spielen soll und wie die Verantwortung verteilt ist, hängt natürlich von der Größe der Gruppe und dem Umfang des Projekts ab. Bei sehr wichtigen und langfristig angelegten Projekten sollten Sie die verschiedenen Rollen, Verantwortungsbereiche und Fähigkeiten ausführlicher darstellen und dann der Gruppe ermöglichen, sich ihre Aufgaben und Verantwortungsbereiche auszusuchen. Bei kleineren Teams können Sie diesen Bereich wahrscheinlich relativ informell gestalten, möglicherweise innerhalb einer Gruppendiskussion. Wenn Sie bestimmte Personen für bestimmte Aufgaben vorgesehen haben, dann sollten Sie entsprechende Vorschläge unterbreiten. Ansonsten soll die Gruppe entscheiden, wer was macht.

Hier noch einige andere Punkte, die für die erste Sitzung wichtig sein könnten:

✔ *Bereiten Sie sich gut vor*: Laden Sie nicht zur Gründungssitzung ein, wenn Sie nicht alle erforderlichen Vorbereitungen getroffen haben und alle Teammitglieder anwesend sein können.

✔ *Sonstiges – Fragen und Antworten*: Lassen Sie in der Tagesordnung ausreichend Zeit für Fragen und Antworten.

✔ *Demonstrieren Sie selbst Teamgeist*: Ihr eigenes Verhalten sollte vorbildhaft sein für den Teamgeist, den Sie sich in der Gruppe wünschen.

Kommunizieren Sie Ihre Vision

Nicht, was sie als Leiter der Gruppe tun ist wichtiger – und in einigen Situationen schwieriger – als der Gruppe eine Art Vision zu vermitteln. Dabei sollten Sie sehr vorsichtig vorgehen. Nicht jedes Unternehmensziel ist mit einem höheren Zweck ausgestattet, und darin besteht die Schwierigkeit der Aufgabe. Die strategischen Zusammenhänge müssen Sie sehr deutlich formulieren. Wenn Ihr Team beispielsweise ein neues Paket von Sozialleistungen entwerfen soll, dann müssen Sie erklären in welcher Weise Sozialleistungen die Zufriedenheit der Arbeitnehmer beeinflussen und deshalb auch die Fluktuation eindämmen.

Malen Sie ein Bild

Auch wenn die Gruppe nur einige Monate lang zusammenarbeiten soll, sollten Sie eine charta entwickeln. Dieses Dokument artikuliert die Mission des Teams und legt die Grundregeln fest, nach denen die Zusammenarbeit vonstatten gehen soll. Von diesen Grundregeln sollten Sie schon eine allgemeine Vorstellung haben, doch das Endprodukt sollte die Beiträge der Gruppe beinhalten und von allen Mitgliedern der Gruppe abgesegnet sein. Wenn das Dokument fertig ist, legen Sie es der Geschäftsleitung vor. Wenn es, aus irgendeinem Grund, bestimmte Aspekte der Charta gibt, denen die Geschäftsleitung nicht zustimmen kann, sehen Sie diese Passagen mit Ihrem Team noch einmal durch und versuchen Sie einen Kompromiss zu erzielen, dem jeder zustimmen kann.

Motivieren Sie Ihr Team

Unabhängig davon, welche teambildenden Aktivitäten Sie am Anfang des Projekts anberaumt haben: Die zwischenmenschliche Dynamik Ihres Teams – wie alle zusammenarbeiten – sollte ständig von Ihnen beobachtet werden. Die Zeit und den Aufwand, den Sie diesem besonderen Aspekt des Projekts zumessen, ist natürlich davon abhängig, wie gut die Gruppe schon zusammenarbeitet. Vergessen Sie jedoch nicht, dass die Qualitäten, die einem effektiven Teamwork zugrunde liegen, sich nicht selbst erhalten können. Man muss sie ständig nähren und stärken. Denken Sie einmal über die folgenden Vorschläge nach:

- ✔ *Nutzen Sie jede Gelegenheit, um zusammen zu feiern.* Immer, wenn es einen Grund zum Feiern gibt (Geburtstage, eine Zwischenziel ist erreicht und so weiter), dann tun Sie es – selbst wenn es nur ein Stück Kuchen zum Nachmittagskaffee ist.
- ✔ *Betonen Sie das Positive.* Auch wenn die Dinge sich nicht ganz so reibungslos entwickeln, wie Sie es gern hätten – tun Sie, was Sie können, um die Stimmung gut und positiv zu halten. Versuchen sie, die Team-Konferenzen immer mit einer Zusammenfassung dessen, was schon erreicht wurde, und was gut läuft, zu eröffnen. Erst dann kommen Sie auf Ihre »Sorgenkinder« zu sprechen.
- ✔ *Bestärken Sie immer wieder die Mission.* Es kann vorkommen, dass Teammitglieder sich in Diskussionen so sehr in Einzelheiten verlieren, dass die großen Zusammenhänge nicht mehr deutlich werden und die Begeisterung schwindet. Dann müssen Sie neue Wege finden, um jeden daran zu erinnern, wie die anliegende Aufgabe zum Endziel der Gruppe beiträgt.

Zusammenarbeit aus der Ferne

Der Fortschritt in der Kommunikationstechnologie macht es nicht unbedingt erforderlich, dass alle Mitglieder des Teams zur gleichen Zeit arbeiten, an das gleiche Büro berichteten oder in der gleichen Region wohnen, um produktive Mitglieder des Teams zu sein. Konsequenterweise wird ein Teil der Kommunikation unter den Mitgliedern des Teams über E-Mails, über Tele-Konferenzen oder Video-Konferenzen stattfinden. Ihr Job ist wahrscheinlich leichter, wenn Sie die Gelegenheit haben, mit den Mitgliedern Ihres Teams direkt zu sprechen und damit ein starkes Gemeinschaftsgefühl zu entwickeln. Es wird schwieriger, ohne persönliche Kommunikation auszukommen. Vielleicht können jedoch die folgenden Vorschläge helfen:

- ✔ *Regelmäßige Meetings*: Wenn es einzurichten ist, sollten Sie versuchen, mindestens einmal im Monat eine Konferenz zu veranstalten, an der jeder teilnimmt, unabhängig davon, wie die Arbeitsbedingungen festgelegt wurden.
- ✔ *Kommunikationsprotokolle*: Weisen Sie jedes Mitglied der Gruppe auf die Bedeutung der Kommunikation hin und darauf, dass die Informationen regelmäßig allen Teilnehmern zur Verfügung stehen müssen. Dokumentieren Sie Ihre Tagesordnung und machen Sie Notizen zum Meeting, die Sie allen Mitgliedern zur Verfügung stellen. Nutzen Sie Tele-Konferenzen und E-Mails regelmäßig, um die monatlichen Konferenzen zu ergänzen und stellen Sie immer wichtige Updates zur Verfügung.
- ✔ *E-Mail Etikette*: Jedes Ihrer Teammitglieder muss die Bedeutung überlegter und taktvoller E-Mails kennen und sich an diese Etikette halten.
- ✔ *Hilfreiche Software*: Wenn das Projekt es verlangt, dann sollten Sie möglicherweise auch Software-Pakete wie Microsoft Project prüfen, die ausdrücklich für solche Zwecke programmiert wurden.

Alle machen mit

Wenn Sie ein ganz normales Team führen, dann haben Sie es mit vielen verschiedenen Persönlichkeiten, Temperamenten und Arbeitsstilen zu tun. Ohne besonders aufdringlich zu wirken, sollten Sie dafür sorgen, dass keiner in irgendeiner Weise die Beiträge eines anderen mindert. Eine ständige Herausforderung für Teamleiter ist, dass die Spitzenleute gern mehr Verantwortung übernehmen als andere. Das ist nicht notwendigerweise schlecht, wenn die anderen ihre Beteiligung nicht eingeschränkt sehen. Im Rahmen der Teamkonferenzen sollten Sie darauf achten, wer am meisten spricht. Und ohne die Begeisterung oder das Engagement der meisten Mitglieder zu unterdrücken, sollten Sie Maßnahmen ergreifen, damit jeder seine Ideen und Kommentare einbringen kann.

Vermeiden Sie Mikromanagement

Unter bestimmten Umständen ist Mikromanagement eine gute Sache, doch möchte ich Ihnen unbedingt davon abraten, wenn Sie einer Arbeitsgruppe vorstehen. Selbst wenn die Mitglieder Ihres Teams unter Druck stehen oder schwer mit einer Aufgabe oder einem Thema zu kämpfen haben, bieten Sie Hilfe an, widerstehen aber der Versuchung, einzuspringen und den Job selbst zu erledigen. Individuelle Probleme, die entstehen, sollten immer als Problem des Teams gesehen werden, und so weit wie möglich, sollten sie auch durch das Team gelöst werden.

Bringen Sie Ihr Team wieder auf die Reihe

Selbst die besten Teams können Ihren Vorteil verlieren, und während dieser Zeit haben Sie die Möglichkeit, Ihre Fähigkeit als Team-Kapitän unter Beweis zu stellen. Auf keinen Fall dürfen Sie überreagieren. Teams haben, ebenso wie Einzelne, gute und schlechte Tage. Sie können nicht erwarten, dass jedes Meeting glatt über die Bühne geht oder jede Aufgabe ohne Ausrutscher gelöst wird.

Wenn Sie andererseits ein Muster abnehmender Leistung bemerken, dann stimmt etwas nicht – und Sie müssen bis zur Wurzel des Übels zurückgehen. Hier einige Vorschläge:

- ✔ *Betrachten Sie noch einmal die Mission.* Ist etwas geschehen – beispielsweise eine Veränderung in der Geschäftsleitung – was die Mission geschwächt hat? Halten Sie mit den Mitgliedern Ihres Teams Einzelgespräche um sich dessen versichern, dass sie sich immer noch den Zielen verpflichtet fühlen. Bemerken Sie ein Zögern, rufen Sie alle zusammen und versuchen Sie herauszufinden, wie Sie das Feuer der Begeisterung wieder beleben können.
- ✔ *Stellen Sie klar, wer welche Rolle einnimmt.* Auch wenn Sie es schon einmal getan haben, prüfen Sie, ob jeder noch seine Verantwortung kennt und in der Lage ist, die in ihn gesteckten Erwartungen zu erfüllen. Bemerken Sie Verwirrung, so berufen Sie ein Plenum ein, in dem Sie die Rollenverteilung und die Verantwortlichkeiten klarstellen. Haben Sie die Autorität, dann sprechen sie mit den Teammitgliedern, die sich dem Projekt nicht mehr so verpflichtet fühlen, und bieten Sie diesen die Möglichkeit an, das Team zu verlassen.

- ✔ *Betrachten Sie den gesamten Vorgang*. Überlegen Sie, wie gut die Teammitglieder sich an die Vorgaben halten, die anfangs festgelegt wurden. Wenn die Protokolle fehlerhaft werden, überarbeiten Sie diese mit dem Team und behalten Sie sich vor, bestimmte Arbeitsschritte nacharbeiten zu lassen.

Wie »gesund« ist Ihr Team?

Die folgenden acht Schlüsselfragen sollten Ihnen Auskunft darüber geben, ob Ihr Team das Maximum an Produktivität erzielt:

- ✔ Versteht und verfolgt jeder die Mission der Gruppe?
- ✔ Kennt jeder seine Aufgabe und weiß jeder, wie sein Beitrag die Ergebnisse anderer und die der Gruppe beeinflusst?
- ✔ Will wirklich jeder im Team dabei sein – und wirkt Ihre Begeisterung ansteckend?
- ✔ Können die Teammitglieder Probleme und Herausforderungen offen und konstruktiv diskutieren, ohne aggressiv und ungeduldig mit anderen zu werden?
- ✔ Gibt es festgelegte Vorgehensweisen, die den Fortgang der Konferenzen, die Konfliktlösungen? Werden diese Regelungen respektiert?
- ✔ Hat die Geschäftsleitung seinen Glauben an die Ziele des Teams bewahrt und gewährt sie immer Unterstützung?
- ✔ Gibt es innerhalb des Teams ein Gefühl der Zusammenarbeit?
- ✔ Hält das Team zusammen, wenn Probleme aufkommen (anstatt sich gegenseitig Schuldzuweisungen zukommen zu lassen)?

Die Kunst der Kommunikation

14

In diesem Kapitel

- Effektiver kommunizieren
- Hören Sie gut zu
- Starke Präsentationen
- Netiquette
- Einverstanden!

Die Fähigkeit effektiv zu kommunizieren, zählt zu den Grundfertigkeiten, und dennoch haben viele Leute große Schwierigkeiten damit. Man muss seine Gedanken klar und präzise vor Leuten ausdrücken können, die möglicherweise nur wenige Kenntnisse ihres Spezialgebietes haben, oder in Büros auf der anderen Seite der Welt arbeiten. Kommunikationsfähigkeiten im Allgemeinen – und das Verfassen von Schriftstücken insbesondere – sind nicht mehr nur einfach ein Vorteil, um im Geschäftsleben voran zu kommen. Kommunikationsfähigkeiten sind zu einer Notwendigkeit geworden. Und da heutzutage so viele geschäftliche Operationen und Projekte auf der Basis von Gruppenarbeit abteilungsübergreifend gelöst werden, muss man auch überzeugend kommunizieren, um die Gedanken und Handlungen von Menschen beeinflussen zu können, ohne den höheren Rang herauszukehren oder Ultimaten zu stellen.

Dieses Kapitel handelt von den wichtigsten Kommunikationsfertigkeiten, die Sie benötigen, um in der heutigen Geschäftswelt Erfolg zu haben, völlig unabhängig von Ihrem Beruf. Sie erfahren, was effektive Kommunikation wirklich bedeutet (und das ist weit mehr, als lediglich zu sagen, was Sie gerade denken). Außerdem erhalten Sie bewährte Ratschläge zu einem Thema, das die meisten Kommunikationsexperten für die größte Schwäche vieler Menschen halten: die Fähigkeit zu zuhören. Außerdem mache ich Vorschläge, wie Sie eine Schreibphobie überwinden können, sofort anwendbare Tipps, wie Sie Ihre Präsentationsfertigkeiten verbessern und Kenntnisse über die wichtigste Kommunikationsfertigkeit – die Fähigkeit zu überzeugen.

Definieren Sie: gute Kommunikation

Oberflächlich betrachtet, scheint Kommunikation recht einfach zu sein. Es geht darum, eine Botschaft per gesprochenem oder geschriebenem Wort zu überbringen. Was soll daran so schwierig sein?

Das ist daran so schwierig: Kommunikation – effektive Kommunikation – ist eine bilaterale Angelegenheit. Die Tatsache, dass Sie eine Meinung ausgedrückt haben oder Informationen erklärt haben, bedeutet lediglich, dass Sie ausgedrückt oder erklärt haben, was Sie wollten. Das bedeutet aber nicht unbedingt, dass jeder Ihrer Botschaft aufmerksam gefolgt ist oder sie verstanden hat. Und außerdem bedeutet es nicht, dass der Gesprächspartner, mit dem Sie kommunizierten, auf die Art und Weise reagiert, wie Sie es sich vorstellen.

Um erfolgreich zu kommunizieren, reicht es nicht aus, sich nur um das Gedanken zu machen, was Sie selbst sagen oder schreiben wollen, sondern auch darüber, wie Sie die Botschaft rüberbringen. Es stimmt zwar: Sie können nicht jede Einzelheit kontrollieren, die Einfluss darauf hat, wie andere Ihre Botschaften empfangen, interpretieren und letztlich darauf reagieren. Sind Sie ein Techniker, können Sie nichts dafür, dass viele Leute, mit denen sie kommunizieren, nicht so viel Verständnis von Technik haben und möglicherweise glauben, dass Bandbreite etwas mit der Breite von Eheringen zu tun hat. Außerdem haben Sie die Möglichkeit nicht unter Kontrolle, dass während einer Konferenz ein Kollege von dem Gedanken seiner schrecklichen Fahrt zum Arbeitsplatz abgelenkt wird.

Was Sie jedoch kontrollieren können, ist Ihre Reaktion auf die Hindernisse, denen Sie sich als Kommunikator gegenüber sehen. Vor allem müssen Sie erkennen, dass erfolgreiche Kommunikation erfordert, sich auf die Bedürfnisse und die gedankliche Einstellung anderer zu konzentrieren. Das bedeutet, dass Sie zur gleichen Zeit, da Sie darüber nachdenken, was Sie selbst sagen oder schreiben wollen, auch ihr Gegenüber berücksichtigen müssen: Wer ist er? Worüber macht er sich Gedanken? Wie wird er wahrscheinlich Ihre Botschaft interpretieren? Anders gesagt: Effektive Kommunikation hat etwas mit Geisteshaltung und Verhalten zu tun, ebenso wie mit Sprach- und Schreibfertigkeiten.

Die großen Kommunikatoren

Wenn Sie im Fernsehen Talkshows verfolgen, dann haben Sie zweifellos bemerkt, dass einige Gäste wesentlich interessanter und vergnüglicher zu beobachten sind als andere. Vielleicht haben Sie darüber nachgedacht, welche Qualitäten sie von den Gästen unterscheiden, angesichts derer Sie darüber nachdenken, ob Sie nicht das Programm wechseln sollten. Natürlich spielt das Thema eine große Rolle. Wenn Sie nicht am Fußball interessiert sind, dann wird es Sie wohl kaum interessieren, wenn Oliver Kahn davon erzählt, wie es ihm erging, als er in Barcelona beim Endspiel gegen Manchester United in den letzten drei Spielminuten noch zwei Tore hinnehmen musste. Es gibt aber einige Menschen, die sich auf eine Art und Weise ausdrücken, die Ihr Interesse hervorruft und auch aufrecht erhält, völlig gleichgültig, worüber sie sprechen.

Gelehrte, Linguistiker und Verhaltenswissenschaftler haben die Frage über hervorragende Kommunikation Jahre lang beobachtet. Und obgleich noch nie eine Formel aufgestellt werden konnte, wie man es in der Kommunikation zur Meisterschaft bringen kann, haben die Experten bestimmte Eigenschaften gefunden, die alle Menschen teilen, die effektiv kommunizieren können. Hier ein kurzer Blick auf diese Eigenschaften und weshalb sie so wichtig sind.

✔ *Ideen artikulieren*: ein beredter Mensch drückt seine Ideen zusammenhängend und logisch aus. Ob in einem Gespräch oder in einem Schriftsatz, die Schlüsselpunkte und ihre Bedeutung sind unmissverständlich, klar, direkt und einfach ausgedrückt. Diese Fähigkeit erfordert natürlich zwei besondere Talente:

- Eine disziplinierte und geordnete Denkweise, die in der Lage ist, Gedanken zu organisieren.
- Ausreichende Sprechfertigkeit, um die Gedanken so in Worte umzusetzen, dass sie leicht zu verstehen sind.

Da die Wirtschaft von der Produktbezogenheit zur Ideenbezogenheit wechselt, ist es entscheidend, Ideen und Vorstellungen wirkungsvoll artikulieren zu können.

✔ *Sachkenntnis*: Effektive Kommunikatoren haben eine konkrete Vorstellung von den Themen, über die sie sprechen, und sie haben bemerkenswertes Vertrauen in ihr Wissen. Nur selten trifft man effektive Kommunikatoren an, die ihre Meinung nicht verteidigen können oder nur deshalb sprechen, damit sie ihre Stimme hören können. Und das bedeutet, dass sie Glaubwürdigkeit aufbauen.

✔ *Interesse ausdrücken*: Gute Kommunikatoren sind begeistert von dem, was sie sagen oder schreiben. Ihr Enthusiasmus ist echt, offensichtlich und oft auch ansteckend. Sie brauchen nicht vorzugeben, interessiert zu sein und begeistert von dem, was sie Ihnen zu sagen haben. Ganz im Gegenteil, das Interesse und die Begeisterung treiben Ihren Wunsch zur Kommunikation an. Außerdem nährt es auch den Wunsch des Publikums, zuzuhören.

✔ *Konzentration auf andere*: Viele Menschen können nur sehr kurze Zeit aufmerksam sein und sind so lange nicht aufmerksam, bis Sie durch den Kommunikationsvorgang persönlich betroffen sind. Deshalb stellen die besten Kommunikatoren ihre Botschaften auf die Bedürfnisse der Zuhörer ab, ohne aber die Integrität der Botschaft in Frage zu stellen.

Diese vier Eigenschaften – Beredtsamkeit, Sachkenntnis, Begeisterung und eine an den Zuhörern orientierte Art und Weise der Überlieferung – sind die Eckpfeiler für den Erfolg mit jedem Medium der Kommunikation, von einfachen E-Mail bis zu ausgefeilten Präsentationen.

Hören Sie zu, dann erfahren Sie etwas

Weil anderen Zuhören eine unbewusste Handlung zu sein scheint, mag es eigenartig erscheinen, im Zuhören eine Kommunikationsfertigkeit zu sehen, über die man Kontrolle hat. Die meisten Kommunikationsexperten jedoch sind sich darin einig, dass die Wurzeln der Missverständnisse und der Zusammenbrüche von Kommunikation nicht unbedingt schlecht ausgedrückte Ideen oder Informationen sind. In der Regel ist es das falsche Zuhören.

Wenn Sie ein guter Zuhörer sind, dann hilft es Ihnen, das zu verstehen, was andere Ihnen zu sagen versuchen. Doch gutes Zuhören ist auch ein wichtiger Faktor dafür, Rapport mit anderen herzustellen und das Vertrauen der Menschen zu gewinnen, mit denen Sie kommunizieren. Zweifellos haben Sie schon die Erfahrung gemacht, wie störend und frustrierend es sein kann, jemandem etwas zu erzählen, der abgelenkt oder uninteressiert scheint an dem, was Sie zu sagen haben. Wenn Sie vermeiden wollen, ein Grund für Frustrationen anderer zu sein, dann sollten Sie in den folgenden Abschnitten auf die wichtigsten Grundregeln wirkungsvollen Zuhörens achten.

Konzentrieren Sie sich auf den Augenblick

Um ein guter Zuhörer zu sein, müssen Sie bereit sein – und in der Lage sein – Ihre volle Aufmerksamkeit (ja, die volle Aufmerksamkeit!) auf den Sprecher zu richten, trotz allem, was um Sie herum vorgehen mag. Dieses Grundprinzip trifft zu, ganz gleich, ob Sie in einem ruhigen Raum in einem Zwiegespräch sind, jemandem in einem lauten Restaurant gegenüber sitzen oder an einer Telefonkonferenz teilnehmen. Sicher ist es möglich, das Wichtigste von dem mitzubekommen, was die Leute sagen, und trotzdem nur mit einem halben Ohr zuzuhören. Das bedeutet, dass Sie, während Sie mit jemandem telefonieren, Ihre E-Mails abrufen, die Papiere auf Ihrem Schreibtisch ordnen oder sich überlegen, welche Lottozahlen Sie heute noch ankreuzen wollen. Doch genau das verhindert oft, dass Sie das meiste von dem, was Sie hören, eben nicht richtig aufnehmen und es signalisiert Ihren Gesprächspartnern, dass es Ihnen eigentlich völlig gleichgültig ist, was sie Ihnen zu sagen haben. Es kann durchaus sein, dass Sie damit einige Male davonkommen, doch über längere Zeit hinweg, werden Ihre Gesprächspartner Ihnen kaum noch wichtige Informationen mitteilen oder über ihre Gedanken sprechen, weil Sie in der Regel nicht zuhören. Schenken Sie dem Sprecher Ihre volle Aufmerksamkeit, solange Sie ins Gespräch vertieft sind. Haben Sie nicht die Zeit dafür, oder auch nicht die Kraft dazu, dann verschieben Sie das Gespräch auf einem anderen Zeitpunkt.

Warten Sie, bis Sie an der Reihe sind

Viele Menschen haben die schlechte Angewohnheit, schon zu sprechen, bevor ihr Gesprächspartner seinen Gedanken zu Ende geführt hat. Diesem Impuls können Sie nur schwer widerstehen, wenn Sie ungeduldig sind oder wenn Sie mit dem, was Ihnen gesagt wird, nicht einverstanden sind. Gute Zuhörer jedoch können sich beherrschen. Sie unterbrechen nicht. Außerdem fühlen sie sich nicht verpflichtet, die Sätze ihrer Gesprächspartner zu beenden. Den meisten Menschen ist diese Disziplin nicht in die Wiege gelegt: Sie müssen daran hart arbeiten. Sie wissen, dass es äußerst unhöflich ist, andere Leute mitten im Satz zu unterbrechen. Außerdem wirkt es sehr störend. Wenn Sie jemanden unterbrechen, dann kann es durchaus sein, dass Sie eine wichtige Information nicht erhalten, und Ihr Gesprächspartner könnte den Gesprächsfaden verlieren. Sie müssen sich zwingen – zumindest am Anfang – diesem Impuls zu widerstehen. Wenn Sie einmal aufgehört haben, andere Menschen zu unterbrechen, dann ist es nicht mehr schwierig, diesem Drang zu widerstehen. Und außerdem werden Sie bemerken, dass die Leute auch Sie nicht mehr unterbrechen.

Beteiligen Sie sich am Gespräch

Ganz sicher kennen auch Sie Menschen, bei denen man überhaupt nicht merkt, dass sie Ihnen zuhören, wenn Sie sprechen. (Es hat fast den Anschein, als ob sie mit offenen Augen schliefen.) Nehmen Sie sich dies zu Herzen, wenn Sie in einem Gespräch gerade der Zuhörer sind. Natürlich müssen Sie nicht übertreiben, um Ihren Gesprächspartnern zu zeigen, dass Sie aufmerksam zuhören. Es ist völlig überflüssig, jede Aussage mit einem Kommentar zu versehen, der erkennen lässt, dass Sie verstanden haben. Gehen Sie aber auch nicht ins andere Extrem, was bedeutet, dass Sie einfach nur schweigend und ausdruckslos dasitzen. Beteiligen Sie sich an dem Gespräch. Wenn Sie an einem Punkt einverstanden sind, nicken Sie mit dem Kopf. Achten Sie auf Ihre Körpersprache. Vergessen Sie nie, dass Ihre Haltung und Ihr Gesichtsausdruck ebenso vielsagend sind, wie die Worte, die Sie sprechen.

Bleiben Sie offen

Wenn Sie bereits wissen, lange bevor ihr Gesprächspartner den Mund aufmacht, dass Sie nichts Interessantes oder Relevantes hören werden, dann werden Sie wahrscheinlich nicht sehr darauf achten, was gesagt wird. Und es wird auch nicht lange dauern, bis Ihr Gesprächspartner Ihre Gleichgültigkeit bemerkt. Fällen Sie keine Vorurteile. Akzeptieren Sie die Möglichkeit, dass jeder, mit dem Sie kommunizieren, etwas Wichtiges oder Nützliches zu sagen hat. Häufig werden Sie angenehm überrascht sein, wie viel Sie dazulernen können.

Nehmen Sie sich Zeit für die Antwort

Es gibt keine Regel der Kommunikation, die Sie dazu zwingt, innerhalb von Millisekunden, nachdem Ihr Gesprächspartner seinen Satz beendet hat, zu antworten. Im Gegenteil, es ist normalerweise besser, ein paar Sekunden zu warten, um das, was Sie gehört haben, ganz aufzunehmen, darüber nachzudenken und dann eine überlegte Antwort zu geben. Machen Sie sich keine Gedanken über einen Augenblick der Stille, wenn Sie über das nachdenken, was Sie sagen wollen. Solange die Pause sich nicht zu lange hinzieht, stört das den Fluss der Konversation nicht. (Außerdem, Stille erscheint immer länger als sie tatsächlich ist.)

Wiederholen Sie, um der Klarheit willen

Wenn Sie sich nicht sicher sind, was Ihr Gesprächspartner zu sagen versucht, dann sollten Sie nicht vorgeben, ihn verstanden zu haben. Bitten Sie um Klarstellung. Und wenn Sie sich dann immer noch nicht sicher sind, versuchen Sie das, was Sie glauben verstanden zu haben, mit Ihren eigenen Worten wiederzugeben. Das hilft nicht nur Missverständnisse zu vermeiden, sondern kann den Gesprächspartner auch davon überzeugen, dass Sie aufmerksam zuhören. Allerdings sollten Sie sich in Acht nehmen, dass Sie diese Technik nicht zu oft verwenden oder Ihrem Gesprächspartner Worte in den Mund legen. Beginnen Sie Ihren Satz beispielsweise mit: Wenn ich das richtig verstanden habe, ... Und dann sollten Sie Ihren Gesprächspartner immer bitten, Ihre Annahme entweder zu bestätigen oder zu korrigieren.

Präsentationen

Je weiter Sie in Ihrer Karriere vorankommen, um so wahrscheinlicher wird es sein, dass man Sie auffordert, das Ergebnis einer Arbeitsgruppe vorzutragen, entweder für externe Kunden oder für Manager aus Ihrer eigenen Firma. Die gute Nachricht ist, dass die grundlegenden Regeln der Kommunikation sich nicht deshalb ändern, weil Sie nun zahlreiche Zuhörer haben. Doch müssen Sie möglicherweise gewisse Ängste überwinden – und die meisten Menschen haben diese Ängste – wenn Sie vor einer größeren Gruppe sprechen sollen. Außerdem könnte es sein, dass sich alle Mitglieder aus Ihrer Gruppe an der Präsentation beteiligen sollen.

Viele große Unternehmen bieten ihren Managern Seminare zur Präsentation an. Wenn Sie diese Gelegenheit nicht haben, sollten Sie darüber nachdenken, dem örtlichen Rotary Club oder dem Lions Club beizutreten, wo Sie oft Gelegenheit haben werden, guten Rednern zuzuhören oder selbst zu sprechen. Dort haben Sie meist Gelegenheit mit Kommunikationsprofis zu sprechen, die Ihnen hilfreiches Feedback und Vorschläge bieten können. Und mit der Hilfe von Video-Aufzeichnungen können Sie bestimmte Aspekte in Ihrer Präsentation – beispielsweise Haltung, Gesten oder Stimmlage – kritisch betrachten und möglicherweise auch verbessern. In der Zwischenzeit möchte ich Ihnen in den folgenden Abschnitten eine Zusammenfassung der Grundregeln geben, die in den meisten Kommunikationsseminaren angesprochen werden.

Wie Sie mit der Angst umgehen

Wenn Sie nicht jahrelange Erfahrung mit Reden vor großen Gruppen haben, dann kann die Aussicht auf eine Präsentation sehr nervig sein. Selbst wenn Sie die Menschen unter Ihren Zuhörern kennen und mögen, könnten Sie leicht nervös werden. Das ist eine völlig normale Situation. Die meisten Menschen haben ein ähnliches Gefühl. Allerdings gibt es hierfür keine narrensichere Lösung. Wenn Sie von Natur aus introvertiert sind, dann werden Sie sich vor einer Gruppe von Menschen nie so zwanglos fühlen wie jemand, der extrovertiert ist. Das bedeutet allerdings nicht, dass sie keine effektiven Präsentationen abliefern können. Sie müssen nur eine Möglichkeit finden, die ersten Präsentationen heil zu überstehen, um Selbstvertrauen zu gewinnen und diese wichtige Fähigkeit weiter zu entwickeln.

Hier einige Tipps wie Sie damit beginnen können:

- ✔ *Sachkunde muss sein.* Stellen Sie sicher, dass Sie das, was Sie vortragen werden, in- und auswendig kennen. Je mehr Vertrauen Sie in Ihre Präsentation haben, umso weniger brauchen Sie sich darüber Gedanken zu machen, etwas Dummes zu sagen, weswegen so viele Menschen es vermeiden, in der Öffentlichkeit zu sprechen.

- ✔ *Lassen Sie Nervosität zu (Lampenfieber).* Anstatt zu versuchen, Ihre Angst völlig zu unterdrücken, sollten Sie die Schmetterlinge im Bauch als Teil des Spiels akzeptieren und versuchen, die durch Nervosität freigesetzte Energie in Ihrer Präsentation zu nutzen.
- ✔ *Üben, üben, üben.* Nutzen Sie jede mögliche Gelegenheit, um Ihre Präsentationsfertigkeiten zu trainieren und Selbstvertrauen aufzubauen, wenn Sie vor kleineren Gruppen, vor denen Sie sich locker fühlen, eine kleine Rede halten (Beispielsweise vor Ihrer Familie oder guten Freunden. Vielleicht sollten Sie die Dias aus Ihrem letzten Urlaub kommentieren.).
- ✔ Behalten Sie die Übersicht. Denken Sie daran, dass die Nervosität, die Sie fühlen, von den Zuhörern nie so stark wahrgenommen wird, wie sie von Ihnen empfunden wird.

Und außerdem: Niemand erwartet von Ihnen, dass Sie wie Hans Joachim Kulenkampff, Harald Schmidt oder Thomas Gottschalk auftreten.

Das sollten Sie im Büro nie versuchen

Hier sind sechs bombensichere Möglichkeiten, Ihre Gesprächspartner davon zu überzeugen, dass Sie nicht im Geringsten daran interessiert sind, was sie zu sagen haben:

- ✔ Beenden Sie die Sätze für sie (Sie werden Ihnen für diese Hilfe dankbar sein!).
- ✔ Denken Sie über Ihre Antwort nach, bevor Ihr Gesprächspartner zu Ende gesprochen hat. (Wahrscheinlich ist Ihre Antwort ohnehin wesentlich interessanter als seine Aussage.)
- ✔ Probieren Sie einmal aus, wie viele andere Betätigungen Sie neben einem Telefongespräch ausführen können (prüfen Sie Ihre Kontoauszüge, lösen Sie ein Kreuzworträtsel, lesen Sie die Sportnachrichten in der Zeitung und so weiter).
- ✔ Wenn Sie mit Ihrem Gesprächspartner in einem Restaurant zu Abend essen, sollten Sie sich immer so setzen, dass Sie die Tür im Auge behalten können und sehen, wer kommt und wer geht. Sinnvoll ist es natürlich auch zu beobachten, was die anderen Gäste serviert bekommen.
- ✔ Trommeln Sie mit Ihren Fingern auf den Tisch, rollen Sie mit den Augen und schauen Sie so oft wie möglich auf Ihre Armbanduhr.
- ✔ Wenn Sie in Ihrem im Büro eine Besprechung haben, dann sollten Sie nebenbei einmal im Internet nachsehen, welche Wettervorhersage für das kommende Wochenende getroffen wurde.

Bereiten Sie sich auf die Veranstaltung vor

Das letzte, was Sie brauchen können, wenn Sie eine Präsentation durchführen, ist eine Überraschung! Um sicher zu gehen, sollten Sie alle Aspekte der Veranstaltung schon lange im Voraus untersuchen. Hier eine Liste von Fragen, mit denen Sie beginnen können:

- ✔ Was ist der Sinn des Gespräches?
- ✔ Wer wird unter den Zuhörern sein und was werden die Zuhörer erwarten?
- ✔ Wie viel Zeit habe ich?
- ✔ Wo wird die Präsentation stattfinden?
- ✔ Welche audiovisuelle Ausrüstung ist vorhanden (wenn überhaupt)?
- ✔ Ist noch Zeit für Fragen und Antworten?
- ✔ Wie wird die Sitzordnung sein: eine Anordnung wie in Konferenzen oder als Auditorium ?

Am Tag der Präsentation sollten Sie ebenfalls überflüssige Überraschungen vermeiden. Hier einige weitere Tipps:

- ✔ Wenn Sie sich auf elektronisch gespeicherte Informationen verlassen, dann sollten Sie unbedingt eine Diskette mit einem Back up bereit halten.
- ✔ Erstellen Sie einen Notfall-Plan. Wenn Sie beispielsweise einen Computer benutzen, halten Sie auch eine Reihe normaler Overhead-Folien bereit, nur für den Fall, dass etwas schief läuft.
- ✔ Kommen Sie so rechtzeitig, dass Sie die Audio- und Videoausrüstung überprüfen können. Außerdem sollten Sie die Beleuchtung, die Heizung und die Klimaanlage überprüfen. Nehmen Sie sich die Zeit, Ihre Präsentation vor Ihrem geistigen Auge ablaufen zu lassen.

Denken Sie strategisch

Sobald Sie eine allgemeine Vorstellung des Ereignisses haben, und wissen, was von Ihnen erwartet wird, richten Sie Ihre Aufmerksamkeit auf die strategischen Aspekte der Präsentation. Vergessen Sie nicht, dass Ihr Ziel in vielen Präsentationen nicht darauf begrenzt ist, Informationen zu vermitteln – es könnte sein, dass Sie auch Zuhörer davon überzeugen müssen, zu handeln. Bevor Sie also beginnen, den Inhalt der Präsentation vorzubereiten, konzentrieren Sie sich auf die folgenden Fragen:

- ✔ Was sollen die Zuhörer tun, nachdem sie meine Präsentation verfolgt haben?
- ✔ Mit welchen Gedanken sollen die Zuhörer nach Hause gehen, um wie gewünscht zu reagieren?
- ✔ Welche Vorstellungen oder Einstellungen könnten unter den Zuhörern bereits bestehen, die es erschweren, meine Botschaft zu vermitteln?

✔ Wie viel wissen die Zuhörer über den Gegenstand meiner Repräsentation?

✔ Welche Beziehung habe ich zu den Leuten, die unter den Zuhörern sein werden? Kennen sie mich gut oder sehen und hören sie mich zum ersten Mal? Wie wichtig ist es für mich, meine Glaubwürdigkeit unter Beweis zu stellen?

Die maßgeschneiderte Präsentation

Die gleiche Botschaft, die in genau der gleichen Art und Weise von der gleichen Person an zwei verschiedene Gruppen vermittelt wird, kann völlig unterschiedliche Reaktionen auslösen, abhängig von der Zusammensetzung des Publikums. Wenn Sie also Ihre Präsentation zusammenstellen, müssen Sie den Hintergrund, die Interessen und die Ziele der Zuhörer in Ihre Überlegungen einbeziehen. Wenn beispielsweise unter den Zuhörern auch Kollegen sind, die sich in Ihrem Spezialgebiet nicht so gut auskennen, dann sollten Sie auf alle Fälle Fachterminologie und Abkürzungen vermeiden, die sie möglicherweise nicht kennen. Wenn Sie Ihre Präsentation vor der Geschäftsleitung abhalten, dann sollten Sie so gut wie möglich erklären, wie Ihre Vorstellungen zum Geschäftserfolg des Unternehmens beitragen oder ihn beeinflussen.

Legen Sie los!

Innerhalb der ersten 30 Sekunden Ihrer Einleitung sollten die Zuhörer zwei Dinge erfahren:

✔ Was Sie sagen werden

✔ Weshalb es für sie so wichtig ist

Wenn möglich, sollten Sie Ihre Präsentation mit einer Anekdote oder mit Hintergrundinformationen beginnen, die das Eis brechen und Rapport herstellen. Doch sollten Sie keine plumpen Witze erzählen oder die Einführung zu sehr in die Länge ziehen. Nicht falsch ist es, wenn Sie die Präsentation mit der Vorstellung Ihrer Person beginnen, wenn Sie Ihre Absicht darlegen und die Zuhörer wissen lassen, was sie Ihrer Meinung nach aus der Präsentation mit nach Hause nehmen sollten.

Bauen Sie eine persönliche Beziehung auf

Die beste und einfachste Möglichkeit Rapport zu ihren Zuhörern herzustellen, ist es, dass Sie sich ganz natürlich geben, solange Sie Enthusiasmus und Energie ausstrahlen. Versuchen Sie sich vorzustellen, dass Sie sich mit den Leuten unterhalten, und keine Rede halten.

Hier einige weitere Tipps :

✔ Bewegen Sie sich auf der Bühne, auf dem Podium oder vor den Zuhörern ganz locker und gelöst.

✔ Lächeln Sie.

- Stellen Sie während der Präsentation mit möglichst vielen Zuhörern Augenkontakt her.
- Lächeln Sie.
- Wenn es angebracht und relevant ist, dann sollten Sie Beispiele aus Ihrer Erfahrung erzählen um wichtige Punkte zu verstärken und den Zuhörern Ihre Botschaft eindringlicher zu vermitteln.
- Lächeln Sie.
- Die wichtigsten Punkte Ihrer Präsentation sollten Sie an den Zuhörern ausrichten. Wenn Sie wichtige Gesichtspunkte und Informationen darstellen, lassen Sie Ihre Zuhörer wissen, weshalb diese Aspekte für sie von Vorteil sind. Anstatt zu sagen »Die neue Software wird Ihre Produktivität erhöhen.« sollten Sie sagen »Mit dieser neuen Software können Sie in der gleichen Zeit doppelt so viele Rechnungen ausstellen.«
- Lächeln Sie.

Konzentrieren Sie sich auf wenige Schlüsselpunkte

Der Erfolg Ihrer Präsentation ist nicht abhängig von der Menge der Informationen, sondern von Ihrer Fähigkeit, die Information zu zwei oder drei Punkten zusammenzufassen, an die man sich leicht erinnern kann. Stellen Sie sich die Frage: »An welche zwei oder drei Vorstellungen sollen sich die Zuhörer nach der Präsentation noch erinnern können?« Der größte Teil der Informationen sollte sich auf diese Punkte beziehen.

Halten Sie die visuellen Hilfsmittel einfach

Dank der Vielseitigkeit und der Stärke der Präsentations-Software brauchen Sie keinen externen Spezialisten mehr zu engagieren, um visuelle Hilfen herzustellen, die Eindruck machen und Interesse wecken. Achten Sie aber darauf, dass Sie nicht übertreiben. Nur weil die Software-Pakete Ihnen die Auswahl von 700 verschiedenen Schriftarten anbieten und doppelt so viele Grafiksymbole, heißt das noch lange nicht, dass Sie alle in einer Präsentation verwenden müssen. Wenn Sie Ihre eigenen Bilder herstellen, achten Sie darauf, dass sie einfach sind. Benutzen Sie ein oder zwei Schriftarten und stopfen Sie ein Bild nicht mit zu vielen Wörtern oder Abbildungen voll. Wenn Sie sich auf diesem Gebiet Ihrer Sache nicht sicher sind, dann sollten Sie jemanden aus Ihrer Firma fragen, der Ahnung von grafischem Design hat.

Fassen Sie zusammen

Die ersten 30 Sekunden Ihrer Präsentation sind der wichtigste Teil, die letzte Minute ist fast so wichtig. Organisieren Sie Ihren Vortrag so, dass Sie den formellen Teil Ihrer Präsentation mindestens 10 Minuten vor der geplanten Zeit beenden. Das gibt Ihnen die Möglichkeit, etwas

Zeit auf die Zusammenfassung der wichtigsten Punkte zu verwenden und die Zuhörer zu Fragen zu ermuntern. Die Zuhörer werden mehr Informationen aus Ihrer Präsentation behalten können, weil sie nicht nervös auf ihre Uhr sehen, während Sie sich beeilen, Ihren Vortrag zum Ende zu bringen.

Machen sie das Beste aus Overhead-Folien

Erstellen Sie die Overhead-Folien für Ihre Präsentationen selbst? Großartig! Sie müssen nicht Michelangelo sein, um eine vernünftige Folie zu erstellen, doch brauchen Sie einige Grundfertigkeiten und ein gutes Auge. Bedenken Sie die folgenden Punkte, wenn Sie mit der gebräuchlichsten Präsentations-Software arbeiten:

- ✔ Erstellen Sie eine Master-Folie mit dem Hintergrund und den Grundfarben. Damit schaffen Sie für jede Folie ein gemeinsames Layout.
- ✔ Verlassen Sie sich auf kurze Headlines und Bullets. Vermeiden Sie lange Texte. Das Publikum soll die Folie nicht lesen; es soll Ihnen zuhören.
- ✔ Begrenzen Sie die Zahl der Fonts (Schriftarten) auf zwei oder maximal drei. Eine Schriftart reservieren Sie für die Headlines, die andere für die Texte. Das sollten Sie auf jeder Folie durchhalten.
- ✔ Die Schriftgröße sollte groß genug sein, damit sie vom Publikum gelesen werden kann. In der Regel sollte die Schriftgröße 24 Punkt ausmachen.
- ✔ Haben Sie kein Vertrauen in Ihre Gestaltungskünste, lassen Sie sich von einem Grafikdesigner helfen.

Präsentieren Sie stilvoll

Wie Sie sich selbst präsentieren, ist ebenso wichtig wie die Darstellung der Informationen. Ihre Gesten, Ihr Gesichtsausdruck, Ihre Stimme – alles beeinflusst die Wirkung Ihrer Botschaft und das Interesse der Zuhörer. Die beste Möglichkeit, Ihren Präsentationsstil zu verbessern ist Praxis, Praxis und noch mehr Praxis. Vielleicht sollten Sie sich überlegen, einen Kurs zu besuchen, bei dem Sie sich selbst auf einem Video betrachten können, so dass Sie zu diesen Punkten ein Feedback haben und wissen, ob Sie an Ihrem Präsentationsstil noch arbeiten müssen.

Wenn Sie sich keinen Coach und kein Seminar leisten können, dann sollten Sie sich von einem Freund oder einem Mitglied Ihrer Familie per Videokamera aufzeichnen lassen. Hier sind nun ein paar Fragen, die Sie sich stellen sollten, wenn Sie sich die Aufzeichnung ansehen:

- ✔ *Positur*: Hielten Sie während der Präsentation eine gute Positur aufrecht? (Oder traten Sie ständig von einem Fuß auf den anderen?)

- *Augenkontakt*: Hatten Sie mit den meisten Leuten unter Ihren Zuhörern Augenkontakt (oder starrten Sie während Ihres Vortrags immer nur auf einen imaginären Punkt an der Decke, hatten Sie die ganze Zeit die Augen niedergeschlagen oder hatten Sie nur mit ein oder zwei Zuhörern Augenkontakt?)
- *Handbewegungen*: Sahen Ihre Handbewegungen ganz natürlich und locker aus, ohne dass Sie ständig in der Luft herumfuchtelten oder gar mit dem Finger auf Zuhörer zeigten?
- *Ihre Stimme*: Drückte Ihre Stimme Sicherheit, Kraft und Begeisterung aus? Veränderten Sie die Tonlage oder hörte sich Ihre Stimme eher monoton an?
- *Gesichtsausdruck*: Lächelten Sie und sahen Sie entspannt aus?

Schriftliches

Wenn Geschäftsleute die Wahl haben, entweder über glühende Kohlen zu laufen oder einen ganzen Tag lang schreiben zu müssen, dann würden die meisten die Kohlen bevorzugen. Der Grund: Für die meisten Geschäftsleute ist Schreiben eine schmerzliche und schwierige Angelegenheit.

Die Grundlagen

Haben Sie beim Verfassen von Schriftsätzen oder Briefen aus irgendeinem Grund wenig Vertrauen in Ihre Grammatik oder die richtige Wortwahl, dann sollten Sie sich ein wenig Zeit nehmen, um die Grundfertigkeiten zu wiederholen. Kaufen Sie sich einige Übungsbücher zur Grammatik und üben sie damit täglich 15 Minuten (zwei Wochen reichen aus).Lassen Sie sich nicht einschüchtern. Denken Sie daran, dass Grammatik nicht mit Raketentechnik zu vergleichen ist; schließlich müssen es die Schulkinder im alter von sechs Jahren auch lernen. Schon bald werden Sie die Schreibsicherheit, was Grammatik und Rechtschreibung anbelangt wiedergewonnen haben. Dann können Sie sich auf den wichtigen Teil des Schreibens konzentrieren: Ihre Gedanken klar und präzise zu vermitteln.

Lassen Sie sich beim Schreiben nicht stören

Wenn Sie beim Schreiben alle fünf Minuten unterbrochen oder gestört werden, dann kann es sehr schwierig sein, zusammenhängende Gedanken zu Papier zu bringen. Schreiben erfordert viel Konzentration. Richten Sie deshalb während des Tagesverlaufs einen Zeitraum ein, innerhalb dessen Sie nicht gestört werden dürfen (vergessen Sie nicht, Ihr Telefon umzustellen), damit Sie sich voll konzentrieren können. Falls möglich, verfassen Sie Schriftsätze dann, wenn Sie sich in einem energetischen Hoch befinden.

Fragen und Antworten: Das bestehen Sie mit Leichtigkeit

Bei den meisten Präsentationen bleibt am Ende noch Zeit für Fragen und Antworten. Hier einige Ratschläge, wie Sie diesen wichtigen und dennoch oft stiefmütterlichen Teil einer Präsentation überstehen:

- ✔ Sagen Sie den Zuhörern schon am Anfang der Präsentation, dass sie noch Gelegenheit haben werden, Fragen zu stellen.
- ✔ Wenn Sie vor vielen Zuhörern sprechen, wiederholen Sie die Fragen, damit auch alle wissen, worum es geht.
- ✔ Richten Sie Ihre Antwort in erster Linie an den Fragesteller, doch halten Sie auch zu den anderen Zuhörern Augenkontakt, damit das Interesse nicht verloren geht.
- ✔ Halten sie die Antworten kurz, ohne kurz angebunden zu wirken. Wenn die Frage einer längeren Erklärung bedarf, sprechen Sie nur über die wichtigsten Punkte und bieten Sie an, nach der Präsentation weitere Informationen zu geben.
- ✔ Verbinden sie Ihre Antworten so gut es geht, mit den Punkten, die Ihnen in der Präsentation am wichtigsten waren.
- ✔ Sind Sie sich einer Antwort nicht sicher, dann geben Sie das zu und bieten Sie an, sich noch genauer zu informieren und die Frage dem Fragesteller schriftlich zu beantworten.
- ✔ **An letzter Stelle, aber sehr wichtig**. Ist Ihr Vortrag sehr lang, so unterbrechen Sie ihn nach wichtigen Abschnitten und lassen sofort Fragen zu. Das hat den Vorteil, dass Zuhörer nicht 20 Minuten lang warten müssen, bis sie ihre Frage stellen können und in der Zwischenzeit nicht alles verstehen. Am Ende ist der Zuhörer so frustriert, dass er Ihnen überhaupt nicht mehr zuhört und seine Frage auch am Ende des Vortrags nicht mehr stellt. Auf diesen Zuhörer dürfen Sie nicht zählen, wenn Sie nach der Präsentation eine positive Entscheidung herbeiführen wollen.)

Beginnen Sie mit dem Ziel

Bevor Sie überhaupt den Stift zur Hand nehmen (oder die Textverarbeitung aufrufen) um einen Geschäftsbrief oder ein Dokument zu verfassen, müssen Sie schon über Ihr Ziel nachgedacht haben. Was wollen Sie mit Ihrem Schriftsatz erreichen? Wollen Sie, dass andere ihr Verhalten ändern oder etwas tun, was Sie empfehlen? Ihr Ziel ist der wichtigste Faktor, der nicht nur den Inhalt, sondern auch den »Ton« des Schriftsatzes bestimmt.

Ordnen Sie Ihre Gedanken

Völlig gleichgültig, ob Sie einen formellen Schriftsatz oder einfach nur einige Ideen aufzeichnen, nehmen Sie sich etwas Zeit, bevor Sie schreiben, notieren Sie die wichtigsten Punkte, die Sie schreiben wollen, ihrer Priorität nach. Das wird dann besonders wichtig, wenn Sie komplexere Zusammenhänge aufschreiben, beispielsweise einen Bericht, einen Vorschlag oder ein in die Einzelheiten gehendes Memo. Dadurch, dass Sie die wichtigsten Gedanken skizzieren, ist es wahrscheinlich, dass Sie Ihre Schreibphobie überwinden und das endgültige Schriftstück besser durchdacht ist.

Schreiben Sie für den Leser

Denken Sie immer daran, dass die Menschen, die Ihr Schriftstück lesen, Ihre Meinung zu diesem Thema teilen oder auch nicht. Leser werden meistens sehr ungeduldig, wenn sie Sätze mehrmals lesen müssen, um herauszufinden, was Sie meinen. Benutzen Sie klare und folgerichtige Sätze und nehmen Sie einen logischen Weg von einem Punkt zum nächsten. Gehen Sie nie davon aus, nur weil Sie zufällig wissen, was ein bestimmter Terminus bedeutet, dass auch der Leser die gleichen Schlüsse zieht. Hier einige Dinge, die Sie beachten sollten, wenn Sie schreiben:

- ✔ Wie vertraut sind die Leser mit dem Thema?
- ✔ Wie vertraut sind sie mit den Fachausdrücken die Sie benutzen?
- ✔ Interessieren sie sich für das Thema oder müssen Sie dieses Interesse erst bewirken?
- ✔ Welche Verhaltensweisen oder Vorurteile könnten die Interpretation der Leser beeinflussen und auch die Antwort auf Ihr Schriftstück? Müssen Sie gegen diese Verhaltensweisen oder gegen diese Vorstellungen in Ihrem Schriftsatz angehen?

Schreiben Sie noch einmal, um Klarheit zu erzielen

Die meisten professionellen Autoren wissen genau, wie schwierig es sein kann, ein fertiges Produkt abzuliefern. Sie wissen genau, dass sie das gleiche Dokument mehrmals schreiben müssen, um es zu korrigieren und zu verbessern.

Das Schreiben wird Ihnen wesentlich mehr Spaß machen – und Sie erhalten bessere Ergebnisse – wenn Sie dem Beispiel der Profis folgen. Wenn Sie Ihren ersten Entwurf aufschreiben, konzentrieren Sie sich hauptsächlich darauf, Ihre Gedanken zu vermitteln. Machen Sie sich (wenigstens für den Augenblick) um die Rechtschreibung, die Interpunktion oder gar die Wortwahl keine Gedanken. Wenn Sie sich nicht sicher sind, welches Wort Sie verwenden wollen, dann lassen Sie eine Lücke, so dass Sie später das richtige Wort einsetzen können. In Ihrem zweiten Entwurf verbessern Sie Ihre Fehler und gehen auf die Bedenken oder Fragen der Leser ein. Jeder neue Entwurf soll besser sein als der vorhergehende, und langfristig werden Sie auf diese Weise viel Energie sparen.

Kommen Sie auf den Punkt

Lassen Sie die Leser so früh wie möglich wissen – im ersten oder im zweiten Satz – um welches Thema es in diesem Dokument geht, und weshalb es für sie relevant ist. (Tun Sie so, als hätten Sie nur 10 Sekunden Zeit, um die Aufmerksamkeit der Leser zu wecken. Setzen Sie die wichtigste Information an den Beginn, so dass die Leser wissen, weshalb sie weiter lesen sollen.) Auch wenn Sie nicht der Meinung sind, dies sei eine besonders kreative Art und Weise, ein Schriftstück zu beginnen, ist es dennoch eine bewährte Methode auf die Information zu verweisen, wenn Sie schreiben »Anbei finden Sie eine Kopie des neuesten Berichts über die Kundenzufriedenheit, in dem auch spezielle Hinweise zu Ihrer Abteilung enthalten sind«. Abhängig von der Situation und der Beziehung, die Sie zum Leser haben, sollten Sie diese Aussage mit einer kurzen persönlichen Botschaft versehen oder mit einem Satz, der eine Beziehung zum Leser herstellt (»Im Verlauf der Konferenz in der letzten Woche baten Sie mich um Empfehlungen, wie der Arbeitsfluss Ihrer Abteilung verbessert werden könnte.).

Halten Sie die Länge Ihrer Aktennotizen unter Kontrolle

Ein ungeschriebenes Gesetz in vielen Unternehmen ist, dass keine Aktennotiz jemals länger als zwei Seiten sein darf – und idealerweise nicht länger als eine Seite. Deshalb müssen Sie aus jedem Wort, das Sie verwenden das Beste machen und bei der Anzahl der Gedanken, die Sie präsentieren, ebenso diszipliniert sein.

Hier sind einige weitere Richtlinien:

- ✔ *Wenn es nötig ist, schreiben Sie eine Zusammenfassung.* Sind Sie davon überzeugt, dass Sie Ihrem Thema nicht gerecht werden, wenn Sie es auf ein oder zwei Seiten drängen, dann beginnen Sie mit einer Zusammenfassung – einer kurzen Notiz warum Sie schreiben – weshalb das Memo wichtig ist und nennen Sie die wichtigsten Punkte, die folgen werden.
- ✔ *Widmen Sie jedem Thema ein eigenes Dokument.* Lesen Sie den Entwurf oder die kurzen Aufzeichnungen über die Ideen, die Sie entwickelt haben, bevor Sie zu schreiben beginnen. Sind die wichtigsten Themen miteinander verbunden oder wäre es besser, zwei oder mehrere Memos zu verfassen, um alle Themen hinreichend anzusprechen?
- ✔ *Liefern Sie nicht zu viele Informationen.* Wenn Sie sehr oft an die selbe Person schreiben, sollten Sie um ein Feedback bitten, damit Sie besser entscheiden können, was notwendig ist und was nicht.
- ✔ *Überarbeiten Sie den Text mehrmals.* Versuchen Sie (und das ist ein ständiger Prozess) bestimmte Ausdrucksmuster, die fünf oder sechs Wörter verlangen, durch ein einziges Wort zu ersetzen. Ein Beispiel: Anstatt zu schreiben »für den Fall, dass wir entscheiden...« schreiben Sie lieber »Wenn wir entscheiden ...«.

Schreiben Sie gutes Deutsch

In der Geschäftskorrespondenz können Sie nicht so locker und unterhaltend sein, wie Sie sich mit Ihren Kollegen im Nachbarbüro unterhalten. Sie müssen aber auch nicht ins andere Extrem verfallen. Es ist nicht notwendig in einem überformalen Stil zu schreiben, in dem Sie lange Wörter und lange und verschachtelte Sätze bilden. Es wäre nicht angenehm, wenn Sie ein bestimmtes Wort oder einen bestimmten Begriff verwenden würden, wenn Sie mit jemandem unter vier Augen sprechen würden, und deshalb sollten Sie es auch in der geschriebenen Kommunikation nicht tun. Und wiederum bedeutet das nicht, dass das, was Sie in einem Gespräch sagen, auch in einer Aktennotiz seine Berechtigung hat. Es bedeutet lediglich, dass der Unterschied zwischen gesprochenem und geschriebenem Deutsch nicht so drastisch ist, wie manche Menschen es Sie glauben machen wollen.

Korrekturlesen – der Qualität willen

Unabhängig davon, wie sorgfältig Sie glauben, Ihre Aktennotiz verfasst zu haben, Ihre E-Mail oder Ihren Bericht, nehmen Sie sich immer die Zeit, es noch einmal Korrektur zu lesen. Drukken Sie das Schriftstück aus und lesen Sie das Dokument Wort für Wort durch. Vielleicht sollten Sie es sogar laut vorlesen.

Nutzen Sie den Vorteil der Korrektureinrichtung Ihres Textverarbeitungsprogramms, wenn Sie mit einem Computer schreiben. Es kann Fehler erkennen, die Sie andernfalls übersehen würden. Doch sollten Sie sich darauf nicht hundertprozentig verlassen. Die Rechtschreibkorrektur sagt Ihnen nicht, ob sie ein Wort ausgelassen haben oder ob Sie einen falschen Begriff verwendet haben. Fehler in der Rechtschreibung, der Interpunktion oder in der Wortwahl können bei den Lesern die Frage aufwerfen, ob Sie sich immer der Qualität verpflichtet fühlen, und einen bleibenden schlechten Eindruck hinterlassen.

Management zur Übereinstimmung

Wenn Sie in einer Umgebung arbeiten, in der Zusammenarbeit einen wichtigen Wert darstellt, dann müssen Sie auf einem Gebiet besonders gut sein, den man in der Regel als Konsensbildung bezeichnet. Mit anderen Worten: Sie müssen herausfinden, wie man eine Gruppe von Menschen mit unterschiedlichen Interessen und verschiedenen Auffassungen zu einer Übereinstimmung über ein Thema oder zu einer Lösung eines bestimmten Problems führen kann.

Gleichzeitig müssen Sie die einzelnen Personen dazu ermutigen, immer ihre Ansichten, Initiativen oder Lösungen vorzutragen, unabhängig, ob sie von der Gruppe mitgetragen werden können. Wenn Sie noch nie in einem solchen Konsens bildenden Verfahren engagiert waren, dann sollten Sie gewarnt sein: Dieser Prozess ist nicht leicht zu überwachen oder zu führen, insbesondere dann nicht, wenn es um etwas Wichtigeres geht und wenn die interessierten Parteien starke (und unterschiedliche) Ansichten haben, welches das beste Vorgehen ist. Andererseits brauchen Sie nicht unbedingt ein Diplom für internationale Diplomatie, um zu lernen, wie man einen Konsens bildenden Prozess führen kann. In der Hauptsache geht es um die Frage, wie sehr Sie sich selbst dem Ziel einer Übereinkunft verschreiben können – die von allen getragen wird – und daraus neue Erfahrungen für das Erzielen von Übereinstimmung aufbauen können.

Hier noch einige Grundprinzipien, die Sie nicht vergessen sollten:

- ✔ *Dieser Prozess braucht Zeit*: Echte Übereinstimmung (im Gegensatz zu passiver oder zähneknirschender Akzeptanz) benötigt Zeit. Und um so weiter auseinander die Mitglieder in ihren Ansichten und Verhaltensweisen sind, umso mehr Zeit benötigen Sie. Als Manager mögen Sie unter dem Druck stehen, ein bestimmtes Projekt oder eine Initiative auf den Weg zu bringen, doch tun Sie was Sie können, um zwischen diesen beiden Gruppen einen Kurzschluss zu verhindern. Beginnen Sie mit Ihren Konsens bildenden Bemühungen schon sehr früh – in der Regel schon lange, bevor das Projekt beginnen soll.

- ✔ *Achten Sie darauf, dass das Resultat allen nützt*: Als Moderator in einem Konsens bildenden Prozess ist es ihre erste Priorität, dass alle Mitglieder der Gruppe eine gemeinsame Vision des Ergebnisses haben – selbst wenn das Resultat höchst allgemein ist, beispielsweise wenn man den Beschluss fasst, dass jeder einverstanden ist, dass alle einverstanden sein müssen. Legen Sie die Grundregeln schon zu Beginn fest. Beispielsweise, dass jeder damit einverstanden ist, alle Teilnehmer ihre Ansichten vertreten zu lassen, ohne daraus einen persönlichen Angriff zu entwickeln.

  Versuchen Sie auch einige allgemeine Kriterien festzulegen, die eine zu beschließende Lösung festlegen. Ohne zu speziell zu werden, sollten Sie übereinkommen, dass eine Initiative nicht unternommen werden kann, wenn sie nicht mit den Werten des Unternehmens übereinstimmt, wenn sie nicht gegen geübter Praxis verstößt, oder einen Einzelnen aus der Gruppe auf unfaire Weise belastet. Wenn Sie diese Kriterien schon zu Beginn des Vorganges etablieren, wird es für Sie einfacher sein, alle auf dem richtigen Weg zu halten, wenn Diskussionen beginnen.

- ✔ *Jeder soll seinen Teil beitragen*: Konsens erfordert aber auch, dass jeder aus der Gruppe in etwa die gleiche Zeit hat, seine Ansichten und Bedenken zu vertreten. Es liegt in Ihrer Verantwortung als Moderator dafür zu sorgen, dass jeder sagen kann, was er sagen möchte. Gehen Sie nicht davon aus, dass, nur weil manche Teilnehmer nichts sagen, sie mit der Diskussion einverstanden sind. Auf keinen Fall sollten Sie in einem Konsens bildenden Vorgang passive Akzeptanz hinnehmen.

- ✔ *Bringen Sie Vermutungen an die Oberfläche*: Die Ansichten, dass Gruppenmitglieder während einer Diskussion Koalitionen bilden, können zuweilen das Ergebnis unberechtigter Vermutungen sein. So ist es bei einer Konsensbildung wichtig, dass Vermutungen ans Tageslicht gebracht werden. Beispielsweise könnte ein Mitglied Ihrer Gruppe gegen eine bestimmte Initiative sein, weil er vermutet (basierend auf früherer Erfahrung), dass die Kosten untragbar sein werden. Wenn es Beweise gegen seine Vermutung gibt, wird er sein Widerstand in der Regel schwinden. Wenn Menschen selbst erkennen, dass ihre Vermutungen falsch sind, werden sie wahrscheinlich viel leichter ihre Position ändern.

- ✔ *Klären Sie die Standpunkte*: Wenn Menschen ihre Ansichten äußern, dann sollten Sie als Moderator versuchen, unterhalb der Oberfläche zu schürfen. Mit anderen Worten: Bringen Sie die Menschen dazu, mehr zu tun, als nur ihre Meinungen zu artikulieren. Ermutigen Sie sie dazu, die Gründe dafür zu nennen, dass Sie sich so fühlen. Stellen Sie Ihre Fragen sorgfältig. Achten sie auf ihren Ton und wenn Sie nicht absolut sicher sind, was sie wirklich meinen, bitten Sie um Klarstellung, so dass Ihre Nachfrage nicht als Angriff auf ihre Position verstanden wird.
- ✔ *Fordern Sie produktive Diskussionen*: Auch wenn es für den Prozess der Konsensbildung nicht wesentlich ist, dass jede Person die Gelegenheit erhält, seine Ansicht zu vertreten, sollten Sie zu verhindern versuchen, dass Ihre Sitzungen zu Diskussions-Wettbewerben werden. Wenn Menschen unterschiedlicher Ansicht sind, dann sollten Sie diese dazu bringen, sich mehr auf das zu konzentrieren, was getan werden kann, um den Graben zwischen ihren Ansichten und den gegensätzlichen Standpunkten zu überbrücken und weniger auf die Werte der diversen Positionen. Eine gute Technik ist, Vorschläge zu unterbreiten, die beginnen mit » was wäre wenn Pünktchen Pünktchen Pünktchen » wenn beispielsweise jemand sich einer Initiative widersetzt, weil er nicht daran glaubt, dass die Geschäftsleitung Sie unterstützen wird, sollten Sie den produktiveren Dialog fordern, in dem Sie die Bedenken anerkennen, aber dann fragen, ob er ebenso denken würde wenn er die Garantie hätte, dass die Unterstützung gegeben sei.
- ✔ *Beobachten Sie die emotionale Temperatur*: Als Moderator müssen Sie in der Lage sein, die feine Linie zu erkennen, die eine angeregte Debatte, die eine wesentliche Komponente des Konsens bildenden Prozesses ist und dem schnippischen Streit, der den Konsens zunichte machen kann, trennt. Wenn Sie zu irgendeinem Zeitpunkt während Ihrer Diskussionen spüren, dass die emotionale Stimmung den falschen Weg nimmt, dann sollten Sie eine Pause einlegen, damit sich die Köpfe abkühlen, und sich danach mit den Teammitgliedern, die miteinander kämpfen, in Einzelgesprächen treffen. Lassen Sie nicht zu, dass Animositäten die gesamte Atmosphäre vergiften.
- ✔ *Akzeptieren Sie die Grenzen*: Konsensbildung ist eine wichtige und starke Praxis in der heutigen Geschäftswelt. Sie können nicht immer mit allen Menschen zusammenarbeiten. Wenn Sie sich in einer Situation befinden, in der, trotz aller Bemühungen, die Leute immer noch unterschiedlicher Meinung sind, wie bestimmte Dinge zu erledigen wären, dann könnten Sie gezwungen sein, von Ihrer Verantwortung als Gruppenführer Gebrauch zu machen. Tref-

fen Sie die Entscheidung, die Sie und die Mehrheit der Gruppe für die beste Option halten, auch wenn andere immer noch Vorbehalte haben. Allerdings sollten Sie davon immer nur als Ultima Ratio Gebrauch machen.

Netiquette – gute Manieren auch im Cyberspace

In vielen Unternehmen wurde das E-Mail inzwischen zum wichtigsten Kommunikationsmittel zwischen Angestellten und Kunden, aber auch zwischen Angestellten und ihren Managern. Wenn man es genau nimmt, ist ein E-Mail nichts anderes, als ein Geschäftsbrief oder eine Aktennotiz, die über Cyberspace zugestellt wird. Doch die einzigartigen Charakteristika des E-Mails haben bestimmte Richtlinien erforderlich gemacht. Hier ein kleiner Blick auf einige wichtige Grundregeln, die in Unternehmen eingerichtet wurden, und einen Teil der Netiquette darstellen:

- ✔ *Denken Sie über den Zweck nach*. E-Mails sind ihrer Natur nach kurz und schnell. Das ist großartig, wenn Sie jemanden an eine Konferenz erinnern wollen, aber nicht so effektiv, wenn Sie mit einer Situation unglücklich sind und eine Reihe von Themen zu diskutieren hätten. Kurz gesagt: Benutzen Sie keine E-Mails um Probleme zu lösen, über die man besser am Telefon oder persönlich spricht.
- ✔ *Achten Sie auf einen einfühlsamen »Ton«*: Selbst wenn Sie entschieden haben, dass ein E-Mail die richtige Form der Kommunikation für ein bestimmtes Thema ist, sollten Sie darauf achten, dass Ihr »Ton« die Botschaft nicht im falschen Licht erscheinen lässt. Viele Leute schreiben in einem abgekürzten Stil, benutzen kurze, manchmal verkürzte Sätze oder Phrasen. Seien Sie vorsichtig, dass das, was Sie schreiben, nicht kurz angebunden oder verärgert wirkt.
- ✔ *Achten Sie auf Kompatibilität*: Wenn Sie Ihrer Message ein Attachment beifügen, sollten Sie wissen, dass der Empfänger dieses Format auch öffnen und lesen kann. Verschicken Sie nie eine Datei, die Sie nicht persönlich erstellt haben oder die Sie gescannt haben, um sicherzugehen, dass sie keine Viren oder anrüchige Inhalte enthält.
- ✔ *Nutzen Sie den Raum, um ein »Subjekt« anzugeben*: Achten Sie darauf, dass die Zeile für »Subject« den Inhalt Ihres E-Mail treffend zusammenfasst. Vergessen Sie nicht, dass viele Leute eine Menge Junk-Mail und Werbung erhalten. Wenn sie nicht sofort den Gegenstand oder die Relevanz Ihrer Botschaft erkennen können, könnte sie schnell im Papierkorb landen.
- ✔ *Durchbrechen Sie die Kette der Kettenbriefe*: Belasten Sie Ihre Mitarbeiter und Kollegen nicht mit Kettenbriefen per E-Mail. Die meisten Leute erhalten ausreichend Junk-Mail. Sie brauchen nicht noch mehr. Auch wird man Ihre wichtigen E-Mails als solche erkennen, weil Sie dann nicht dafür bekannt sind, frivole E-Mails und Kettenbriefe zu versenden.

- *Geben Sie dem Empfänger einen Tipp*: Wenn Sie nicht ganz sicher sind, dass der Empfänger, an den Sie eine Message senden, regelmäßig seine E-Mails mehrmals täglich abruft, dann telefonieren Sie kurz mit ihm, und teilen Sie ihm mit, dass Sie ihm eine Message geschickt haben. Das gehört zur ganz normalen Höflichkeit.
- *Antworten Sie schnell*: Hat Ihnen jemand ein E-Mail geschickt, dann können Sie davon ausgehen, dass er eine schnelle Antwort erwartet. Versuchen Sie, alle E-Mails so bald wie nur möglich zu beantworten, selbst wenn Ihre Antwort aus nichts anderem besteht, als einer Empfangsbestätigung und einer Anmerkung, wann Sie eine ausführliche Antwort schreiben werden.

Überzeugend überzeugen

Die Fähigkeit, jemanden zu überzeugen – die Kommunikation als Mittel dafür zu benutzen die Art wie Menschen denken, fühlen und handeln zu verändern – wird allgemein als eine der wertvollsten Fähigkeiten betrachtet, die man sowohl im Geschäftsleben als auch im persönlichen Leben haben kann – und das mit gutem Grund. Einen Konsens herzustellen kann sehr wichtig sein, wenn Sie eine Gruppe führen, Ihre Fähigkeit zu überzeugen, kommt dann ins Spiel, wenn Sie die Vorschläge Ihrer Gruppe der Geschäftsleitung präsentieren müssen. Können Sie gut überzeugen, dann können Sie Einfluss ausüben, ohne Ihren Rang herauszukehren oder Ihre Bedeutung in die Waagschale zu werfen. Das bedeutet, dass die Menschen, die bereitwillig Ihren Ideen folgen, weitaus stärker motiviert sein werden, Ihnen die Unterstützung zu geben, die Sie brauchen.

Es ist wichtig daran zu denken, dass Überzeugung nicht das Gleiche ist wie Manipulation. Überzeugung, im wahrsten Sinne des Wortes, verpflichtet Sie, ethisch und moralisch zu handeln. Sie verlassen sich nicht auf Tricks, Hinterhältigkeiten und Sie lügen auch nicht. Außerdem übernehmen Sie die moralische Verantwortung für das, wozu Sie andere Menschen veranlassen. Ich möchte diesen Gedanken noch einmal anders ausdrücken: Sie benutzen Überzeugung um Menschen dazu zu bringen, einen Weg einzuschlagen, von dem Sie wissen, dass er zu ihrem Besten ist.

Die folgenden Abschnitte beleuchten weitere grundlegende Prinzipien der Überzeugung, derer man sich bewusst sein muss und die man im Geschäftsalltag anwenden muss.

Definieren Sie Ihr Ziel

Bevor Sie auf andere positiven Einfluss nehmen können, müssen Sie selbst eine klare Vorstellung von dem haben, was andere tun sollen, und Sie müssen dem Ergebnis verpflichtet sein. Ein großer Teil Ihrer Glaubwürdigkeit (Nicht zu vergessen der Qualität, die oft als Charisma bezeichnet wird) hängt von der Leidenschaft und dem Elan ab, den Sie in die Tagesordnung einbringen, von der Sie wollen, dass sie akzeptiert wird.

Bereiten Sie Ihre Sache gut vor

Die Sache ist das Argument, das Ihren Vorschlag unterstützen soll. Wenn Sie möchten, dass die Geschäftsleitung in die Aufrüstung des Computernetzwerks investiert, für das Sie verantwortlich sind, erklären Sie, weshalb eine solche Entscheidung im Sinne des Unternehmens ist. Der Schlüssel dazu, eine Sache wirkungsvoll zu machen, liegt in Ihrer Fähigkeit, zwei Dinge tun zu können:

- ✔ Zitieren Sie Behauptungen und Statistiken, die für Ihre Zuhörer relevant sind.
- ✔ Stützen Sie die Behauptungen mit wasserdichten Beweisen.

Wenn eines der Schlüsselargumente, die Sie vorbringen wollen, mit Kostenersparnissen verbunden ist, sollten Sie präzise Aussagen machen und glaubwürdige Beispiele anführen, um Ihrem Vorschlag mehr Gewicht und Überzeugungskraft zu verleihen. Sie könnten beispielsweise einen Chart vorbereiten, der die Zeit darstellt, die benötigt wird, um eine entscheidende Funktion unter den bisherigen Bedingungen durchzuführen, und einen Chart, der verdeutlicht, welche Kosten durch die Zeitersparnis gesenkt werden können.

Denken Sie auch daran, dass es um so wichtiger ist, unangreifbare Argumente zu haben, je höher der Betrag ist, um den es geht – und natürlich brauchen Sie auch felsenfeste Beweise, die Ihre Behauptungen stützen.

Erkennen Sie andere Ansichten an

Gehen Sie niemals davon aus, dass, weil Sie glauben, Ihr Vorschlag sei für Ihren Gesprächspartner eine tolle Sache, er Ihre Meinung teilt. Seien Sie besonders empfindsam dahingehend, wie hoch andere das immanente Risiko einschätzen, wenn Sie das tun, was Sie fordern. Wenn Sie feststellen, dass Ihr Vorschlag signifikante Herausforderungen beinhaltet, sollten Sie versuchen, spezielle Kontrollen einzubauen, die das Risiko verringern.

Bleiben Sie konzentriert

Die Fähigkeit zu überzeugen setzt voraus, dass Sie die Fähigkeit haben, Ihre Impulse (was Sie in einem bestimmten Augenblick gern sagen oder tun würden) zuruckzuhalten, um Ihre Chancen, Ihr Ziel zu erreichen, nicht zu sabotieren. Es könnte sein, dass Sie es befremdend und ärgerlich empfinden, wenn jemand, an den Sie sich wenden, die Vorteile Ihres Vorschlags nicht erkennen kann. Doch wenn Sie sich gehen lassen und Ihre Frustration sichtbar wird, dann werden Sie den anderen wahrscheinlich in die Defensive drängen, und der Widerstand, dem Sie sich ausgesetzt sehen, wird sich verhärten.

Schützen Sie Ihre Glaubwürdigkeit

Gleichgültig, wie eloquent Sie sind oder wie gut Ihre Sache ist: Ihre Botschaft wird nicht ankommen, wenn Ihr Verhalten in der Vergangenheit seitens Ihrer Kollegen Anlass zu Misstrauen gegeben hat. Denken Sie an diese Grundregel, wenn Sie das nächste Mal versucht sind, die Wahrheit zu verschleiern oder nicht entgegenkommend zu sein, nur um jemanden für Ihre Ansicht zu gewinnen. Diese Strategie mag zwar kurzfristig funktionieren, doch Verschlagenheit wird Sie einholen – meist früher als später.

Sie bitten um eine Gehaltserhöhung

Ihre Überzeugungskraft kann äußerst hilfreich sein, wenn Sie sich entschließen, um eine Gehaltserhöhung zu bitten. Zusätzlich zu den Leitlinien, in diesem Abschnitt sollten Sie die folgenden Ratschläge bedenken:

- ✔ *Sie sollten Ihren Marktwert kennen*: Marktwert ist das Gehalt oder die gesamten Zuwendungen, die Leute mit Ihrem Hintergrund und Ihren Erfahrungen im Augenblick in Jobs erhalten, die mit Ihrem Job vergleichbar sind – wobei natürlich die unterschiedlichen Lebenshaltungskosten in verschiedenen Regionen mit in Betracht gezogen werden. Das ist im Allgemeinen die Grundlage für die Entscheidungen zur Höhe des Gehalts. Sind Sie sich Ihres Marktwerts nicht sicher, gibt es eine ganze Reihe von Quellen, wo Sie sich erkundigen können. Fragen Sie bei Ihrer Gewerkschaft nach, der IHK oder bei Ihrem Berufsverband. Vergessen Sie nicht Ihr persönliches Netzwerk.
- ✔ *Achten Sie auf den günstigsten Zeitpunkt*: Die beste Zeit, um eine Gehaltserhöhung zu bitten ist nicht notwendigerweise dann, wenn Sie das Geld am notwendigsten brauchen. Der beste Zeitpunkt ist, wenn man Ihrem Wunsch am ehesten nachkommen wird. Unter sonst gleichen Bedingungen ist es am besten, wenn Sie um eine Gehaltserhöhung bitten, wenn Sie eine schwierige Aufgabe besonders gut gelöst haben und die Geschäftsleitung Ihren Verantwortungsbereich ausgeweitet hat. (Dabei gehe ich davon aus, dass Ihnen nicht schon in den letzten Monaten eine deutliche Erhöhung Ihrer Bezüge gewährt wurde.) Die schlechteste Zeit ist, wenn Ihre Firma gerade eine harte Zeit durchzustehen hat, und Sie genau wissen, dass auch die Anfragen anderer Mitarbeiter abgelehnt wurden. Auch wenn Ihr Chef neu in der Firma oder der Abteilung ist, und noch keine Gelegenheit hatte, Sie in Aktion zu sehen, sollten Sie nicht vorsprechen.
- ✔ *Der Grund sollte beruflicher Natur sein*: Um Ihre Sache gut vertreten zu können, sollten Sie auf besondere Erfolge verweisen können, die eine messbare Auswirkung auf die Konkurrenzfähigkeit Ihrer Firma hatte. (Die Tatsache, dass Sie Ihren nächsten Urlaub auf den Seychellen verbringen wollen, ist kein starkes Argument.)
- ✔ *Richten Sie sich auf Verhandlungen ein*: Sie sollten in Ihrer Vorstellung einen bestimmten Prozentsatz haben, wenn Sie zum Personalchef gehen, aber auch alternative

Vorschläge bereithalten. Statt einer Erhöhung um 15 Prozent könnten Sie beispielsweise auch einer Erhöhung um 10 Prozent sofort und weiteren 5 Prozent in sechs Monaten zustimmen. Halten Sie sich auch für andere Vergünstigungen offen, beispielsweise für Leistungszuschläge oder zusätzlichen Urlaub.

- ✔ *Halten Sie einen Alternativplan bereit*: Unabhängig von Ihrem Selbstvertrauen sollten Sie immer auch einen Alternativplan haben – nur für den Fall der Fälle. Sie benötigen zwei Optionen, abhängig vom Grund aus dem Ihr erster Antrag abgelehnt wurde. Sagt man Ihnen, das sei die falsche Zeit, dann fragen Sie, wann Sie mit Aussicht auf besseren Erfolg vorsprechen dürfen. Versuchen Sie herauszufinden, welche Umstände zu einem besseren Zeitpunkt führen. Sagt Ihnen Ihr Chef kühl, dass Sie keine Gehaltserhöhung verdienten, so fragen Sie nach den Gründen. Fragen Sie, was man von Ihnen erwartet, damit eine Erhöhung der Bezüge gerechtfertigt ist.

15 Die Kraft der Menschen: Bauen Sie Ihr persönliches Netzwerk

In diesem Kapitel

- Ein Blick auf die Grundlagen des Netzwerks
- Entdecken Sie die Schlüssel zum erfolgreichen Netzwerk
- Machen Sie das Beste aus der Mitgliedschaft zu einem Netzwerk
- Die Vorteile der freiwilligen Arbeit

Stellen Sie sich vor, dass Sie vor ein paar Wochen – vielleicht auf einer Party oder auf der Konferenz eines Berufsverbandes oder zu Hause bei einem Freund – einer Dame vorgestellt wurden und im Verlauf des Gespräches sagte sie Ihnen, sie sei Web Site Designerin, die in der letzten Zeit eine Reihe von kleinen Beratungsfirmen behilflich war, ihren Internet-Auftritt einzurichten. Gehen Sie weiterhin davon aus, dass diese Frau auf Sie einen starken Eindruck machte, weil sie intelligent, höchst professionell und begeistert war – genau diese Art von Person, die Sie selbst engagieren würden, bräuchten Sie jemanden, der sich um Ihre Webseiten kümmert. Und nun stellen Sie sich weiter vor, dass Sie gerade an diesem Morgen von einem Freund einen Anruf erhielten, der für eine kleine Beratungsfirma arbeitet und von Ihnen wissen will, ob Sie jemanden kennen, der dabei behilflich sein kann, für seine Firma eine Webseite zu entwickeln.

Ich glaube Sie wissen, was ich meine.

Dieses Kapitel konzentriert sich auf einen Vorgang, der, hauptsächlich in den USA, unter dem Begriff Networking bekannt ist und am besten beschrieben wird, dass man berufliche Kontakte herstellt – Beziehungen zu Menschen herstellt – die Ihnen im Lauf Ihrer Karriere behilflich sein könnten. In diesem Kapitel finden Sie die Grundregeln erfolgreichen Networkings. Sie erfahren, weshalb Networking heute mehr als wichtig ist, mehr als je zuvor, als Strategie des Karrieremamagements (Hinweis: Wenn Leute heute unter einem solchen Druck sind, verlässliche Quellen zu finden, verlassen Sie sich immer mehr auf persönliche Empfehlungen). Sie erhalten bewährte Ratschläge, wie Sie das Beste aus dem Networking machen, selbst wenn Sie nicht die Person sind, der es sehr leicht fällt, sich neuen Menschen vorzustellen. Außerdem erhalten Sie einige gute Hinweise zur Nutzung von Vereinigungen und anderen Organisationen, wo Sie die Bemühungen, Ihr Netzwerk ans Laufen zu bekommen, verwirklichen können.

Wenn Sie dieses Kapitel lesen, dann dürfen Sie den folgenden Vorbehalt nicht vergessen. Networking ist kein Euphemismus für sozialen Aufstieg oder das Ausnutzen von Menschen, und es ist auch keine Einbahnstrasse. Wenn Sie sich am Networking beteiligen, dann geht es nicht darum, möglichst viele Namen zu sammeln, die Sie in

Ihrem Organizer unterbringen können. Der wahre Zweck des Networking ist, Beziehungen zu entwickeln, von der Sie, aber auch die Person, zu der Sie eine Beziehung eingehen, profitieren. Das bedeutet, dass Sie bereit sein müssen, mindestens so viel zu geben, wie Sie erhalten und ebenso viel für andere tun, wie diese für Sie tun. Wenn Sie in Ihren Bemühungen um Networking diese Geisteshaltung annehmen, und dann Taten folgen lassen, die diese Denkweise reflektieren, dann haben Sie tatsächlich eine höchst erfolgreiche Networking-Strategie begründet.

Was ist Networking eigentlich?

Networking steht schon eine ganze Weile im Wirtschaftswörterbuch, doch das Konzept ist für einige Menschen immer noch sehr verwirrend. Einige Menschen sehen Networking beispielsweise fast ausschließlich als Strategie bei der Jobsuche an. Sie informieren möglichst viele Leute über die Art des Jobs, den Sie suchen und hoffen, dass diese – oder jemand, den sie wiederum kennen – von einer freien Stelle hört und Ihnen davon mittelt, bevor die Stelle wieder besetzt wurde.

Fraglos, Networking kann eine höchst erfolgreiche Strategie sein einen Job zu finden, insbesondere wenn Sie in Betracht ziehen, dass viele gute Positionen niemals als Suchanzeige auf dem Stellenmarkt erscheinen, sondern durch persönliche Empfehlungen besetzt werden.

Doch Networking kann auch eine wertvolle Strategie in der Entwicklung Ihrer Karriere sein – ebenso wie in der Stellensuche. Beispielsweise haben in einer jüngsten Untersuchung 80 Prozent von 1.400 Finanzvorständen, die in einer von Robert Half International in Auftrag gegebenen Untersuchung befragt wurden, angegeben, dass Networking mit anderen Berufstätigen ein wichtiger Faktor war, um in Ihrer Karriere voranzukommen. Diese Frage könnten Sie Berufstätigen in fast jedem Bereich stellen: Sie würden immer ein sehr ähnliches Ergebnis erhalten.

Betrachten wir den Vorgang etwas genauer

Networking wird oft als eine Fertigkeit bezeichnet, doch wenn man Networking genauer definiert, ist es eher ein Vorgang. Sie benötigen nicht unbedingt hochentwickelte Fertigkeiten, und können doch den Kreis Ihrer beruflichen Kontakte erweitern. Es ist zwar richtig, dass man einigermaßen gut mit Menschen zurechtkommen muss – so gut, dass Sie keinen Knoten in die Zunge bekommen, wenn Sie jemandem vorgestellt werden. Doch sicherlich müssen Sie nicht unbedingt ein Partylöwe sein. Sie brauchen nur konzentriert, diszipliniert und vor allem ernsthaft sein, wenn Sie die Hilfe beschreiben, die Sie benötigen. Sie werden wahrscheinlich erstaunt sein – wenn Sie es noch nicht wissen – wie hilfreich Menschen sein können, die Sie noch nie zuvor gesehen haben, wenn:

- ✔ Sie in der richtigen Art und Weise auf sie zugehen

- ✔ Wenn Sie in der Lage sind, das, was Sie wollen, genau und ernsthaft zu artikulieren
- ✔ Ihr Wunsch vernünftig ist und ohne großen Aufwand an Zeit und Kraft erledigt werden kann

Das Schlimmste, was Ihnen passieren kann, wenn Sie jemanden um Hilfe bitten, ist, dass derjenige Ihnen ein Nein zur Antwort gibt, vor dem Sie, wenn Sie genauer darüber nachdenken, keine Angst zu haben brauchen.

Legen sie sich eine Netzwerk-Strategie zurecht

Erfolgreiches Networking beinhaltet zwei unterschiedliche doch sich oft überschneidende Komponenten. Zum ersten gehört es, ein Netzwerk aufzubauen: in kurzen, treffenden und dauerhaften Beziehungen mit einem immer größer werdenden Kreis von Menschen. Die zweite Komponente besteht daraus, dass Sie die Vorteile aus den Kontakten mit Ihrem Netzwerk nutzen, wenn Sie ein bestimmtes Bedürfnis haben. Beispielsweise können Sie Ihr Netzwerk nutzen, wenn:

- ✔ Sie einen neuen Job suchen oder eine Tätigkeit als freiberuflicher Mitarbeiter und Sie wollen möglichst viele Menschen an der Suche beteiligen.
- ✔ Sie ein Unternehmen oder eine Person ausgemacht haben, an die Sie gern Ihr Produkt oder Ihre Dienstleistung verkaufen würden, die Sie gern um einen Job bitten würden und Sie suchen nach jemanden, der Ihnen einen Namen nennen kann, oder besser noch, Sie vorstellen kann.
- ✔ Sie jemanden suchen, der entweder eine freie Stelle besetzen oder einen Auftrag für sein Unternehmen vergeben, dabei sicher gehen will, und sich auf eine persönliche Empfehlung verlassen möchte.
- ✔ Sie versuchen, einem Freund oder einem Familienmitglied zu helfen, das nach einem Job sucht.
- ✔ Sie eine freie Stelle entdeckt haben, und nun nach Informationen aus erster Hand über das Unternehmen suchen oder über denjenigen, dem Sie bei einem Auswahlgespräch gegenüber sitzen.
- ✔ Sie denken über einen Berufswechsel nach und wollen mit Menschen sprechen, die in einem Bereich arbeiten, der Sie interessiert.
- ✔ Sie an Ihrem Arbeitsplatz ein Karriere-Problem haben und mit anderen sprechen wollen, die ähnliche Probleme hinter sich gebracht haben.

Die tatsächlichen Schritte, die Sie unternehmen, um jedes dieser Ziele über Networking zu erreichen, unterscheiden sich natürlich abhängig von Ihren Bedürfnissen und wie gut Sie die Person kennen, die Sie um Hilfe angehen. Manchmal bitten Sie Ihren Kontakt aus dem Netzwerk um Hilfe, die Sie suchen, während in anderen Situationen Sie ihn bitten müssen, Sie mit jemandem bekannt zu machen.

Die Art und Weise, in der Sie mit ihnen kommunizieren – per Telefon, per Fax, per E-Mail oder persönlich – hängt davon ab, welchen speziellen Rat Sie brauchen. Wenn Sie über einen Berufswechsel nachdenken und mit jemandem sprechen wollen, der sich auf diesem Gebiet auskennt und dessen Erfahrungen erfragen wollen, dann sollten Sie ihn am besten zu einem Mittagessen einladen, so dass Sie mit dieser Person eine gute Zeit verbringen können. Achten Sie jedoch auf die für ihn verfügbare Zeit und bleiben Sie in Ihrem Gespräch bei der Sache. Es gibt keine Strategie, die in allen Fällen richtig ist. Hier müssen Sie flexibel sein.

Selbst wenn Sie keinen speziellen Grund haben, Ihre Kontakte aus dem Netzwerk um Hilfe zu bitten, sollten Sie das Networking zu einem ständigen Prozess machen und mit einer hohen Priorität versehen. Einer der größten Fehler, die Sie beim Networking machen können – und leider kommt dieser Fehler sehr häufig vor – ist es, so lange zu warten, bis es einen gewichtigen Grund gibt, dass Sie nach Menschen suchen, die Ihnen helfen könnten. Dies bedeutet natürlich nicht, dass Sie davon besessen sind, jede Person, die Sie kennen lernen, zu einem Teil Ihres Netzwerks zum machen (nein, es gibt überhaupt keinen Grund, sich an eine Straßenecke zu stellen, und Ihre Visitenkarten zu verteilen). Es bedeutet lediglich, dass, wenn sich die Gelegenheit für neue berufliche Kontakte ergibt, Sie diese auch nutzen sollten.

Viele Berufsberater sind von diesem Prinzip so überzeugt, dass sie ihren Schützlingen bestimmte Netzwerkziele setzen – etwa drei oder vier neue Kontakte je Monat. Der Grund hinter diesem Rat ist, dass Sie, je mehr Kontakte Sie entwickeln und kultivieren, es umso einfacher haben werden, die Art von Beistand zu finden, die Sie benötigen – wenn Sie ihn brauchen.

Die sechs wichtigsten Regeln des erfolgreichen Networking

Wie bei jedem Prozess, können auch beim Networking bestimmte Praktiken mehr Erfolg zeitigen als andere. Die folgenden Abschnitte beleuchten sechs solcher Praktiken, die dazu beitragen, dass Sie die besten Erfolge erzielen.

Machen Sie es sich zur Priorität

Erfolgreicheres Networking hat seine Wurzeln in der geistigen Einstellung und im Verhalten. Zunächst müssen Sie den Wert erkennen, den die Pflege vielseitiger professioneller Kontakte hat, die man dann anrufen kann, wenn sich die Notwendigkeit ergibt und dann kann man einen systematischen Plan erstellen, um diese Liste kontinuierlich zu erweitern. Hierzu noch einige weitere Ideen:

- ✔ Treten Sie einem Berufsverband bei und werden Sie ein aktives Mitglied für Ihre Branche.
- ✔ Arbeiten Sie freiwillig in einer Service-orientierten Organisation mit. Wahrscheinlich lernen Sie dort Menschen aus allen Lebensbereichen kennen.
- ✔ Werden Sie Mitglied in Studentenvereinen, lesen Sie die Publikationen der Verbindungen und besuchen Sie die Meetings der örtlichen Verbindungen und bleiben Sie mit Ihren Studienkollegen in Kontakt.

- ✔ Suchen Sie nach Gruppen, die Leute zusammenbringen, die Ihre Interessen teilen und ähnliche Berufungen haben. Sind Sie Mitglied einer Kirche oder Synagoge, treten Sie Komitees bei und nehmen Sie andere Funktionen an, die Sie in Kontakt zu anderen Menschen bringen.
- ✔ Besuchen Sie gesellschaftliche Ereignisse – beispielsweise Wohltätigkeitsveranstaltungen – wo Sie wahrscheinlich auch Fachleute aus Ihrem Bereich treffen oder aus einem Gebiet, das Sie interessieren könnte.
- ✔ Werden Sie Mitglied in einem Fitness Club, spielen Sie Tennis, Golf oder gehen Sie zum Bowling, laufen oder rudern Sie – gehen Sie in Organisationen, die sich sportlich betätigen, die Ihnen Spaß machen und wo Sie andere Menschen kennen lernen, die Ihre Leidenschaft teilen.
- ✔ Beteiligen Sie sich an Aktivitäten in Ihrem eigenen Unternehmen (melden sich Sie sich beispielsweise freiwillig zu besonderen Projekten), die Sie in mit Leuten in Berührung bringen, mit denen sie normalerweise nichts zu tun haben.

In jedem der vorangehenden Beispiele ergeben sich Kontakte zu anderen mehr oder weniger natürlich. Das ist immer die leichteste und beste Möglichkeit, ein Netzwerk zu erweitern. Vergessen Sie auch nicht, dass Sie monatlich mindestens vier neue Menschen auf Ihre Kontaktliste setzen sollten, auf Ihre Liste der beruflichen Kontakte. So sollten darauf nach einem Jahr etwa 50 Namen stehen! Das ist ein tolles Ergebnis.

Denken Sie strategisch

Ein breit angelegtes Netzwerk zu haben ist äußerst wichtig, genauso wichtig ist, dass diese Kontakte auch gezielt ausgewählt wurden. Mit anderen Worten: Wenn Sie nach einem politischen Amt streben, dann dürfen Sie den Erfolg Ihrer Bemühungen um ein Netzwerk nicht allein auf der Basis der Anzahl der Mitglieder auf Ihrer Liste messen. Sie sind natürlich auch daran interessiert, wie hilfreich diese Kontakte für Ihre Karriereziele sein können. In den meisten Fällen ist die Mehrheit der Menschen, die ein Teil Ihres Netzwerks darstellen, direkt mit Ihrem Fachgebiet oder der Art Ihrer Branche verbunden. Diejenigen, die keine starken Kontakte innerhalb der Geschäftswelt im Allgemeinen haben, können dennoch äußerst wertvoll werden, wenn Sie beabsichtigen, ein neues Berufsfeld zu erkunden. Jeder, den Sie treffen, hat das Potenzial als hilfreiche Informationsquelle zu Ihren Karrierezielen beizutragen. Es liegt ausschließlich an Ihnen, diese Chancen wahrzunehmen.

Entwickeln Sie einen gewinnenden Netzwerk-Stil

Im Gegensatz zur allgemeinen Meinung brauchen Sie kein geborener Schmuser zu sein oder zu wissen, wie man einen großen Saal zu Gunsten seines Netzwerks bearbeitet. Allerdings sollten Sie die wichtigsten menschlichen Fähigkeiten kennen. Die beste Regel, der man folgen kann, wenn man neuen Menschen vorgestellt wird, sollten Sie immer ganz Sie selbst sein – Verzeihung Sie sollten sich von Ihrer besten Seite zeigen.

Hier ein kurzer Überblick über einige der Grundregeln:

- Wann immer Sie irgendwo sein werden, beispielsweise bei einem Meeting einer Vereinigung – werden Sie wahrscheinlich neue Menschen kennenlernen oder ihnen vorgestellt werden. Versuchen Sie immer, so gut wie nur möglich auszusehen so als ob Sie sich wegen eines neuen Jobs vorstellen wollen.
- Wenn Sie jemandem vorgestellt werden, vergessen Sie nie die Bedeutung des ersten Eindruck. Lächeln Sie, Sehen Sie der Person in die Augen und bieten sie einen festen (aber nie zu festen) Händedruck. Widerstehen Sie der Versuchung, der anderen Person so fort alles zu erzählen was man über Sie nur wissen kann. Statt dessen sollten Sie sich bemühen, ein guter Zuhörer zu sein.
- Wenn Sie jemanden um eine Anleitung bitten, unabhängig davon, wie gut Sie die Person kennen, sollten Sie eine genaue Vorstellung haben, wie diese Person Ihnen helfen kann und artikulieren Sie Ihre Bitte daher klar und präzise. Nach Ihrer Bitte sollten Sie sich mit einem Anruf oder einem E-Mail schon im Voraus für die Hilfe bedanken.
- Auf alle Fälle sollten Sie sich immer einige Visitenkarten einstecken. Gehen Sie zu einer Messe oder zu einer Fachtagung, dann sollten Sie den Vorrat hat ein wenig vergrößern.

Ein weiterer Vorschlag: Wenn Sie Arbeit suchend sind, sollten Sie überlegen, ob Sie sich nicht zwei verschiedene Visitenkarten drucken lassen. Eine Version sollte lediglich Ihren Namen, Ihre Adresse, Ihre Telefonnummer und Ihren Beruf enthalten, eine zweite zusätzlich noch Ihren derzeitigen Arbeitgeber.

- Wenn Sie jemandem zum ersten Mal vorgestellt werden, und Sie Beide haben eindeutig gemeinsame berufliche Interessen, bitten Sie um eine Visitenkarte. Wenn er gerade keine mit sich führt, lassen Sie sich die E-Mail-Adresse geben, um mit ihm in Kontakt zu bleiben.
- Eignen Sie sich Routine beim Smalltalk an, denn Sie können, wenn Sie jemanden zum ersten Mal treffen, nicht sofort nach Beruf und Position fragen. Relativ unverfänglich sind Fragen danach, wie lange er schon in dieser Organisation (Verein, Klub) ist, und woher sie den gemeinsamen Bekannten kennen, der Sie vorgestellt hat.
- Bevor Sie sich nicht einigermaßen gut kennen, vermeiden Sie Themen, über die man leicht geteilter Meinung sein kann, insbesondere Politik und Religion.
- Versuchen Sie, so gut es geht, ohne neugierig zu wirken, einige persönliche Informationen zu erlangen: Haben sie Kinder? Haustiere, persönliche Interessen und so weiter, und fragen Sie danach, wann Sie ihn wieder treffen.
- Auf alle Fälle sollten Sie in weniger als 15 Sekunden beschreiben, wer Sie sind und was Sie tun. Wenn Sie Ihre Arbeit beschreiben, dann können Sie ruhig

kreativ sein. Sagen Sie nicht: »Ich bin Manager in einem Büro« sondern vielleicht »Ich trage viele Hüte, doch mein stärkster Anzug bewirkt, dass ich mein Büro auf Trab halte«. Ihr Gesprächspartner weiß dann, dass Sie gut organisiert aber auch flexibel sind, gibt ihm aber auch eine Vorstellung, wer Sie sind, und das sagt mehr als der reine Titel Ihres Jobs.

Suchen Sie sich einen Mentor

Der Wert eines Mentors für Fortschritte in der beruflichen Karriere steht außer Zweifel. Doch gibt es bei der Geschichte einen Haken. Die Beziehung zum Mentor muss Ihnen und dem Mentor richtig passen. Hier einige Vorschläge, wie sich die richtigen Leute finden, und wie diese Beziehung für beide fruchtbar sein kann:

- ✔ *Übernehmen Sie die Initiative*. Die einfachste Möglichkeit Beziehung zu einem Mentor zu beginnen, ist Leute zu fragen, die Sie gut kennen und mit denen Sie gut zurechtkommen. Begrenzen Sie die Auswahl nicht auf den augenblicklichen Kreis von Verwandten und Freunden, weil sie damit unweigerlich die Reichweite der Ratschläge und der Beratung, die sie erhalten können, begrenzen. Wenn Sie sich nicht dabei wohl fühlen, sich neuen Menschen vorzustellen, bitten Sie Ihre Freunde, Sie vorzustellen. Besuchen Sie Veranstaltungen, Konferenzen von Berufsverbänden, wo Sie sich leicht unter die Leute mischen können, die bereits gemeinsame Interessen haben.
- ✔ *Werfen Sie das Netz weit aus*. Es gibt kein Gesetz, dass es verbietet, mehr als nur einen Mentor zu haben. Im Gegenteil, Sie sind besser beraten, wenn ein ganzer Kreis vielseitiger Experten sich um Sie kümmert. Wenn Sie Ihr Team zusammenstellen, achten Sie auf Verschiedenheit. Einer Ihrer Mentoren sollte beispielsweise jemand sein, der Sie in technischen Problemen beraten kann, wenn diese mit Ihrem Beruf zu tun haben. Ein weiterer Mentor könnte möglicherweise Erfahrung im Management oder besondere Branchenkenntnisse haben. Denken Sie über die Art der Ratschläge nach, die Sie wahrscheinlich benötigen, um in Ihrer Karriere vorwärts zu kommen und treffen Sie die Wahl Ihrer Mentoren entsprechend.
- ✔ *Machen Sie das Lernen zu Ihrer wichtigsten Priorität*. Ich setze einmal voraus, dass Ihr Mentor und Sie gut miteinander auskommen und dass Ihre erste Priorität, wenn Sie einen Mentor suchen ist, wie viel Sie von ihm lernen können. Er sollte mehr als ein Cheerleader sein, er sollte jemand sein, der Ihnen Führung bietet und Sie – von Zeit zu Zeit – auf den Boden der Tatsachen zurückholt. Eigentlich brauchen Sie Mentoren, die einerseits mit Ihnen sehr sorgfältig umgehen und andererseits Sie auf die Probe stellen, wenn sie der Meinung sind, dass Sie eine schlechte Entscheidung treffen. Vergessen Sie letztlich nicht, dass Mentoren nicht unbedingt älter sein müssen als Sie. Das Wichtigste bei Ihrer Wahl sollte immer sein, dass sie Weise sind und Ihnen eine Perspektive eröffnen können.

Beobachten Sie Ihre Kontakte

Entwickeln sie ein System, um Ihre Kontakte zu organisieren. Nehmen Sie eine kleine Box mit einem alphabetischen Register, doch eine Datenbank ist wesentlich besser. Versuchen Sie es mit Apples Organizer, Lotus Organizer oder Microsofts Entourage; damit haben Sie alle Daten in Ihrem Computer, können einzelne Karten ausdrucken, aber die Dateien nach von Ihnen selbst bestimmten Kriterien sortieren. Vergessen Sie jedoch nicht, regelmäßig ein Back up zu machen. Sollten diese Datensätze verloren gehen, können Sie den Schaden kaum abschätzen. Im Extremfall geht Ihnen sogar ein gut dotierter Job durch die Lappen. Versuchen Sie die folgenden Angaben in der Datenbank unterzubringen:

- ✔ Name, Adresse, alle Möglichkeiten, die Person zu erreichen, also Fax, E-Mail, Handy-Nummer und Nummern des Festnetzes zuhause und in der Firma.
- ✔ Titel und Rang in der Firma, Verantwortungsbereich
- ✔ Arbeitgeber
- ✔ Branche, in der die Person arbeitet
- ✔ Professionelle oder soziale Einrichtungen, in denen die Person Mitglied ist
- ✔ Kollegen
- ✔ Leute, die diese Person kennen
- ✔ Familiäre Situation (Status, Anzahl und Namen der Kinder, Geburtstage u.ä.)
- ✔ Interessen und Hobbys
- ✔ Kommentare (Wo haben Sie diese Person durch wen kennengelernt, kurze Beschreibung)

Offensichtlich werden Sie nicht in der Lage sein, all diese Informationen beim ersten Kontakt zu sammeln, doch sollten Sie auch nicht versuchen, Sie schon während Ihrer ersten Zusammenkunft herauszufinden. (Ganz bestimmt wollen Sie bei Ihrem ersten Treffen nicht die Rolle eines Befragers spielen.) Einen Großteil dieser Informationen finden Sie auf der Visitenkarte dieser Person oder aus Teilen der Konversation. Außerdem besteht die Wahrscheinlichkeit, dass Sie nach jedem neuen Treffen weitere Einträge hinzufügen können oder auf der Basis von Artikeln, die Sie in Wirtschaftszeitschriften oder in Studentischen Publikationen über ihn lesen.

Weshalb sollten Sie sich das alles antun Aus zwei Gründen. Der erste ist, dass Sie, je mehr Sie über die Menschen wissen, um so einfacher mit ihnen sprechen können: Sie haben viel mehr Themen zur Verfügung, über die Sie sprechen können. Der wirkliche Wert einer solchen Datenbank erweist sich jedoch dann, wenn Sie zu entscheiden versuchen, welche Menschen aus dem Kreis Ihrer Kontaktpersonen am besten geeignet sind, ein bestimmtes Problem zu lösen oder Ihnen eine bestimmte Information zu vermitteln.

Hier ein Beispiel: In Ihrer Lokalzeitung lesen Sie (oder in einer Fachzeitschrift), dass jemand, der in einem Unternehmen, in dem Sie gern einen Job oder einen Auftrag hätten, für eine bestimmte Einrichtung tätig wird – beispielsweise für Big Brother. Mit einer gut gerüsteten Datenbank könnten Sie ganz schnell unter Big Brother nachsehen ob Sie drei oder vier Namen von Menschen finden, die ebenfalls in dieser Einrichtung sind und die tatsächlich die Person kennen könnten, mit der Sie Kontakt aufnehmen wollen. Denken Sie einmal darüber nach, wie viel Zeit Sie gespart haben, weil Sie nicht alle Leute nach dem Zufallsprinzip anrufen mussten, um herauszufinden, wer die Mitglieder sind. Außerdem können Sie die Datenbank dazu benutzen, Aufkleber für ein Mailing an Ihre Berufskollegen zu drucken, wenn Sie bekannt machen wollen, dass Sie umziehen oder Ihre Firma wechseln.

Seien sie bereit, mindestens so viel zu geben, wie Sie erhalten

Je mehr Sie bereit sind, in Ihr Netzwerk zu investieren, umso mehr werden Sie wahrscheinlich erhalten, wenn Sie Hilfe nötig haben. Doch geben bedeutet mehr, als nur einfach zu reagieren, wenn Menschen zu Ihnen mit Fragen oder Bitten kommen. Es bedeutet wachsam zu sein, wo Sie behilflich sein könnten, selbst wenn die Leute Sie nicht speziell darum gebeten haben. Hier einige Vorschläge, wie Sie dieses entscheidende Prinzip effektiven Networkings gut verwenden:

- ✔ Achten Sie auf Informationen, die möglicherweise unterschiedliche Personen in Ihrer Kontaktliste interessieren könnten und schicken Sie ihnen diese Informationen mit einer kurzen Notiz. Dies könnte alles sein: von einem Zeitungsausschnitt bis zu einem Artikel, den Sie online gelesen haben.
- ✔ Falls Sie nicht wissen, wie Sie einer Bitte nachkommen oder für jemanden eine Frage beantworten sollen, dann ist es am Besten, wenn Sie eine Alternative anbieten – wer möglicherweise helfen wird.
- ✔ Wenn Sie zwei Menschen einander vorstellten, die Sie kennen, tragen Sie dazu bei, das Eis zu brechen, indem Sie sagen, was die beiden gemeinsam haben und weshalb beide profitieren könnten, wenn sie miteinander sprechen.
- ✔ Haben Sie jemandem den Namen einer Person gegeben, um ihm den Kontakt zu erleichtern, dann rufen Sie diese Person kurz an, um ihr zu sagen, dass sie einen Anruf erhalten wird. Etwa eine Woche später sollten Sie den ansprechen, der Sie gebeten hat, den Kontakt herzustellen, um zu sehen, ob der Kontakt hilfreich war oder ob noch weitere Hilfe erforderlich ist.
- ✔ Unterschätzen Sie nicht den Wert, ein guter Zuhörer zu sein. Das ist oft das, was die Leute am notwendigsten brauchen.

Halten Sie Kontakt

Nachdem Sie einen Kontakt hergestellt haben, lassen Sie nicht zu, dass Zeit und Kraft, die notwendig waren, ihn herzustellen, letztendlich doch verloren gehen. Wenn sie nicht innerhalb von fünf Wochen zusammengetroffen sind, dann sagen Sie den beiden mal kurz Guten Tag. Sie könnten auch folgendes tun:

- *Nehmen Sie sich jeden Monat Zeit, um die Hochschulnachrichten oder die Zeitschriften der Berufsverbände zu lesen.* Wenn sie feststellen, dass jemand seinen Arbeitsplatz gewechselt hat, oder eine Auszeichnung erhielt, schicken Sie eine kurze Gratulation.
- *Nehmen Sie sich allmonatlich die Zeit, die Liste Ihrer Kontakte durchzusehen.* Haben Sie von einem Ihrer Kontakte längere Zeit nichts gehört, schicken Sie ihm eine kurze Nachricht, und lassen Sie ihn wissen, was Sie von ihm denken.
- *Aktualisieren Sie die Adressen der Leute, die auf Ihrer Liste stehen und von denen Sie wissen, dass sie umgezogen sind.* Wenn sie beispielsweise diese Stadt im Rahmen einer Geschäftsreise besuchen, oder nur aus Spaß, dann nehmen Sie Kontakt auf und überlegen, was sie zusammen unternehmen könnten, um den Kontakt aufrecht zu erhalten.

Die zehn Todsünden im Networking

Hier sind einige Dinge, die Sie unter allen Umständen unterlassen sollten:

- Machen Sie keine Versprechungen, wenn Sie genau wissen, dass Sie diese nicht einhalten können.
- Machen Sie keine Versprechungen, die Sie zwar einhalten können, es dennoch nicht tun.
- Eine versteckte Absicht: Beispielsweise rufen Sie jemanden an und kündigen an, Sie hätten eine Frage. In Wirklichkeit jedoch wollen Sie um einen Gefallen bitten.
- Sie benutzen den Namen eines anderen als »Türöffner«, ohne das zuerst mit der Person zu klären, deren Namen Sie benutzen.
- Sie überlegen nicht – das heißt, Sie denken nicht daran, welche Arbeit und welchen Aufwand es für jemanden bedeutet, Ihnen zu helfen. Wenn es Ihnen dann auch nicht schnell genug geht, dann neigen Sie leicht zu Vorwürfen.
- Bestimmte geschäftliche Angelegenheiten zu unpassenden Zeiten zu diskutieren, beispielsweise am Rande einer Hochzeit oder einer Sportveranstaltung, wo der andere alles tun will, nur nicht an den Job denken.
- Undankbarkeit. Wenn Sie die Arbeit und den Zeitaufwand nicht durch einen kurzen Dankesbrief würdigen, wenn Ihnen jemand einen Gefallen erwiesen hat.

Networking durch Berufsverbände

Es könnte sein, dass Sie unter hohem Druck stehen einen Bereich zu nennen, in dem Sie produktiver Ihre Geschäftskontakte ausweiten können, als durch den Beitritt in einen Berufsverband – und das aus offensichtlichen Gründen. Fast jeder, der einem Berufsverband beitritt, tut es aus dem gleichen Grund: Networking. Und deshalb brauchen Sie sich keine Zurückhaltung aufzuerlegen, sich bei Veranstaltungen der Berufsverbände vorzustellen. Jeder hat die gleiche Tagesordnung.

Die wichtigste Entscheidung, die Sie treffen müssen, ist, ob Sie Ihre Zeit optimal nutzen, wenn man alles in Betracht zieht. Die Entscheidung ist nicht immer so offensichtlich, wie Sie glauben mögen, besonders dann nicht, wenn Ihr Zeitplan bereits vollgepfropft ist mit beruflichen und persönlichen Terminen. Hier ein Blick auf die beiden unterschiedlichen Organisationen, für die Sie arbeiten können – und was Sie von Ihrem Beitritt erwarten können.

- ✔ *Berufsspezifische Organisationen*: Jede Gruppe, die in erster Linie aus Menschen besteht, die einen bestimmten Beruf ausüben. Viele dieser Organisationen haben einen nationalen oder internationalen Anstrich, haben allerdings auch stattliche regionale und lokale Arbeitsgruppen, die sich regelmäßig treffen (in der Regel monatlich), sie verschicken Newsletters und laden oft Gastredner zu ihren Treffen ein. Einige Berufsverbände sind so organisiert, dass man sich nur informell trifft. Der wichtigste Vorteil, einer solchen Organisation beizutreten ist das Gefühl der Kameraderie und die Pflege des Gemeinschaftsgefühls, das aus gemeinsamen Ideen, Erfahrungen und Problemen besteht, weil die Leute die gleichen alltäglichen Sorgen am Arbeitsplatz haben wie Sie. Diese Gruppen stellen eine großartige Möglichkeit dar, um auf ihrem Fachgebiet auf dem laufenden zu bleiben und von jemandem, den Sie kennen, herauszufinden, wie es ist, für ein bestimmtes Unternehmen zu arbeiten.
- ✔ *Branchenspezifische Organisationen*: Branchenspezifische Organisationen bringen Menschen zusammen, die zwar im gleichen Feld arbeiten, jedoch darin unterschiedlichen Beschäftigungen nachgehen und deshalb auch über unterschiedliche Kapazitäten verfügen – angefangen von Finanzierungen über Verkäufe bis hin zur Informationstechnologie. Fast jede Branche wird durch eine solche Gruppe vertreten, und wie bei den Berufsverbänden, gibt es auch bei den branchenspezifischen Organisationen in der Regel nationale und internationale Sektionen, mit regionalen und lokalen Ausprägungen. Es ist auch typisch, dass diese Organisationen jährliche Veranstaltungen ausrichten, nationale Konferenzen, Messen und Ausstellungen. Wie viel Wert Sie dem Beitritt einer Branchenorganisation beimessen, hängt weitestgehend davon ab, ob Ihre langfristigen Ziele auf diese bestimmte Branche fixiert sind, und wie wichtig es für sie ist, Verbindungen mit anderen aus Ihrem Bereich zu knüpfen. Wenn sie in diesen Organisationen wirklich aktiv werden wollen, dann erhöht das Ihre Prominenz – und kann Ihre Attraktivität als Kandidat für eine bestimmte Position verbessern.
- ✔ *Allgemeine Wirtschaftsverbände*: Nahezu jede Gemeinde hat mindestens einen Wirtschaftsverband – normalerweise mehrere -, die aus Geschäftsleuten bestehen und aus Berufstätigen aus vielen verschiedenen Bereichen. Typischerweise – aber nicht notwendigerweise – sind diese Organisationen für Berufstätige in bestimmten Bereichen besser geeignet – beispielsweise Versicherungen – in denen potenzielle Kunden aus den verschiedenartigsten Berufen vereinigt sind. Abhängig von der Gemeinde und der Zusammenstellung der Mitgliederliste, können diese Organisationen eine fruchtbare Quelle sein, wenn Sie als Jobsuchender Kontakte suchen.

- *Interessenverbände*: Interessenverbände bringen Menschen aus einer Region zu einander, die im beruflichen Bereich ein gemeinsames Interesse verfolgen. Es könnte sich dabei um die Innenstadtsanierung handeln oder um eine Bildungsinitiative, die von Geschäftsleuten finanziert wird. Eine sehr attraktive Eigenart dieser Gruppen ist, dass zu den Mitgliedern meist die führenden Geschäftsleute einer Gemeinde zählen.

Im Lichte der vielfältigen Möglichkeiten (und davon ausgehend, dass Sie einem Tagesplan unterliegen, der Ihnen Zeit lässt, an jedem Tag der Woche eine andere Veranstaltung zu besuchen), sollten Sie wählerisch werden, wenn Sie sich entscheiden, welcher Organisation Sie beitreten wollen. Hier einige Vorschläge, die Ihnen die Entscheidung erleichtern sollen:

- Bevor Sie einer Gruppe beitreten, sollten Sie sich genau nach der Mission der Gruppe erkundigen, nach den Aktivitäten, und wenn möglich, nach der Mitgliederliste. Nehmen Sie an einer Versammlung teil, um zu sehen, ob eine Mitgliedschaft für Sie überhaupt einen Sinn macht.
- Bevor Sie beitreten, sollten Sie eine klare Vorstellung davon haben, wie viel Zeit Sie aufbringen müssen. Einige Organisationen – beispielsweise die Rotarier – sagen Ihnen schon im Voraus, dass sie nur an Mitgliedern interessiert sind, die bereit sind, regelmäßig an den Versammlungen teilzunehmen und sich unter Umständen in wichtigen Funktionen zu engagieren.
- Stellen Sie Recherchen an und benutzen Sie dazu Ihr Netzwerk, um beispielsweise Organisationen herauszufinden, in denen die erfolgreichsten Menschen aus Ihrem Fachgebiet Mitglieder sind.
- Wenn Sie sich entscheiden, welcher Organisation Sie sich anschließen möchten, malen Sie sich doch einmal aus, was Sie tun müssten, würden Sie ein aktives Mitglied der Organisation und überlegen Sie, ob das für Ihre Karriere eine Hilfe sein könnte.

Wenn Sie einer Organisation beitreten und die Möglichkeit haben, in einer Projektgruppe oder einem Komitee mitzuarbeiten, dann sollten Sie mit Ihrer Fachkenntnis nicht hinter dem Berg halten, engagieren Sie sich aber auch in Aktionen, die außerhalb Ihres Jobs liegen. Sie wollen neue Fertigkeiten entwickeln und Herausforderungen bestehen, die Ihnen beruflich weiterhelfen. Wenn beispielsweise öffentliche Reden zu halten, nicht unbedingt zu Ihren Stärken zählt, dann sollten Sie freiwillig an einem Projekt teilnehmen, bei dem es dazu gehört, öffentlich zu reden. Wenn Sie mehr über Marketing oder Sonderveranstaltungen lernen wollen, dann melden Sie sich doch für das Veranstaltungskommitee.

Sechs Möglichkeiten, Ihre Netzwerk-Phobie zu überwinden

Wie Sie sich sehr gut vorstellen können, ist Networking nicht jedermanns Sache, besonders dann nicht, wenn man von Natur aus eher zurückhaltend ist. Sollten Sie zu dieser Kategorie zählen, könnten die folgenden Vorschläge helfen, die Scheu zu überwinden:

✔ *Beginnen Sie dort, wo Sie sich gut fühlen.* Beginnen Sie bei Ihren Verwandten und engen Freunden – Menschen bei denen Sie sich wohl fühlen. Bitten Sie diese, für Sie Vorstellungen zu arrangieren.

✔ *Telefonieren Sie, wenn Ihr »Energie-Tank« randvoll ist.* Wenn Sie beim Networking Ihr Telefon einsetzen, dann sollten Sie den größten Teil der Telefonate zu der Tageszeit erledigen, wenn sie sich kraftvoll und gut gelaunt fühlen.

✔ *Wenn Sie anrufen, sollten Sie wissen, was Sie sagen wollen.* Bereiten Sie jeden Anruf vor. Nach einer kurzen Einleitung (maximal 15 Sekunden, in denen Sie sich vorstellen) haben Sie eine Liste von Schlüsselworten bereit. Schämen Sie sich nicht, um Hilfe zu bitten. Und: Fragen Sie rechtzeitig, ob dem Angerufenen dieser Zeitpunkt auch angenehm ist.

✔ *Nehmen Sie sich Zeit, um sich zu erholen.* Richten Sie Ihren Zeitplan so ein, dass Sie in Ruhe Ihre Gedanken sammeln können und sich auf ein großes Ereignis gründlich vorbereiten können.

✔ *Holen Sie sich Hilfe von Ihren Freunden.* Wenn Networking wirklich nicht Ihre starke Seite ist, und allein die Vorstellung, auf einen völlig fremden Menschen zuzugehen Sie in Schrecken versetzt, dann sollten Sie einen Freund bitten (jemanden, der von Natur aus nicht so menschenscheu ist wie Sie), Sie zu begleiten und den Veranstaltungsraum gemeinsam »zu bearbeiten«.

Teil IV

Wie wäre es außerhalb eines Unternehmens?

In diesem Teil ...

Sind Sie bereit, sich auf eigene Füße zu stellen? Wollen Sie herausfinden, wie erfolgreich Sie sein können, selbst wenn Sie nicht die Karriereleiter in einem Unternehmen hochklettern wollen? Für den Fall, dass Sie interessiert sein sollten, als Unternehmer oder Berater den Erfolg zu suchen, dann kann Ihnen dieser Teil behilflich sein, die Optionen zu bewerten und den Weg zu wählen, der für Sie geeignet ist. Außerdem biete ich Ihnen bewährte Ratschläge, wie Sie als unabhängiger Fachmann Ihre Bekanntheit erhöhen.

Auf eigenen Füßen

16

In diesem Kapitel

- Entscheiden Sie, ob Sie in der Selbstständigkeit Ihre Zukunft sehen
- Etablieren Sie sich als unabhängiger Freier Mitarbeiter
- Denken Sie über die Vorteile des Consulting nach
- Erfolgreich als Unternehmer
- Der Schritt in die Unabhängigkeit

Wenn Sie nicht anders sind als die meisten Menschen, und für andere arbeiten, haben Sie sicherlich schon überlegt (zumindest einmal), wie Ihr Leben aussähe, wären Sie Ihr eigener Chef. Würden Sie mehr Geld verdienen, würde Ihnen die Arbeit mehr Spaß machen, hätten Sie mehr Zeit für die Familie, würden Sie ein interessanteres Leben führen und Ihre Karriereziele schneller erreichen? Gehen wir einmal davon aus, dass die Antwort auf eine oder mehrere Fragen Ja ist, wie schaffen Sie dann den Sprung in die Selbstständigkeit, ohne Ihre finanzielle Sicherheit aufs Spiel zu setzen?

Dieses Kapitel hilft Ihnen bei der Beantwortung dieser und anderer Fragen zu den Chancen der Selbstständigkeit, entweder als Unternehmer oder als Berater. Ich vermittle Ihnen Einsichten darüber, ob Sie über die richtige geistige Einstellung verfügen, es allein zu machen. Außerdem werden sie besser verstehen, was dazu gehört, als Unternehmer, als unabhängiger Freier Mitarbeiter (oft sagt man auch Freelancer) oder als Berater (Consultant) erfolgreich zu sein. Und letztlich biete ich Ihnen bewährte Ratschläge, wie man den Übergang vom Vollzeit-Angestellten zum unabhängigen Arbeiter am besten bewerkstelligt.

Stellen Sie fest, ob Selbstständigkeit das Richtige für Sie ist

Die gute Nachricht für alle, die glauben, dass die Chancen geradezu phantastisch sind. Mehr als je zuvor, verlassen sich Unternehmen auf externe Quellen – auf Freelancer, Berater und Subunternehmer – die den operativen Teil erledigen und Verantwortungsbereiche übernehmen, die früher einmal die ausschließliche Domäne von Vollzeitangestellten waren. Vor Jahren waren die Aussichten für Freelancer oder Berater weitaus begrenzter. Heute jedoch bietet wirklich jeder Beruf seine Chancen für Selbstständige – angefangen bei Anwälten, über Interims-Finanzvorstände bis zu Marketingleuten, die sich auf die Entwicklung von Markennamen spezialisiert haben. Und dank der fortgeschrittenen Technologie wie PCs, Fax, E-Mails, Anrufbeantworter und Telekonferenzen ist Selbstständigkeit sowohl eine attraktive als auch realistische Karriere-Option.

Bevor Sie sich allerdings zu sehr für die Möglichkeiten der Selbstständigkeit auf den heutigen Märkten begeistern, müssen Sie einigermaßen sicher sein, dass dies für Sie auch der richtige Weg ist. Sich auf eigene Füße zu stellen, ist keineswegs eine Routineangelegenheit. Sie können nicht einfach den Job wechseln, in eine andere Firma eintreten oder sich in einem anderen Teil der Welt niederlassen. Sie treffen eine signifikante und fundamentale Entscheidung, die Ihren Lebensstil verändern wird, und deshalb müssen Sie absolut sicher sein, dass Sie diesen Schritt aus den richtigen Gründen wagen.

Der erste Schritt ist es, diese Option ganz objektiv als eine Möglichkeit zu betrachten. Lassen Sie nicht zu, dass eine vorübergehende Unzufriedenheit mit Ihrem aktuellen Job Ihr Denken einseitig beeinflusst. Es kann gut sein, dass Sie sich in Ihrem Büro hundeelend fühlen, weil Sie gerade für jemanden arbeiten müssen, der Attila den Hunnenkönig vergleichsweise erscheinen lässt wie Mutter Teresa. Doch Selbstständigkeit muss darauf nicht unbedingt die richtige Antwort sein. Zuerst sollten Sie überlegen, ob nicht ein anderer Full-Time-Job bei einem anderen Manager oder einem anderen Arbeitgeber geeigneter für Sie ist. Bevor Sie davon ausgehen, dass es eigentlich Ihre Bestimmung ist, allein zu fliegen, sollten Sie noch einmal in aller Ruhe über Ihre Karriereziele nachdenken, so dass Sie eine strategisch vernünftige Entscheidung treffen können, die Ihrer Karriere auch wirklich förderlich ist.

Untersuchen Sie Ihre Optionen

Um aus erster Hand zu erfahren, was es bedeutet, sein eigener Chef zu sein, sollten Sie mit solchen sprechen, die diesen Weg schon gegangen sind. Benutzen sie Ihr berufliches Netzwerk, um informelle Gespräche mit anderen Unternehmern oder Beratern zu vereinbaren, und fragen Sie diese nach den alltäglichen Nickeligkeiten. Versuchen Sie, mit jemandem zu sprechen, der in etwa die gleiche Arbeit macht und ein Unternehmen in der Größe hat, wie Sie es sich vorstellen könnten. Wenn Sie sich beispielsweise in Ihrer Region als Unternehmensberater für gemeinnützige Organisationen niederlassen wollen, dann sollten sie einmal mit einem Unternehmensberater mit einem vergleichbaren Einzugsbereich sprechen.

Recherchieren Sie alles, was zur Selbstständigkeit gehört. Gehen Sie ins Internet und bemühen die diversen Suchmaschinen mit den entsprechenden Suchwörtern. Suchen Sie nach Business-Portalen. Lesen Sie Fachzeitschriften, in denen es um juristische, finanzielle und Personalfragen geht, die freie Mitarbeiter in irgendeiner Weise tangieren. Wie liefern Sie die steuerrelevanten Daten beim Finanzamt ab? Welche Gebühren und Kosten sind nach dem Steuerrecht Betriebsausgaben? Welche Bestätigungen und Beglaubigungen benötigen Sie? Können sie sich ohne bestimmte Zulassungsprüfungen in allen Bereichen selbstständig machen? Werden Sie Schwierigkeiten bekommen, sich gegen Krankheit versichern zu lassen? Wie richten Sie die Sozialleistungen für Ihre künftigen Mitarbeiter und Angestellten ein? Wie ist es damit,wenn Sie allein arbeiten oder nur einen Assistenten oder eine Sekretärin beschäftigen? Finden Sie möglichst viel selbst heraus und legen Sie Ihre Erkenntnisse als Hardcopy in Aktenordnern ab. So werden Sie auf Ihrem Weg in die Selbstständigkeit weniger Überraschungen erleben.

Demaskieren Sie den Mythos Selbstständigkeit

Unabhängig zu arbeiten hat zweifelsfrei Vorteile, die man als Angestellter nicht hat, doch wäre es falsch, den Lebensstil des Selbstständigen ungerechtfertigt zu romantisieren. Die vier folgenden Abschnitte demaskieren die in der Öffentlichkeit sehr häufig gepflegtenVorurteile über Selbstständigkeit – und sie erfahren die ganze Wahrheit.

Man verdient mehr Geld wenn man in die eigene Tasche arbeitet

Kann sein, kann aber auch nicht sein. Ja, normalerweise haben Sie eine bessere Kontrolle über Ihre finanziellen Angelegenheiten, wenn Sie Ihr eigener Boss sind. Sie können Ihre Preise festlegen (abhängig davon, was der Markt zulässt) und, wenn wir davon ausgehen, dass es ausreichend Arbeit gibt, Sie so lange arbeiten können, wie Sie wollen (und in jeder Stunde Geld verdienen).

Andererseits haben Sie nicht die gleichen Gewinnspannen, wenn Sie als Subunternehmer für ein etabliertes Unternehmen arbeiten. (Obwohl, wenn Sie als Unternehmensberater für eine Personalberatung arbeiten, dann haben Sie Zugang zu zahlreichen Sozialleistungen und Vergünstigungen, ebenso wie ein Festangestellter.) Allerdings sind Sie für Ihre Krankenversicherung selbst verantwortlich und müssen sich selbst um Ihre finanzielle Altersversorgung kümmern. Außerdem tragen Sie die Reisekosten selbst, bezahlen die Telefonrechnung selbst und vieles mehr.

Sie brauchen sich nicht um die Büro-Diplomatie zu kümmern

Stimmt, wenn Sie als unabhängiger Freelancer arbeiten, können Sie sich die Aufträge aussuchen, und damit die Scherereien vermeiden, denen sie als »Fester« ausgesetzt sein können. Doch vergessen Sie nicht, dass es im Geschäftsleben ausschließlich über Beziehungen läuft, wenn es läuft. Wenn Sie nicht empfindsam (oder besser unempfindsam) genug sind, um sich auf diese Praktiken einzustellen, dann gehen Sie das Risiko ein, politische Fehler zu machen, die verhindern, dass man Sie jemals wieder für einen Job in Betracht zieht. Und außerdem erhöhen Sie die Wahrscheinlichkeit, dass Sie unnötige Probleme schaffen, wenn Sie tatsächlich für ein Unternehmen arbeiten (Konkurrenzunternehmen können Sie sich ohnehin schon aus dem Kopf schlagen). In vielerlei Hinsicht müssen Sie als Freelancer wahrscheinlich wesentlich »diplomatischer« sein als es ein fest Angestellter sein muss.

Sie sind nur sich selbst verantwortlich

Wenn Sie in die eigene Tasche arbeiten, können Sie wahrscheinlich den größten Teil der Arbeitsbedingungen so einrichten, wie es Ihnen gefällt. Wenn Sie jedoch erfolgreich sein wollen, dann müssen sie Ihre Arbeitsbedingungen den Wünschen Ihrer Kunden und Klienten anpassen. Deren Prioritäten und Übergabetermine werden zu Ihren Prioritäten und Übergabeterminen.

Sie haben mehr Zeit für sich selbst

Selbstständigkeit verschafft Ihnen tatsächlich wesentlich mehr Kontrolle über Ihre Zeit, doch bedeutet das keineswegs, dass man dann weniger Stunden arbeitet, als in einem regulären Job. Und wenn Sie nicht in Ihrem Büro arbeiten, dann können Sie Ihr Privatleben oft sehr schwer von Ihrem Geschäftsleben unterscheiden. Sie können zwar mehr Zeit für sich selbst haben, aber Sie müssen sehr diszipliniert sein, wenn sie sicherstellen wollen, dass dem auch wirklich so ist.

Testen Sie Ihren SQ (Selbstständigkeits-Quotient)

Erfolg wird durch sehr viele Faktoren bestimmt. Das trifft insbesondere auf Selbstständige zu. Gleich nach dem Talent ist Ihre geistige Einstellung die wichtigste Zutat. Sie werden natürlich nie sicher wissen – bis Sie für längere Zeit tatsächlich selbstständig waren – ob Ihr Temperament den Herausforderungen der Selbstständigkeit wirklich gewachsen ist. Doch wenn Sie sich selbst einigermaßen gut kennen, dann werden Sie ziemlich genau wissen, ob selbstständige Arbeit für Sie eine echte Option darstellt. Die folgende Liste mit den Fragen können helfen, sich selbst besser kennen zu lernen.

In jeder Frage sind ein oderer mehrere Attribute enthalten, die man bei erfolgreichen Selbstständigen in der Regel findet. Bei diesem Test geht es keinesfalls um Ihre technischen Fertigkeiten und auch nicht um Ihre Sachkenntnis. Es ist lediglich eine Möglichkeit, Ihnen behilflich zu sein, Ihnen eine Vorstellung zu vermitteln, ob Selbstständigkeit wirklich etwas für Sie ist. Lesen Sie jede Aussage und bewerten Sie das Statement auf einer Skala von eins bis fünf, je nach dem, wie sehr Sie der Aussage zustimmen können, wobei Sie absolute Zustimmung mit fünf bewerten. Haben sie den Test beendet, dann sollten Sie zu jemandem gehen, der Sie sehr gut kennt (vielleicht ein Familienmitglied oder ein guter Freund), und ihn bitten, Sie nach den gleichen Kriterien einzuschätzen.

______ Ich bin von Natur aus sehr unabhängig, und ich arbeite gern ohne viel Kontakt zu Kollegen .

______ Ich finde es einfach und es macht mir Spass, mich neuen arbeitsbedingungen, neuen Menschen und neuen Situationen anzupassen.

______ Ich kann wichtige strategische Entscheidungen, die die Zukunft meines Geschäfts betreffen, ohne all zu viele Selbstzweifel trefffen.

______ Ich komme mit Stress gut zurecht und kann schnell Prioritäten setzen.

______ Ich habe sehr viel Energie und bin bereit, fast all meine Zeit und Kraft für mein Geschäft einzusetzen.

______ Ich liebe mein Fachgebiet und habe viel Begeisterung für das Geschäft, das ich aufbauen will.

______ Ich kann Zeiten finanzieller Unsicherheit und Zeiten mit viel Druck gut aushalten.

______ Ich kann gut Probleme lösen und die Herausforderung neue Lösungen für alte Probleme zu entwickeln an denen andere scheitern würden, bereitet mir Freude.

______ Menschen, die mich kennen, halten mich für ausdauernd. Ich gebe nicht schnell auf, und Zurückweisung kann mich nicht entmutigen.

______ Ich habe keine Furcht davor, mich selbst aggressiv zu vermarkten, oder ein Produkt oder eine Dienstleistung. Für jeden Euro biete ich entsprechenden Arbeitswert, und ich habe keinerlei Hemmungen, von meinen Klienten und Kunden auch einen gerechten Preis zu fordern.

Nun zur Auflösung: Wenn sie insgesamt auf 40 Punkte kamen (oder noch mehr) und Ihre Antworten ehrlich waren, sind Sie wahrscheinlich recht gut zur Selbstständigkeit geeignet. Liegen Sie bei 20 und weniger Punkten, dann ist anzunehmen, dass Sie zum Unternehmer, Freelancer oder Berater kaum geeignet sind. Vielleicht könnten Sie es aber schaffen, als Berater in einer Personalberatung zu arbeiten (mir ist das schließlich auch gelungen).

Legen Sie den Grundstein für eine erfolgreiche Karriere als Selbstständiger

Okay, Sie sind nun wirklich davon überzeugt, dass Sie mit Überzeugung und harter Arbeit als Selbstständiger erfolgreich sein werden. Wenn Sie so sind wie die anderen, die diesen Weg schon gegangen sind, werden Sie sich mit neuen und zuweilen unerwarteten Herausforderungen gegenüber sehen. Einiges werden Sie per Versuch und Irrtum lernen müssen. Sie werden die gleichen falschen Entscheidungen treffen. Doch wenn Sie sich auf Ihr Ziel konzentrieren, können sie aus Ihren Fehlern lernen und werden durch sie nur noch stärker. In den folgenden Abschnitten gehe ich auf sieben Grundgesetze ein, die Sie nie vergessen dürfen, wenn Sie beginnen.

Eignen Sie sich einen Geschäftssinn an

Auch wenn Sie nur ein Ein-Mann-Betrieb sind: Allein die Tatsache, dass Sie in Ihrem eigenen Geschäft arbeiten, verpflichtet Sie, sich an bestimmte wirtschaftliche Grundregeln zu halten. Erwerben sie sich den Respekt Ihrer Kunden oder Klienten dadurch, dass Sie Ihre Arbeit und Ihre Dienstleistungen als echtes Unternehmen betrachten. Wenn Sie sich »nur als Berater« sehen, dann wirkt sich dieses selbst auferlegte Image auch in den Interaktionen mit anderen Firmen aus. Arbeiten Sie besonders hart, um alle Fristen einzuhalten, sollte es aber wirklich einen Grund geben, dass Ihnen das nicht gelingt, dann sparen Sie sich alle persönlichen Entschuldigungen und Ausreden. Kein echter Profi würde seinem Kunden erzählen, er konnte die Broschüren erst später anliefern, weil sein Hund das Elektrokabel zum PC durchgebissen habe. Als selbstständiger Profi sind Sie der CEO Ihres Geschäfts.

Richten Sie einen richtigen Betrieb ein

Ob Sie nun ein Büro zu mieten beabsichtigen oder zunächst das Büro in Ihrem eigenen Haus einrichten: Nehmen Sie sich die Zeit und richten Sie einen Arbeitsbereich ein, der Ihnen die Abgeschiedenheit gibt, die Sie benötigen, aber auch den Komfort, den Sie genießen wollen. Sie brauchen nicht zu übertreiben – jedenfalls nicht am Anfang. Konzentrieren Sie sich auf das Unerlässliche, auf das Wichtige: ausreichend Platz auf dem Schreibtisch, um ein Tohuwabohu gar nicht erst aufkommen zu lassen, gute Beleuchtung, und einen ergonomischen Stuhl. Ihr Computer, das Faxgerät und die Telefonanlage sollten den Anforderungen der normalen Nutzung genügen. Weil Software und Hardware sehr schnell überaltern, sollten sie für Ihren Bedarf den Stand der Technik wählen. Werden Sie nie Farbdrucke herstellen und immer nur Manuskripte und Geschäftsbriefe ausdrucken, dann können Sie sich die 10.000 Euro für einen Farbdrucker leicht sparen.

Halten Sie die Kosten gering

Der einzige Kommentar, den man nur äußerst selten hört, wenn sich jemand auf die eigenen Füße gestellt hat, ist: »Das Unternehmen zu gründen und zu betreiben hat weniger gekostet, als ich glaubte.« Selbst wenn Sie also einen prall gefüllten Sparstrumpf hervorholen, sollten Sie ein wachsames Auge haben, wie Sie Ihr Geld ausgeben. Immer wenn Sie einen namhaften Betrag ausgeben sollen, dann stellen Sie sich zwei Fragen:

✔ Ist diese Anschaffung unbedingt erforderlich, um mein Unternehmen zu gründen und es zu betreiben?

✔ Ist es möglich, das gleiche Produkt (oder die gleiche Dienstleistung) günstiger zu kaufen, ohne auf Qualität zu verzichten?

Besonders vorsichtig sollten Sie sein, wenn Sie langfristige finanzielle Verbindlichkeiten eingehen sollen. Bevor Sie bei Ihrer Einrichtung nach dem »letzten Schrei« fahnden, sollten Sie versuchen, mit dem nötigsten zurechtzukommen, oder sich die Einrichtung zu mieten, bis man sie aus dem Cash flow kaufen kann. Vielleicht ist es kurzfristig ein wenig teurer, doch wenn Sie sich aus irgendeinem Grund aus der Selbstständigkeit bald wieder verabschieden, ist der Schaden wesentlich geringer.

Legen Sie sich ein professionelles Image zu

Ohne gleich extrem werden zu wollen (Sie brauchen Ihre Klamotten nicht unbedingt bei Armani zu kaufen, und Ihre Anzüge müssen nicht bei Brioni geschneidert werden): geben sie sich Mühe, einen professionellen Eindruck zu machen. Achten Sie insbesondere auf die kleinen Dinge, die in den Augen potentieller Kunden Ihr Image entscheidend verbessern oder schädigen können. Geben Sie Ihrem Geschäft einen Namen. Holen Sie sich dazu externe Hilfe (wenn Sie glauben, Sie könnten sie brauchen) um sicher zu gehen, dass Ihr Schreibwarenladen mit

Grußkarten auch einen wirklich professionellen Eindruck macht. Auch wenn Sie sich kleiden können, wie es Ihnen gefällt, so lange Sie zu Hause arbeiten, achten Sie auf Ihre Kleidung, wenn Sie während des Tages nach draußen gehen. Sie können nie wissen, ob Sie nicht einen aktuellen oder künftigen Kunden oder Klienten treffen.

Organisieren Sie sich

Wenn Sie Ihr Unternehmen gerade gründen, dann kann die Organisation als geringere Priorität erscheinen. Ja, Sie haben genug zu tun, um neue Klienten oder Kunden zu finden, gar nicht zu reden von der Erledigung der Arbeit, zu der Sie sich schon vertraglich verpflichtet haben. Trotzdem: Es gibt nichts Wichtigeres für Ihren Anfangserfolg, als leichten und schnellen Zugang zu Informationen zu haben, insbesondere zu Kundeninformationen. Effizienz macht hier den entscheidenden Unterschied aus, ob man einen Kunden gewinnt – oder ihn verliert. Denken Sie daran: Wenn niemand Ihre Dokumente ablegt oder Hintergrundrecherchen anstellt zu Branchentrends und Veranstaltungen, werden Sie alles, aber auch wirklich alles, selbst erledigen müssen. Reservieren Sie mindestens eine Stunde pro Woche, um auf dem Laufenden zu bleiben.

Vermeiden Sie es, »alle Eier in einen Korb zu legen«

Zu viel des Guten kann zuweilen heftige Probleme verursachen, wenn Sie selbstständig sind. Normalerweise ist es eine gute Sache, wenn beispielsweise ein Klient oder ein Kunde mit Ihren Diensten so zufrieden ist, dass er immer mehr Ihrer Zeit in Anspruch nehmen möchte. Der Nachteil jedoch ist, dass möglicherweise unerwartete Ereignisse in dieser Firma – schlechte Geschäfte oder ein Wechsel beim Personal – dazu führen könnten, dass dieser Kunde verloren geht, und Sie sofort in finanziellen Schwierigkeiten sind.

Es ist sicherlich zu Ihrem Vorteil, wenn Sie große Auftraggeber haben. Unterschätzen Sie aber nicht das Risiko, wenn einer Ihrer Kunden mehr als 30 Prozent zum Umsatz beiträgt. Wenn dies der Fall ist, reservieren Sie einen bestimmten Prozentsatz dieser Gewinne für ein Investment in ein stabiles Wertpapier oder in eine sichere Anleihe. Sehen Sie das als letzte Rettung an, dann werden Sie nachts auch besser schlafen können.

Holen Sie Luft

In die eigene Tasche zu arbeiten kann sehr Kräftezehrend sein. Es ist es in Ihrem Interesse, bestimmte Routinen einzurichten, die sicherstellen, dass es zwischen Arbeit, persönlichen Beziehungen und Ihrer Gesundheit zu einem Ausgleich kommt.

Wenn Sie den ganzen Tag lang zu Hause in Ihrem Büro arbeiten, dann legen Sie in Ihrem Tagesplan Pausen fest und nehmen sich mindestens ein oder zwei Tage im Monat frei und laden Freunde zum Lunch ein. Treten Sie Berufsverbänden bei und besuchen Sie deren Veranstaltungen. Das ist eine gute Unterbrechung der Alltagsarbeit und dort können Sie neue Menschen kennen lernen, was zu neuen Geschäften führen kann.

Auf alle Fälle sollten Sie versuchen, sich jeden Tag mindestens eine halbe Stunde Zeit zu nehmen, um etwas für Ihren Körper zu tun. Selbst wenn es nicht mehr ist, als dass Sie einmal schnell um den Block gehen (Power-Walking). Es wird dazu beitragen, dass sowohl Geist als auch Körper gesund bleiben. Besser ist es, wenn Sie täglich mindestens eine Stunde, allerdings nicht zu spät am Abend, durch den nahen Wald joggen. Das gibt Ihnen nicht nur Energie für den nächsten Tag, sondern auch Kondition für das nächste Tennismatch (auf das Sie auch nicht verzichten sollten).

Ein Leben in Unabhängigkeit

Die am schnellsten wachsende Nische unter den Möglichkeiten, die Selbstständige haben, besteht aus Freien Mitarbeitern, Beratern oder Freelancern. Das sind Spezialisten, die ihren Lebensunterhalt damit verdienen, dass sie für verschiedene Unternehmen einzelne Projekte durchführen. Die Grenzen bei der Definition verschwimmen leicht, doch bleibe ich bei den genannten Begriffen. Freie Mitarbeiter suchen sich ihre eigene Arbeit, erledigen das Marketing für ihre Dienstleistungen und bezahlen ihre Sozialversicherung selbst. Andere wiederum arbeiten für Zeitarbeitsunternehmen. Dort sind sie fest angestellt, das Zeitarbeitsunternehmen übernimmt den vertraglich festgelegten Teil an den Sozialversicherungen, der Leiharbeiter hat seinen festen Urlaub und unterscheidet sich von fest Angestellten nur dadurch, dass er an verschiedene Unternehmen verliehen wird, dort Urlaubsvertretungen macht, bei besonderen Gelegenheiten, wie beispielsweise hohem Auftragsbestand einspringt. Berater oder Projektberater arbeiten ebenso wie freie Mitarbeiter auf eigene Faust.

Die Motivation, die Freie Mitarbeiter dazu bringt, diese Option zu wählen, ist sehr unterschiedlich. Manche Freien Mitarbeiter haben bereits Kontakte zu etablierten Unternehmen, haben dort vielleicht sogar schon als fest angestellte Mitarbeiter gearbeitet und haben diesen Schritt auf Vorschlag des früheren Arbeitgebers getan. (Der braucht nun nicht mehr den Arbeitgeberanteil an den Sozialkosten zu bezahlen, den Urlaub nicht zu bezahlen, und wenn einmal der Arbeitsanfall gering ist, dann braucht der Freelancer nicht zu kommen.) Sie arbeiten weiterhin in der Firma, erhalten je doch Projektaufträge, und sind, mit Ausnahme der Abgabefristen in ihrer Arbeit keinen weiteren Instruktionen seitens fest angestellter Mitarbeiter des Unternehmens unterworfen. Deshalb nennt man sie Freie Mitarbeiter. Der Vorteil dabei ist, dass Freie Mitarbeiter natürlich auch in der Wahl ihrer Aufträge frei sind, sich die am besten honorierten Aufträge aussuchen können, viel Abwechslung haben und viel Erfahrungen sammeln können. Der Nachteil: Sie müssen eben Krankenversicherung und ihre Altersvorsorge selbst bezahlen.

Schaffen Sie sich ein persönliches Mission-Statement

Damit Sie sicher sein können, dass Ihre Entscheidung, auf eigenen Füßen in die Arbeitswelt zu gehen, das Beste ist, um Ihre beruflichen und privaten Ziele zu verwirklichen, schreiben Sie ein persönliches Mission Statement – wenn Sie es nicht schon getan haben. Diese Aussage umfasst Ihre beruflichen Ziele (die Art der Arbeit, die Sie tun wollen und wo Sie letztlich arbeiten wollen). Außerdem beschreiben Sie Ihre Werte (was Ihnen in Ihrer Arbeit am wichtigsten ist). Ihr Mission Statement muss natürlich auch mit Ihren persönlichen Zielen übereinstimmen: Wie viel Geld wollen Sie verdienen, welchen Lebensstil wollen Sie führen, wie viel Zeit wollen Sie Ihrer Familie widmen, wie steht es um Ihr intellektuelles Wachstum und was wollen Sie in Ihrer Freizeit tun? Wenn Sie diese Informationen aufschreiben, dann können Sie besser entscheiden, ob Sie die beruflichen Ziele und die persönlichen Ziele durch Festanstellung oder durch Selbstständigkeit besser erreichen können. Wenn Sie weiterhin selbstständig arbeiten wollen, dann sollten Sie sich das Statement öfter vornehmen, um sicher zu sein, dass Sie immer noch auf dem richtigen Weg sind.

Wählen Sie Ihre Projekte strategisch aus

Nehmen wir einmal an, Sie könnten es sich erlauben, wählerisch zu sein, dann sollten Sie Ihre Aufträge nicht ausschließlich nach der Höhe des Honorars auswählen. Seien Sie sich der Chance bewusst, dass jedes Projekt Ihnen die Gelegenheit bietet, neue Fertigkeiten zu entwikkeln oder Ihre Erfahrung zu verbreitern. Vergessen Sie nie, dass die Nachfrage für Sie als Selbstständiger direkt mit Ihrer Erfahrung und mit Ihrer Sachkenntnis verbunden ist. Je mehr Erfahrung Sie haben, um so einfacher ist es für Sie, über Ihr Netzwerk Arbeit zu bekommen – und noch wichtiger, seien Sie sehr wählerisch, was Ihre Aufträge anbelangt. Beobachteten Sie den Markt und denken Sie immer an Ihr persönliches Mission Statement, wenn Sie ein neues Projekt beginnen. So wie jedes Unternehmen darauf achtet, dass alle operativen Bereiche zur Unternehmensphilosophie beitragen, so sollten Sie darauf achten, dass all Ihre Projekte strategisch mit Ihrem persönlichen Mission Statement verbunden sind.

Beachten Sie die örtlichen Sitten und Bräuche

Auch wenn Sie, rein technisch gesehen, kein Angestellter irgend eines Unternehmens sind, für das Sie arbeiten, müssen Sie sich dennoch den Werten und Standards der Firma anpassen – um so mehr, wenn Sie innerhalb der Firma arbeiten. Achten Sie auf die Kleiderordnung und wenn Sie für das Unternehmen nach draußen gehen, dann sollten Sie sich immer gut kleiden. Halten Sie sich fern von der Büro-Diplomatie, ebenso von den Gerüchten in der Kaffeeküche. Beachten Sie besonders die Vollzeitkräfte, mit denen Sie zusammenarbeiten, oder mit denen Sie täglich zu tun haben. (Haben Sie gegenüber bestimmten Angestellten Weisungsbefugnis, dann sollten Sie flexibel sein. Anstatt Anordnungen zu geben, sollten Sie um etwas bitten.)

Der Übergang in die Selbstständigkeit

Ob Sie gerade als Berater, als Freier Mitarbeiter oder Unternehmer beginnen, es könnte zwischen einigen Wochen bis zu sechs Monaten dauern, bis Sie Ihren ersten Auftrag erhalten oder Ihren ersten Verkauf tätigen. Aller Wahrscheinlichkeit nach, brauchen Sie deshalb eine Übergangsstrategie – einen Plan, der garantiert, dass Sie etwas zu essen haben, bis Ihr Geschäft oder ihre Praxis für das notwendige Kleingeld sorgt.

Bevor Sie Ihre Festanstellung verlassen, habe ich einige Vorschläge zu machen:

- ✔ *Bringen Sie Ihre persönlichen Finanzen in Ordnung*. Bevor Sie auf die monatliche Gehaltsüberweisung verzichten, sollten Sie unbedingt ein finanzielles Sicherheitsnetz einrichten. (Vielleicht sollten Sie die Urlaubsreise nach Bali, die Sie schon geplant haben, doch noch ein wenig verschieben.) Viele Experten empfehlen, dass Sie mindestens einen Betrag in der Höhe von sechs Monatsgehältern ansparen, bevor Sie sich selbstständig machen. Vielleicht scheint Ihnen dieser Rat ein wenig konservativ zu sein, doch die Begründung ist sehr vernünftig. Das Letzte, was Sie brauchen können, wenn Sie Ihr eigenes Geschäft aufmachen, sind persönliche Finanzschwierigkeiten.

- ✔ *Legen Sie den Grundstein während Ihrer Festanstellung*. Wenn es möglich ist, ohne einen Vertrauensbruch, ohne Ihre Integrität aufs Spiel zu setzen oder Ihre Arbeitsleistung zu beeinträchtigen, dann sollten Sie versuchen, die Grundlagen für ihre Selbstständigkeit schon zu legen, während Sie noch angestellt sind. Das könnte heißen, dass Sie eine Zeit lang an den Abenden und Wochenenden arbeiten müssen. Wenn jedoch Ihr neues Geschäft in direkter Konkurrenz zu Ihrem jetzigen Arbeitgeber steht, dann sollten Sie auf keinen Fall aggressiv Kunden werben. Statt dessen sollten Sie sich um die vielen Dinge kümmern, die die Selbstständigkeit mit sich bringt (richteten Sie Ihr Büro ein, suchen Sie, falls erforderlich, um Darlehen nach, entwickeln Sie Ihren Geschäftsplan und so weiter). Ihr Ziel sollte sein, schon im Voraus möglichst viel zu erledigen, so dass Sie nach der Geschäftseröffnung sofort durchstarten können.

- ✔ *Brechen Sie keine Brücken hinter sich ab*. Selbst wenn Sie in Ihrem augenblicklichen Job unglücklich sind, versuchen Sie auf positive Art und Weise auszuscheiden. Gehen wir davon aus, dass Sie zu Ihrer bald ehemaligen Firma nicht in direkter Konkurrenz stehen, so könnten Sie möglicherweise auch eine Vereinbarung treffen, auf Teilzeitbasis oder als Freelancer für Ihren bisherigen Arbeitgeber zu arbeiten, bis Ihr eigenes Geschäft gut eingeführt ist. Besser wäre es noch, Ihren früheren Arbeitgeber als ersten Kunden oder Klienten zu gewinnen.

Die Arbeit als Freiberufler

Nichts hat mehr Einfluss auf Ihren Erfolg als die Qualität Ihrer Arbeit. Leisten Sie gute Arbeit für ausreichend viele Menschen, und Sie gewinnen auf zweierlei Weise:

- ✔ Sie werden eine große und ständig wachsende Kartei zufriedener Kunden haben.
- ✔ Sie werden bemerken, dass Mundpropaganda ausreicht, um an Aufträge zu kommen.

Dennoch gibt es einige zusätzliche Dinge zu erledigen, wenn Sie sich entscheiden als Freiberufler tätig zu werden, die Ihren Erfolg erhöhen. Dazu einige Tipps:

- ✔ *Machen Sie das Beste aus Ihrem Netzwerk*. Wenn es Ihnen so ergeht, wie den meisten anderen Freiberuflern, dann haben Sie wahrscheinlich nicht das Geld oder in vielen Fällen nicht die Zeit, großartig für sich selbst zu werben. Statt dessen müssen Sie sich auf die Mundpropaganda und persönliche Kontakte verlassen. Einer der ersten Schritte, den sie tun sollten, ist es, ein E-Mail oder eine kurze Nachricht an jeden in Ihrem persönlichen Netzwerk zu schicken, wobei Sie bekannt machen, dass Sie als unabhängiger Freiberufler zur Verfügung stehen. Das sollte jedoch nicht alles sein. Gerade jetzt spielt Ihr Netzwerk eine wichtige Rolle. Arbeiten Sie daran, selbst wenn Sie in Aufträgen gerade zu versinken. Networking betreibt man nicht nur, wenn man einen Job braucht. Networking ist eine Möglichkeit, Ihre langfristigen beruflichen Aussichten zu verbessern.
- ✔ *Machen Sie Ihre Hausaufgaben*. Versuchen Sie, sich immer ein ganz genaues Bild zu machen – möglichst im Voraus – was Ihnen widerfahren könnte, wenn Sie mit einem neuen Klienten zusammenarbeiten. Finden Sie so viel wie möglich über die strategischen Ziele der Firma heraus, über die Menschen, mit denen und für die Sie arbeiten werden, und über die Unternehmenskultur. Kennen Sie die Branchen nicht, dann sollten Sie das Internet benutzen, Ihre Kontakte befragen oder in der Stadtbibliothek nachsuchen, um so schnell wie möglich auf dem Laufenden zu sein.
- ✔ *Stellen Sie Ihre Mission klar*. Bevor Sie mit einem neuen Projekt anfangen, sollten Sie sicher sein, dass Sie und jeder, der damit zu tun hat, in zwei entscheidenden Fragen übereinstimmen:
  - Dem Gesamtziel des Projekts
  - Welche Rolle Sie dabei spielen

  Auf alle Fälle sollte sicher sein, dass Einverständnis darüber besteht, wie – und in welcher Zeit – Ihre Mitarbeit erwartet wird. Falls es möglich ist, halten Sie dies schriftlich fest. In den meisten Fällen wird die Person, die Sie engagiert, bereits einen ziemlich detaillierten Plan vorliegen haben, was normalerweise ein gutes Zeichen ist. Natürlich nur, wenn dieser Plan nicht um unrealistische Annahmen herum errichtet wurde. Sind Sie der Auffassung, dass der gesamte

Plan unrealistisch ist, dann bringen Sie Ihre Bedenken frühzeitig zum Ausdruck und bieten eine Alternative an.

- *Managen Sie Ihre Zeit.* Manchmal werden Sie an Bord geholt, um ein ganz bestimmtes Projekt zu übernehmen. Doch Stückchen für Stückchen überantwortet man Ihnen weitere Aufgaben, über die nichts vereinbart wurde. Falls diese zusätzlichen Projekte oder Einzelheiten dafür verantwortlich sind, dass Sie den ursprünglichen Auftrag nicht rechtzeitig erledigen können, dann ist es dringend angebracht, sich mit der Person zu treffen, die Sie engagiert hat, um mit ihr die Prioritäten festzulegen. Liegen diese Sonderaufgaben außerhalb Ihres Fachbereichs, dann sollten Sie nicht versuchen, diese zu lösen, nur um den Preis »Freelancer des Jahres« zu bekommen. Urteilen Sie realistisch, ob Sie die Jobs wirklich erledigen können und sollte das nicht der Fall sein, dann sagen Sie das dem Projektmanager. Damit sparen Sie sich und ihm Zeit und Energie.

Die Vorteile des Consulting

Immer mehr Profis wählen – für einige oder alle Projektaufträge – mit Zeitarbeitsunternehmen zusammenzuarbeiten, die sich auf eine bestimmte Branche spezialisiert haben. Hier sind einige der Vorteile als Consultant oder Berater, der mit einem Zeitarbeitsunternehmen zusammenarbeitet:

- *Vermarkten Sie Ihr Talent*: Ein Bereich der Selbstständigkeit kann äußerst quälend und zeitraubend sein, das ist die Werbung für sich selbst – mehr Arbeit zu finden. Doch selbst wenn Ihnen die Verantwortung Ihrer eigenen Vermarktung nichts ausmacht, können Sie mit Personalberatungen oder Zeitarbeitsunternehmen zusammenarbeiten, die Ihnen behilflich sind, Projekte zu finden, von denen Sie ansonsten nicht einmal etwas hören würden. Diese Firmen haben Netzwerke und Kontakte in der Kommune etabliert. Der Vorteil für Sie ist ein regelmäßigerer und verlässlicher Fluss des Einkommens.
- *So kommen Sie an Sozialleistungen*: Die spezialisierten Zeitarbeitsunternehmen bieten ihren Beratern die Möglichkeit, Sozialleistungen zu erhalten (beispielsweise Kaskoversicherung zahnärztliche und auch in ärztliche Versorgung, ebenso Urlaub und Urlaubsgeld), die es normalerweise nur für reguläre fest Angestellte in den Unternehmen gibt. Einige Firmen bieten sogar Fortbildungskurses an, ohne dass ein Pfennig dafür bezahlt werden muss. Sie können also ihre Unabhängigkeit behalten und dennoch die großen Rosinen aus dem Kuchen der fest Angestellten picken.
- *Bieten Sie einen guten Rat zum Marketing an*: Ein spezialisierter Personalberater, der Consultants aus Ihrer Branche vermittelt, kann ein sehr wertvoller Informationslieferant sein. Sind Sie an Projektarbeit interessiert, können Sie eine Verabredung mit einem spezialisierten Arbeitsvermittler treffen, ohne dafür eine Gebühr zu bezahlen oder andere Verpflichtungen eingehen zu müssen. Dabei können Sie erfahren, wie gut Sie als Berater zu vermarkten sind und welche Fertigkeiten Sie verbessern müssen, um an die besten

Aufträge zu kommen. Viele Personalberatungen und Zeitarbeitsunternehmen werden Sie wahrscheinlich testen (auch das ohne Kosten für Sie) um Ihre Sachkunde in den wichtigsten Bereichen festzustellen.

- ✔ *Die freie Auswahl*: Die Arbeit in einem Zeitarbeitsunternehmen verhindert jedoch nicht, selbst Aufträge anzunehmen oder abzulehnen. Sie haben immer die Möglichkeit, einen Auftrag abzulehnen. Allerdings können Sie nicht erwarten, ständig neue Angebote zu bekommen, wenn Sie Aufträge immer öfter ablehnen.

Das Geschäft blüht: Vom Freien Mitarbeiter zum Unternehmer

Wenn Sie als freier Mitarbeiter oder Berater gut sind und Sie wissen, wie Sie Ihre Klienten und Kunden zu behandeln haben, dann ist es sehr wahrscheinlich, dass Sie eines Tages aufwachen und sich mit einem interessanten Problem herumschlagen müssen: Sie haben mehr Aufträge, als Sie selbst schaffen können. Nun haben Sie eine wichtige Entscheidung zu treffen. Wollen Sie so weiter machen oder wollen Sie, dass das Geschäft wächst – das heißt, wollen Sie Unternehmer werden?

Sie werden es wahrscheinlich vermuten: Auf diese Frage gibt es keine richtige und keine falsche Antwort. Es ist hauptsächlich eine Frage Ihrer persönlichen und ihrer beruflichen Ziele. Sie haben aber die freie Wahl. Verschreiben Sie sich einer Wachstumsstrategie, dann müssen Sie sich darauf gefasst machen, grundsätzliche Veränderungen vorzunehmen, an Ihren Ansichten, Ihren Gewohnheiten und an Ihrer geistigen Einstellung. Hier sind, ganz kurz, die Themen, über diese nachdenken müssen:

- ✔ *Hat dieses Geschäft überhaupt die Möglichkeit zu wachsen?* Die Antwort auf diese Frage ist hauptsächlich von Ihnen selbst abhängig. Um es etwas genauer zu sagen: Es hat damit zu tun, welche wichtige Rolle Sie dabei spielen müssen, das Geschäft weiterzuentwickeln und Umsätze zu generieren. Es wäre gut möglich, dass Ihre Erfolg als Freier Mitarbeiter auf Fähigkeiten und Eigenschaften zurückzuführen ist, die an Ihnen einzigartig sind. Falls dies zutrifft, können Sie mit Ihrem Geschäft nicht expandieren, wenn Sie nicht einen passenden Partner finden. (Selbstverständlich könnten Sie sich selbst klonen, doch das ist eine völlig andere Wachstumsstrategie.) Der wichtige Punkt ist, dass Sie, um mit Ihrem Geschäft wachsen zu können, ein Geschäftsmodell benötigen, das nicht völlig von Ihnen abhängig ist.
- ✔ *Bin ich bereit, die Rollen zu tauschen?* Um als Unternehmer erfolgreich zu sein, muss Ihr Hauptinteresse das Wachstum sein. Das bedeutet, wenn Sie mit Ihrem Geschäft expandieren wollen, dann werden Sie nicht mehr viel Zeit haben, die tatsächliche Arbeit zu verrichten (völlig unabhängig davon, welche Arbeit das sein mag). Sie müssen den wirtschaftlichen Aspekten dessen was sie tun, Ihre Zeit widmen. Es ist schon ironisch: Wenn Ihnen Ihr Beruf wirklich Spaß macht, dann könnte es sehr schwierig für Sie sein, die Umstellung vom Freien Mitarbeiter zum Unternehmer zu schaffen. Bedenken Sie also

sorgfältig, ob Sie zu dieser Änderung bereit sind. Falls die Vorstellung, ein Unternehmen ins Wachstum zu führen, Sie nicht sonderlich begeistert, dann wird es Ihnen vermutlich nicht viel Freude bereiten, Unternehmer zu sein. Die Alternative ist es, sich mit jemandem zusammen zu tun, der mehr Unternehmergeist hat und Ihre Fertigkeiten, Ihre Sachkenntnis und Ihre früheren Erfolge als Grundlage zu nutzen weiß, das Geschäft auszubauen.

- *Wie werde ich das Wachstum finanzieren?* Nur sehr selten können Sie ein Unternehmen aufbauen, wenn Sie nicht auch bereit sind, Kapital zu investieren. Wie viel Geld Sie brauchen, ist davon abhängig, welches Geschäft Sie betreiben, wie groß Sie werden wollen und wie schnell Sie expandieren wollen. Wie auch immer: Sie müssen entscheiden, woher das zusätzliche Geld kommen soll: aus den Gewinnen des Unternehmens, aus Ihrem persönlichen Vermögen, von einer Bank und/oder von externen Investoren. Jede dieser Optionen hat seine Vorteile und seine Nachteile. Bevor Sie eine Entscheidung treffen, lassen Sie sich von Ihrem Steuerberater oder einem Unternehmensberater beraten.
- *Wie sieht meine Personalstrategie aus?* Sie können einen hervorragenden Geschäftsplan haben, Sie können intelligent sein, gerissen und ein ehrgeiziger Unternehmer. Doch ohne die richtigen Angestellten wird die Straße zum Erfolg ziemlich holprig werden. Unterschätzen Sie nicht die Schwierigkeit, gute Leute zu finden und zu behalten – insbesondere in einem sehr engen Arbeitsmarkt. Außerdem sollten Sie berücksichtigen, dass Sie ausreichend Mitarbeiter entsprechend der Größe Ihres Unternehmens und des weiteren Wachstums einstellen. Nachdem Sie sich nun dazu entschieden haben, Ihr Geschäft aufzubauen, sollten Sie sich eine realistische Strategie zulegen, wie Sie an mehr Arbeit kommen wollen, wenn Sie wirklich von schnellem Wachstum träumen.

Sicher Sie wollen Ihr eigener Chef sein ...

Gleichgültig, wie motiviert Sie sind, Ihr eigenes Geschäft zu eröffnen und wie gut Sie psychologisch für die Herausforderungen der Selbstständigkeit gerüstet sind, es gibt noch viel Arbeit zu erledigen, bevor Sie Ihre Visitenkarten in Auftrag geben können. Sie müssen den Markt analysieren. Und bevor Sie aus Ihrem Angestelltendasein Abschied nehmen, müssen Sie sicher sein, dass es für das Produkt oder den Service, den sie anbieten auch einen hinreichend großen Markt gibt. Die Schlüsselfrage dabei ist: Gibt es ausreichend potenzielle Kunden oder Klienten in Ihrer Region, damit Sie so viel verdienen können, wie Sie brauchen?

Ja, Ihre Fähigkeit, Kunden zu gewinnen und zu halten, hängt zu einem großen Teil davon ab, wie gut Sie sind und wie hart Sie arbeiten. Doch der Markt muss unabhängig davon untersucht werden. Sie könnten der großartigste Hundetrainer der Welt sein, der bereit ist, Tag und Nacht zu arbeiten, und es dennoch nicht schaffen, Ihren Lebensunterhalt zu verdienen, wenn in Ihrer Region ausschließlich Katzenliebhaber wohnen. Niemand zweifelt an Ihrem Fachwissen, es gibt lediglich keinen Bedarf oder keinen Markt für Ihre Dienstleistung, völlig gleichgültig, wie gering Ihre Preise sind. Und selbst wenn jeder Dritte in Ihrer Stadt einen Hund hätte – das wäre ein sehr großer Markt – müssten Sie immer noch in Betracht ziehen, wie viele andere

Hundetrainer ebenfalls das große Geschäft machen wollen. Gehen wir davon aus, Ihre potenziellen Kunden haben bereits viele Möglichkeiten (das ist in der Regel eine sehr sichere Annahme) dann sollten Sie sich die Frage stellen, weshalb jemand gerade Ihr Produkt oder Ihren Service in Anspruch nehmen, und keine der anderen möglichen Optionen wählen sollte.

Führen Sie eine Marktuntersuchung durch

Die beste Möglichkeit, ein Gefühl für den Markt für Ihre besondere Spezialität zu bekommen ist das, was auch Großunternehmen tun, bevor sie ein neues Produkt oder einen neuen Service auf den Markt bringen: Sie führen eine Marktuntersuchung durch. Es ist allerdings nicht notwendig, eine ganze Armee externer Spezialisten auf die Straßen zu schicken – sie können selbst recherchieren. Das bedeutet, dass Sie mit möglichst vielen Verkäufern oder Käufern sprechen. Verkäufer sind natürlich diejenigen, die gerade ihren Lebensunterhalt mit dem verdienen, was Sie zu tun hoffen. Käufer sind potenzielle Klienten oder Kunden.

Es könnte natürlich sein, dass Sie in beiden Kategorien persönliche Bekannte haben – vielleicht durch Ihren Job oder weil Sie Mitglied eines Berufsverbandes sind. Ansonsten müssen Sie sich auf Ihr persönliches Netzwerk verlassen, um Namen zu erhalten und um Vorstellungen zu vereinbaren. In jedem Fall sollten Sie sich nicht scheuen, um Rat und Hilfe zu bitten. Es ist gut möglich, dass einige dieser Leute – insbesondere die Verkäufer – nicht besonders begeistert sind mit Ihnen zu sprechen, weil sie befürchten, Sie könnten ihre Geheimnisse entdecken und Konkurrent werden. Wenn Sie es allerdings richtig anstellen, dann werden Ihnen die meisten Leute eine ehrliche Auskunft darüber geben, wie der Markt hier funktioniert und was Sie tun müssen, um sich zu etablieren. Hier nun einige Fragen, die Sie unbedingt stellen sollten:

- ✔ Fragen an Verkäufer:
  - Wie hart umstritten ist der Markt insgesamt? Gibt es mehr Angebote oder ist die Nachfrage größer?
  - Wie stark ist der Markt segmentiert? (mit anderen Worten: bietet jeder die gleichen Produkte oder Dienstleistungen an oder gibt es hier verschiedene Nischen, jeweils mit eigenem Bedarf und eigenen Charakteristika?)
  - Welche Kriterien legen Käufer in der Regel an, wenn sie ein Produkt oder einen Dienstleister auswählen?
  - Wie hoch sind in der Regel die Preise (Honorare)?
  - Wie lange dauert es in der Regel, bis Käufer sich entscheiden?
  - Wie viel Zeit und Aufwand müssen Verkäufer in der Regel betreiben, um ihre Waren und Dienstleistungen bekannt zu machen und zu verkaufen?
- ✔ Fragen an Käufer:
  - Welche Kriterien legen Sie an, wenn Sie ein Produkt oder einen Dienstleister auswählen?

- Was halten Sie für einen fairen Preis für dieses Produkt oder jene Dienstleistung?
- Wenn Sie wissen, dass Sie ein bestimmtes Produkt oder eine bestimmte Dienstleistung wollen oder benötigen, wie lange brauchen Sie in der Regel, um sich für einen Anbieter zu entscheiden?
- Was könnte Sie dazu motivieren, von einem Anbieter zu einem anderen zu wechseln?

Entwickeln Sie Ihren Geschäftsplan

Vielleicht ist bei Ihnen der Eindruck entstanden, dass ein Geschäftsplan etwas ist, das nur Unternehmensgründer benötigen, die viel Geld verdienen wollen.

Denken Sie noch einmal nach. Jeder – ja, jeder – der ein Geschäft eröffnet, sollte sich die Zeit nehmen und einen Geschäftsplan entwerfen, ganz unabhängig davon, wie bescheiden seine wirtschaftlichen Ziele sind. Der Plan muss kein literarisches Meisterwerk darstellen (den Nobelpreis für Literatur überlassen wir gern anderen), und es reicht völlig aus, wenn Sie drei oder vier Blatt Papier beschreiben. Wichtiger als das Dokument selbst, ist nämlich die Entwicklung des Geschäftsplans. Das Aufschreiben zwingt Sie dazu, über die Themen nachzudenken, die über Ihren Erfolg entscheiden. Und meistens wird dadurch das Risiko verringert, falsche Entscheidung zu treffen.

Wenn Sie noch nicht wissen, wie man einen Geschäftsplan entwickelt, brauchen Sie sich keine großen Sorgen zu machen. Gehen Sie ins Internet und rufen Sie eine Suchmaschine auf. Als Suchwort geben Sie »Geschäftspläne« ein und Sie werden automatisch an die richtigen Web-Sites geführt. Sie können allerdings auch Software kaufen, die Sie Schritt für Schritt durch diesen Prozess führt. Und außerdem können Sie Unternehmensberater engagieren, die Ihnen gegen ein Honorar helfen, das Dokument zu erstellen. Gleichgültig, welche Option Sie wählen, es geht immer um die gleichen Themen. Hier eine kurze Zusammenfassung der wichtigsten Fragen, die Sie beantworten müssen.

Denken Sie in jedem Abschnitt nach, was bestenfalls oder schlimmstenfalls geschehen könnte, so dass Ihr Plan möglichst realistisch wird:

- ✔ *Das Kerngeschäft*: Welches Produkt oder welche Dienstleistungen werden Sie Ihren Klienten und Kunden anbieten? Sind diese Produkte und Dienstleistungen bereits entwickelt oder sind sie noch in der Entwicklung? Welche Rechtsform soll Ihr Unternehmen haben? (Bei dieser letzten Frage sollten Sie unbedingt mit Ihrem Steuerberater sprechen.)
- ✔ *Der Markt*: Wem werden Sie Ihre Dienstleistungen oder Produkte anbieten: Unternehmen oder Endverbrauchern? Gibt es bestimmte Segmente – Branchen, Regionen, Preisüberlegungen oder andere Faktoren – die Sie im Blick haben? Wächst dieser Markt oder wird er kleiner?

- ✔ *Unternehmensvision*: Was wollen Sie letztlich erreichen? Wollen Sie eine Ein-Mann-Angelegenheit bleiben? Wollen Sie eine Art Boutique einrichten, die spezielle und genau definierte Bedürfnisse befriedigt oder wollen Sie unter die Fortune 500 aufrücken? Wollen Sie Produkte anbieten oder Dienstleistungen? Wollen Sie nur wenige Kunden und Klienten oder wollen Sie den Massenmarkt?
- ✔ *Finanzielle Ziele*: Wie viel Umsatz hoffen Sie mit Ihrem Geschäft oder Ihrer Praxis kurz- und langfristig zu erzielen?
- ✔ *Investitionen*: Wie viel Kapital ist erforderlich, um Ihr Geschäft oder Ihre Praxis einzurichten? Wie hoch werden die monatlichen Betriebskosten sein?
- ✔ *Personal*: Wie viel Personal brauchen Sie, um Ihr Geschäft betreiben zu können? Welche Fertigkeiten sind dafür erforderlich? Gibt es in dieser Region ausreichend qualifizierte Arbeitnehmer? Wie wollen Sie diese anwerben, trainieren und bezahlen? Können Sie sich mit anderen Unternehmern zusammentun um die Bedürfnisse Ihrer Klienten zu befriedigen?
- ✔ *Unique selling Proposition*: In welcher Hinsicht unterscheidet sich Ihr Produkt oder Ihre Dienstleistung von denen Ihrer Konkurrenten? Ist es der Preis? Die Qualität? Die Geschwindigkeit? Haben Sie die innovativeren Angebote?
- ✔ *Der Marketing Plan*: Wie beabsichtigen Sie Ihre Leistungen zu bewerben und zu verkaufen? Wollen Sie es mit Direct Mail versuchen, per Internet, mit Anzeigen, per Direktverkauf oder über Handelsvertreter? Wer wird alles koordinieren und wer wird den tatsächlichen Marketing Plan umsetzen?
- ✔ *Ladenlokal/Büro*: Wie viel Platz werden Sie brauchen? Wo werden Sie sich niederlassen? Und wenn Sie außerhalb Ihres Heims arbeiten, wie viel Miete werden Sie zahlen müssen?
- ✔ *Die Konkurrenzsituation*: Wer sind Ihre Konkurrenten (beispielsweise Personen oder Unternehmen, die derzeit die gleiche Arbeit verrichten)? Welches sind Ihre Stärken und Ihre Schwächen? Wie lange sind Sie schon im Geschäft? Wie stark ist die Bindung zu Ihren potenziellen Kunden oder Klienten?

Machen Sie sich keine Gedanken, wenn Sie noch nicht sofort alle Fragen beantworten können. Das Wichtige an der Entwicklung eines Geschäftsplans ist es, jeden Aspekt sorgfältig zu prüfen – bevor Sie Ihr Unternehmen tatsächlich gründen.

Gehen Sie mit Ihrem Fachwissen an die Öffentlichkeit

17

In diesem Kapitel:

- Mit Informationen auf Kundenfang
- So kommen Sie in die Medien
- Man schreibt über Sie
- Öffentliche Auftritte als Redner verbessern Ihr persönliches Image

Höchstwahrscheinlich wird das Thema dieses Kapitels – Werbung für sich selbst – Sie ein wenig verunsichern. Vielleicht gehören Sie zu den Menschen, die erröten, wenn man ihnen ein Kompliment macht. Sie sollten fragen, ob das wirklich notwendig ist – ich gehe davon aus, dass Sie das, was Sie tun, gut tun – und Sie sich nicht auf Aktivitäten konzentrieren sollten, die Ihr Image und Ihr Ansehen verbessern. Es könnte durchaus sein, dass Sie Leute kennen oder sogar mit ihnen arbeiten, die Ihrer Meinung nach ganz schamlos um Publicity werben, und dass Sie nicht den geringsten Wunsch haben, ihnen nachzueifern.

Nun, Sie können sich entspannen. Es ist überhaupt nicht notwendig, dass Sie Ihre Persönlichkeit neu erfinden oder einen Presseagenten anstellen, um den Ratschlägen in diesem Kapitel zu folgen. Ich werde nicht versuchen, Sie davon zu überzeugen, dass die Werbung für sich selbst die Oberhand gewinnen sollte über das, was Sie als Profi sind und was Sie tun. Doch geht es in diesem Kapitel auch darum, dass es kein guter Schachzug ist, sein Licht unter den Scheffel zu stellen, wenn man ehrgeizige berufliche Ziele verfolgt. Wichtig ist, dass Sie gut sind. Doch dürfen Sie nicht erwarten, in Ihrer Karriere Fortschritte zu machen, wenn Sie selbst der einzige sind, der weiß, wie gut Sie wirklich sind.

In diesem Kapitel werden Sie erfahren, wie Sie sich bekannt machen – allerdings auf eine Art und Weise, die Sie kaum verunsichern wird. Sie erhalten Ratschläge, wie Sie Ihr Ansehen verbessern und die Fortschritte in Ihrer Karriere beschleunigen, wenn Sie die Medien und die örtlichen Publikationen effektiv nutzen.

Werden Sie zur Informationsquelle

Die Web-Sites, Periodika, Radio- und Fernsehshows und öffentlichen Einrichtungen, die Informationen und Ratschläge bereitstellen, haben einen erstaunlichen Umfang angenommen. Dieser explosive Zuwachs stellt für Geschäftsleute eine gute Nachricht dar, wenn sie ihr Fachwissen veröffentlichen wollen. Zahllose Chancen bieten sich für Menschen, die einigermaßen gute Kommunikatoren mit interessanten oder nützlichen Informationen sind, die Sie weitergeben wollen und die bereit sind, Zeit und die Kraft aufzuwenden, um aus diesen Gelegenheiten einen Nutzen zu ziehen.

Doch hier sind einige Neuigkeiten, die Sie möglicherweise überraschen werden. Der Schlüssel, um ein erfolgreicher Experte zu werden ist, paradoxerweise, anderen behilflich zu sein erfolgreiche Experten zu werden – und zwar durch Ihre Informationen und durch Ihre Anleitung. Wenn Sie anderen Informationen anbieten, dann positionieren Sie sich mit Ihrem Unternehmen als die führende Informationsquelle oder als führender Experte. Geschichten, die nur einem Selbstzweck dienen, können in den Medien kaum jemanden vom Hocker reißen und werden deshalb von potenziellen Klienten kaum wahrgenommen. Sie müssen solide und gut durchdachte Informationen anbieten, die die Menschen tatsächlich nutzen können.

Damit will ich nicht sagen, dass Sie nichts aus Ihrer eigenen Erfahrung zitieren sollten, wenn Sie eine Rede halten oder einen Artikel schreiben. Ganz im Gegenteil, Ihr Fachwissen und Ihre Glaubwürdigkeit sind die wichtigsten Gründe dafür, dass sich jemand für Ihre Beiträge interessiert. Es ist eine Sache des Gleichgewichts und der Betonung. Der Inhalt jeden öffentlich angebotenen Materials sollte so gestaltet werden, dass es die Leser, Zuhörer oder Zuschauer interessiert. Und um diese zu erreichen, müssen Sie die Bedürfnisse und Interessen des Mittlers kennen und verstehen – die Organisation, die Pressemitteilung oder die Web-Site, auf der Sie Ihre Informationen weitergeben.

Medienkontakte

Reporter, Redakteure, Produzenten von Nachrichtensendungen und andere Leute, die mit den Medien in Verbindung stehen, haben ständigen Bedarf an sachverständigen Experten – verlässliche Leute, die sie anrufen können und die mit ihrer Autorität bestimmte Dinge beleuchten, über die gerade berichtet wird. Nehmen wir an, Sie hätten das Sachwissen und die Glaubwürdigkeit in einem bestimmten Bereich, dann könnten Sie sich als verlässliche Quelle positionieren und davon profitieren, dass Ihr Name in Artikeln erscheint, die von anderen aus Ihrem Fachgebiet gelesen werden. Doch auch Sie müssen Ihren Teil beitragen. Das bedeutet, dass Sie sich für Kommentare verfügbar halten, immer wenn die Medien bei Ihnen anrufen. Es ist immer eine zweiseitige Sache: Wenn Sie möchten, dass Redakteure und Produzenten auf Ihre Ideen hören wenn Sie anrufen, dann müssen auch Sie ihnen helfen, wenn diese an einer Geschichte arbeiten, in der es nicht ausschließlich um die Zukunft Ihres Unternehmens geht.

Natürlich müssen Sie vorsichtig sein. Wenn Sie von den Vorteilen guter Kontakte zu den Medien profitieren wollen, dann müssen Sie tatsächlich etwas beitragen können. Wenn man Sie um einen Kommentar bittet, dann sollten Sie nicht nur Ihren Namen, Ihren Rang und Ihre Sozialversicherungsnummer aufsagen. Sie müssen etwas Anregendes und Wichtiges beitragen. Und hier liegt eine ganz feine Grenzlinie. Es kann sehr schwierig sein – wenn Sie wenig Erfahrung im Umgang mit den Medien haben –, Sie müssen ehrlich und interessant sein, dürfen aber auch nicht so umstrittene Meinungen äußern, dass Sie sich in eine zweifelhafte

Position bringen. Sie gehen das Risiko ein – völlig unabhängig davon, wie gut Sie den Reporter kennen – dass Sie falsch zitiert oder aus dem Zusammenhang heraus zitiert oder nicht richtig verstanden werden.

Die Arbeit mit den Medien

Für die Medien zu arbeiten, kann zuweilen ziemlich schwierig sein. Gute Publicity in den richtigen Publikation kann Wunder wirken und Ihre berufliche Reputation fördern. Sagen oder tun Sie doch das Falsche, hat dies den gegenteiligen Effekt. Hier einige Überlegungen, die dazu beitragen könnten, sehr häufige Fallgruben zu vermeiden:

- ✔ *Haben Sie die Erlaubnis, als Freier Mitarbeiter das Unternehmen, für das Sie gerade arbeiten, in einem Interview zu vertreten?* Dann sollten Sie wissen, auf welche Weise dieses Unternehmen seine Medienkontakte pflegt. In vielen Firmen – insbesondere in sehr angesehenen Branchen – ist es gegen die Regeln, mit Reportern über irgend eine Sache zu sprechen, die das Unternehmen anbelangt, außer, Sie wurden dazu autorisiert, wenn Sie die Statements mit der Abteilung für Öffentlichkeitsarbeit abgesprochen haben. In manchen Fällen gelten diese Restriktionen nicht nur für Themen, die etwas mit dem Unternehmen zu tun haben, sondern für jeden Fall, in dem der Name des Unternehmens erwähnt wird.
- ✔ *Wissen Sie, in welchem Kontext Ihr Interview erscheint?* Bevor Sie zustimmen von einem Journalisten interviewt zu werden – gleich aus welchem Grund – sollten Sie das Ziel des Artikels oder der Sendung kennen, in dem Ihr Statement veröffentlicht wird, welche spezielle Sichtweise der Autor einzunehmen gedenkt. Haben Sie irgendwelche Bedenken, dass Ihr Mitwirken in dem Artikel entweder Sie oder das Unternehmen, für das Sie gerade arbeiten, in ein schlechtes Licht bringen könnte, dann sollten Sie höflich ablehnen.
- ✔ *Haben Sie Zweifel, dann sagen Sie es lieber nicht*. Wahrscheinlich kennen Sie die Unterscheidung zwischen Kommentaren »on the record« (schließlich sind Sie bereit, Ihren Namen zu veröffentlichen) und den Kommentaren »off the record« (die nicht erscheinen sollen). Doch gleichgültig, ob »on« oder »off the record«, sagen Sie nie etwas, das Sie nicht irgendwann einmal gedruckt sehen möchten.

Wenn man jedoch alles zusammen nimmt, sind die Vorteile guter Beziehungen zu Menschen, die für die Medien arbeiten, größer als die Nachteile. Hier drei Vorschläge, mit denen Sie beginnen.

- ✔ *Lernen Sie die wichtigsten Fachjournalisten auf ihrem Fachgebiet kennen*. Immer wenn Sie einen Artikel lesen, der etwas mit Ihrer Branche oder Ihrem Wissensbereich zu tun hat, notieren Sie sich den Autor und nehmen Gelegenheiten wahr, den Kontakt zu ihnen zu suchen. Wenn Sie beispielsweise herausfinden, dass ein bestimmter Reporter eine Geschichte über Ihren Geschäftsbereich geschrieben hat, dann schicken Sie ihm zusätzliche Beiträge (von Ihnen oder anderen Autoren verfasst) die ebenfalls von Interesse sein könnten. Gute Reporter freuen sich über die Information und es könnte durchaus sein, dass sie bei Ihnen anrufen, wenn sie wieder eine Geschichte zu diesem Thema schreiben. Um persönliche Beziehungen zu Reportern aufzubauen, können Sie natürlich auch als Funktionär Ihres Verbandes Kontakt aufnehmen oder aber Sie benutzen Ihr Netzwerk, um die Bekanntschaft zu machen.

- ✔ *Werden Sie in Berufsverbänden aktiv.* Berufsverbände können in Ihrer Medienstrategie eine wichtige Rolle spielen. Der Grund dafür ist, dass die Reporter mit diesen Leuten Kontakt aufnehmen, wenn sie Storys recherchieren. Sind Sie in einem Berufsverband aktiv, könnten Sie auch der Verbindungsmann zu den Medien werden. Sich an Branchenverbänden zu beteiligen, oder auch an örtlichen Wirtschaftsvereinigungen, bietet Ihnen Möglichkeiten, an Podiumsdiskussionen und Symposien teilzunehmen, die für die Presse von Interesse sind.
- ✔ *Nehmen Sie Kontakt zu Wirtschaftszeitschriften und örtlichen Publikationen auf.* Die Tatsache, dass Sie auserkoren wurden, im Rahmen eines Banketts zur Verleihung eines Preises zu sprechen, mag vielleicht für die Redakteure der *Wirtschaftswoche* oder des *Handelsblatts* nicht interessant sein, doch es könnte genau der Stoff sein, den die örtlichen Zeitungen oder Fachzeitschriften gern veröffentlichen. Wenn die Stadt, in der Sie leben, ein eigenes Magazin herausbringt (vielleicht ein Anzeigenblatt, das kostenlos ins Haus kommt) und das sich auf die lokalen Themen konzentriert, dann gibt es wahrscheinlich auch Sparten, die sich mit der Wirtschaft der Kommune beschäftigen. Möchten Sie in einem Artikel auf diesen Seiten erwähnt werden, dann bedarf es meist ein wenig mehr als einer einfachen Pressemitteilung, die entweder von Ihnen oder einem PR-Spezialisten verfasst wurde, den Sie dafür bezahlt haben. Das Gleiche gilt für die meisten Wirtschaftszeitschriften, für Publikationen der Verbände und für die Periodika an den Hochschulen.

Veröffentlichen Sie

Sind Sie daran interessiert, einen eigenen Artikel zu veröffentlichen? (Nein, bitte verschlucken Sie sich jetzt nicht.) Dazu brauchen Sie keinen außerordentlich poetischen Schreibstil, Sie werden wahrscheinlich mühelos den Anforderungen der meisten Web-Sites genügen. Allerdings ist es wichtig, dass der Inhalt stimmt, gut aufgebaut ist und klar und deutlich geschrieben ist. Je weniger Redakteure und Lektoren arbeiten müssen, um Ihren Artikel in eine Form zu bringen, die man veröffentlichen kann, um so wahrscheinlicher ist es, dass Sie es geschafft haben und man Sie bittet, weitere Beiträge zu schreiben.

Wenn Sie einigermaßen gut schreiben können – und noch wichtiger, wenn Ihnen das Schreiben Spaß macht – dann sind Sie in diesem Spiel ganz vorn. Stellt das Schreiben für Sie eine Qual dar, doch Sie sind der Meinung, Sie haben dennoch gute Informationen, dann sollten Sie die Möglichkeit in Erwägung ziehen, einen Freelancer, der sich in Ihrer Branche oder in Ihrem Wissensgebiet auskennt, zu engagieren. Das kann Sie einiges an Geld kosten (das Honorar der

Ghostwriter beginnt bei etwa 25 Euro pro Stunde), doch die Vorteile, die sich für Ihre Karriere daraus ergeben, sind diese Kosten wert.

In den folgenden Abschnitten finden Sie einige Hinweise darauf, wie die Kraft des geschriebenen Wortes Ihre Karriere positiv beeinflussen kann.

Wo veröffentlichen?

Ihre erste Entscheidung muss sein, welche Publikationen oder Web-Sites Ihrer Meinung nach für Ihre Artikel geeignet sind. Stellen Sie sich eine kleine Datenbank von Medien zusammen – Zeitungen, Zeitschriften, Web-Sites und andere Publikationen. Um eine Ahnung zu bekommen, was alles verfügbar ist, sollten Sie das Handbuch der Verlage studieren, das in den meisten Bibliotheken einzusehen ist. Die einzelnen Publikationen sind meist entsprechend ihrem Thema und nach Regionen zusammengestellt. Auch im Internet können Sie Erfolg haben, wenn Sie bei den Suchmaschinen die entsprechenden Suchworte eingeben. Ihre Datenbank sollten Sie mit der Zeit ausbauen.

Nachdem Sie diese Liste fertig gestellt haben, machen Sie sich mit jeder Publikation oder Web-Site vertraut, um ein Gefühl dafür zu bekommen, welche für Sie die geeignetsten Möglichkeiten darstellen. Den größten Teil Ihrer Recherche können Sie wahrscheinlich im Internet durchführen. Es könnte gut sein, dass man von Ihnen Probeartikel verlangt, halten Sie solche zu aktuellen Themen bereit. Haben Sie die einzelnen Veröffentlichungen herausgefunden, für die Sie schreiben wollen, sind die folgenden Bereiche für Sie von Bedeutung:

- ✔ *Leserschaft*: Wer sind die typischen Leser oder Besucher der Web-Site? In welchen Berufen arbeiten sie? In welchen Teilen des Landes oder der Welt wohnen sie? Und, am wichtigsten, sind die Leser überhaupt die Menschen, die Sie erreichen wollen: potenzielle Klienten, Kunden oder Geschäftspartner?
- ✔ *redaktioneller Schwerpunkt*: Welche Art von Informationen bietet die Publikation in der Regel an? Wie global oder regional ist die Publikation ausgerichtet? Liegt der redaktionelle Schwerpunkt auf Nachrichten, auf Service oder einer Kombination von beidem? Sind die Artikel sehr technisch geschrieben oder können sie auch von Laien verstanden werden? Vergessen Sie nicht, wichtig ist, dass die Art der Artikel, die Sie schreiben können und der redaktionelle Mix der Publikation zusammenpassen.
- ✔ *Chancen für Gastautoren*: Wie hoch ist der Anteil der Artikel, die von Gastautoren geschrieben werden, im Vergleich zu dem Anteil, der von den Redakteuren beigetragen wird? (Die einfachste Möglichkeit dies herauszufinden ist, die Namen unter den Beiträgen mit den Namen im Impressum zu vergleichen. Wird die Mehrzahl der Artikel von eigenen Autoren verfasst, dann stehen die Chancen von Gastautoren nicht besonders gut.) Es gibt allerdings viele kleinere Publikationen und Web-Sites, die wenige Redakteure beschäftigen, und deshalb auf Gastautoren angewiesen sind.

Was wollen Sie schreiben?

Völlig gleichgültig, wie gut Sie schreiben und wie gut Sie Ihre Publikationen oder Web-Sites ausgesucht haben, Sie müssen immer noch die richtige Ideen finden, die nicht nur Ihren eigenen beruflichen Interessen dienen, sondern auch das Interesse der Redakteure finden (Vergessen Sie nicht: Es geht nicht nur darum einen Artikel zu veröffentlichen, sondern einen Artikel, der Ihre Reputation als Autorität auf ihrem Fachgebiet verbessert.) Sie wissen niemals mit Sicherheit – nicht bevor sie entweder angenommen oder abgelehnt wurden – wie gut Ihre Ideen wirklich sind. Allerdings können Sie in der Regel ein Gefühl für die Art der Beiträge bekommen, die von den Redakteuren akzeptiert wurden, wenn Sie die älteren Ausgaben durchsehen, die Themen notieren, über die meist geschrieben wurde. Die meisten Wirtschaftspublikationen sind äußerst segmentiert, mit speziellen Abschnitten, die bestimmten Themen gewidmet sind, beispielsweise Technologie, Karriere, Management oder Gesundheit. Suchen Sie nach den Abschnitten, die möglichst nahe an Ihrem Fachgebiet liegen.

Denken Sie auch daran, dass Sie die Chancen eines Abdrucks verbessern, wenn Sie für den Leser einen konkreten Nutzen anbieten. Deshalb sollten Ihre Artikel bewährte und handlungsorientierte Informationen bieten, die den Lesern helfen, ihre Fertigkeiten zu verbessern, mehr Geld zu verdienen oder in ihrer beruflichen Laufbahn besser voranzukommen.

Die beste Möglichkeit, redaktionelle Ideen zu entwickeln, ist allerdings die eigene Erfahrung. Denken Sie über die Probleme nach, die sich Ihnen stellten und die Sie gelöst haben. Überlegen Sie, ob Sie dieses Wissen in Beiträge fassen können, von denen andere profitieren. Gute Ideen können Sie auch bekommen, wenn Sie Zeitschriften und Zeitungen lesen, die über neue Trends in Ihrem Beruf berichten oder die über Probleme schreiben, denen sich Unternehmen ausgesetzt sehen. Sprechen Sie auch mit den Leuten aus Ihrem persönlichen Netzwerk, auch hier könnten gute Ideen auf Sie warten. Nehmen Sie an Seminaren und Konferenzen teil. Sprechen Sie mit Ihren Kollegen. Versuchen Sie herauszufinden, worüber sie nachdenken und welche Art von Informationen Sie gerne hätten und auch benötigen.

Ideen und Informationen – maßgeschneidert

Erfolgreiche Autoren haben die Fähigkeit, bestimmte Geschichten maßgerecht aufbereiten zu können. Das bedeutet, dass sie aus einer Information mehrere verschiedene Artikel machen können, entsprechend dem Anspruch verschiedener Leser und verschiedener Publikationen. Diese Praxis ist nicht unehrenhaft, doch müssen Sie wissen, wie man jeden Artikel auf sein spezielles Publikum zuschneidet. Der Stil, das Niveau der technischen Details, die Sie in eine Publikation einfließen lassen, die sich beispielsweise an Geschäftsleitung und Vorstand richtet unterscheidet sich vom Stil und vom Anspruch, den Schulabgänger haben. Sie müssen bereit und in der Lage sein, diese Unterschiede deutlich machen zu können.

Schwierigkeiten mit Verlagen?

Der Umgang mit den Redakteuren von Zeitschriften und Web-Sites kann manchmal ziemlich frustrierend sein. Hier einige Ratschläge zu drei schwierigen Themen:

- ✔ *»Rufen Sie uns nicht an, wir rufen Sie an.«* Wenn Sie nicht regelmäßig Beiträge schreiben oder ein renommierter Autor sind, dann kann es durchaus mehrere Wochen dauern, bis Sie erfahren, ob ein Artikel, den Sie übermittelt haben, auch wirklich angenommen wurde. Nehmen Sie das nicht persönlich. Viele Zeitschriften und Web-Sites haben viel zu wenig Personal, und manchmal dauert es wirklich so lange, bis ein Redakteur einen Blick auf das werfen kann, was Sie verfasst haben. Wenn nach zwei oder drei Wochen noch nicht geantwortet wurde, dann können Sie ruhig einmal anrufen oder ein E-Mail schicken, doch vermeiden Sie es, sich zu einer Plage zu entwickeln.
- ✔ *»Es ist zu Ihrem eigenen Vorteil.«* Die meisten Publikationen sehen es als ihr Recht an (und manchmal als Ihre Verpflichtung), Ihre Arbeit so zu redigieren, wie es den Bedürfnissen ihrer Leser am besten entspricht. Wenn Sie über ein empfindliches Thema schreiben, dann sollten Sie vereinbaren, die redigierte Fassung Ihres Artikels sehen zu können, bevor sie in Druck geht. Wenn Sie mit der Art, wie Ihr Artikel überarbeitet wurde, nicht einverstanden sind, können Sie die Veröffentlichung des Artikels auch verweigern. Die meisten Publikationen werden sich diesem Wunsch beugen, aber höchstwahrscheinlich wird dadurch die Beziehung zum Redakteur ebenso verschlechtert, wie die künftigen Chancen, in dieser Zeitschrift noch einmal einen Artikel unterbringen zu können.
- ✔ *»Eines nach dem anderen, bitte.«* Auch wenn Sie ganz wild darauf sind, Ihren Artikel gedruckt zu sehen, ist es eher eine schlechte Idee, das gleiche Exposee gleichzeitig an verschiedene Publikationen zu verschicken. Wie würden Sie sich fühlen, wenn Sie als Redakteur ein Exposée erhalten, die Idee Ihnen gefällt und dann feststellen müssen, dass der Autor den gleichen Artikel in einer anderen Zeitschrift veröffentlicht. Diese Vorgehensweise wird Ihrer Karriere als Autor kaum förderlich sein. Es mag zwar mühselig und zeitraubender sein, aber schicken Sie ein Exposée immer nur an eine Publikation und warten Sie, bis Sie eine Absage erhalten, bevor Sie den gleichen Brief an einen anderen Redakteur schicken.

Das Exposée

Die meisten Publikationen bevorzugen (und manche bestehen darauf), dass Sie zunächst ein Exposée erstellen, bevor Sie einen fertigen Artikel übersenden. Ein Exposée ist nichts weiter als eine kurze Inhaltsangabe dessen, worüber Sie zu schreiben gedenken. Und es ist selten ein formeller Brief – normalerweise ein E-Mail – doch sollten Sie, bevor Sie sich viel Arbeit machen, zuerst die Redaktion befragen. Im Exposée beschreiben Sie die Idee, erklären, weshalb

Sie glauben, dass dies die Leser interessieren könnte und weshalb Sie qualifiziert sind, diesen Artikel zu schreiben. Hier einige Richtlinien, an die Sie denken sollten, wenn Sie Exposées schreiben:

- ✔ *In der Kürze liegt die Würze*. Fassen Sie sich kurz – schreiben Sie nicht wesentlich mehr als einen Absatz.
- ✔ *Liefern Sie Maßarbeit*. Sie sollten mit der Publikation so vertraut sein, dass Ihre Idee
  - für die Leser/Besucher der Web-Site geeignet ist.
  - nicht schon ausgiebig in den letzten Ausgaben der Publikation behandelt wurde.
- ✔ *Personalisieren Sie den Brief*. Richten Sie den Brief an eine Person und nicht einfach an die Redaktion. Wenn Sie in einem bestimmten Abschnitt der Publikation veröffentlicht werden wollen (beispielsweise im Abschnitt Technologie), dann adressieren Sie den Brief an den Redakteur, der für diesen Bereich verantwortlich ist.
- ✔ *Bleiben Sie sachlich*. Seien Sie positiv, doch übertreiben Sie nicht. Mit anderen Worten, erschlagen Sie den Redakteur nicht mit Argumenten, wie notwendig Ihr Artikel für die Zeitschrift ist. Stellen Sie das Positive an Ihrem Artikel kurz und bündig dar und lassen Sie dann den Redakteur entscheiden, wie wichtig der Artikel wirklich ist.
- ✔ *Zusammenfassung*. Geben Sie eine kurze, doch immer noch hinreichend genaue Beschreibung des Inhalts Ihres Artikels. Fassen Sie in einigen Sätzen zusammen, worum es geht und erwähnen Sie drei oder vier der wichtigsten Punkte, die in Ihrem Artikel besprochen werden.

Teil V

Der Top-Ten-Teil

In diesem Teil ...

Dieser Teil enthält in den Zehner-Listen Informationen zu verschiedenen Themen: Web-Sites, die man sich ansehen sollte, Fragen und Antworten zur Karriere und wertvolle Tipps für den beruflichen Erfolg.

Zehn Grundregeln für beruflichen Erfolg

18

In diesem Kapitel

- Achten Sie auf die Gegenwart, während Sie in die Zukunft sehen
- Finden Sie den Wert Ihrer Arbeit
- Finden Sie den Ausgleich zwischen Spiel und Arbeit
- Wählen Sie Chancen und Kontakte aus
- Stehen Sie wieder auf, wenn Sie einmal gestolpert sind

Viele traditionelle Regeln, wie man vorankommen kann, passen nicht mehr in die schnelle, ständig sich ändernde Geschäftswelt der heutigen Zeit. Und die wichtigste Entwicklung ist bei weitem die Rolle, die Sie spielen können, wenn Sie Ihre künftige Karriere kontrollieren wollen. Ich möchte es ganz einfach sagen: Sie können es sich nicht leisten, einfach stehen zu bleiben und zuzusehen, was in Ihrer Karriere passiert – Sie müssen zur treibenden Kraft werden, die Ziele definiert und Fortschritte kontrolliert. Denken Sie an diese Forderung, wenn Sie die folgenden 10 Grundregeln für den Erfolg in Ihrem Beruf akzeptieren und übernehmen wollen.

Akzeptieren Sie die neue Realität

Sie können nicht davon ausgehen, dass das, was heute zu guten Ergebnissen führt, auch in Zukunft noch die gleiche Wirkung haben wird. Bei den Veränderungen, die sich heute in der Wirtschaft geradezu mit Lichtgeschwindigkeit vollziehen, wird es nicht lange dauern, bis Fertigkeiten und Fähigkeiten ihren Marktwert verlieren oder Jobs weitere Verantwortungsbereiche erfordern. Akzeptieren Sie die Tatsache, dass das einzig Beständige der Wandel ist. Wenn Sie flexibel sind – anstatt den Wandel zu fürchteten oder gegen ihn zu kämpfen – können Sie auch in der nächsten Kurve noch vorn liegen und von den Chancen profitieren, die sowohl beruflichen Erfolg als auch persönliche Zufriedenheit bringen.

Schaffen Sie sich Ihre persönliche strategische Vision

Erfolgreiches Karrieremanagement beginnt mit einer Art persönlicher Vision – einer klaren Vorstellung, was Sie in Ihrem Leben wollen und wie Ihre Bemühungen zu diesem Ziel beitragen. Ihre Vision muss natürlich real begründet sein, was bedeutet, dass Ihre beruflichen Ziele zwar ehrgeizig, aber immer auch realistisch sein sollten. Sie brauchen nicht schon morgen einen detaillierten Plan fertig zu haben. Doch zu einem gewissen Zeitpunkt – je früher, umso besser – sollten Sie sich die Zeit nehmen, über Ihre Interessen, Leidenschaften, Fähigkeiten und Eigenschaften nachzudenken. Denken Sie darüber nach, welches Ihr idealer Job sein könnte und dann entwickeln Sie einen strategischen Plan, der diese Elemente enthält und Ihre speziellen Ziele beschreibt.

Werte sollen Ihren Weg bestimmen

Ihre beruflichen Ziele sollten immer mit den Werten übereinstimmen, die Sie als Menschen ausmachen. Verbinden Sie Ihre persönlichen Prinzipien mit Ihren Zielen, um sich daran zu erinnern, was für Sie wichtig ist. Auf diese Weise werden Sie besser vorbereitet sein die richtigen Entscheidungen zu treffen, wenn Sie im Verlauf ihrer Karriere unausweichlichen Hindernissen gegenüber stehen und Überraschungen erleben. Wenn Sie Ihre beruflichen Entscheidungen an Ihren Werten orientieren, trägt dies dazu bei, die Leidenschaft zu fördern, die Ihren beruflichen Erfolg antreibt und Sie dazu befähigt, Hindernisse schneller zu überwinden.

Denken Sie langfristig

Achten Sie darauf, dass jede berufliche Entscheidung, die Sie treffen, zumindest teilweise auf Ihre wirklichen beruflichen Ziele hinführt. Jeder Auftrag, den Sie annehmen und jeder Job, den Sie ausführen, soll für Sie mehr bedeuten, als Ihre Gehaltsüberweisung um ein paar Euro zu erhöhen. Jeder Auftrag und jeder Job soll Sie auch Ihrem Endziel ein Stück näher bringen. Es ist tatsächlich möglich, dass einige Jobs oder Aufträge kurzfristig von Ihnen Opfer verlangen. Doch sind diese Opfer ihren Preis wehrt, wenn sie ermöglichen, dass Sie wichtige Fertigkeiten erlernen oder Zwischenziele erreichen, die Ihnen den Weg zu Ihren langfristigen Zielen ebnen.

Schaffen Sie Werte

In jedem Job oder bei jedem Auftrag sollte Ihre erste Priorität sein, für die Auftraggeber und das Unternehmen, bei dem Sie angestellt sind, Werte zu schaffen. Das bedeutet, dass Sie über die Minimalanforderungen hinausgehen und immer versuchen, die in Sie gesetzten Erwartungen zu übertreffen. Um diese Grundregeln in die Praxis umzusetzen, sollten Sie jeden, mit dem Sie zusammenarbeiten – Klienten, Kollegen, Vorgesetzte und Untergebene – als Kunden sehen, dem Sie Leistung auf höchstem Niveau bieten.

Entwickeln Sie produktive Arbeitsgewohnheiten

Unabhängig von Ihrem Beruf, vom Unternehmen oder von Ihrer bisherigen Erfahrung, der Erfolg ihrer Karriere wird weitestgehend davon bestimmt, wie effektiv Sie sich selbst managen – von Ihren Arbeitsgewohnheiten, die es ermöglichen, Ihre Fertigkeiten und Eigenschaften optimal einzusetzen. Achten Sie besonders darauf, wie effektiv Sie mit Ihrer Zeit umgehen.

Überprüfen Sie von Zeit zu Zeit Ihr Zeitmanagement und folgen Sie diesen Tipps:

- ✔ Führen Sie ein Tagebuch, in dem Sie festhalten, was Sie in einer typischen Woche tun und achten Sie darauf, dass zwischen der Zeit, die Sie für eine Aufgabe benötigen, und seiner Priorität eine logische Verbindung besteht.
- ✔ Achten Sie auf Zeitdiebe – Aufgaben oder Situationen, die viel Zeit in Anspruch nehmen, die Sie jedoch anderweitig produktiver einsetzen könnten.
- ✔ Seien Sie diszipliniert und halten Sie Ordnung auf Ihrem Schreibtisch

Suchen Sie immer nach neuen und kreativen Möglichkeiten, Ihren Job besser und effektiver zu erledigen.

Suchen Sie den Ausgleich

Auch wenn Sie Ihrer Arbeit und Ihrer Karriere sehr viel Energie und Kraft widmen, verlieren Sie Ihre persönlichen Prioritäten nicht aus dem Blick. Besonders sollten Sie auf Ihre Gesundheit und auf Ihre privaten Beziehungen achten. Wenn Sie sich zu Hause entspannen oder sich mit Freunden treffen, dann sollten Überlegungen, die mit Ihrer Arbeit zu tun haben, Sie nicht daran hindern, sich zu entspannen und sich an den schönen Dingen des Lebens zu erfreuen. Haben Sie damit Schwierigkeiten, dann sollten Sie nach Möglichkeiten suchen, zwischen Arbeit und Privatleben ein Gleichgewicht herzustellen.

Hören Sie nie auf zu lernen

Ihre Ausbildung endet nicht mit dem Tag, an dem Sie Ihr Diplom erhalten. Ausbildung geht immer weiter. Betrachten Sie das, was Sie in der Schule gelernt haben als den Grundstein für einen ständigen Lernprozess, der sich im Verlauf Ihres Lebens ausweiten wird. Zu den Möglichkeiten der Weiterbildung gehören der Erwerb von Zertifikaten, Weiterbildungsseminare in Ihrem Beruf, Kurse, die von Ihrem Betrieb angeboten werden, Kurse im Internet und (für besondere Fertigkeiten) privates Coaching.

Werden Sie ein eifriger Leser. Versuchen Sie täglich, wenn auch nur kurze Zeit, etwas Neues über Ihren beruflichen Bereich zu erfahren, über die Welt um Sie herum und über sich selbst. Suchen Sie immer nach Möglichkeiten, Ihre technischen und zwischenmenschlichen Fertigkeiten zu erweitern. Denken Sie daran, dass Sie selbst der wertvollste Teil in Ihrer Karriere-Strategie sind. Investieren Sie in sich selbst.

Erweitern Sie Ihren Bekanntenkreis

Viele Geschäftsleute schreiben heute ihren Erfolg der Unterstützung und der Anleitung zu, die sie von ihren beruflichen Kontakten erhielten. Sie können Ihr Networking auf vielerlei Weise verbessern, beispielsweise, wenn Sie Berufsverbänden beitreten, in Vereinen Ihrer Kommune freiwillig und unentgeltlich mitarbeiten oder in Ihrem Betrieb spezielle Projekte angehen.

Wichtig ist, dass diese Aktivitäten eine Priorität werden und Sie bereit sind Zeit und Kraft zu investieren, um wirklich gute Beziehungen zu erhalten. Zusätzlich sollten Sie sich Mentoren suchen – Menschen an die Sie sich als Vertraute und Berater wenden können. Solche Beziehungen können viele Formen annehmen und die Entwicklung Ihrer Karriere vielfältig nutzen, angefangen von Ratschlägen für die Politik am Arbeitsplatz bis hin zu neuen Kontakten für Ihr Netzwerk. Sie werden erstaunt sein, wie hilfreich Menschen sein können, wenn man sie ganz einfach um Hilfe bittet.

Stecken Sie Rückschläge weg

Wirklich jede Erfolgsgeschichte in der Wirtschaft ist mit Versagen oder Rückschlägen durchsetzt. Sie dürfen allerdings nie vergessen, dass das, was letztlich zählt, nicht die Zahl Ihrer Fehlschläge ist, sondern wie Sie darauf reagiert haben. Erfolgreiche Menschen wissen, wie man Enttäuschungen zu Erfahrungen macht, die sie in Wirklichkeit stärken. Eifern Sie solchen Vorbildern nach.

Zehn Wege zur besseren Kommunikation

19

In diesem Kapitel

- Wir wiederholen die Grundlagen
- Denken Sie über Ihre Ziele nach
- Hören Sie sich alles an
- Kommunizieren Sie natürlich
- Üben, üben, üben

Sie werden große Schwierigkeiten haben, in der heutigen Arbeitswelt einen Job zu finden, in dem Ihre Kommunikationsfähigkeiten die Fortschritte in Ihrer Karriere nicht deutlich beeinflussen. Unabhängig von Ihren Karrierezielen und Strategien ist es zu Ihrem Vorteil, effektivere schriftliche und mündliche Kommunikation zu entwickeln. Die Ratschläge in diesem Kapitel beziehen sich auf die Grundlagen des Schreibens und Sprechens.

Zurück zu den Anfängen

Wenn Sie, gleich aus welchen Gründen, nicht die Grundlagen der Grammatik und der Rechtschreibung beherrschen, ist es sehr wahrscheinlich, dass Sie Ihren Kommunikationsfähigkeiten insgesamt nicht sehr viel Vertrauen schenken. Das Ergebnis könnte sein, dass Sie sich in bestimmten Situationen, aus lauter Angst sich zu blamieren, scheuen, Ihre Meinung zu sagen. Glücklicherweise ist dies ein Defizit – obwohl es oft entscheidend ist -, das Sie leicht beheben können.

Nehmen Sie sich die Zeit, die Grundlagen zu wiederholen. (Bitte hören Sie auf zu gähnen!) Die Regeln der Grammatik und der Rechtschreibung sind schließlich keine Weltraumwissenschaft, und einige Viertklässler kommen damit schon sehr gut zurecht. Wenn Sie täglich 10 bis 15 Minuten dafür aufbringen, in einem der vielen Übungsbücher zur richtigen Grammatik und Rechtschreibung zu arbeiten, dann können Sie schon nach einem Monat fehlerfrei sprechen. Und wenn Sie die Grundlagen geschafft haben, dann können Sie sich auf Ihre Botschaft konzentrieren.

Konzentrieren Sie sich auf das gewünschte Ergebnis

In den meisten Situationen im Geschäftsleben (die Kaffeepause sind davon ausgenommen), sprechen Sie mit anderen nicht damit die Zeit vorübergeht, oder Sie sich selbst sprechen hören. Normalerweise haben Sie ein bestimmtes Ziel: Sie antworten auf eine Frage, bitten um Hilfe, versuchen ein Problem zu lösen oder versuchen Anerkennung für eine Leistung zu erhalten. Kommunikation in der Wirtschaft ist also immer ein Mittel zum Zweck, und nicht schon der Zweck selbst. Der Schlüssel zur effektiveren Kommunikation in Geschäft und Beruf ist es, sich des gewünschten Ergebnisses immer bewusst zu sein – was Ihre Aktennotiz, Ihr Brief, der Bericht oder Ihre Präsentation erreichen soll. Bevor Sie also anfangen zu sprechen oder zu schreiben, legen Sie das Ziel fest. Dies hilft Ihnen zu entscheiden, welche Informationen Sie weitergeben sollen, welchen Ton Sie anschlagen wollen, und in manchen Situationen, welcher Schreibstil am geeignetsten ist. Ohne diese strategische Konzentration könnte es sein, dass Sie nie erfahren, ob Ihre Bemühungen auch Erfolg haben.

Werden Sie ein besserer Zuhörer

Weil das Zuhören eine angeborene Fähigkeit zu sein scheint, haben viele Menschen große Schwierigkeiten zu akzeptieren, dass das Zuhören eigentlich eine Fertigkeit ist. Tatsache jedoch ist, dass gute Kommunikatoren immer auch gute Zuhörer sind – und das aus offensichtlichen Gründen: Wenn Sie sich nicht auf die Menschen einstellen, mit denen Sie kommunizieren, dann ist es sehr unwahrscheinlich, dass Sie Ihre Botschaft wirklich vermitteln können. Und deshalb werden Sie wahrscheinlich auch nicht das gewünschte Ergebnis erzielen.

Effektives Zuhören ist kein Trick. Es ist in erster Linie eine Frage der Selbstdisziplin, sich auf das zu konzentrieren, was ein anderer sagt, und seinem Gehirn nicht schon zu erlauben, eine Antwort darauf formulieren zu wollen. Oberflächlich betrachtet, scheint dieser Rat sehr einfach zu sein. Das Problem jedoch ist, das effektives Zuhören keine Fertigkeit ist, die den meisten Menschen angeboren ist – daran muss man arbeiten. Wenn Sie beispielsweise telefonieren, sollten Sie der Versuchung widerstehen, Ihre E-Mails abzurufen, Ihren Schreibtisch aufzuräumen oder im Sportteil der Zeitung zu blättern. Widmen Sie Ihrem Gesprächspartner die volle Aufmerksamkeit. Wenn Sie sich in einem Telefonat konzentrieren können, dann ist es in einem persönlichen Gespräch wesentlich einfacher. Und außerdem werden Sie bemerken, dass Ihre Kommunikationsfertigkeiten sich insgesamt verbessern.

Achten Sie auf Ihre Körpersprache

Immer wenn Sie mit jemandem persönlich kommunizieren, dann sind die Worte, die Sie benutzen, nur ein Faktor des Eindrucks, den Sie letztlich vermitteln. Ebenso wichtig, wenn nicht sogar wichtiger, ist Ihre Körpersprache – Ihre Augen, Ihre Haltung, Ihre Gesten, Ihr gesamtes Benehmen. Der Augenkontakt ist besonders wichtig. Es ist nicht nur unhöflich, mit Menschen zu sprechen, ohne ihnen in die Augen zu sehen, sondern Sie werden auch nicht erkennen können, wie Ihre Botschaft aufgenommen wird. Wenn Sie Augenkontakt halten, dann hilft Ihnen das zu erkennen, ob die Menschen verstanden haben, was Sie ihnen sagten, und ob Sie in der erhofften Art und Weise reagieren.

Achten Sie auf Ihre Haltung und Ihre Gesten, insbesondere wenn Sie eine formelle Präsentation haben. Vermeiden Sie alle Gewohnheiten, die auf die Zuhörer ablenkend wirken könnten, beispielsweise ständig auf den Füßen zu wippen oder immer durch die Haare zu streichen. Am besten überprüfen Sie Ihre Körpersprache, indem Sie ein Video ansehen, das während einer Präsentation aufgezeichnet wurde.

Seien Sie ein guter Führer

In der Kommunikation ein guter Führer zu sein bedeutet, dass Sie ihre Zuhörer nicht verlieren, weil Sie an Ihrem Thema vorbei sprechen, Wörter und Begriffe benutzen, die sie nicht verstehen oder ihnen die Informationen zu schnell hintereinander »um die Ohren werfen«. Ob Sie nun eine Aktennotiz schreiben oder eine Präsentation veranstalten, lassen Sie die Leute wissen – und das möglichst schon am Anfang – was Sie vermitteln wollen und warum es für die Zuhörer wichtig ist. Achten Sie auch darauf, dass Sie nicht so sehr von Ihren eigenen Gedanken und Informationen in Anspruch genommen werden, dass Sie nicht bemerken, wie die Zuhörer Ihre Informationen aufnehmen. Und letztlich: Vergessen Sie Ihre Prioritäten nicht.

Immer, wenn Sie mit jemandem sprechen, der sich gerade ärgert oder anderweitig aufgeregt ist, sollten Sie versuchen, diese Person erst zu beruhigen, bevor Sie Ihre Angelegenheit vorbringen. Vergessen Sie auch nicht, dass die meisten Menschen nur sehr kurz aufmerksam sein können. Wenn das, was Sie sagen, für Ihre Zuhörer nicht sofort relevant ist, dann könnten Sie sie verlieren – ohne es überhaupt zu bemerken.

Schreiben Sie diszipliniert

Schreiben ist für viele ansonsten intelligente und kompetente Geschäftsleute eine Herausforderung. Doch meistens ist der Grund dafür, dass so viele Menschen nicht gern schreiben, nicht fehlendes Talent. Es liegt ganz einfach daran, dass die meisten Menschen Ihre schriftlichen Aufgaben nicht sehr effizient erledigen. Um klar und präzise zu schreiben, müssen Sie auch klar denken können, was wiederum bedeutet, dass Sie sich für bestimmte Zeit konzentrieren können müssen. Die meisten Situationen im Geschäftsleben sind jedoch nicht dazu angetan, Konzentration aufrecht zu erhalten. Wenn Sie also Ihre schriftlichen Arbeiten am Arbeitsplatz effektiv erledigen wollen, dann müssen Sie Ablenkungen meiden. Haben Sie eine schriftliche Aufgabe zu erledigen, dann planen Sie eine Zeit ein, in der Sie sich ausschließlich darauf konzentrieren können. Wenn es an Ihrem Arbeitsplatz normalerweise zu laut oder zu ablenkend ist, dann suchen Sie sich einen ruhigeren Platz – beispielsweise ein gerade nicht benutztes Besprechungszimmer.

Schreiben Sie ganz natürlich

Wenn es Ihnen so ergeht, wie den meisten Menschen, dann ist es für Sie wahrscheinlich wesentlich einfacher, eine Botschaft persönlich zu übermitteln oder zu telefonieren, als auf schriftlichem Weg. Manchmal ist der Grund, dass das Schreiben Sie zu bestimmten Entscheidungen zwingt – beispielsweise in der Rechtschreibung und in der Interpunktion -, worum Sie sich nicht zu kümmern brauchen, wenn Sie sich unterhalten. Es ist aber auch möglich, dass die Schwierigkeiten, mit denen Sie zu tun haben, auf falsche Vorstellungen zu einem bestimmten Schreibstil zurückzuführen sind. Es könnte sein, dass Sie glauben, Sie würden nicht ernst genommen oder für dumm gehalten, wenn Sie nicht 50-Karat-Wörter verwenden. Lassen Sie nicht zu, dass Sie ein Opfer dieses Mythos werden. Wahrscheinlich können Sie die meisten Gedanken ebenso aufschreiben, als würden Sie sprechen. Folgen Sie doch einfach dieser Regel: Würden Sie in einem Gespräch ein bestimmtes Wort oder einen bestimmten Satz nicht verwenden, dann sollten Sie zweimal überlegen, bevor Sie es aufschreiben.

Veranschaulichen Sie

Wir leben heute in einem visuellen Zeitalter, und deshalb sollten Sie sowohl beim Schreiben als auch in Ihren Präsentationen so oft wie möglich visuelle Mittel einsetzen, um die Klarheit und die Wirkung Ihrer Botschaft zu verstärken. Wenn Sie einen Bericht schreiben und es sehr schwierig ist, komplexe statistische oder finanzielle Informationen zu beschreiben, dann sollten Sie überlegen, ob Sie diese Daten nicht besser in einem Chart oder einer Tabelle darstellen. Und wann immer Sie vor einer kleinen Gruppe eine Präsentation durchführen, sollten Sie die visuellen Effekte nutzen, die Sie mit guter normaler Präsentations-Software erzielen können.

An diese drei Punkte sollten Sie denken, wenn Sie diese Software benutzen:

- ✔ Bringen Sie so wenig Information wie möglich auf eine Folie (benutzen Sie Texte mit Punkten, um die wichtigen Gedanken zu unterstützen – nicht um sie zu erklären).
- ✔ Achten Sie darauf, dass die Schrift groß genug ist, dass sie von allen, auch im hinteren Teil des Raums, gelesen werden kann.
- ✔ Widerstehen Sie der Versuchung, eine Folie dadurch verbessern zu wollen, dass Sie verschiedene Schriftarten und Schriftgrößen verwenden. Das Einfachste ist das Beste.

Führen Sie eine »Vorbild-Akte«

Eine der besten Möglichkeiten, Ihre Kommunikationsfähigkeiten zu verbessern – insbesondere das Schreiben – ist es, erfolgreiche Kommunikatoren nachzuahmen. Immer wenn Sie einen Bericht, eine Aktennotiz oder eine andere Kommunikationsform finden, die Sie beeindruckt, dann sollten Sie davon eine Kopie anfertigen und sie in Ihre »Vorbild-Akte« einheften. Doch zuvor nehmen Sie sich die Zeit, um dieses Dokument zu lesen – nicht nur einmal, sondern mehrmals – unterstreichen Sie die Teile, die besonders gut gelungen sind. Versuchen Sie feststellen, was der Autor in einem bestimmten Abschnitt tut und wie der gleiche Ansatz oder die gleiche Technik in Ihren Schreiben wirken könnte. Sie können Ihre Kommunikationsfähigkeiten dadurch verbessern, dass Sie gute Kommunikatoren zum Vorbild nehmen.

Suchen Sie nach Möglichkeiten, Ihre Fertigkeiten zu verbessern

Es ist wie bei allen anderen Fertigkeiten auch: Je mehr Sie üben, um so effektiver und selbstsicherer werden Sie. Dieses Prinzip gilt insbesondere für Präsentationsfertigkeiten. Wenn Sie, wie die meisten Menschen, ein wenig ängstlich sind, wenn Sie vor mehreren Menschen sprechen sollen, dann sollten Sie vielleicht an einem Präsentationsseminar teilnehmen oder Sie belegen an der VHS einen Rhetorikkurs. In diesen Kursen erhalten Sie Gelegenheit, Ihre Fertigkeiten zu verbessern, und alle anderen Zuhörer befinden sich in der gleichen Situation wie Sie, sie haben die gleichen Ängste. Wenn Sie sich in diesen Kursen bewährt haben, dann sollten Sie Ihre neu erworbenen Fähigkeiten auch in der wirklichen Welt nutzen.

Machen Sie sich den Weg ein wenig einfacher. Fangen Sie damit an, dass Sie sich in Konferenzen ein wenig häufiger zu Wort melden. Versuchen Sie, Ihre Vorstellungen klar und präzise darzulegen, ohne durch die Anwesenheit anderer sofort zu einem Nervenbündel zu werden. Und dann werden Sie mutiger. Melden Sie sich freiwillig für Präsentationen vor der Geschäftsleitung. Nach jeder Präsentation sollten Sie sich einer Selbstkritik unterziehen. Fragen Sie sich, ob Sie ausreichend vorbereitet waren und ob Sie die Fragen mühelos beantworten konnten. Lassen Sie sich nicht entmutigen, wenn es nicht gleich so gut läuft, wie Sie es sich vorgestellt haben. Analysieren Sie, was Sie hätten besser machen können und konzentrieren Sie sich in Ihrer nächsten Präsentation auf diesen Aspekt.

Zehn Fragen und Antworten zum Karriere-Management

20

In diesem Kapitel

- Jobs bewerten
- Mit anderen zusammenarbeiten
- Anerkennung und Belohnung
- Andere managen

Karriere-Management ist mehr eine Kunst als eine Wissenschaft. Sie werden ganz sicher in viele Situationen kommen, in denen die Auswahl unter den Möglichkeiten, die Ihnen zur Verfügung stehen, alles andere als einfach ist. Nun folgen zehn Fragen und Antworten, die mit den schwierigsten Themen und den häufigsten Zweifeln im Karriere-Management zu tun haben. Die Antworten sollten Ihnen Einsichten vermitteln, wie Sie mit solchen Themen umgehen können, wenn sie Ihrer besonderen Situation entsprechen.

Sollten Sie kündigen?

Ich habe vor gerade vier Monaten eine neue Position angetreten, und obwohl ich ziemlich gut bin, ist der Job für mich sehr belastend. Sollte ich schon nach vier Monaten kündigen?

Bevor Sie irgendetwas tun, müssen Sie herausfinden, weshalb Sie sich so belastet fühlen. Ist es, weil es ein neuer Job ist, was in der Regel ein wenig belastend ist? Ist Ihr Verantwortungsbereich von seiner Art her so belastend, weil Sie Entscheidungen in Sekundenschnelle treffen müssen oder weil Sie komplexe finanzielle Aufgaben lösen müssen? Hat Ihr Vorgesetzter unrealistische Ziele und Erwartungen an Sie gestellt? Oder macht es Ihnen einfach keinen Spaß, wodurch es schwieriger wird, Stress auszuhalten und Herausforderungen zu begegnen?

Es dauert immer seine Zeit, bis man sich an einen neuen Job gewöhnt. Versuchen Sie sich so gut wie möglich zu organisieren. Widmen Sie Ihre Aufmerksamkeit den wichtigsten strategischen Aufgaben und Verantwortungsbereichen. Vielleicht müssen Sie ein wenig härter arbeiten und am Anfang einige Stunden länger, um den Übergang zu überstehen, doch diese Investition wird sich auszahlen. Machen Sie während des Arbeitstages regelmäßig Pausen, so dass Sie sich erholen und wieder auf Ihre Arbeit konzentrieren können.

Ist Ihr Verantwortungsbereich von Natur aus sehr belastend, dann sollten Sie wissen, dass sich mit der Zeit Ihre Einstellung dazu verbessern wird. Die meisten Menschen machen sich Sorgen um ihre Leistung, wenn Sie einen neuen Job antreten und versuchen, einen guten Eindruck zu machen. Wenn Sie allerdings an Projekten beteiligt sind, bei denen Sie sich keine Fehler erlauben können, dann kann der Stress überwältigend erscheinen. Haben Sie erst mehr Erfahrungen mit solchen Aufträgen gesammelt, dann werden Sie mehr Vertrauen in Ihre Fähigkeiten haben und wissen was zu tun ist, wenn es Probleme gibt.

Haben Sie all diese Ansätze versucht und sind immer noch der Meinung, dass sich die Dinge nicht bessern oder dass Sie Ihren Job ganz einfach nicht mögen, dann sollten Sie wahrscheinlich Ihr Glück wo anders versuchen. Vergessen Sie jedoch nicht: Sie müssen immer versuchen, Ihre beste Leistung zu bringen, auch noch in Ihrer jetzigen Position. Ob Sie in dieser Firma bleiben oder anderweitig Beschäftigung suchen, harte Arbeit und Zielstrebigkeit wird sich in Ihren Zeugnissen und Referenzen niederschlagen.

Sollten Sie Ihrem Vorgesetzten in eine andere Firma folgen?

Mein Vorgesetzter, der für mich ein Mentor war, hat kürzlich unser Unternehmen verlassen und ging zu einer anderen Firma. Er fragte mich, ob ich bereit sei, für ihn bei seiner neuen Firma zu arbeiten. Soll ich meinen Job sausen lassen und ihm folgen oder soll ich bei meinem jetzigen Arbeitgeber bleiben, der immer sehr fair zu mir war?

Zunächst müssen Sie sich fragen, wie diese Entscheidung Ihre Karriere beeinflussen wird. Auch wenn es reizvoll sein kann, in einen neuen Job zu wechseln und weiterhin mit einem Manager zu arbeiten, den man kennt und mag, sollten Sie einen Schritt zurücktreten und das ganze Bild betrachten. Seine alte Abteilung könnte tatsächlich Ihrer Karriere dienen, wenn Sie der Nächste wären, für den eine Beförderung ansteht. Denken Sie daran, dass Ihr früherer Boss auch weiterhin Ihr Mentor bleiben kann, selbst wenn Sie bei Ihrer jetzigen Firma bleiben. Manchmal ist es sogar hilfreich, einen Mentor zu haben, der nicht im Unternehmen ist, denn dann können Sie bestimmte Themen offener diskutieren und objektives Feedback erwarten.

Um die Möglichkeiten besser bewerten zu können, sollten Sie eine Liste der Fakten anfertigen, die für Ihren Job und für Ihre Karriere wichtig sind. Dann versuchen Sie, so viel wie möglich über das andere Unternehmen herauszufinden und über die Rolle, die Sie dort möglicherweise spielen könnten. Nachdem Sie diese Situation recherchiert haben, stellen Sie sich folgende Fragen: Welche Chancen haben Sie in Ihrer jetzigen Firma? Was ist im anderen Unternehmen möglich? Welches Unternehmen steht Ihren Werten, Interessen und Karrierezielen näher? Gibt es Dinge, die Einfluss auf Ihr Privatleben haben, beispielsweise bessere Entlohnung, familienfreundliche Sozialleistungen? Entscheiden Sie auf der Basis der Dinge, die dazu beitragen können, Sie in Ihrer Karriere zu fördern.

Sollten Sie um Gehaltserhöhung bitten?

Ich habe herausgefunden, dass jemand, der erst kürzlich eingestellt wurde, besser bezahlt wird als ich – obwohl wir gleiche Aufgaben- und Verantwortungsbereiche und gleiche Qualifikationen haben. Sollte ich meinem Vorgesetzten sagen, dass ich darüber Bescheid weiß? Sollte ich um eine Gehaltserhöhung bitten?

Wenn Sie diese Diskrepanzen kennen, weil Sie zufällig ein Dokument sahen, auf dem sein Gehalt verzeichnet war, müssen Sie diese Entdeckung für sich behalten. Höchstwahrscheinlich sollten Sie ohnehin keine Kenntnis davon haben. Wenn jedoch jemand – entweder der neue Mitarbeiter selbst oder ein Kollege diese Neuigkeiten ausposaunt, dann sollten Sie dies Ihren Chef auch wissen lassen. Ihr Manager sollte wissen, dass es jemanden gibt, der indiskret vertrauliche Dinge diskutiert, beispielsweise die Entlohnung. Stellen Sie keine Vermutungen an und geben Sie die Geschichte nicht in allen Einzelheiten wieder – präsentieren Sie nur die Information und erklären Sie, dass Sie glauben, er sollte sich dieser Situation bewusst sein.

Bevor sie um eine Gehaltserhöhung bitten, sollten Sie Ihre Leistungen, Ihre Auszeichnungen und Fähigkeiten sorgfältig überdenken und Ihren Marktwert herausfinden. Gehen Sie nicht automatisch davon aus, dass Sie ebenso qualifiziert sind wie der Neuling und deshalb das gleiche Gehalt haben sollten, wenn nicht sogar mehr. Es könnte durchaus sein, dass der Neuling konkrete Erfahrungen auf einem bestimmten Gebiet hat, das für Ihr Unternehmen sehr wichtig ist oder besondere technische Fertigkeiten, die Sie nicht kennen. Am besten sollten Sie versuchen, Ihre eigene Erfahrung, Ihre Fertigkeiten und Ihre Arbeit zu bewerten, ohne sich mit einem anderen zu vergleichen.

Machen Sie einen Vorgang aus der Begründung, weshalb Sie eine Gehaltserhöhung verdienen. Wenn Sie der Ansicht sind, es könnte ein deutlicheres Bild ergeben, ergänzen Sie Ihren Lebenslauf um Ihre neuesten Leistungen – tun Sie so, als ob Sie sich um Ihren Job bewerben wollten. Sehen Sie in Gehaltslisten nach, untersuchen Sie die Trends bei der Entlohnung. Ist der Arbeitsmarkt in Ihrem Fachbereich oder in Ihrer Branche so eng, dass man Ihre Fertigkeiten und Fähigkeiten höher bewerten sollte? Dokumentieren Sie dies und sammeln Sie Informationen, um Ihre Feststellungen zu untermauern. Wenn Sie sich mit Ihrem Manager treffen, dann diskutieren Sie das, was Sie herausgefunden haben und bitten ihn, zu überprüfen, ob Ihr Gehalt noch Ihrem wahren Wert entspricht.

Was können Sie tun, damit Ihr Kollege mehr arbeitet?

Ich arbeite mit einem Kollegen aus meiner Abteilung im Team zusammen, doch der schafft seine Aufgaben nicht. Weil wir in der gleichen Gruppe sind, endet es oft damit, dass ich sowohl meine als auch seine Arbeit mache. Wie kann ich ihn dazu bekommen, dass er seinen Teil der Arbeit erledigt und ich meinen Teil?

Teamwork ist zwar wichtig, doch ist es nicht Ihre Aufgabe darauf zu achten, dass Ihr Kollege seine Arbeit macht. Wenn allerdings seine Mängel verhindern, dass Sie Ihren eigenen Job machen können, dann müssen Sie etwas tun, um die Situation zu bereinigen.

Der erste Schritt ist es, sich mit ihm zusammenzusetzen und zu besprechen, was eigentlich los ist. Erklären Sie ihm, dass immer mehr Arbeit auf Sie zukommt und – ohne sich zu beschweren oder Ihren Kollegen zu verurteilen – merken sie an, dass Sie immer mehr Arbeit aus seinem Bereich erledigen müssen. Bleiben Sie bei den Tatsachen, zeigen sie bestimmte Situationen auf und erläutern, wie diese Ihre eigene Produktivität beeinflussen. Vergessen Sie nicht, dass es nicht Ihre Sache ist, seinen Arbeitsstil zu kritisieren, seine Kompetenz oder seine Gründlichkeit. Ihr Ziel ist es, eine Lösung zu finden. Hören Sie sich unbedingt an, was er zu sagen hat: Es könnte sein, dass er gerade persönliche Schwierigkeiten hat und das auf seine Arbeitsleistung Einfluss nimmt.

Sollte sich die Situation nicht bessern, vereinbaren Sie ein Gespräch mit Ihrem Vorgesetzten. Lassen Sie Ihren Manager wissen, dass Sie versucht haben, das Problem mit Ihrem Kollegen zu lösen. Erklären Sie Ihren Wunsch, dass das Team erfolgreich ist und Ihre Bereitschaft einzuspringen, falls notwendig. Doch weisen Sie auch darauf hin, dass Sie sich Sorgen machen, Ihre eigenen Aufträge erfüllen zu können. Ihr Vorgesetzter wird wahrscheinlich Ihre Initiative begrüßen, die Situation unter einander zu bereinigen.

Wie können Sie zugeben, dass Sie sich übernommen haben?

Wie soll ich meinem Manager sagen – ohne dass ich dumm aussehe – dass ich eine bestimmte Aufgabe nicht schaffe, von der ich anfangs glaubte, ich könnte es schaffen?

Die wichtigere Frage ist nicht *wie* sondern *wann*. Und die Antwort ist: So bald wie möglich. Gute Manager ermutigen ihre Mitarbeiter, sich hohe Ziele zu setzen, doch erkennen Sie auch, wann Sie zusätzliche Unterstützung benötigen, um diese Ziele zu erreichen. Allerdings liegt es an Ihnen, Ihre Besorgnis zu offenbaren. Je früher Sie das tun, um so besser kann Ihr Vorgesetzter Ihnen helfen wieder aufzuholen, oder falls nötig, Ihnen eine andere Aufgabe zu geben.

Analysieren Sie die Situation und stellen Sie fest, wo Ihre Schwierigkeiten liegen. Sind Sie mit einer bestimmten Software nicht vertraut? Ist Ihnen das Ziel eines Projektes nicht klar? Brauchen Sie zusätzlich die Hilfe der Geschäftsleitung und Entscheidungsträger, um Antworten auf wichtige Fragen zu erhalten? Können Ihre Schwierigkeiten kurzfristig gelöst werden, beispielsweise mit einer Einweisung in die Software oder durch ein Treffen mit Mitgliedern der Geschäftsleitung, dann sollten Sie versuchen, das selbst zu regeln.

Wenn Sie jedoch eine Aufgabe ohne die entsprechende Erfahrung oder das entsprechende Training übertragen bekommen haben, dann sollten Sie mit Ihrem Vorgesetzten sprechen.

Sagen Sie ihm, mit welchem Teil des Projektes Sie nicht zurechtkommen – vielleicht sind es Entscheidungen zur Finanzplanung. Bitten Sie Ihren Manager, Ihnen jemanden als Mentor zuzuweisen, dessen Können und Erfahrung Ihnen helfen könnten.

Wie gestehen Sie einen Fehler ein?

In einem meiner letzten Berichte unterlief mir ein Fehler. Genau dieser Bericht wird nun von einer anderen Abteilung als Entscheidungsgrundlage für ein extrem wichtiges Projekt herangezogen. Soll ich der anderen Abteilung das Problem erklären oder darauf hoffen, dass ein anderer den Fehler entdeckt, ohne dass ich etwas sage?

Ehrlichkeit ist immer die beste Politik, doch achten Sie darauf, dass Sie Ihren Fehler demjenigen beichten, der es unbedingt wissen muss. Sagen Sie Ihrem Vorgesetzten, dass Sie diesen Fehler erst kürzlich entdeckt hätten. Entschuldigen Sie sich für den Irrtum. Erwähnen Sie aber auch, dass dieser Bericht von einer anderen Abteilung für ein wichtiges Projekt verwendet wird und bieten Sie an, dem Projektmanager der anderen Abteilung, den Fehler zu erklären.

Obwohl man immer versucht, sie zu vermeiden, macht jeder irgendwann einmal einen Fehler. Wichtig ist, dass man die Auswirkungen des Irrtums minimiert. Schon um sicherzugehen, dass Sie den gleichen Fehler nicht zweimal machen, sollten Sie einen Moment lang darüber nachdenken was dazu führte, dass Ihnen dieser Fehler überhaupt unterlaufen konnte. Geraten Sie nicht in Panik, doch versuchen Sie, aus Ihren Fehlern zu lernen, denn dann sind Sie gerüstet, sie in der Zukunft zu vermeiden.

Wie kommen Sie an bessere Aufträge?

Ich arbeitete als Freier Mitarbeiter in einem Unternehmen an einer ziemlich anspruchsvollen Aufgabe. Mein Verbindungsmann in dieser Firma ging kürzlich in den Ruhestand und weil ich nun Aufträge von verschiedenen anderen Angestellten der Firma erhielt, sind diese unter meiner Erfahrung und haben mit dem ursprünglichen Projekt nichts zu tun. Was soll ich machen?

Wenn Sie als freier Mitarbeiter durch eine Zeitarbeitsfirma vermittelt wurden, dann sollten Sie mit dem Betreuungsmanager in der Zeitarbeitsfirma sprechen. Er kann direkt mit der Firma die augenblicklichen Anforderungen diskutieren und welche Art von Hilfe dort gebraucht wird.

Wenn Sie allerdings selbstständig sind, müssen Sie die Sache selbst austragen. Bitten Sie um ein Gespräch mit dem Vorgesetzten ihres früheren Kontaktmanns, um den Auftrag und Ihre künftige Rolle zu besprechen. Bereiten Sie einen Bericht vor, der die wichtigsten Ziele beinhaltet und Ihre Erfolge dokumentiert, so dass die Situation schnell überprüft werden kann. Auf alle Fälle sollten Sie die letzten Aufträge erwähnen, die den ursprünglichen Projektzielen nicht mehr entsprachen. Bitten Sie dann um eine Klarstellung, wie der Auftrag weiter geführt werden soll. Hat sich die Sache erledigt? Gibt es eine neue Kontaktperson, mit der Sie zusammenarbeiten können?

In den meisten Fällen wird der Manager einige Zeit brauchen, um weitere Informationen einzuholen, bevor er eine Entscheidung trifft. In der Zwischenzeit erfüllen Sie Ihre Aufgaben so gut Sie es nur können. Hören Sie von dem Manager, mit dem Sie gesprochen haben, innerhalb zumutbarer Zeit nichts, dann sollten Sie nachfragen. Wenn die Antwort, die Sie erhalten, eindeutig ergibt, dass die Anforderungen nicht mehr Ihrer Erfahrung und Qualifikation entsprechen, dann sollten Sie dies auch sagen. Erklären Sie sich bereit, auch weiterhin für die Firma zu arbeiten, jedoch nur, wenn die Aufgaben Ihren Fähigkeiten und Fertigkeiten besser entsprechen. Sie können anbieten, noch so lange weiter zu arbeiten, bis man geeigneten Ersatz gefunden hat. Damit erhöhen Sie Ihre Chancen, für künftige Projekte wieder engagiert zu werden.

Wie kann man am besten mit der Tochter des Chefs arbeiten?

Die Tochter meines Chefs wurde meiner Abteilung zugewiesen – was soll ich tun?

Tun Sie in dieser Situation so, als ob man Ihnen auf wunderbare Weise eine neue Angestellte zugewiesen hat, deren Stärken und Qualifikationen erst noch entdeckt werden müssen. Setzen Sie für den ersten Tag eine Unterredung an und sprechen Sie mit ihr wie mit einer Kandidatin, die sich um einen Job bewirbt. Zwar ist die Entscheidung über die Einstellung bereits gefallen, doch immerhin müssen Sie noch wissen, in welcher Weise sie das bestehende Personal ergänzen kann. Was sind ihre besonderen Fertigkeiten und Erfahrungen? Passt sie zu bestimmten Projekten in Ihrer Abteilung? Falls nicht, dann müssen Sie ein wenig kreativ werden. Kann sie Recherchen für ein besonders großes Projekt anstellen, das gerade läuft oder kann sie angeleitet werden, um mehr Erfahrung zu sammeln? Suchen Sie nach Möglichkeiten, wie sie Ihrem Team helfen kann und behandeln Sie sie wie jede andere Angestellte. Bieten Sie Ihr eine gründliche Einführung, setzen Sie klare Ziele und definieren Sie ihren Verantwortungsbereich.

Wenn Sie den Leistungsanforderungen nicht entspricht, dann sollten Sie mit ihr darüber ebenso sprechen, wie mit jeder anderen leistungsschwachen Angestellten. Und sollte sich die Situation nicht bessern, dann sollten Sie das Thema mit Ihrem Chef besprechen. Berichten Sie über das, was Sie unternommen haben, um sie zu fördern und nennen Sie auch die Bereiche, in denen sie den Erwartungen nicht entsprach. Bitten Sie Ihren Chef um Vorschläge, was Sie noch tun könnten. Keinesfalls sollten Sie zu Ihrem Chef gehen, wenn Sie über Ihre neue Angestellte verärgert sind. Seien Sie objektiv und professionell in der Darstellung der Situation. Lassen Sie Ihren Chef wissen, dass Sie eine Lösung haben möchten. Sollte Ihnen keine Lösung angeboten werden, und sie soll trotzdem in Ihrer Abteilung bleiben, dann versuchen Sie, sie ins Team zu integrieren, ohne überflüssige Probleme für Ihre anderen Mitarbeiter zu schaffen.

Wie kommen Sie an die Ihnen gebührende Anerkennung?

Was kann ich mit einem Kollegen tun, der ständig die Anerkennung für das einstreicht, was ich geleistet habe?

Sie könnten versucht sein, Ihren Kollegen zu denunzieren und sofort die Anerkennung in Anspruch nehmen, die Ihnen rechtmäßig zusteht, doch sollten Sie dies einmal strategisch sehen. Wichtig ist, dass Ihr Vorgesetzter Ihre Leistungen kennt. Obwohl die Meinungen Ihrer Kollegen wichtig scheinen, ist wahrscheinlich die Wahrnehmung Ihres Managers der entscheidende Faktor in der Bewertung Ihrer Leistung für Beförderungen und Gehaltserhöhungen. Kümmern Sie sich nicht allzu sehr um das, was andere denken könnten (obwohl ich zugeben muss, dass dies leichter gesagt als getan ist).

Zuerst sollten Sie mit Ihrem Kollegen sprechen, um den Grund des Missverständnisses herauszufinden. Vermeiden Sie Streit, doch nennen Sie genau, wann Sie beobachtet haben, dass er die Anerkennung für Ihre Arbeit für sich in Anspruch nahm. Versuchen Sie das untereinander zu klären. Wenn sich dieses Verhalten jedoch fortsetzt, müssen Sie darüber mit Ihrem Vorgesetzten sprechen. Erwähnen Sie Ihre Versuche, die Situation zu beheben und lassen Sie Ihren Vorgesetzten wissen, welche Rolle Sie in einem wichtigen Projekt spielten, die Ihr Kollege für sich reklamiert. Klagen Sie nicht an, sondern nennen Sie lediglich die Fakten und bleiben objektiv.

Wählen Sie sorgfältig aus, wann es sich lohnt zu kämpfen. Wenn der Kollege die Anerkennung für eine relativ geringe Leistung in Anspruch nimmt, dann lohnt es sich nicht. Lassen Sie sich in den Kampf um Anerkennung nicht so sehr verwickeln, dass Sie dabei die Bedeutung des Teamworks übersehen. Das Endziel ist es schließlich, produktiv mit allen Kollegen zusammenzuarbeiten und sowohl die Verantwortung als auch die Anerkennung zu teilen.

Wie managt man frühere Kollegen?

Wie kann ich meine früheren Kollegen effektiv managen?

Solange Sie mit Ihren früheren Kollegen gut zusammengearbeitet haben brauchen Sie sich keine Gedanken zu machen, nun ihr Vorgesetzter zu sein. Denken Sie daran, dass die wichtigste Aufgabe als Manager nicht so sehr die Überwachung ist oder die Autorität herauszustellen, sondern durch hervorragende Leistung anzuregen. Mit anderen Worten: Sie müssen Ihren früheren Kollegen die nötige Unterstützung bieten, damit sie ihre Arbeit gut erledigen können. Zusammenarbeit ist der Schlüssel zu effektivem Management. Verlassen Sie sich auf Ihre Sachkenntnis, wenn Sie wichtige Entscheidungen treffen und halten Sie die Kommunikationsleitungen offen.

Doch selbst wenn alles gut läuft, kann es sein, dass Sie Feindseligkeiten früherer Kollegen erleben, die entweder Schwierigkeiten haben, sich mit der neuen Beziehung anzufreunden oder denen die Art und Weise wie Sie führen, nicht gefällt. Befinden Sie sich in dieser Situation, dann sollten Sie keinesfalls überreagieren – ganz besonders am Anfang nicht. Sprechen Sie mit allen Mitarbeitern, die Probleme verursachen oder ihrer Verantwortung nicht nachkommen, in Einzelgesprächen. Erledigen Sie die Situationen nacheinander und diskutieren Sie offen und ungezwungen. Wenn natürlich das Problem weiterhin besteht, müssen Sie etwas unternehmen – andernfalls wird die Leistung und die Moral der gesamten Gruppe leiden. Doch hoffen Sie das Beste und gehen davon aus, dass Sie und Ihre Mitarbeiter als Team gut zusammenarbeiten.

Zehn Fragen, über die Sie nachdenken sollten, bevor Sie sich selbstständig machen

21

In diesem Kapitel

- Denken Sie über Ihre Ziele und Werte nach
- Machen Sie einen Plan
- Ein sanfter Übergang
- Beobachten Sie Ihre Erfolge

Keine Entscheidung hat mehr Auswirkungen auf Ihren beruflichen Fortschritt und auf Ihr Privatleben, als einen Vollzeit-Job als Angestellter zu verlassen, um Unternehmer, Freier Mitarbeiter oder Freiberufler zu werden. Was immer Sie auch tun, denken Sie sorgfältig über Ihre Ziele, Interessen und Werte nach, bevor Sie den entscheidenden Schritt tun. In diesem Kapitel finden Sie zehn wichtige Fragen, die Sie sich stellen sollten, wenn Sie überlegen, sich selbstständig zu machen.

Was sind Ihre Ziele?

Die Entscheidung, sich selbstständig zu machen, sollte immer durch den festen Wunsch für sich selbst zu arbeiten bewirkt werden und dass man der Herr seiner beruflichen Zukunft sein möchte – und nicht ein Notausgang aus einem Job, der keinen Spaß mehr macht. Wenn Sie in Ihrem jetzigen Job unglücklich sind, dann gehen Sie nicht davon aus, dass Selbstständigkeit allein Ihre Unzufriedenheit ausräumen wird. Statt dessen sollten Sie in sich gehen und entscheiden, ob Sie wirklich den dringenden Wunsch haben, sich auf eigene Füße zu stellen. Erkunden Sie die Möglichkeit, dass wenn bestimmte Dinge in Ihrer jetzigen Situation anders wären – ein anderer Chef, ein kürzerer Weg zum Arbeitsplatz, ein anderes Unternehmen – ob Sie dann mehr Freude an Ihrer Arbeit hätten, ohne sich selbstständig zu machen. Die wichtigste Frage ist schließlich, wie wichtig es für Sie ist, beruflich und persönlich unabhängig zu sein.

Haben Sie die innere Einstellung zur Selbstständigkeit?

Ob Sie als Selbstständiger Erfolg haben, hängt nicht nur von Ihrer Fachkenntnis und Ihren Fähigkeiten ab. Auch Ihre geistige Einstellung ist äußerst wichtig.

Hier einige wichtige Fragen, die Sie sich stellen sollten:

- Sind Sie von Natur aus sehr selbstständig?
- Können Sie sich leicht auf neue Situationen einstellen?
- Können Sie effizient arbeiten, wenn Sie die Verantwortung für alle Entscheidungen tragen, die Ihr Geschäft und Ihre Karriere betreffen?

Um Antworten auf diese Fragen zu erhalten, sollten Sie auf Ihre Arbeitserfahrungen zurückblicken und entscheiden, wie effektiv Sie in der Vergangenheit Alleinaufträge erledigt haben. Außerdem sollten Sie auf die Meinung von Leuten hören, die Sie gut kennen. Prüfen Sie, ob deren Ansichten mit Ihrem eigenen Urteil übereinstimmen. Vor allem sollten Sie nicht vergessen, dass es hier darum geht, ob Ihre Persönlichkeit und Ihre Arbeitsgewohnheiten den Anforderungen der Selbstständigkeit entsprechen.

Welchen Weg wollen Sie nehmen?

Selbstständigkeit kann viele Formen annehmen, und Sie müssen so früh wie möglich entscheiden, welchen Weg Sie in Ihrer Karriere nehmen wollen. Wollen Sie ein eigenes Geschäft aufmachen und es ausbauen oder sehen Sie sich eher als Berater oder Freiberufler? Nehmen wir an, Sie wollen Berater oder Freiberufler sein. Wissen Sie schon, auf welchen Bereich Sie sich spezialisieren wollen? Jede Option verlangt andere Voraussetzungen, eine andere Einstellung und eine andere Strategie. Wenn Sie unbedingt Unternehmer werden wollen, dann müssen Sie einen detaillierten Wachstumsplan erstellen, aus dem ersichtlich wird, wie Sie Ihr Unternehmen gründen und führen wollen. Wollen Sie als Freier Mitarbeiter arbeiten, dann müssen Sie darüber nachdenken, ob Sie sich selbst vermarkten wollen oder mit einem Zeitarbeitsunternehmen zusammenarbeiten wollen, das die Vermittlung für Sie übernimmt.

Gibt es einen Markt für Sie?

Bevor Sie den Schritt in die Selbstständigkeit tun, sollten Sie so viel Zeit wie nur möglich damit verbringen, den Markt für die Dienstleistung oder das Produkt, das Sie anbieten wollen, zu untersuchen. Sprechen Sie mit möglichst vielen Menschen, die potenzielle Kunden sind. Achten Sie darauf, dass Ihre Preisstruktur zwei grundlegenden Kriterien gerecht wird:

- der Preis ist konkurrenzfähig
- Sie können mit dem Preis Ihren Lebensunterhalt verdienen, ohne 100 Stunden in der Woche arbeiten zu müssen.

Außerdem sollten Sie sicher sein, dass der Markt nicht bereits mit Leuten oder Unternehmen gesättigt ist, die das gleiche Produkt oder die gleiche Dienstleistung anbieten. Wenn Sie starke Konkurrenz erwarten, sollten Sie auf Ihre Unique Selling Proposition setzen – etwas, das Sie bieten können und das Sie von allen Konkurrenten unterscheidet.

Wie viel wird es kosten?

Wenn Sie Schätzungen anstellen, wie viel Geld Sie benötigen werden, um Ihre Praxis oder Ihr Geschäft zu eröffnen, dann sollten Sie ziemlich großzügig sein. Und seien Sie am Ende nicht überrascht, wenn es immer noch nicht reicht. Denken Sie auch an die zusätzlichen Kosten wie Krankenversicherung, Lebensversicherungen, Haftpflichtversicherungen usw. oder die intensivere Nutzung des Autos.

Denken Sie auch in diesem Fall an Ihr Netzwerk und versuchen Sie herauszufinden, was andere in vergleichbarer Situation an Startkosten benötigten.

Wie wird Ihr Privatleben beeinflusst?

Haben Sie Familie, ist es entscheidend, dass jeder Ihre Entscheidung versteht und Sie unterstützt. Seien Sie ehrlich. Versuchen Sie nicht, Ihrer Familie die Vorstellung zu vermitteln, dass alles großartig sein wird, wenn Sie beruflich unabhängig sind. Ihre Familie sollte durchaus wissen, dass Sie Schwierigkeiten ausgesetzt sein könnten und auf ihre Hilfe angewiesen sind. Außerdem sollten Sie Ihren Freunden sagen, dass Sie in den ersten sechs Monaten Ihrer Selbstständigkeit sehr viel zu tun haben werden. Sie benötigen sicherlich Zeit, um sich zu erholen und neue Kräfte zu sammeln, doch wird Ihr Unternehmen für eine ganze Zeit Ihre wichtigste Priorität sein.

Welche Ausrüstung und welches Personal brauchen Sie?

Die Grundausstattung der meisten Selbstständigen könnte gar nicht einfacher sein: ein Büro, ein Computer, ein Telefax, ein Telefon und ein Aktenschrank. Alles weitere hängt von Ihrer Praxis oder Ihrem Geschäft und den Zielen ab, die Sie sich gesetzt haben. Versuchen Sie, die Startkosten möglichst gering zu halten und warten Sie mit größeren Anschaffungen, bis Sie einen stetigen Cash flow erzielt haben. Überlegen Sie, ob es günstiger ist, Ausrüstung zum mieten oder Personal von einem Zeitarbeitsunternehmen anzufordern. Auch als Freiberufler werden Sie es zu schätzen wissen, wenn Sie jemanden haben, der Rechnungen schreibt, den Geldeingang kontrolliert und die Bücher führt.

Wie kommen Sie an Aufträge?

Nehmen wir einmal an, es stehen nicht schon Menschenmengen vor Ihrem Haus, die darum bitten, für Ihr Produkt oder Ihre Dienstleistung zahlen zu dürfen. Wie wollen Sie Klienten und Kunden akquirieren? Wollen Sie sich auf Ihr berufliches Netzwerk mit Empfehlungen verlassen? Wollen Sie E-Mails (sehr unschön) oder Werbebriefe verschicken oder wollen Sie telefonieren? Wollen Sie mit einer Werbeagentur zusammenarbeiten, die Ihre Talente anpreist? Sie haben viele Möglichkeiten, von denen einige Ihrem Markt angemessener sind als andere. Natürlich, es gibt einige Situationen, in denen mehr Geld erforderlich ist, während andere Situationen externen Sachverstand erfordern. Ziehen Sie sorgfältig in Betracht, wie viel Zeit und Geld Sie aufwenden müssen, um einen Kundenstamm aufzubauen.

Wie gestalten Sie den Übergang?

Für die meisten Leute, die den Übergang aus einer regelmäßigen Anstellung in die Selbstständigkeit wagen, ist die Geldfrage ausschlaggebend. Keinesfalls sollten Sie den Schritt in die Selbstständigkeit tun, wenn Sie sich oder Ihre Familie ernsthaft finanziellem Druck aussetzen. Das vermeiden Sie am besten, wenn Sie zuvor schon genügend Geld angespart haben, um die Startkosten bestreiten zu können und die Lebenshaltungskosten für ein halbes Jahr übrig haben. Dies ermöglicht Ihnen, sich am Anfang auf die Kundengewinnung zu konzentrieren und einen guten Ruf aufzubauen, ohne sich zu sehr um die Finanzen sorgen zu müssen. Haben Sie jedoch dieses Geld nicht in Reserve, dann können Sie vielleicht bei Ihrem bisherigen Arbeitgeber noch in Teilzeit arbeiten, während Sie die Geschäftseröffnung vorbereiten. Natürlich können Sie Geld von einer Bank ausleihen oder nach externen Investoren Ausschau halten. Bevor Sie das tun, setzen Sie sich am besten mit Ihrem Steuerberater oder Finanzberater zusammen, um die klügste Strategie auszuarbeiten.

Wie messen Sie den Erfolg?

Ich nehme an, Sie werden diesen Gedanken überhaupt nicht hegen, wenn Sie Ihr Unternehmen gründen, doch können Sie die Möglichkeit nicht von der Hand weisen, dass Sie vielleicht in ein paar Monaten entscheiden, dass Selbstständigkeit nichts für Sie ist. Die Tatsache, dass Sie diese Möglichkeit überhaupt in Erwägung ziehen, bedeutet nicht, dass Sie negativ eingestellt sind – nur realistisch. Selbst wenn Sie in ein völlig anderes Fachgebiet gehen, halten Sie Kontakt zu Ihren früheren Kollegen und versuchen Sie Schritt zu halten mit den Entwicklungen in der Branche, die Sie gerade verlassen. Tun Sie alles, um sich von Ihrem augenblicklichen Arbeitgeber friedlich und positiv gestimmt zu trennen. Versuchen Sie immer, die Tür noch ein Stückchen offen zu halten.

Zehn Web-Sites, die Ihrer Karriere auf die Beine helfen könnten

22

In diesem Kapitel

- Melden Sie sich zu Seminaren an
- Interessante Berufe
- Stellensuche
- Links zu Jobbörsen

Das Internet ist, wie Sie sicherlich wissen, eine wahre Fundgrube für alle Interessengebiete. Karriere spielt für Sie eine besonders wichtige Rolle und zu diesem Thema gibt es im Internet reichlich Informationen. Ich weiß nicht, welche Suchmaschine Sie bevorzugen, doch unter `www.google.de` habe ich das Suchwort »Karriere« eingegeben und über 400 Sites gefunden. Die aus meiner Sicht interessantesten Sites möchte ich Ihnen kurz vorstellen:

Handelsblatt.com

Das Handelsblatt zählt zu den wichtigsten Finanzzeitungen und stellt sich auch im Internet dar. Zwar überwiegen Informationen zu Finanzthemen und zu Wertpapieren, doch werden auch interessante Beiträge zu Management und Karriere geboten:

`http://www2.handelsblatt.com`

Monster.de

Der Name sagt es schon, es handelt sich hierbei um das weltweit größte Karriere-Netzwerk. Angeboten werden Jobs, Karriereberatung, Unternehmensprofile und viele aktuelle Beiträge. Monster bietet Ihnen auch einen Gratis-Karriere-Newsletter per E-Mail an.

`http://www.monster.de`

Young.de

Diese Web-Site richtet sich an die jüngeren Nutzer, die möglicherweise noch die Schule besuchen, aber sich schon Gedanken um ihre Karriere machen. Berufsbilder werden vorgestellt, es gibt eine Praktika-Börse und auch sonst interessante Beiträge.

`http://www.young.de/karriere`

Jobware.de

Neben einem Stellenmarkt mit Auslandsangeboten, einer Sonderrubrik für Azubis, Firmenportraits und anderen interessanten aktuellen Informationen bietet Jobware eine Stichwortsammlung von A bis Z, die kaum eine Frage offen lässt. Stichwort anklicken – umfangreiche Informationen erscheinen sofort.

`http://www.jobware.de`

Der Tagesspiegel

Auch normale Tageszeitungen bieten auf Ihren Web-Sites Informationen zu Beruf und Karriere an. So auch der Tagesspiegel. Zwar ist dieser Bereich nicht zu umfangreich, doch die Nachrichten zu Karriere und Beruf aktuell und informativ.

`http://www2.tagesspiegel.de/index`

Deutschland-Karriere

Diese Web-Site ist eigentlich nur die Startseite für zahlreiche weitere Seiten. Obwohl auch hier schon Links zu Jobbörsen geklickt werden können, besteht die Möglichkeit, nach Bundesländern und sogar einzelnen Städten zu suchen, um die für die Region interessantesten Beiträge zu finden.

`http://www.deutschland-karriere.de`

FOCUS Online

Die Website des Nachrichtenmagazins bietet sehr interessante Beiträge zu Jobsuche, Studium und Berufswahl, Bewerber-Training, Links zu Jobbörsen und natürlich auch die wichtigsten News, die etwas mit Beruf, Erfolg und Karriere zu tun haben.

`http://focus.de/D/DB/db.htm`

Campus & Karriere

Die Karriere-Site der Zeitschrift Stern bietet Ihnen einen wöchentlichen Newsletter per E-Mail, Tips zur Existenzgründung, und viele andere Information, die Ihrer Karriere Auftrieb geben können.

`http://www.stern.de/campus-karriere`

Brigitte.de

Selbstverständlich haben auch die Frauenzeitschriften das Thema Karriere auf ihren Web-Sites aufgegriffen, und bieten, wie Brigitte.de, viele interessante Informationen, nicht nur, aber besonders für Frauen. Der Link zur Jobbörse fehlt nicht.

`http://brigitte.de/job/karriere`

allstudents.de

Diese Web-Site wendet sich, wie der Name schon sagt, in erster Linie an Studentinnen und Studenten. Jobbörse und Praktikumsbörse sind vorhanden, ebenso eine Suchmaschine zu Hochschulen, Studienfächern und Studienplatztausch. Außerdem Angebote zu Diplomarbeiten. Auch zum Thema Existenzgründung wird etwas gesagt.

`http://www.allstudents.de/karriere`

Nicht erwähnt habe ich die Web-Sites der Unternehmen, die ebenfalls viel zum Thema Karriere zu sagen haben. Haben Sie ein bestimmtes Unternehmen im Sinn, so bemühen Sie doch einfach die Suchmaschine Ihrer Wahl und suchen speziell nach Ihrem Wunschunternehmen. Ansonsten kann ich Ihnen nur empfehlen: Surfen Sie, suchen Sie – Sie werden viel Interessantes finden.

Stichwortverzeichnis

A

Abendgymnasien 69
Abenteuer 226
Abkürzungen 245
Ablenkungen 157
Aggressivität 177
Ahnung 42
Akademiker 70
Aktienoptionen 106
Alternativplan 259
Altruismus 49, 131
Anerkennung 321
Anforderungsprofil 63
Anführer 209
Angst 162
Animositäten 254
Anschaffung 282
Anschauungsmittel 194
Anschreiben 94
Arbeit 138
Arbeitsamt 56
Arbeitsbedingungen 141
Arbeitserfahrungen 324
Arbeitsethik 118
Arbeitsgewohnheiten 48, 110
Arbeitsgruppen 31, 67, 222, 229
Arbeitslose 69
Arbeitsmarkt 61, 80
Arbeitsplatzbeschreibung 106, 113, 188
Arbeitsplatzsuche 84
Arbeitsprozesse 31
Arbeitsrhythmus 141
Arbeitsrichtlinien 225
Arbeitsroutine 143
Arbeitsstil 189
Arbeitswelt 36
Arbeitszeitkonzepte 30
Arbeitszeitmodelle 137
Arrangement 137
Ärzte 149
Audio-Kassetten 67
Aufgabenfelder 106
Aufmerksamkeit 171
Aufrichtigkeit 129
Aufstiegschancen 66
Aufstiegsweiterbildung 56
Auftragsbestand 284
Ausbildungsberufe 55
Ausgewogenheit 155
Aushilfen 175
Aushilfskräfte 200
Auswahlkriterien 80, 215
Autonomie 212
Autorität 229, 321

B

Beengtheit 231
Beförderung 34, 142, 180
Begeisterung 37
Beherrschung 42
Belohnungssystems 205
Berater 277, 284
Bericht 310
Beruf 79
Beruf aktuell 55
Berufsberater 38
Berufsberatung 53
Berufsfeld 265
Berufsverband 270
Berufsverbände 75
Beschäftigungsmöglichkeiten 168
Bescheinigungen 62
Bestleistungen 149
Betriebskindergärten 138
Beurteilung 42, 68
Bildungsfreistellung 69
Bildungsurlaub 69
Biografie 179
Börse 107
Boss 193
Botschaft 237
Brainstorming 215
Branchentrends 283
Brief 310
Burnout 172
Burnout-Syndrom 155, 173
Büro-Diplomatie 285
Büroräume 104

C

Chaotische Zustände 189
Chatrooms 85
Chef 185
Chef-Mitarbeiter-Beziehung 186
Chemie 186
Coach 209
Computerkurse 69
Computerprogrammierung 47
Computerwissen 76
Crash-Kurs 79

D

Dank 210
Dankbarkeit 102
Defizite 66
Delegieren 204, 213
Designer 149
Diplom 68
Diplomatie 29
Diplomatie am Arbeitsplatz 125
Diplome 62
Diplomkaufmann 62
Diplomstudiengängen 74
Direktversicherung 112
Diskrepanzen 114
Diskussionen 253
Disput 185
Doktortitel 62
Doppelverdiener 138
Durchhaltevermögen 75
Dynamik der Teamarbeit 221

E

E-Mail 224
Effektive Kommunikation 238
Effektivität 155, 229
egoistisch 230
Ehrlichkeit 319
Eigenschaften 29
Einführungsprogramm 109
Eingrenzung 79
Einkommen 32
Einkommensquellen 64
Einsamkeit 175
Einstellungskriterien 150
Einstellungsstrategie 205
Einstellungsstrategien 96
Einzigartigkeit 54
Elite 149
emotionale Intelligenz 151
emotionale Stimmung 254
Empfehlungen 62
Endziel 32
Energie 100, 174, 245
Enthusiasmus 245
Entlassungen 219
Entlohnung 138
Entlohnungssysteme 221
Entscheidungsfindung 141
Entscheidungsprozess 163
Eremit 180
Erfolgsgarantie 107
Erholung 176
Erinnerungsposten 217
Erschöpfungszustand 172
Etikette am Arbeitsplatz 125
Exmatrikulation 71
Exposée 301
externen Trainer 231
extrovertiert 42

F

Fachausbildung 29
Fachbegriffe 188
Fachgebiet 37
Fachhochschulreife 69
Fachkenntnisse 188
Fachterminologie 245
Fachwissen 188, 228
Fähigkeiten 29
Familie 104, 138
Familienmitglieder 180
Feedback 117
Fehler 170
Fehlschlag 167
Fehlverhalten 191
Feinabstimmung 147
Fernstudium 73
Fernuniversität 73
Fertigkeiten 63
Festlegungen 225
finanzielle Sicherheit 277
Finanzthemen 327
Finanzvorstände 221
Fitness 174
Fluktuation 232
Fortbildung 112
Foto 92
Freelancer 277
Freiheiten 214
Friedensangebot 131
Fristen 194
Frustrationen 37, 239, 240
Führer 311
Führung 200
Führungskraft 201
Führungsstärke 64

G

Gefahren 167
Gehalt 105
Gehaltserhöhung 258, 317
Gehaltserhöhungen 35, 216
Geisteshaltung 178
Gemeindeleben 104
Gerüchte 128, 134
Geschäftseröffnung 326
Geschäftsfelder 168
Geschäftsgebaren 107
Geschäftskorrespondenz 68, 252
Geschäftsleben 149
Geschäftsleute 149
Geschäftsplan 292
Geschwindigkeit 163
Gesichtsausdruck 241
Gewerkschaften 96
Gleichgewicht 176
Gleichgültigkeit 100
Gleitzeit 137, 200
Gleitzeitmodelle 33
Grammatik 309
Grundgebühr 74
Grundgesetze 281
Grundregeln 81
Gründungssitzung 232
Gruppenarbeit 31
Gruppendiskussion 231
Gruppendynamik 216
Gruppengespräche 96
Gruppenprozesse 216
Gymnasium 72

H

Haftpflichtversicherungen 325
Haltung 241
Handbuch 55
Harmonie 155
Haushaltskasse 143
Herausforderungen 146, 315
Hilfe 116
Hilflosigkeit 178
Hintergründe 190
Hintergrundrecherchen 283
Hochschulen 35, 329
Höchstleistungen 153
Hochtechnologie 34
Höflichkeit 132
Homepage 93
Horrorgeschichten 169
Humor 186, 196
Hürden 189

I

Ideal-Ziel 162
Ideen 34
Ideenbezogenheit 239
Informationsfluss 147, 203

Informationsgespräch 56
Informationsquellen 55, 296
Informationstechnologie 63
Initiativen 119, 128
Innovation 127
Integrität 34, 183
Intellektuelle Neugierde 110
Interessenverbände 272
Internet 53, 57, 84, 292, 327
Interview 205
introvertiert 42
Intuition 42
Investition 204

J

Job 122
Job-Sharing 30, 33, 137
Journalisten 149

K

Kantine 112
Karriere 27, 327
Karriere-Management 27
Karriereberatung 327
Karriereknick 177
Karriereleiter 28
Karriereziele 309
Katalysator 162
Kernprinzipien 203
Klarstellung 241
Kollegen 116, 180
Kommune 104
Kommunikation 120, 188, 237
Kommunikationsexperten 237
Kommunikationsfähigkeiten 237, 309
Kommunikationsfertigkeiten 237
Kommunikationsprofis 242
Kommunikationssystem 188
Kommunikatoren 310
Kompetenz 169, 183
Kompromiss 185
Konferenzen 105, 214
Konferenzleiter 214, 216
Konferenzschaltungen 140
Konferenztechnik 215
Konflikte 102, 130
Konkurrenz 37
Konkurrenzfähigkeit 258
Konsensbildung 252, 253
Kontakt 269
Konzentration 75
Kooperation 176
Körpersprache 241, 310
Korrektureinrichtung 252
Kostenersparnisse 257
Kraft 107
Kräfteverteilung 184
Krankenversicherung 325
Kreativität 48, 216
Kriterien 80
Kulturkreis 221
Kundendienst 68
Kundengespräche 155
Kundengewinnung 326
Kundeninformationen 283
Kundenstamm 326
Kurse 67, 307

L

Langeweile 171
Lebensgewohnheiten 64
Lebenslauf 63, 94
Lebensunterhalt 38
Lebensversicherungen 325
Lehrer 149
Leistungsbeurteilung 169
Leistungsbewertung 217
Leistungshoch 225
Leistungsnachweise 74
leistungsschwache Arbeitnehmer 218
Leistungsziele 194
Leistungszuschläge 259
Lernprozess 210
Lesegeschwindigkeit 76
Linienstruktur 127
Lizenzen 62
Lob 210
Logik 48, 164
Lösungen 154
Lügen 134

M

Mailservice 112
Management 199
Management-Experten 217
Management-Fähigkeiten 200
Managementberatung 142
Managementtechniken 107
Managen 183
Manager 30, 104, 201, 216, 253
Mannschaftskapitän 228
Mannschaftsmoral 223, 225
Mannschaftsregeln 225
Marktanteile 107
Marktfähigkeit 62
Marktforschung 128
Marktwert 258
Medien zur Berufsorientierung 56
Meeting 190, 231
Meinungsverschiedenheit 128
Menschen 122
Mentor 180, 218, 267
Mentorensystem 211
Mikromanagement 234
Mikromanager 213
Millionär 106
Missgeschick 177
Mission 223
Mitarbeiterbesprechungen 121
Mitgliederliste 272
Moral 134
Motivation 134, 204
Motivationsschub 210
Mundpropaganda 287

N

Nachfolgeplanung 212
Nachforschungen 103
Nebenabreden 106
Nebensächlichkeiten 162
Networking 261, 287
Netzwerk 34, 164, 261

Netzwerke 37
Niederlage 167
Not 177
Notfall 168

O

Online-Bewerbung 93
Opfer-Syndrom 178
Optimist 43, 150
Organisations-Experten 231

P

Panikknopf 169
Pausenraum 112
Perfektion 161
Perfektionismus 161
Periodika 295
Personalagenturen 205
Personalauswahl 199
Personalberatungen 58, 105
Personaleinstellung 84
Personalsuche 205
persönliche Finanzschwierigkeiten 286
persönliche Zufriedenheit 305
Persönlichkeit 110, 177, 185
Persönlichkeitsmerkmale 42
Pessimist 43
Philosophien 109
Podiumsdiskussionen 298
Politiker 149
Position 32
Praktika-Börse 328
Praktikant 58
Präsentation 237, 245, 310
Präsentationsstil 247
Präsenz 142
Präsenzstudium 73
Preisstruktur 324
Pressemitteilung 296
Prioritäten 150
Privatleben 143
Probezeiten 96, 219
Problem 147
Problem-Managern 183
Problemlösungstechniken 64
Produktbezogenheit 239
Produktivität 30, 147
Produzenten 296
Projektberater 30, 284
Projekte 67
Projektgruppe 222
Protokoll 127, 216
Psychologen 172
Publicity 295

Q

Qualifikation 68, 205
Qualitätsverlust 147
Qualitätszirkel 222

R

Radio- und Fernsehshows 295
Rapport 245
Recherchen 163
Rechnen 76
Rechtsanwälte 149
Rechtsberatung 142
Rechtschreibung 309
Recycling 105
Redakteure 296
Referenzen 206
relative Autonomie 203
Reporter 296, 297, 298
Reputation 129, 163
Rhethorikkurse 69
Risiken 167
Risiko 257
Rollenspiel 96
Routineangelegenheiten 155, 278
Routinetätigkeit 179
Rückgrad 193
Rückschläge 150, 167, 168, 180
Ruhe 176
Ruhestand 139

S

Sachkenntnis 204
Scham 180
Schlüsselargumente 257
Schlüsselelemente 103
Schlüsselworte 273
Schreiben 248
Schreibphobie 237
Schreibstil 310
Schwäche 118
Selbstdarstellung 82
Selbstständigkeit 277, 324
Selbsttest 42, 43
Selbstvertrauen 170, 259
Seminaranbieter 68
Seminare 67, 68, 96, 203
Seminare zur Präsentation 242
Seminarprogramm 68
Sicherheitsmaßnahmen 220
Skandal 128
Software 128, 318
Sonderaufgaben 288
Sozialleistungen 104, 105, 232
Spitzenarbeitszeiten 175
Spitzenkönner 152
Spitzenkraft 149
Spitzenteams 225
Sport 176
Stellensuche 82
Stellenvermittler 83
Steuerberater 290
Steuergruppe 222
Stillstand 128
Stimmungsschwankungen 196
strategische Konzentration 310
Streitereien 128
streitsüchtig 230
Stress 315
Stresserscheinungen 172
Studiengang 71
Studiengebühren 71
Studienplatz 71
Studienplatztausch 329
Studium 45
Symposien 298

T

Tagesordnung 105, 190, 215
Tagesplan 160
Tagungsraum 215
Tarifvertrag 138
Task Force 222
Tätigkeitsbericht 195
Teamarbeit 31, 104, 221
Teamerfolg 227
Teamkollegen 140
Teamkonferenzen 225
Teamwork 127, 318
Technologie 76
Teilzeitarbeit 137
Teilzeitarbeitnehmer 138
Teilzeitbeschäftigungen 33
Teilzeitkräfte 58, 200
Tele-Arbeit 33, 30, 137
Tele-Konferenzen 224
Telearbeitstag 147
Telefon 42
Telefoninterview 205
Temperament 42
Testate 62
Textverarbeitungsprogramm 252
Toleranzschwelle 196
Top Teams 224
Topmanagement 203, 221
Tradition 127
traditionelle Grundregeln 199
Trainingsmöglichkeiten 96

U

Übereinstimmung 253
Übergabetermine 279
Übergangsstrategie 146
Überprüfung 117
Überstunden 175
Überzeugung 256
Überzeugungskraft 257
Umfeld 122
Umschulung 69
Umzugskosten 105
Ungeduld 210
Ungerechtigkeit 135
Unterbrechungen 157
Unterhaltskosten 105
Unternehmensberater 278
Unternehmenshierarchie 31
Unternehmenskultur 33, 42, 97
Unternehmensorganisation 223
Unternehmensphilosophie 285
Unternehmensprofile 327
Unternehmergeist 290
Urlaub 105, 173
Urteilsvermögen 48

V

Veranstaltungskommitee 272
Veranstaltungsorganisation 47
Verantwortung 48, 119, 162, 173, 321
Verantwortungsbereich 67, 106, 113
Verbesserungsvorschläge 34, 186
Verbindungsmann 229
Verdienste 130
Verdienstmöglichkeiten 64
Verfassen von Schriftstücken 237
Verhaltensänderung 162
Verhaltensphänomen 162
Verhandlungsgeschick 29
Verhandlungspartner 146
Verkäufer 149
Versagen 167, 180
Versammlungsraum 231
Versprechen 130
Verteidigungsbereitschaft 177
Vertragsbruch 121
Vertrauen 145
Video 247
Video-Konferenzen 233
Visitenkarten 266
Volkshochschule 68
Vollzeitbeschäftigter 138
Vollzeitstudium 74
Vorbild-Akte 313
Vorgesetzte 183
Vorsorge 168
Vorstandsetage 139
Vorstellungsgespräch 56
Vorurteile 163, 241

W

Wachstum 226
Wachstumsplan 324
Wahrnehmung 42
Warnsignale 168
Web-Sites 295
Weiterbildung 307
Werbung 295
Werkzeuge 122
Werte 38
Wertpapiere 327
Wirtschaftsjournalisten 223
Wirtschaftsprüfung 142
Wirtschaftsverband 271
Wissen 171
Wissenschaftler 149
Wochenarbeitszeit 139
Wunderdinge 197
Wutausbrüche 185

Z

Zaudern 161
Zeit 107
Zeitarbeitsagentur 58
Zeitarbeitsunternehmen 105, 284, 324
Zeitdiebe 307
Zeitkonto 143
Zeitmanagement 68, 307
Zeitplan 152
Zeitschriften 82
Zeitungen 82
Zertifikate 62
Zeugnisse 62
Zufriedenheit 155
Zugangsvoraussetzungen 55
Zuhören 310
Zulassungsbeschränkungen 71
Zurückhaltung 100
Zusammenarbeit 252